Amerikas Nationalparks

Raus in die Wildnis, rein ins Abenteuer!

Inhalt

KANADA

NORTH DAKOTA
◦ BISMARCK

SOUTH DAKOTA
◦ PIERRE

MINNESOTA

WISCONSIN
◦ ST. PAUL

Lake Superior

MICHIGAN
LANSING ◦

Lake Michigan

Lake Huron

Lake Ontario

Lake Erie

MAINE

VERMONT
NEW HAMPSHIRE

NEW YORK

MASSACHUSETTS

CONNECTICUT
RHODE ISLAND

Atlantik

IOWA
◦ DES MOINES

NEBRASKA
LINCOLN ◦

Mississippi River

MADISON ◦

ILLINOIS
SPRINGFIELD ◦

INDIANA
INDIANAPOLIS ◦

OHIO
COLUMBUS ◦

Ohio River

PENNSYLVANIA
HARRISBURG ◦

NEW JERSEY
◦ New York

KANSAS
TOPEKA ◦

MISSOURI
JEFFERSON CITY ◦

FRANKFORT ◦

KENTUCKY

WEST VIRGINIA
CHARLESTON ◦

MARYLAND
WASHINGTON, D.C. ✪

VIRGINIA
RICHMOND ◦

OKLAHOMA
OKLAHOMA CITY ◦

ARKANSAS
LITTLE ROCK ◦

TENNESSEE
NASHVILLE ◦

Tennessee River

NORTH CAROLINA
RALEIGH ◦

SOUTH CAROLINA
COLUMBIA ◦

TEXAS
AUSTIN ◦

Mississippi River

MISSISSIPPI
JACKSON ◦

ALABAMA
MONTGOMERY ◦

GEORGIA
ATLANTA ◦

TALLAHASSEE ◦

BATON ROUGE ◦

LOUISIANA
New Orleans ◦

Golf von Mexiko

FLORIDA
Orlando ◦

Miami ◦

St. Thomas
CHARLOTTE AMALIE
St. John

VIRGIN ISLANDS

Karibisches Meer

Christiansted
St. Croix

2
AGO PAGO
ERIKANISCH-SAMOA
Pazifik

#	Park	#	Park
1	Acadia	30	Hawai'i Volcanoes
2	American Samoa	31	Hot Springs
3	Arches	32	Isle Royale
4	Badlands	33	Joshua Tree
5	Big Bend	34	Katmai
6	Biscayne	35	Kenai Fjords
7	Black Canyon of the Gunnison	36	Kings Canyon
8	Bryce Canyon	37	Kobuk Valley
9	Canyonlands	38	Lake Clark
10	Capitol Reef	39	Lassen Volcanic
11	Carlsbad Caverns	40	Mammoth Cave
12	Channel Islands	41	Mesa Verde
13	Congaree	42	Mt. Rainier
14	Crater Lake	43	North Cascades
15	Cuyahoga Valley	44	Olympic
16	Death Valley	45	Petrified Forest
17	Denali	46	Pinnacles
18	Dry Tortugas	47	Redwood
19	Everglades	48	Rocky Mountain
20	Gates of the Arctic	49	Saguaro
21	Glacier	50	Sequoia
22	Glacier Bay	51	Shenandoah
23	Grand Canyon	52	Theodore Roosevelt
24	Grand Teton	53	Virgin Islands
25	Great Basin	54	Voyageurs
26	Great Sand Dunes	55	Wind Cave
27	Great Smoky Mountains	56	Wrangell-St. Elias
28	Guadalupe Mountains	57	Yellowstone
29	Haleakalā	58	Yosemite
		59	Zion

Einführung

Das erste Mal, als ich einen amerikanischen Nationalpark besuchte, hatte ich großes Glück.

Ich hielt mich in Utah auf und hatte einige freie Tage vor mir. Mit meinen Wanderschuhen im Gepäck machte ich mich auf zum nächstgelegenen Nationalpark, ohne zu wissen, was mich erwartete. So gelangte ich in den Bryce Canyon (siehe S. 46). Es war Oktober und hatte bereits erste Schneeschauer gegeben. Als ich einen Aussichtspunkt erreichte, von dem man ein weites Geländebecken überblickte – „Silent City" („Stumme Stadt"), wie ich später erfuhr –, lag der Schnee im Schatten und hob jeden Grat und Umriss überdeutlich hervor. Die fantastischen Hoodoos des Bryce Canyon, jene schmalen, von Wasser und Wind geformten Felsnadeln, erglühten unter dem blauen Himmel in allen Rot-, Orange- und Gelbtönen. Es war eine Offenbarung.

Amerikas Nationalparks besitzen eine Fülle solcher Juwelen: die weltweit höchsten Bäume, die Riesenmammutbäume, die spektakulärste geothermale Stätte in Yellowstone, den größten Canyon. Um diese weltberühmten Orte kreist die Geschichte des National Parks Service (NPS), den Präsident Woodrow Wilson am 25. August 1916 ins Leben gerufen hatte. Das Bestreben freilich, Teile von Amerikas wilden, urtümlichen Landschaften zu schützen und sie „zum Wohl der Menschheit zu nutzen und zu

erhalten", reicht bis in die 1860er-Jahre zurück. Der wohl leidenschaftlichste Verfechter dieser Bewegung war der in Schottland geborene Schriftsteller John Muir. Er hatte in den 1860ern im Yosemite Valley gearbeitet und 1903 campte er unter freiem Himmel mit Präsident Theodore Roosevelt, der während seiner Amtszeit fünf Nationalparks gründete. „Tausende erschöpfte, nervlich zerrüttete, überzivilisierte Menschen", schrieb Muir in *Our National Parks*, „beginnen zu erkennen, dass in die Berge gehen heimzugehen bedeutet; dass die Wildnis eine Notwendigkeit ist …".

Dieser Band versteht sich als praktische Einführung in Amerikas 59 Nationalparks, verfasst von sachkundigen Lonely Planet Autoren. Wir nennen die besten Aktivitäten und Wanderwege, geben Anreise- und Übernachtungstipps, beschreiben Pflanzen und Tiere, nach denen man Ausschau halten sollte, und schlagen ideale Reiserouten vor.

Stephen Mather, erster Direktor des NPS, bezeichnete die Nationalparks als Amerikas „nationales Gut". Auch wenn man einen etwas weiteren Weg dorthin hat – wir hoffen, dass die folgenden Seiten dazu anregen, diese einzigartigen Landschaften auf eigene Faust zu erkunden.

01

ME

Acadia National Park

Neuengland erleben, wo es am schönsten ist – von Acadias Meeresklippen aus, am östlichsten Zipfel der Vereinigten Staaten von Amerika.

Acadia

Man sitzt auf einem Granitfelsen, während 466 m tiefer der dunkle Ozean braust. Da zeigt er sich schließlich, der blutrote Sonnenlichtstreifen, der den Horizont erhellt. Allmählich färben sich die dunklen Wolken rosa und ein leuchtendes Purpur überzieht das Meer. Der Cadillac Mountain im Acadia National Park ist der erste Ort in den USA, wo die Sonne aufgeht.

Wie Neuengland selbst hat auch Acadia total zivilisierte und extrem wilde Seiten. Es gibt den Nachmittagstee auf dem gepflegten Rasen und die raue, graue Brandung entlang der Felsstrände. Man kann Kutschfahrten mit Pferdegespann unternehmen und sich seinen Weg durch dorniges Gestrüpp bahnen. In den eleganten Bistros von Bar Harbor werden Hummerravioli serviert, während über dem offenen Feuer der einfachen Campingplätze des Parks Hotdogs brutzeln.

Mitte des 19. Jhs. „entdeckten" Maler und andere Künstler diese Gegend und verbrachten die Sommermonate auf den Booten einheimischer Fischer oder mit dem Malen der atemberaubenden Landschaft. Die Zahl dieser Möchtegern-Landbewohner stieg so schnell an, dass sich bald mehrere Dutzend Hotels um ihr Wohl kümmerten. Im Goldenen Zeitalter der 1890er kamen die Industriekapitäne auf die Insel und residierten in riesigen „Cottages". Die Weltwirtschaftskrise, der Zweite Weltkrieg und ein riesiger Waldbrand 1947 setzten diesem luxuriösen Lebensstil und den meisten Cottages jedoch ein Ende.

Anfang des 20. Jhs. begann George Dorr, Erbe eines Vermögens aus der Textilbranche Neuenglands, die Gegend von Acadia vor dem Ansturm der Touristen und der Industrie zu schützen. Das Land, das er und andere der Regierung gestiftet hatten, wurde 1919 zum Lafayette National Park erklärt, dem ersten Na-

tionalpark östlich des Mississippi. 1929 erfolgte die Umbenennung in Acadia. Heute ziehen das Schutzgebiet und das benachbarte Bar Harbor eine wohlhabende Klientel an, die segelt, Wohltätigkeitsbälle veranstaltet und in vornehmen Restaurants diniert. Aber Acadia ist ein demokratischer Ort, der jeden willkommen heißt.

⬆ Den Sonnenuntergang vom Bass-Harbor-Leuchtturm aus beobachten, heute ein privater Wohnsitz.

➡ Skilanglauf im Winter. Vorherige Seite: Der Jordan Pond.

Anreisen

⚙ **Wann?**
Der Park erlebt den üblichen Juli-/August-Ansturm, ist trotz der kühleren Temperaturen aber ebenso reizvoll im Mai, Juni und September. Im Oktober, wenn sich das Laub flammend rot und golden färbt, ist es hier richtig himmlisch.

🧭 **Wie?**
Acadia liegt an der Ostküste von Maine, unweit der Stadt Bar Harbour. Ein Großteil des Parks erstreckt sich auf Mt. Desert Island („disört" ausgesprochen). Der nächste größere Flughafen befindet sich in Bangor, etwa eine Autostunde vom Schutzgebiet entfernt.

Park in Zahlen

192
Fläche (km²)

466
Höchster Punkt:
Cadillac Mountain (m)

64
Kilometer Küstenlinie

➜ Wanderer auf dem steilen und exponierten Precipice Trail sollten an den Drahtseilen Halt suchen.

Zelt oder Hotel?

Blackwoods Campground
Blackwoods hat als einziger der drei Campingplätze von Acadia ganzjährig geöffnet und verfügt über Zeltstellplätze im Wald. Von hier aus geht's los zum Cadillac Mountain und zu anderen Wanderzielen. Im Sommer gibt's einen Laden und Duschen, im Winter ist alles recht primitiv. Der Shuttle hält vor dem Campingplatz.

Holland Inn
Da sich im Park außer den Campingplätzen keine anderen Unterkünfte befinden, übernachten viele Besucher in Bar Harbor. Das weiße, von freundlichen Inhabern betriebene Holland Inn aus Holz besitzt Yankee-Charme und liegt in einer ruhigen Seitenstraße unweit der Cafés und Boutiquen des Stadtzentrums.

Saltair Inn
Das viktorianische Herrenhaus, 1887 für einen New Yorker Geschäftsmann und dessen Frau als Sommer-„Cottage" erbaut, ist heute ein reizvolles B&B. Von der Terrasse aus können Gäste das Lichtspiel über der Frenchman Bay beobachten. Die Besitzer haben gute Infos zu lokalen Attraktionen und Aktivitäten.

Raus und los

Bergbesteigung
Der wunderbare Cadillac Mountain erhebt sich 466 m über der tosenden Brandung. Er ist der höchste Berg an der nordatlantischen Küste und die Stelle, wo man fast ganzjährig den frühesten Sonnenaufgang in Amerika erlebt. Man kann auf den Gipfel hinaufwandern, bequemer ist aber die Autofahrt über die 5,6 km (3,5 Meilen) lange Straße. Unbedingt warm anziehen, wenn man sich ansehen möchte, wie der Morgen über der Frenchman Bay anbricht.

Kutschfahrt
Acadias 72 km langes Kutschwegenetz wurde im Auftrag des Mäzens John Rockefeller jr. angelegt, der ohne Auto in den Park gelangen wollte. Die mit handbehauenen Pflastersteinen ausgelegten Straßen und die Brücken aus lokal abgebautem Granit sind tolle Fotomotive und am besten auf einer gemütlichen Kutschfahrt zu erkunden.

Nachmittagstee
Im Sommer zieht es die Besucher des Parks zum Jordan Pond House, wo man in Holzsesseln auf dem üppig grünen Rasen Platz nimmt, an seinem Tee nippt und warme Popovers (Eierteiggebäck) mit Marmelade mampft. Diese nette Tradition geht bis in die 1890er-Jahre zurück. Nachdem man sich den Bauch vollgeschlagen hat, steigt man den Hügel hinab und folgt der familienfreundlichen Route auf Wald- und Kiespfaden rund um den klaren See.

Nicht verpassen

Acadia mit seiner aufgewühlten See, den Felsstränden, dichten Wäldern, Sumpfgebieten und Granitgipfeln hat eine ungemein artenreiche Pflanzen- und Tierwelt. Zwar begegnet man keinen großen Säugetieren, dafür aber Amphibien, Reptilien, Vögeln und kleinen Säugetieren. Bar Harbor ist der Ausgangspunkt für Walbeobachtungstouren, während man am Ufer bunte Seesterne, Schalentiere und Schwämme sehen kann. Weite Teile des Parks sind von Fichtenwäldern bedeckt, doch es gibt auch einzigartige Buscheichen und Pechkiefern.

FLECKENQUERZAHNMOLCH
Meist verkriechen sich die Amphibien mit tiefschwarzer Haut und senfgelben Flecken unter feuchtem Laub. Im Frühling wandern sie zu Teichen, um zu brüten.

WANDERFALKE Acadia hat wesentlich zur Vergrößerung des Bestands der herrlichen hellbraunen Raubvögel beigetragen, die hier im Frühjahr nisten.

WASCHBÄR Die mittelgroßen Säugetiere mit ihren unverkennbaren schwarzen „Augenmasken" werden in weiten Teilen der USA als Plage angesehen, da sie sich über Abfälle hermachen. (Dementsprechend sollte man beim Campen seinen Müll verstauen.)

Wandern

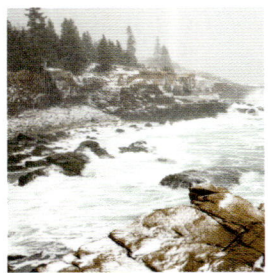

01 Cadillac Mountain South Ridge Trail
Mit 11,9 km (7,4 Meilen) ist dies der längste Wanderpfad des Parks. Der Rundweg führt zum höchsten Gipfel der nordatlantischen Küste und bietet einen überwältigenden Ausblick auf den brausenden Ozean.

02 Ocean Path
Der 6,4 km (4 Meilen) lange Rundweg verläuft von Sand Beach zu den Otter Cliffs. Highlights auf der Route sind das tosende Thunder Hole und die Gezeitenpools.

03 Acadia Mountain Trail
Keuchend geht's nach oben auf den namengebenden Berg des Parks. Unterwegs blickt man auf das blaue Wasser des Somes Sound, der einzige Fjord an der Ostküste. Die Wanderroute hat eine Länge von 4 km (2,5 Meilen).

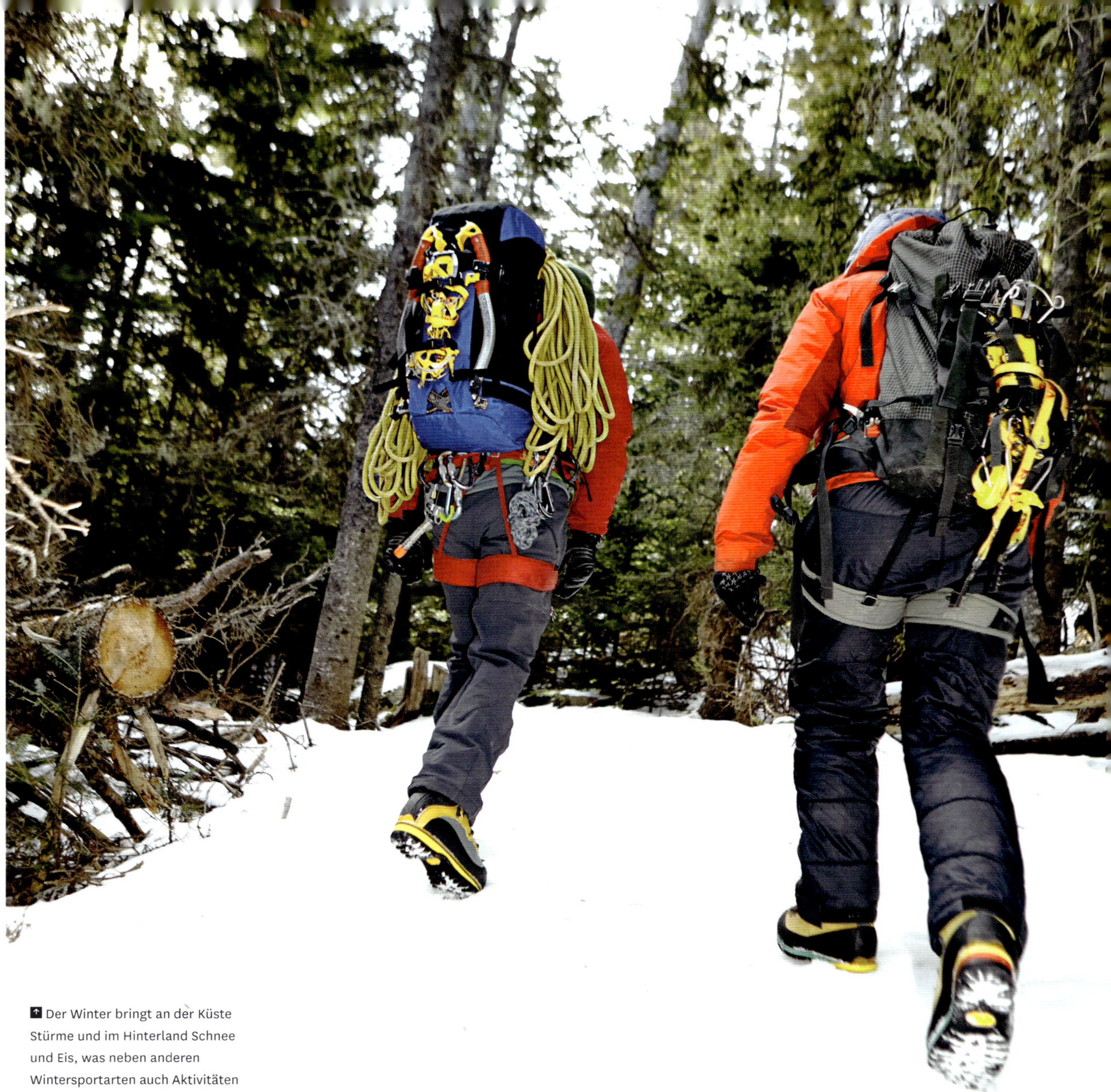

▲ Der Winter bringt an der Küste Stürme und im Hinterland Schnee und Eis, was neben anderen Wintersportarten auch Aktivitäten wie Eisklettern ermöglicht.

Getty Images | Jake Wyman; Patryce Bak; Mark Daffey

Tourentipps

Als einer der ersten Menschen in Amerika den Sonnenaufgang erleben, entlang der pinkfarbenen Klippen eine Wanderung unternehmen oder mit Blick auf den Atlantik zarte Hummer verspeisen. Und Walbeobachtung? Gibt's auch.

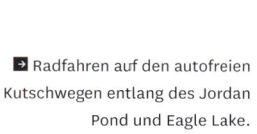

➡ Radfahren auf den autofreien Kutschwegen entlang des Jordan Pond und Eagle Lake.

01

Ein Tag

In kürzestmöglicher Zeit Acadias Highlights erleben, indem man auf der Park Loop Road, einer 43,5 km (27 Meilen) langen Panoramastraße, die Hauptattraktionen im Ostteil des Schutzgebiets ansteuert. Ausgangspunkt ist das Hull Cove Visitor Center (wo man sich eine Karte besorgt), dann geht's bergauf zum Paradise Hill mit Blick auf die Frenchman Bay und Bar Harbor. Es folgt Sand Beach, der einzige richtige Sandstrand der Insel. (Achtung: Selbst im Hochsommer ist das graue Wasser des Ozeans selten wärmer als 13 °C.) 1,6 km (1 Meile) weiter südlich erwartet einen das Thunder Hole. Wenn die Wellen mit extremer Wucht auf die kleine unterirdische Höhle schlagen, erzeugen sie ein gewaltiges Donnern. Nun bewundert man noch schnell die 30,5 m hohen Otter Cliffs, bevor es weiter zum Jordan Pond House geht. Im Sommer gibt's dort Tee mit Popovers. Zum Abschluss des Tages fährt man auf den Cadillac Mountain und beobachtet, wie sich die Sonne am späten Nachmittag 457 m tiefer auf dem Wasser spiegelt.

02

Zwei Tage

Am ersten Tag folgt man der Park Loop Road bis Sand Beach, wandert auf dem 6,4 km (4 Meilen) langen Ocean-Path-Rundweg zu den Otter Cliffs und erkundet die Pfade entlang der pinkfarbenen Granitklippen zu den Gezeitenpools voll eigenartiger Meerestiere. Wenn die Flut kommt (im Visitor Center nachfragen), legt man einen Stopp beim Thunder Hole ein. Andernfalls geht's für ein von der neuenglischen Küche inspiriertes Mittagsgericht wie Hummerquiche oder Meeresfrüchtesuppe weiter bis zum Jordan Pond House. Anschließend spaziert man rund um den Jordan Pond. Danach geht's zurück nach Bar Harbor mit seinen Boutiquen und Cafés. Am nächsten Morgen bricht man noch vor der Morgendämmerung zum Cadillac Mountain auf, um als einer der ersten Menschen in Amerika den Sonnenaufgang zu erleben. Später steht eine Paddeltour auf dem Long Pond im westlichen Teil des Parks auf dem Programm. Die zahllosen Höhlen des Sees eignen sich bestens für eine Entdeckungstour.

03

Vier Tage

Am ersten Tag geht's auf der Park Loop Road bis Sand Beach, wo man ein mittägliches Picknick genießt. Tags darauf wandert man auf dem Cadillac Mountain South Ridge Trail vorbei an Felsformationen und durch Küstenwälder bis zum stürmischen Atlantik. Nach dieser anstrengenden Tour belohnt man sich mit einem in Butter geschwenkten stattlichen roten Hummer im Trenton Bridge Lobster Pound. Das Restaurant liegt am Damm, der Mt. Desert Island mit dem Festland verbindet. An Tag drei erkundet man den Park mit dem Fahrrad und folgt den 72,4 km (45 Meilen) langen Kutschwegen. Der 13,4 km (8,3 Meilen) lange Jordan-Pond-Bubble-Pond-Rundweg ist beliebt für seinen Ausblick auf schattige Wälder und die Gezeitenpools. Das Jordan Pond House bietet sich für eine Pause an. Auf dem gepflegten Rasen gibt's Nachmittagstee und Popovers. An Tag vier geht's von Bar Harbor auf eine Walbeobachtungsfahrt. Im Sommer und Herbst durchpflügen hier Buckel-, Finn- und Minkwale das Wasser.

02

AS

American Samoa National Park

Amerikas einziger National-park südlich des Äquators umfasst eine Inselgruppe mit schönen Stränden, entlegenen Riffen, beeindruckenden Bergen und einer außerge-wöhnlichen Kultur.

In der schier unendlichen Weite des Pazifiks liegt Amerikanisch-Samoa, das aus zehn Vulkaninseln und zwei Atollen besteht. 4184 km südwestlich von Hawaii bietet der südlichste Nationalpark der USA eine einzigartige Natur, hohe Berge und von Riffen gesäumte Strände. Hier taucht man in 3000 Jahre alte Traditionen der ältes-ten noch lebendigen polynesischen Kultur ein, entdeckt 950 Fischarten, erkundet auf einer 1,8 km² großen Wasserfläche Korallenriffe und wandert durch Nebelwälder zu Vulkangipfeln.

Samoas Geschichte ist nicht schriftlich belegt, lebt aber in mündlich überlieferten Bräuchen und Schöpfungsmythen fort. Wie es zur Gründung eines US-Nationalparks in einer so fernen Gegend kam, ist ein Kapitel für sich. Es begann mit einem Streit zwischen den USA und Deutschland im 19. Jh. Beide Länder nutz-ten Samoa als Walfangbasis, dessen Tiefsee-hafen von Pago Pago bestens für das Betanken der Dampfer geeignet war. 1889 drohte die Fehde zu einem militärischen Konflikt aus-zuarten, doch während eines Wirbelsturms versanken alle sechs Kriegsschiffe. Danach einigten sich beide Mächte darauf, das Gebiet untereinander aufzuteilen.

100 Jahre später beschloss der US-Kon-gress die Schaffung des 50. Nationalparks auf den Inseln. Samoa bedeutet „heilige Erde", deshalb unterzeichneten die samoanischen Stammeshäuptlinge – seit 3000 Jahren die Hüter der Eilande – erst 1993 einen 50 Jahre laufenden Pachtvertrag. Dieser erlaubt es dem National Park Service (NPS), auf Tutuila, Ofu und Ta'ū Regenwälder, Küstenstreifen und Korallenriffe zu verwalten. 2002 kamen die Inseln Olosega und Ofu hinzu. Die Samoaner stellen in ihren traditionellen Siedlungen tou-ristische Einrichtungen zur Verfügung. Dieser kulturelle Aspekt macht einen ohnehin schon unvergesslichen Besuch noch schöner.

Anreisen

⚙ Wann?

In dem Park am 14. Breitengrad südlich des Äquators herrscht ein tropi-sches, durchgehend warmes Klima mit hoher Luftfeuch-tigkeit. Am angenehmsten ist es hier während der Trockenzeit von Juni bis September. Im Oktober fin-den Karnevalsfeiern statt, darunter das Moso'oi-Fest mit Bootsrennen.

🧭 Wie?

Von Los Angeles fliegt man in 14 Stunden über Honolulu zur Haupt-insel Tutuila. Danach geht's in einem Kleinflugzeug nach Ta'ū und von dort per Boot nach Ofu.

Park in Zahlen

54,6
Fläche (km²) – davon etwa ein Drittel von Wasser bedeckt

966
Höhe (m) des Mt. Lata (Ta'ū Island)

3000
Jahre existiert die samoanische Kultur auf den Inseln

Blick auf den Sunuitao Peak und den Mt. Piumafua auf der Insel Ofu.
Roter Frangipani.

Zelt oder Hotel?

Tisa's Barefoot Bar
Zwar darf man nicht überall im Park campen, aber mit Ausnahme von Olosega verfügen alle Inseln über Unterkünfte. Im Zentrum von Pago Pago gibt's Standardhotels, unvergesslicher ist jedoch die Übernachtung in einem *fale* (samoanisches Haus) mit Strandblick. Eine gute Wahl sind die Hütten der Tisa's Barefoot Bar auf Tutuila.

Mauga's Homestay
Am meisten profitiert man, wenn man bei einheimischen Familien übernachtet und so mehr über die samoanische Kultur und den Alltag erfährt. Im Park bieten etliche Inselbewohner Unterbringungsmöglichkeiten an, darunter Mauga Nofoaiga auf Ta'ū. Gäste schlafen in einem *fale* und nehmen an Aktivitäten der Inselbewohner teil.

Vaoto Lodge
Familienbetriebene Lodges wie das Vaoto auf Ofu warten mit polynesischem Flair auf. Oft werden die Mahlzeiten am Grillfeuer zubereitet und gemeinsam mit den anderen Gästen und den Besitzern um einen großen Tisch verspeist. Die Lage in Strandnähe ist unschlagbar.

Raus und los

Schnorcheln
Über ein Drittel des 55 km² großen Parks besteht aus geschützter Meeresfläche voller Korallenriffe. Das Schnorchel- und Tauchparadies bietet Tausenden Fisch- und 250 Korallenarten einen Lebensraum. Ein besonderes Highlight ist der entlegene Ofu Beach. Schnorchel und Taucherbrille mitbringen. Aus kulturellen Gründen nicht nackt baden und sonnen!

Kontakt mit Einheimischen
Überall herrscht ein reges Gemeinschaftsleben und es gibt viele Gelegenheiten, die freundlichen Einheimischen kennenzulernen, sei es in Bussen, bei Dorftänzen oder bei Sportevents. Rugby erfreut sich großer Beliebtheit, aber der Favorit ist *kirikiti*, eine lokale Kricketversion. Außerdem werden Langbootrennen veranstaltet.

Geführte Touren
Zur Auswahl stehen Touren ins Meeresschutzgebiet, zu uralten archäologischen Stätten oder durch Wälder, wo lokale Guides erklären, wie die hiesigen Pflanzen in der traditionellen samoanischen Medizin verwendet wurden.

Wandern

O1 Mt. Alava Trail
Auf dem 11,3 km (7 Meilen) langen Rundweg geht's durch Plantagen und Tropenwälder zum höchsten Punkt von Tutuila. Der Ausblick ist toll. Nach Fledermäusen und Vögeln Ausschau halten.

O2 Mt. Healy Overlook Trail
Die 9,2 km (5,7 Meilen) lange Route führt durch Ta'ūs Küstenwald, vorbei am heiligen Ort Saua (die Geburtsstätte des polynesischen Volks), bis zum südlichsten Punkt der Insel.

O3 Trailless Hiking
Wer dem Rundweg (8,9 km) durch den Regenwald zum höchsten Punkt von Ofu (494 m) und zum Leolo Ridge folgt, wird mit einem herrlichen Blick auf die drei Manu'a-Inseln und die Korallenlagunen des Parks belohnt.

Nicht verpassen

Die Abgeschiedenheit der Inseln brachte eine Fülle endemischer Pflanzen hervor, aber es gibt nur eine einheimische Säugetierart. Unter den Vogelarten, die man hier beobachten kann, sind vor allem Zugvögel. Besonders artenreiche Baumbestände findet man auf Tutuila und Ta'ū, den einzigen Orten auf US-amerikanischem Gebiet mit allen Regenwaldtypen: Tiefland-, Hochland-, Berg-, Küsten- und Nebelwälder. Die vielfältige Unterwasserwelt wartet mit Hunderten Fischarten sowie Walen und Meeresschildkröten auf.

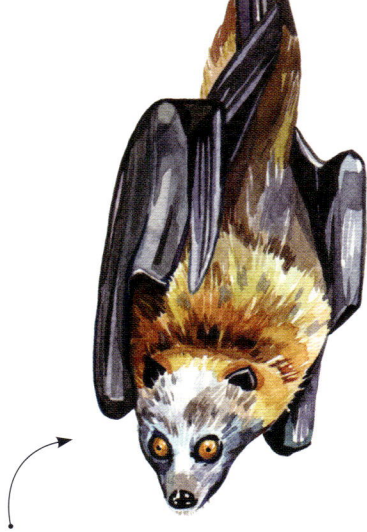

SAMOA-FLUGHUND Bei der Bestäubung der Pflanzen spielen die tagaktiven Fledermäuse, die einzigen einheimischen Säugetiere von Amerikanisch-Samoa, eine Schlüsselrolle.

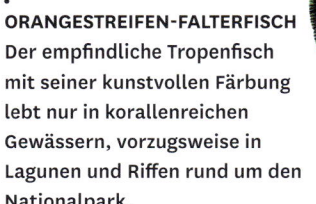

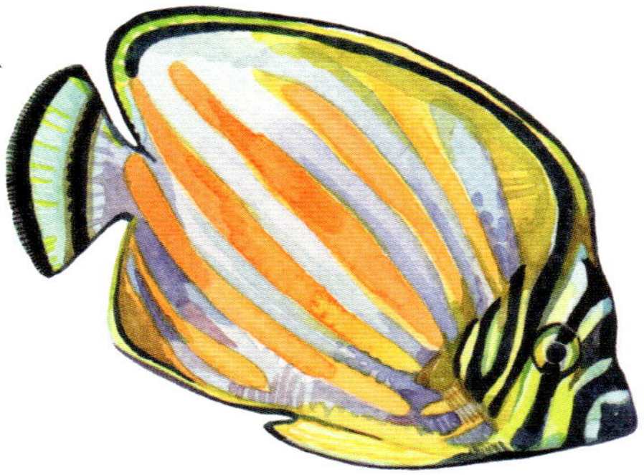

ORANGESTREIFEN-FALTERFISCH Der empfindliche Tropenfisch mit seiner kunstvollen Färbung lebt nur in korallenreichen Gewässern, vorzugsweise in Lagunen und Riffen rund um den Nationalpark.

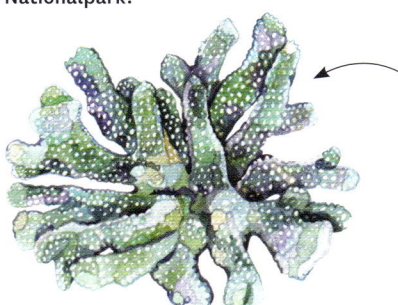

GEWEIHKORALLE Ihre Färbung verdankt die steinige Koralle den Millionen Zooxanthellen, einzelligen Algen, die auf ihrer Oberfläche haften.

Alamy | Cornforth Images, Getty Images | Michael Runkel

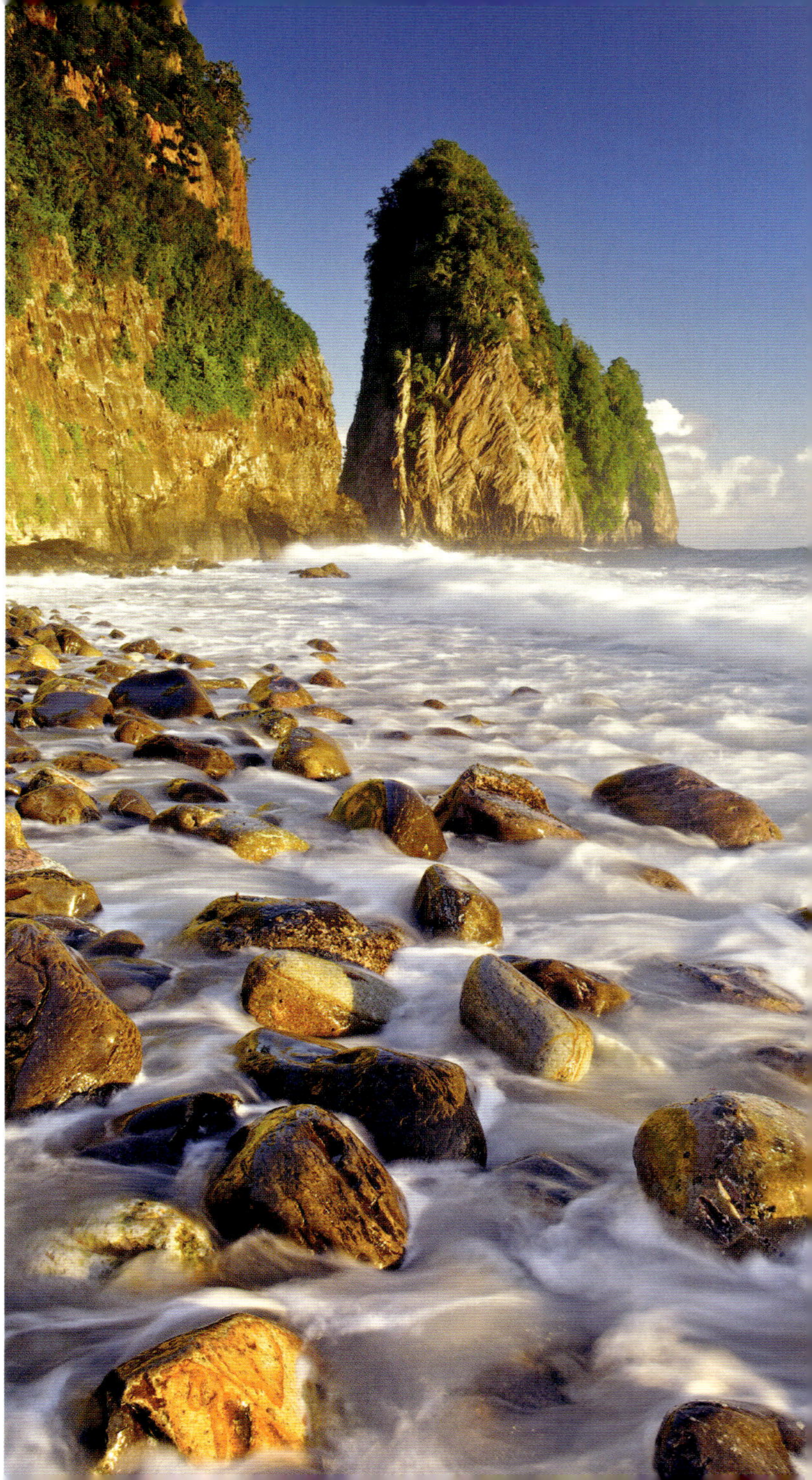

Tourentipps

Unter Kokospalmen faulenzen, im Korallenparadies schnorcheln oder auf einigen der weltweit höchsten Klippenwegen wandern. Das einziges Dilemma: Für welche Insel soll man sich bloß entscheiden?

◄ Vatia Bay auf Tutuila mit Blick auf die winzige Insel Pola.
➡ Strand auf Tutuila.

01

Ein langes Wochenende

Für einen Kurztrip ist das eine lange Reise, aber selbst in der begrenzten Zeit kann man sich einen Eindruck von Amerikanisch-Samoa verschaffen, indem man die Hauptinsel Tutuila und die Umgebung von Pago Pago erkundet. Der Rainmaker Mountain (523 m) überragt den alten Tiefseehafen. Dort ankerten einst Walfänger und Kaufleute, um ihre Vorräte aufzufüllen oder zu relaxen. Ein Großteil der Einwohner lebt in dieser einzigen stadtähnlichen Siedlung, die entspannt und freundlich daherkommt.

Jenseits der Stadt begegnet man herzlichen Einheimischen in den farbenfrohen Bussen, die den waldgesäumten Straßen durch das Bergland und entlang der kurvenreichen Küste folgen. Kleine Sandbuchten an der Felsküste laden dazu ein, unter Palmen zu picknicken oder ein wenig im Meer zu schnorcheln. Unbedingt eine Wanderung auf dem oberhalb des Hafens verlaufenden Höhenweg unternehmen, der zu mehreren Gipfeln führt und einen fantastischen Ausblick aufs Meer bietet.

02

Fünf Tage

Von Tutuila aus fliegt man mit einer kleinen zweimotorigen Propellermaschine nach Ta'ū, 112,7 km westlich der Hauptinsel. Der Landeplatz liegt im Dorf Fiti'uta. Dies ist der Ausgangspunkt zur Inselgruppe Manu'a, bestehend aus Ofu, Olosega und Ta'ū. Während die Eilande selbst recht verschlafen wirken, ist die Natur umso lebendiger und eindrucksvoller: Wolkenverhangene Gipfel bilden eine Zackenkrone am Himmel und aus dem Meer ragen einige der weltweit höchsten Klippen auf.

Auf Ta'ū befinden sich der Lata Mountain, mit 966 m der höchste Gipfel von Amerikanisch-Samoa, sowie die kulturell bedeutende Stätte Saua. Der Überlieferung zufolge ist dies der Geburtsort des polynesischen Volkes. Vom Flughafen sind es nur 30 Gehminuten bis zum Nationalpark. Da es auf der Insel Übernachtungsmöglichkeiten gibt, kann man sich Zeit nehmen, um an den schönen Stränden zu entspannen und durch die Nebelwälder zu streifen, die Ta'ūs Vulkankegeldach bedecken.

03

Eine Woche oder länger

Ein Erlebnis für echte Entdecker ist der Abstecher zur entlegenen Insel Ofu. Die sensationellen Strände des Pazifikparadieses sind nur per Fischerboot von Ta'ū aus zu erreichen. Hektiker und all jene mit vollem Terminkalender müssen sich anpassen, denn Zeit ist auf Amerikanisch-Samoa ein abstrakter Begriff. Sobald man hier ankommt, verfliegt die Grübelei über die Rückfahrt im Nu – man will nämlich einfach nicht mehr weg.

Auf Ofu dreht sich alles um das Meer. Von den mit Kokospalmen gesäumten Stränden gelangen Schnorchler in eine warme Unterwasserwelt mit Tausenden Fischen von berauschender Farbenvielfalt, die sich zwischen eindrucksvollen Korallendomen tummeln.

Die Nächte verbringt man in einem *fale* mit Blick auf den Ozean und wird vom Plätschern der Wellen in den Schlaf begleitet. Wer das idyllische Nichtstun satt hat, kann eine Wanderung von der Küste auf die Hügelketten und über eine schmale Landbrücke zum benachbarten regenwaldreichen Eiland Olosega unternehmen.

03

Arches National Park

Der Delicate Arch (rechts) ist ein Star unter seinesgleichen: Anmutig, eindrucksvoll und kokett ragt er aus seinem Sandsteinbett auf und erträgt mit Gleichmut die fotowütigen Besucherscharen.

Getty Images | Don Smith

Rote Felsformationen erheben sich in seltsamen Ansammlungen aus der Wüste und wechseln je nach Blickwinkel Form und Farbe. Erst aus der Nähe erkennt man, wie brüchig und zart sie eigentlich sind. Hoodoos (turmartige Gebilde aus Sedimentgesteinen) zerfallen vor den Augen der Betrachter, der Balanced Rock scheint auf seinem Fuß zu balancieren und der goldfarbene Bogen des Landscape Arch wirkt kaum solider als ein Hauch. Eine 29 km (18 Meilen) lange Panoramastraße führt durch das Gebiet. Auf Seitenwegen gelangt man näher an die Felsen heran. Insgesamt gibt's in dem Hochwüstenpark mehr als 2000 Felsbogen.

Vor 65 Mio. Jahren bedeckte trockener Meeresboden den Sandstein, den geologische Kräfte falteten, bis er brach. Nach einer massiven Anhebung des Geländes dehnte sich der Sandstein aus und brach erneut auseinander. Erosion und Wasser schufen die fantastischen Formen, die heute zu sehen sind. Die Felsformationen dokumentieren die Phasen dieses geologischen Prozesses. Der Fiery Furnace und seine Finnen entstanden, als das Eis riesige Sandsteinblöcke spaltete, und die Bogen bildeten sich, als aus den Finnen Gestein abbrach. Wasserläufe schufen zierliche Brücken. Und die Hoodoos? Die Felsnadeln entstanden durch Verwitterung der Finnenseiten.

Vor 10 000 Jahren streiften Jäger und Sammler durch die Gegend. Ihnen folgten die Puebloindianer, die in Siedlungen lebten. In der „Four Corners"-Region, wo Arizona, New Mexico, Colorado und Utah zusammentreffen, betrieben sie Ackerbau. Später siedelten dort die Stämme der Ute und Paiute. Schließlich kamen europäische Reisende, Trapper sowie Siedler. Der berühmteste war Edward Abbey, in den 1950er-Jahren Ranger im Arches National Monument. Sein Buch *Desert Solitaire: A*

Season in the Widlerness ist eine Kritik an der Tourismusindustrie und ein Plädoyer für den Erhalt des Schutzgebiets. Er fordert, die Wildnis zu Fuß zu erkunden – ein Erlebnis, was seiner Meinung nach so intensiv sein sollte, dass es einen zum Bluten bringt. Es reichen aber auch ein paar Blasen nach dem Wandern.

← Double Arch.
↑ Felsbilder von Stammesmitgliedern der Ute.
Vorherige Seite: Der Delicate Arch.

Getty Images | Alacatr; Leanne Walker

Anreisen

Wann?
Mit 16 bis 27 °C ist es hier im April und Mai bzw. ab Mitte September bis Ende Oktober am angenehmsten. Im Sommer zeigt das Thermometer meist über 30 °C an und erreicht häufig Werte von 38 °C. Von März bis Oktober herrscht großer Andrang, wobei die meisten Besucher an Wochenenden und Feiertagen kommen.

Wie?
Der Park liegt im Südosten von Utah und der Eingang befindet sich 43,5 km (27 Meilen) südlich der I-70. Nach Salt Lake City, Utah, im Nordwesten sind es 380 km (236 Meilen), nach Grand Junction, Colorado, im Nordosten 177 km (110 Meilen).

Park in Zahlen

310,3
Fläche (km²)

20–25
Regenfall pro Jahr (cm)

3245
Gewicht des Balanced Rock (t)

Zelt oder Hotel?

 **Devils Garden Campground** Was baut der Teufel hier wohl an? 29 km (18 Meilen) nördlich des Parkeingangs verteilen sich inmitten von stachligen Feigenkakteen, Yuccapalmen und Pinyonkiefern Stellplätze für Zelte und Wohnmobile. Mächtige rote Felszinnen begrenzen den Campingplatz.

Cali Cochitta In dem netten B&B, einer behaglichen Oase im Herzen von Moab, sorgen Hängematten, Verandastühle und ein Whirlpool im Garten für sofortige Entspannung. Ziegelstein-cottages mit schick dekorierten Zimmern säumen den wunderbar gepflegten Rasen. An einem Tisch im Freien kann man gemeinsam mit den anderen Gästen frühstücken und von den Wanderungen am Vortag erzählen.

Red Cliffs Lodge Die robust-stylishen Hütten und Suiten dieser Ranch blicken auf den Colorado River und den Castle Creek. Westernfans werden von den Reitausflügen und dem Filmmuseum begeistert sein. Gepflegten Genuss bietet das hauseigene Weingut.

Raus und los

Wandern Der Süden von Utah gilt als Outdoorparadies. Bester Beweis dafür ist die von Rangern geführte dreistündige Wanderung auf dem Fiery Furnace Hike durch ein Labyrinth aus roten Felsen. Dabei klettert man über Findlinge, zwängt sich durch schmale Spalten und stößt nach jeder Krümmung auf neue geologische Wunder.

Fotografieren Sonnenauf- und -untergang sind ideal, um die roten Felsen zu fotografieren. Die wärmsten Blautöne fängt man in der Abenddämmerung ein. Bei Spiegelreflexkameras sollte man einen Filter zur Verstärkung der Farbe des Gesteins einsetzen und bei Digitalkameras die Einstellung „bewölkt" wählen. Schatten verleihen den Fotos Tiefe.

Rafting Auf dem Colorado River an der Südgrenze des Parks leisten die Paddel Schwerstarbeit. Ein Highlight auf dem Abschnitt zwischen Dewey Campground und Hittle Bottom im Nordosten des Schutzgebiets ist die Natur. Stromschnellen der Kategorien I und II in der Nähe von Moab machen die Tour zu einem Abenteuer, sie bleibt aber familienfreundlich.

➡ Utahs berühmte Felsformationen sind das Ergebnis Millionen Jahre dauernder Erosion.

Nicht verpassen

Der Arches National Park erstreckt sich auf einem Hochwüstengebiet mit sehr heißen Sommern, kalten Wintern und geringen Niederschlägen. Zu den Hauptlebensräumen gehören Gras- und trockenes Schwemmland sowie Ufergebiete, unterbrochen durch glatte Felsen. Größere Säuger wie Füchse und Rotluchse und die meisten Nager sind nachtaktiv. Nach einem Frühlings- oder Sommerschauer gibt's ein ohrenbetäubendes Konzert quakender Krötenmännchen.

STECHAPFEL Die geheimnisvolle Pflanze ist leicht an ihren weißen, trompetenförmigen Blüten zu erkennen, die sich abends öffnen. Alle Teile sind giftig, also sollte man nichts davon kosten. Der Stechapfel wird auch als Engelstrompete oder Trompetenbaum bezeichnet.

WEISSBRUSTSEGLER Wie gefiederte Geschosse schwirren die schnellen Vögel mit schwarzen Flügeln und Körperfedern sowie weißer Hals- und Brustpartie zwischen den Felsen herum. Sie verbringen die meiste Zeit in der Luft, wo sie sich in einem wirbelnden Tanz paaren.

ZWERGKLAPPERSCHLANGE Diese Klapperschlangenart ist bekannt für ihr überaus starkes Gift, doch glücklicherweise zeigt sie sich tagsüber nur selten. Ihr Rückenmuster ähnelt ausgeblichenen Bluttropfen.

Wandern

O1 Delicate Arch

Kahle Pfade hinaufwan-
dern, einen Felsvorsprung
umgehen und die schicke
Kamera bereit machen für
das Highlight: den freiste-
henden, grazilen Delicate
Arch vor der Kulisse der La
Sal Mountains. Der Rundweg
ist 4,8 km (3 Meilen) lang.

O2 Devils Garden Trail

Die 11,6 km (7,2 Meilen)
lange Strecke führt an acht
Felsbogen vorbei. Vom
Ausgangspunkt sind es
2,6 km (1,6 Meilen) bis zum
Landscape Arch, dem mit
einer Spannweite von 88,4 m
weltweit größten natürli-
chen Bogen.

O3 Windows Trail

Wer dem leichten 1,6 km
(1 Meile) langen Weg folgt,
gelangt zu den Windows,
einem doppelten Felsbogen
und einer Felsformation,
die an eine Burg mit Zinnen
erinnert.

◄ Wandern auf dem
Devils Garden Trail.
▼ Der Arches National Park
ist ein beliebtes Ziel von
Wohnmobilfahrern auf der
Suche nach der Wintersonne.

Tourentipps

Beim Wandern beobachten, wie die Bogen und Finnen der Sandsteinfelsen in der Abendsonne glühen, oder die herrliche Landschaft mit einem Mountainbike erkunden.

➜ Die weltberühmten Mountainbikerouten rund um Moab führen über kahle, raue Felsen.

01

Ein halber Tag

Die Courthouse Towers und der Balanced Rock sind die Highlights auf der morgendlichen Fahrt zum Wolfe-Ranch-Parkplatz. Von dort geht's 2,4 km (1,5 Meilen) bergauf bis zu einer Felskante mit einem herrlichen Blick auf den Delicate Arch. Dieser mag einem ziemlich vertraut vorkommen, denn er ist auf den Autokennzeichen von Utah abgebildet. Seine Farben verändern sich auf geradezu magische Weise mit dem Stand der Sonne. Auf dem Rückweg kann man neben der Fußgängerbrü-

cke Felsbilder bestaunen. Danach wandert man weiter zur Wolfe Ranch, einer gut erhaltenen Pionierhütte der frühen 1900er-Jahre.

Als Nächstes bewundert man fünf großartige Felsbogen auf einer 1,6 km (1 Meile) langen Schleife: das North Window mit Blick auf den Canyon, das South Window und den burgähnlichen Turret Arch sowie die Double Arches wenige Schritte abseits des Weges. Der Picknickplatz gegenüber dem Balanced Rock bietet sich für eine gemütliche Mittagspause an.

02

Ein Tag

Weil der Parkplatz bei den Arches schnell belegt ist, sollte der Tag früh beginnen. Im City Market von Moab gibt's Sandwiches und beim Visitor Center die Genehmigung für eine halbtägige Ranger-Führung durch den Fiery Furnace, ein Labyrinth mit den seltsamsten Sandsteinfelsen.

Erschöpft und hungrig? Dann kann man nordwärts nach Devils Garden fahren und neben imposanten Finnen und Bogen picknicken. Von hier aus verlaufen kurze Wege zum Windows Rock und zum Balanced Rock,

beide unweit der Hauptstraße gelegen.

Wem der Sinn nach Bildung steht, nimmt an einer Ranger-Tour teil oder fährt zum Wolfe-Ranch-Parkplatz, um uralte Felszeichnungen und eine Hütte aus den frühen 1900er-Jahren zu bestaunen. Der Tag endet am späten Nachmittag mit einer Wanderung zum Delicate Arch. Wenn er von der Abendsonne bestrahlt wird, tummeln sich dort zwar stets weitere Besucher, aber das tut der fragilen Schönheit des Bogens keinen Abbruch.

03

Zwei Tage

Der erste Tag beginnt in Moab mit einem Frühstück im Love Muffin. Dann geht's nordwärts zum Visitor Center, wo das Tagesprogramm aushängt. Nach einer 29 km (18 Meilen) langen Panoramafahrt erreicht man den Devils Garden Campground und stellt sein Zelt auf. Von hier führt der Devils Garden Trail zum Landscape Arch und an sieben weiteren Felsbogen vorbei. Nachmittags unternimmt man eine Wanderung zum Window Rock und zum Balanced Rock, hört sich den Vortrag eines Rangers an und macht sich dann für den Son-

nenuntergang zum Delicate Arch auf. Hinterher gibt's Elch im Desert Bistro und Bier in der Moab Brewery.

Am nächsten Morgen besorgt man sich die Genehmigung für den Fiery Furnace und geht mit einem Ranger auf die dreistündige Wandertour. Nachmittags steht Rafting auf dem Colorado River oder eine Radtour auf dem familienfreundlichen Bar M Loop an. In Moab, dem Mekka der Mountainbiker, geben die Verleiher Tipps für weitere Ausflüge. Der Abend wird mit einem Burger in Moabs beliebtem Milt's eingeläutet.

04

SD

Badlands National Park

Wer sich den Badlands erstmals nähert, dem verschlägt es fast die Sprache. Die unwirkliche Landschaft widersetzt sich jeder Beschreibung.

Französische Trapper nannten es „schlechtes Land [engl. bad lands] zum Durchreisen", und die Lakota, die vor ihnen hier waren, teilten diese Ansicht. Die schaurige Mondlandschaft ist geprägt von bizarren Felsformen und dem scheinbaren Fehlen von Vegetation. Doch je länger man hier verweilt, desto mehr entdeckt man.

In den scheinbar öden Felsen steckt jede Menge Leben – und viele Spuren früheren Lebens. Die Badlands sind eine der weltweit reichsten Fundstätten an Fossilien. Erforscht werden sie seit 1846, als der Paläontologe Hiram Prout hier den Kiefer eines Titanotheriums (ausgestorbenes, mit Pferden und Nashörnern verwandtes Säugetier) ausgrub.

Außerdem unterliegt das Gebiet stetigen Veränderungen. Die Badlands bestehen aus einzelnen Schichten, entstanden durch Anhäufung von Sedimenten im Laufe der Erdzeitalter. Einige Schichten sind vulkanischen Ursprungs, andere sind Schlammablagerungen einstiger Flüsse und Meere. Es dauerte Jahrmillionen bis zur Entstehung der heutigen Landschaft, die seit etwa 500 000 Jahren durch Erosion abgetragen wird und 2,54 cm pro Jahr verliert.

In dem Nationalpark gibt's zwei Arten von Prärie-Graslandschaften mit einer sehr regen tierischen, pflanzlichen und meteorologischen Aktivität. Die Vogel- und Tierwelt ist überaus artenreich und zu den 400 Pflanzenarten gehören Sträucher, Blumen und Gräsern. Oftmals jedoch ist das Wetter die Hauptattraktion: Besucher müssen mit plötzlichen, heftigen Regengüssen und Hagelschauer im Frühling und Sommer, Blizzards im Winter sowie extremen Temperaturschwankungen rechnen. Man sollte also jederzeit auf ein dramatisches Wetterschauspiel gefasst sein.

Anreisen

 Wann?
Die Sommer sind heiß mit häufigen Regen- und Hagelschauern. Regenreichster Monat ist der Juni. Im Winter herrschen kalte Temperaturen und es fällt jede Menge Schnee. Der Park und das Ben Reifel Visitor Center sind ganzjährig geöffnet (außer zu Thanksgiving, Weihnachten und Neujahr), während das Visitor Center am Südeingang nur im Sommer aufhat.

 Wie?
Die Badlands liegen im südwestlichen South Dakota, 120,7 km (75 Meilen) östlich von Rapid City. Es gibt keine öffentlichen Verkehrsmittel, also mietet man am besten ein Auto.

Park in Zahlen

987
Fläche (km²)

2,54
Erosion pro Jahr (cm)

990
Höchster Punkt (m)

Zelt oder Hotel?

 Cedar Pass Lodge
Bereits 1928 eröffneten der Geschäftsmann Ben Millard und seine Schwester Clara hier eine bewirtschaftete Lodge. Damals gab es sogar einen Tanzsaal, in dem wechselnde Bands auftraten. Heute kann man die damalige Atmosphäre nachempfinden, indem man in Hütten schläft, die den Originalbauten ähneln, aber mit komfortablen Dingen wie Fernsehern und Haartrocknern aufwarten. Außerdem besitzt die Unterkunft ein LEED-Zertifikat, ist also besonders umweltfreundlich. Von Oktober bis April geschlossen.

Badlands Inn
Die schlichten Zimmer des familienfreundlichen Motels unweit des Ben Reifel Visitor Center bieten freien Blick auf den Park – ideal zur Beobachtung der Sonnenauf- und -untergänge.

Sage Creek Campground
Eine Alternative zum Cedar Pass Campground ist der kostenlose, einfache Campingplatz in der North Unit des Parks, durch den oft Tiere streunen. Wegen seiner Lage abseits der unbefestigten Sage Creek Rim Road ist der Zugang bei Schlechtwetter eventuell nicht möglich.

Raus und los

 Panoramafahrt
Die lohnenswerte Fahrt auf der malerischen 61 km (38 Meilen) langen Badlands Loop Road, eine U-förmige Strecke zwischen den Orten Cactus Flat und Wall, bietet mit ihren zahlreichen Infoständen und Aussichtspunkten einen guten Überblick über die Besonderheiten des Parks.

 Mehr erfahren
In dem von Mai bis September geöffneten Paläontologielabor im Ben Reifel Visitor Center können Besucher jedes Alters mehr über die Bedeutung der Fossilienstudien im Badlands National Park erfahren.

Sterne beobachten
Der weite Blick in den Nachthimmel und das völlige Fehlen von Lichtverschmutzung bieten vom Cedar Pass Campground aus eine tolle Möglichkeit, die Sterne zu beobachten – sei es mit bloßem Auge oder mit Teleskopen, die man bei den Rangern ausleihen kann. Die Milchstraße so klar zu sehen ist ein unvergessliches Erlebnis.

◀ Die Straßen von South Dakota ziehen besonders bei der jährlichen Sturgis Motorcycle Rallye im August jede Menge Motorradfahrer an.

Wandern

○1 Fossil Exhibit Trail
Der 400 m (0,25 Meilen) lange, für Rollstuhlfahrer geeignete Plankenweg führt an Repliken von Fossilien und Schautafeln mit Infos über die im Park entdeckten Funde ausgestorbener Tierarten vorbei.

○2 Notch Trail
Vom Door-and-Window-Parkplatz klettert man über eine Leiter auf einen Felsen mit einem tollen Blick auf das White River Valley. Der Rundweg ist 2,4 km (1,5 Meilen) lang.

○3 Sage Creek
Für Wanderungen durch das Hinterland des Parks braucht man keine Genehmigung, sollte sich aber vorab im Visitor Center informieren und eine detaillierte Karte besorgen. Einen Vorgeschmack gibt die zweitägige Tour am Sage Creek entlang.

Nicht verpassen

Die Badlands und die umliegenden Grassteppen sind die Heimat einer überaus reichen Tier- und Pflanzenwelt. Dazu gehören Hunderte Vogelarten, Gräser, Wildblumen, winterfeste Sträucher, Schmetterlinge, Schlangen und Eidechsen sowie zahlreiche Säugetiere vom Präriehund bis zum Bison. Naturfotografen können diese Kreaturen vor der überwältigenden Felskulisse und dem weiten Himmel fotografieren.

BISON Oft sind die bis zu 907 kg schweren Tiere entlang der Sage Creek Rim Road im westlichen Teil der North Unit zu sehen.

DICKHORNSCHAF Unweit der Pinnacles oder des Cedar Pass sollte man Ausschau nach diesen gut getarnten Kletterern halten. Mit ihren mächtigen Hörnern und dem kräftigen Schädel tragen die Männchen jedes Jahr vor der Paarungszeit Rangkämpfe aus.

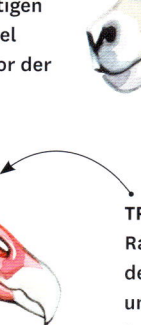

TRUTHAHNGEIER Der große Raubvogel hat einen unbefiederten roten Kopf und einen ungewöhnlich gut entwickelten Geruchssinn, mit dem er frisches Aas aufspürt.

28

Tourentipps

Auf der Loop Road an tollen Aussichtspunkten halten und Fotos schießen, unter dem Sternenhimmel zelten oder im Hinterland durch einsame Gegenden wandern.

← Kämpfende Dickhornschafe.
↑ Die unheimliche Landschaft des Badlands National Park.

01
Ein Tag

Die Badlands Loop Road (Highway 240), eine der schönsten Panoramastraßen überhaupt, ist 61 km (38 Meilen) lang und bildet südlich der I-90 eine U-Schleife. Sie kann in beide Richtungen befahren werden. Wer von Osten gen Westen unterwegs ist, kommt durch die Northeast Entrance Station in den Park. Keineswegs verpassen sollte man den Big Badlands Overlook, doch auch die zahlreichen Aussichtspunkte und Infostände entlang der Route sind lohnende Zwischenstopps. Bereits nach kurzer Zeit er-

reicht man den Fossil Exhibit. Hier führt ein leichter Plankenweg vorbei an Tafeln und Schaukästen mit Infos über die Fossiliengrabungen und die Geschichte der Paläontologie. Danach geht's auf der Loop Road weiter bis zum Window-Trail-Parkplatz, wo man herrliche Landschaftsfotos schießen kann. Unbedingt am Yellow Mounds Overlook und den Pinnacles anhalten, bevor man den Park verlässt und auf der I-90 das kleine Örtchen Wall ansteuert. Dort gibt's Erfrischungsgetränke im großen, kitschigen Wall Drug Store, ein echtes Muss.

02
Ein Wochenende

Über die Northeast Entrance Station geht's hinein in den Park. Nach einem Halt beim Big Badlands Overlook folgt man weiter der Loop Road. Am Ausgangspunkt des Notch Trail angekommen, wandert man 2,4 km (1,5 Meilen) zu einem Aussichtspunkt mit Blick über das Flusstal. Wieder auf der Loop Road fährt man bis zum Ben Reifel Visitor Center und erkundigt sich nach dem Abendprogramm. Die Nacht verbringt man auf dem Cedar Pass Campground oder in einer Ökohütte der Cedar Pass

Lodge. Abends erzählen die Ranger Interessantes über den Sternenhimmel. Der nächste Tag beginnt mit einer Stippvisite im Paläontologielabor des Visitor Center. Nachdem man sich mit Proviant und vor allem mit Wasser eingedeckt hat, geht's auf der Loop Road weiter. Hinter dem Pinnacles Overlook folgt der Abzweig zur Sage Creek Rim Road (für Mountainbikes geeignet). Sie führt bis zum einsamen Sage Creek Campground, einem guten Startpunkt für Wanderungen ins Hinterland.

05

TX

Big Bend National Park

Big Bend, eine weite, von der Hitze ausgetrocknete Wildnis, fasziniert all jene, die in diese entlegene Ecke von Texas reisen.

In der Chihuahuan Desert, wo im Sommer öfters über 38 °C gemessen werden, mag der Big Bend zunächst wie eine trockene Einöde erscheinen. Doch in den steilen Canyons, dem fruchtbaren Flussuferbereich, der Strauchwüste und den bewaldeten Bergen gibt's diverse Mikroklimaformen mit artenreichem Leben, darunter mehr Vogelarten als in jedem anderen Nationalpark der USA.

Die Gegend mit ihren 500 Millionen Jahre alten Felsen und Sanddünen, die bis heute durch Wüstenwinde geformt werden, blickt auf eine komplexe geologische Geschichte zurück. Wer durch diese Ödnis wandert, kann sich kaum vorstellen, dass sie einst der von Schlamm und Kalksteinsedimenten bedeckte Boden eines inzwischen verdunsteten Meeres war. In den Ablagerungen wurden schon zahlreiche Fossilien entdeckt, z. B. der Schädel eines dreihörnigen Chasmosaurus, ein 15 m langes Krokodil und ein fliegendes Reptil mit einer Flügelspannweite von 11 m.

Durch das unwirtliche Gebiet, das eng mit der Geschichte der Menschen hier verbunden ist, fließt ein großer Teil des Leben spendenden Rio Grande. Wie Artefakte beweisen, lebten in der Gegend schon vor 10 000 Jahren Paläoindianer, gefolgt von Chisos-Stämmen und Komantschen, die Raubzüge bis ins Innere von Mexiko unternahmen. Außerdem überquerten spanische Reisende den Rio Grande auf der Suche nach Gold und Silber. Nach Ende des Mexikanisch-Amerikanischen Kriegs kamen Rancher, Bergleute, Revolutionäre, Verbrecher und unternehmungslustige Siedler.

Die Schaffung des Nationalparks ist vor allem Everett Townsend zu verdanken. 1894 brachte der aus Texas stammende Deputy Marshal gestohlene Maultiere zurück in die-

se Gegend und drang dabei als Erster in die Chisos Mountains vor. Beeindruckt von der Schönheit der Natur, gelobte er, die Landschaft zu erhalten. Sein Versprechen löste er ein, nachdem er Abgeordneter des Bundesstaates geworden war. 1944 wurde Big Bend offiziell zum Nationalpark erklärt und der über 70-jährige Townsend zum ersten Aufse-

her ernannt. Heute noch gedenkt man seiner als „Vater" des Big Bend.

↑ Kanufahren auf dem Rio Grande im Big Bend National Park.
→ Der Santa Elena Canyon im Abendlicht.
Vorherige Seite: Unterwegs mit dem Fahrrad.

Anreisen

Wann?
Von Oktober bis April ist die angenehmste Reisezeit. Im Sommer steigen die Temperaturen regelmäßig über 38 °C und erreichen manchmal sogar 43 °C, was längere Wanderungen unmöglich macht. Wer Zugvögel beobachten will, kommt am besten im Frühling (März–Mitte Mai).

Wie?
Der Big Bend liegt im äußersten Südwesten von Texas, 314 km (195 Meilen) vom Flughafen in Midland (mit dem Auto 3 Std. Richtung Norden) bzw. 467 km (290 Meilen) von dem in El Paso (4½ Std. gen Nordwesten) entfernt. An beiden Airports gibt's Mietwagen.

Park in Zahlen

3243
Fläche (km²)

2387
Höchster Punkt (m)

1200
Pflanzenarten

Zelt oder Hotel?

 Chisos Mountain Lodging Abgesehen von den Campingplätzen ist dies die einzige Unterkunft im Park. Es gibt Zimmer in sämtlichen Preisklassen, alle mit tollem Blick und nur wenige Schritte von den Wanderwegen in den Chisos Mountains entfernt. Wer in einer der fünf Rooseevelt Cottages mit Steinböden, Holzdecken, Veranden und Bergblick unterkommen möchte, muss rechtzeitig im Voraus buchen.

 **Chisos Basin Campground** Für seine Lage erhält der Campingplatz beste Bewertungen. Hier kann man Sonnenuntergänge und Sterne beobachten und Wanderwegen folgen, zudem gibt's ein Restaurant. In den 1930ern befanden sich vor Ort noch die Baracken des Civilian Conservation Corps, dessen Mitglieder Pfade markierten und Zugangswege sowie Unterkünfte bauten.

 Posada Milagro Dieses rustikale Lehmziegel-Gästehaus mit im westtexanischen Stil eingerichteten Zimmern fügt sich wunderbar in die Ruinen der Geisterstadt Terlingua (eine halbe Autostunde vom Parkeingang entfernt) ein. Auf der Terrasse kann man den kühlen Abend genießen.

Raus und los

 Rafting Beim Rafting auf dem Rio Grande kann man die dramatische Schönheit des Elena Canyon und der hohen Felswände im Big Bend bewundern. Zu bestimmten Zeiten im Jahr gibt's auch anspruchsvolle Stromschnellen der Kategorie IV. In Terlingua bieten lokale Veranstalter geführte Touren an.

Sterne beobachten Keine künstliche Beleuchtung stört die Beobachtung des Himmels. In klaren Nächten sind über 2000 Sterne zu sehen. Es lohnt sich also durchaus, einige Campingtage einzuplanen. Alternativ genießt man den Anblick der Sterne, während man in einer der herrlichen heißen Thermalquellen badet.

Vogelbeobachtung Mit seinen über 450 Vogelarten gehört der Big Bend zu Amerikas Hotspots für Vogelfans. Das Rio Grande Village bietet das ganze Jahr über hervorragende Möglichkeiten, die gefiederten Tiere – darunter Reiher, Enten, Eisvögel, Weißflügeltauben, Rubintyrannen und Rundschwanzsperber – in unterschiedlichen Lebensräumen zu beobachten.

◄ Seine müden Beine kann man wunderbar in der Thermalquelle nicht weit vom Ausgangspunkt des Wanderweges entfernt entspannen.

Nicht verpassen

Auf den ersten Blick scheint der Big Bend eine öde, unwirtliche Region zu sein. Wer die Gegend genauer erkundet, entdeckt jedoch eine verblüffend reiche Tier- und Pflanzenwelt. In den drei großen Lebensräumen – wüstenartiges Ödland, Flusstäler und bewaldete Berge – wachsen über 1200 Pflanzenarten. Außerdem sind hier mehr Vogel-, Fledermaus- und Kaktusarten als in jedem anderen Park der USA zu finden.

APHONOPELMA HENTZI Obwohl die von Haaren bedeckte, fast mausgroße Vogelspinne furchteinflößend aussieht, ist sie nicht aggressiv und für den Menschen ungefährlich. Sie lebt in einer Höhle, vor der sie Seidenfäden platziert, um mögliche Beute aufzuspüren.

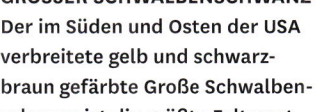

GROSSER SCHWALBENSCHWANZ Der im Süden und Osten der USA verbreitete gelb und schwarzbraun gefärbte Große Schwalbenschwanz ist die größte Falterart Nordamerikas. Er erreicht eine Flügelspannweite von 10 bis 16 cm.

KOJOTE Eine der 75 Säugetierarten im Big Bend, der Kojote, hat ein graues oder rötlich-graues Fell, eine Schulterhöhe von 61 cm und ein Gewicht von 14 bis 32 kg. Die Tiere gehen lebenslange Partnerschaften ein und jagen in einem Revier von 64 bis 100 km.

Wandern

01 Hot Spring Trail

Vom Parkplatz führt ein leichter 1,5 km (1 Meile) langer Rundweg zu den 41 °C warmen Thermalquellen, die dazu einladen, an kalten Wintertagen ein Bad zu nehmen.

02 Lost Mine Trail

Auf der moderaten, 7,7 km (4,8 Meilen) langen Strecke lernt man die Naturschätze der Chisos Mountains kennen. Der Pfad verläuft durch Kiefern-, Wacholder- und Eichenwälder zu einer Felskante mit Blick auf die Sierra del Carmen in Mexiko.

03 Emory Peak

Wer dem anstrengenden, 17 km (10,5 Meilen) langen Rundweg auf den höchsten Gipfel des Big Bend in den Chisos Mountains folgt, wird mit einer herrlichen Aussicht auf die Wüstenlandschaft belohnt.

Tourentipps

Vom Emor Peak den schönsten Ausblick auf den Big Bend genießen, eine Raftingtour auf dem Rio Grande unternehmen, die Grenze nach Mexiko überqueren oder unter dem Sternenhimmel Tiere beobachten.

◀ Stacheliger Feigenkaktus; Teepee Rest Area an der River Road.
➡ Vorsicht vor Schwarzbärenmüttern, die ihre Kleinen dabeihaben.

01

Ein Wochenende

Am ersten Tag wandert man auf dem 16,9 km (10,5 Meilen) langen Rundweg zum Emory Peak hoch in den Chisos Mountains mit einem fantastischen Panoramablick. Unterwegs passiert man Wildblumenwiesen und blühende Kakteen, über denen Mexikanische Blauhäher flattern. Je höher es geht, desto malerischer wird die Aussicht. Unweit der Strecke grasen oft Weißwedelhirsche. In der Chisos Mountain Lodge gibt's erstklassiges Essen und einen tollen Ausblick.

Am zweiten Tag steht eine Fahrt auf dem Ross Maxwell Scenic Drive (48,3 km bzw. 30 Meilen) an. Diese kann zu einer Ganztagestour verlängert werden, indem man die Umgebung der Sam-Nail-Ranch erkundet und vom Sotol Vista Overlook aus die Wüste bewundert. Eine Seitenstraße führt zu den farbigen Klippen von Burro Mesa und im Castolon Historic District locken die Reste eines Kavalleriecamps aus dem frühen 20. Jh. Der Tag endet im 457 m hohen Santa Elena Canyon, wo man auf dem 2,7 km (1,7 Meilen) langen Flussuferpfad eine Wanderung unternimmt.

02

Vier Tage

Nach der Tageswanderung am ersten und der Panoramafahrt am zweiten Tag steht an Tag drei eine Rio-Grande-Raftingtour auf dem Programm. Wer es gemächlich angehen lassen möchte, paddelt zum Hot Spring Canyon mit einem fantastischen Ausblick auf die Sierra del Carmen in Mexiko und entspannenden Thermalquellen. Entlang der Strecke kann man Piktogramme der Ureinwohner bestaunen. Abends beobachtet man, wie sich der schwarze Himmel mit Sternen füllt. Der Big Bend hat die geringste Lichtverschmutzung aller Nationalparks der 48 Bundesstaaten im Kerngebiet der USA und die Parkmanager sind bestrebt, diesen Zustand beizubehalten.

Am vierten Tag bietet das Rio Grande Village viele Möglichkeiten zur Tierbeobachtung, insbesondere der Vogelwelt. Frühabends geht's westwärts zum Chisos Basin für eine kurze Wanderung auf dem Window View Trail, einem der besten Orte im Big Bend, um den Sonnenuntergang zu genießen.

03

Eine Woche

Nach dem Vier-Tage-Programm besucht man am fünften Tag das winzige Boquillas in Mexiko (2014 wurde der Grenzübergang wieder geöffnet). Mit einem Ruderboot geht's über den Fluss und dann per Brummi oder auf Esels Rücken weiter. Alternativ legt man die 1,6 km (1 Meile) lange Strecke bis Boquillas zu Fuß zurück. Nach einem Snack und Souvenirkäufen macht man sich nachmittags auf den Rückweg. Reisepass nicht vergessen!

An Tag sechs steht die Erkundung der Geisterstadt Terlingua unweit des Parks an. Gegessen wird im Starlight Theater, einem ehemaligen Kino ohne Dach, das ein Westernrestaurant beherbergt. Am letzten Tag folgt man dem Lost Mine Trail (7,7 km bzw. 4,8 Meilen) im Big Bend zu einem Aussichtspunkt auf dem Juniper Canyon.

Wer noch Zeit hat, unternimmt eine Panoramafahrt. Von Terlingua aus geht's auf einem aufregenden Highway westwärts nach Lajitas: Die einsame, kurvenreiche Route 170 mit dem Rio Grande zur Linken und hohen Gipfeln zur Rechten führt durch eine herrliche Landschaft.

06

Biscayne National Park

Das von Schiffswracks übersäte und von Meeresschildkröten und Seekühen bevölkerte frühere Piratenparadies Biscayne wurde vor dem Zugriff von Bauunternehmern gerettet und ist heute das Atlantis unter Amerikas Nationalparks.

Östlich der Everglades, vor Miami, liegt ein seit 10 000 Jahren besiedeltes Traumland, das eingeborene Stämme, spanische Eroberer, Plünderer und feiernde Präsidenten angezogen hat. Heute begeistert Biscayne Abenteurer, die auf den Keys campen, mit dem Kajak Atolle umrunden und Schnorcheltouren unternehmen. Der Nationalpark besteht zu 95 % aus Wasser und bietet einen Lebensraum für 200 Fisch- sowie Meeressäugerarten.

Es hätte jedoch alles anders kommen können. 1513 „entdeckte" der Spanier Juan Ponce de Leon Florida und brachte dem Stamm der Tequesta Seuchen und Verderben. Später zerschellten mit Schätzen beladene spanische Schiffe am hiesigen Riff und sanken. Im 18. Jh.

wurde Elliot Key zum Stützpunkt des afrikanischen Piraten Black Caesar. Bis weit ins 20. Jh. blieb Biscayne Schauplatz zwielichtiger Aktivitäten. Während der Prohibition war Stiltsville vor allem ein Schauplatz von Saufgelagen und ein Ort für Glücksspiele. Und vor der Invasion in der Schweinebucht unterhielt die CIA in der Gegend ein Trainingscamp für Exilkubaner.

Israel Jones, einer der ersten schwarzen Millionäre Amerikas, brachte es hier durch Ananas- und Limonenanbau zu Reichtum. Seine Söhne boten geführte Angeltouren an und zählten u. a. John F. Kennedy, Lyndon Johnson, Richard Nixon sowie – ganz entscheidend für die Zukunft des Gebiets – den Staubsaugermagnaten Herbert W. Hoover jr. samt Familie zu ihren Kunden.

Im Zuge von Floridas Aufschwung verkündeten Bauunternehmer ihre Pläne für die Errichtung einer neuen Hafenstadt und wollten mitten im Riff einen 12 m breiten Kanal bauen. Dagegen gab es jedoch großen Protest und einen immer lauter werdenden Ruf nach einem Schutzgebiet, unterstützt vom *Miami Herald* und von Hoover jr. persönlich.

Als die Zustimmung für einen Park wuchs, schlugen die Grundbesitzer mit Planierraupen quer durch Elliott Key eine Schneise, bekannt als „Spite Highway" („spite" bedeutet „Gehässigkeit"), da sie nirgends hinführte. 1968 wurde Biscayne zum National Monument und 1980 zum Nationalpark erklärt. Der heute von Pflanzen überwucherte Highway dient inzwischen als Wanderweg.

Anreisen

Wann?

Der Park ist ganzjährig geöffnet. Wer campen möchte, kommt am besten im Winter her, wenn sich Moskitos und Stechfliegen weniger aggressiv verhalten. Zum Schnorcheln sind die Sommer- und Herbstmonate besser geeignet.

Wie?

Als Eingang zum Park dient das Dante Fascell Visitor Center am Convoy Point, 14,5 km (9 Meilen) östlich der Stadt Homestead (1 Std. mit dem Auto von South Beach nach Süden auf dem Florida Turnpike). Hier gibt's ein Museum und Mietboote und man kann geführte Touren buchen.

Park in Zahlen

700
Fläche (km²)

44
dokumentierte Schiffbrüche innerhalb des Parks

10 000
Jahre menschliche Besiedlung im Park

Zelt oder Hotel?

Biscayne ist etwas für echte Abenteurer! Hotels, Motels, Lodges oder Hütten sucht man vergeblich – man kann nur campen. (Die nächstgelegenen Unterkünfte außerhalb des Parks befinden sich in Homestead oder Florida City.) Wer im Sommer zelten möchte, wird von Moskitos und Stechfliegen geplagt. Man muss sich selbst versorgen, braucht also Proviant und Wasservorräte.

Boca Chita Key Campsite

Am Ufer der meistbesuchten Insel des Parks liegt gleich neben dem Hafen und gegenüber dem Pavillon ein Campingplatz mit Rasenbereich, Picknicktischen und Toiletten. Keine Duschen.

Elliott Key Campsite

Stellplätze am Ufer und im Wald, eine saisonal betriebene Rangerstation, Picknicktische, Grillplätze, Toiletten und eine Kaltwasserdusche.

Stiltsville

In den heute geschlossenen historischen Pfahlbauten der Biscayne Bay fanden in den 1930er-Jahren private Glücksspielabende und Gelage statt. Bisher sind noch keine konkreten Nutzungspläne für die Hütten bekannt.

Raus und los

Schnorcheln & Tauchen

Wer den Park erkunden möchte, der zu 95 % aus Wasser besteht, benötigt Schnorchel, Brille und Schwimmflossen (und Druckluftflaschen, falls man die Lizenz zum Gerätetauchen hat). Neben über 200 Fischarten gibt's 44 Wracks zu entdecken, darunter die Mandalay im Flachwasser. Schnorcheln kann man vom Ufer aus, das eigentliche Riff erreicht man aber nur mit einem Boot.

Kanu- & Kajakfahren

Eine Paddeltour rund um die Inseln von Biscayne ist ein herrliches Abenteuer. Mit Kanus und Kajaks erreicht man für größere Boote unzugängliche seichte Kanäle, Untiefen und Lagunen. Während man lautlos über das türkisfarbene Wasser gleitet, kann man Meeresschildkröten, Delfine und Seekühe beobachten.

Angeln & Langusten fangen

Nachhaltiges Angeln ist im Park erlaubt. Es gibt sogar eine kostenlose Schulung, die Besuchern ökologisch bewusste Techniken vermittelt.

◀ Angeln im seichten Meerwasser. Gefangene Fische müssen wieder freigelassen werden.
▶ Die Große Landkrabbe ist ein eher langsamer Gegner.

Erkunden

01 Spite Trail

Der einzige Wanderpfad des Parks hat eine interessante Vergangenheit. In den 1960ern, als der Konflikt zwischen Bauunternehmern und Naturschützern eskalierte, schlugen Planierraupen eine Wunde quer durch Elliott Key. Heute dient die einst als „Spite Highway" bezeichnete Straße als schöner 11,3 km (7 Meilen) langer Wanderweg und führt durch tropischen Wald.

02 Maritime Heritage Trail

Dieser einzigartige archäologische Unterwasserpfad ist mit Infotafeln versehen und verbindet mehrere Wracks miteinander, darunter die Arratoon Apcar (gesunken 1878), die Erl King (1891), die Alicia (1905), die Lugano (1913) und die Mandalay (1966).

Nicht verpassen

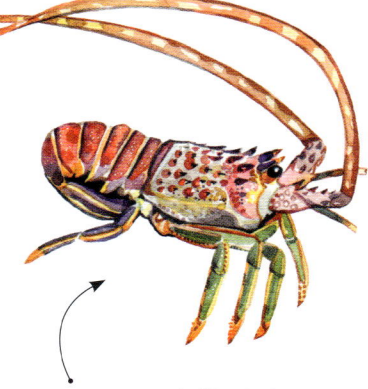

Die vier Ökosysteme des Parks – Mangrovensümpfe, Lagunen, Inseln und küstennahe Riffe – warten mit ungewöhnlich vielfältigen Lebensformen auf, darunter mehr als 50 Schalentier-, Hunderte Fisch- und 27 Säugetierarten. Zu den interessanteren einheimischen Bewohnern zählen das Spitzkrokodil, die Westatlantische Landkrabbe, die Klapperschlange und der Karibische Riffkrake. Im Süden Floridas überlappen sich einige Ökozonen und ziehen Vögel an, die nirgendwo sonst in den USA zu sehen sind.

LANGUSTE Sie ähnelt dem Hummer, ihr fehlen aber die Scheren. Wenn sich die Languste bedroht fühlt, erzeugt sie ein knarrendes Geräusch durch Reiben eines Weichteils ihrer Antenne gegen das Außenskelett.

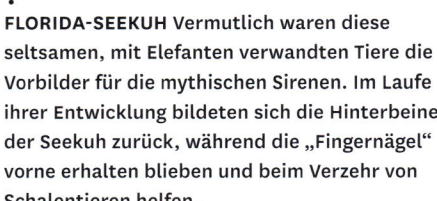

FLORIDA-SEEKUH Vermutlich waren diese seltsamen, mit Elefanten verwandten Tiere die Vorbilder für die mythischen Sirenen. Im Laufe ihrer Entwicklung bildeten sich die Hinterbeine der Seekuh zurück, während die „Fingernägel" vorne erhalten blieben und beim Verzehr von Schalentieren helfen.

KRABBENREIHER Unter den Amphibien in Ufernähe verbreitet dieser nachtaktive Jäger Angst und Schrecken. Früher war das Fleisch des kleinen Reihers oft Bestandteil von Cajun-Gerichten.

Tourentipps

Anker lichten! Egal ob man einen Tagestrip im Glasbodenboot unternimmt, ein Kanu mietet oder eine längere Kajaktour plant – überall erwarten einen wunderbare Tauch- und Schnorchelspots.

← Rote Mangroven am Rubicon Key im Biscayne National Park.
→ Die Amerikanische Zwergseeschwalbe ist Nordamerikas kleinste Seeschwalbenart.

01

Ein halber Tag

Biscayne ist einzigartig unter den US-Nationalparks, denn man braucht ein Boot, um überhaupt etwas von dem Schutzgebiet zu sehen. Das erfordert einen gewissen Aufwand an Planung für jeden Trip. Durchreisende (oder Landratten) erhalten dennoch einen Eindruck von der Gegend, indem sie das Dante Fascell Visitor Center am Parkeingang besuchen. In dem 80,5 km (50 Meilen) südlich von Miami und 14,5 km (9 Meilen) östlich von Homestead gelegenen Museum wird man mittels Multimedia durch die vier Ökosysteme geführt, ohne auch nur einen Fuß ins Wasser setzen zu müssen. Es laufen mehrere Lehrfilme über die vielfältigen Lebensformen unter Wasser, außerdem erfahren ältere Kinder ebenso wie die Kleinsten dank der Touch-Displays Interessantes über Knochen, Federn, Schwämme, Korallen und andere Aspekte des Parks. Darüber hinaus kann man dem kurzen Jetty Trail folgen und ein Picknick mit Blick aufs Wasser genießen – doch Vorsicht: Diese „Trockenübung" macht große Lust, den Park wirklich zu erkunden.

02

Ein Tag

Wer (noch) kein eigenes Boot besitzt, aber unbedingt die Unterwasserwelt des Biscayne-Parks erkunden möchte, der hat mehrere Optionen. Eine gute Wahl für Leute, die nicht nass werden wollen, sind die Glasbodenboote, die am Visitor Center jeden Morgen zu einer dreistündigen Riffbeobachtungstour starten. Unterwegs bestaunt man die bunte Welt der Korallen und Fische und begegnet mit etwas Glück Seekühen und Delfinen. Alle, die tiefer in diese Wunderwelt eintauchen möchten, buchen am besten den dreistündigen Schnorcheltrip (im Wasser werden rund 90 Minuten verbracht), um den Flossenbewohnern ganz nahe zu kommen. Kanus werden stundenweise vermietet. Geführte halbtägige Touren im Kanu oder Kajak gibt's im Winter (Ende November bis April). Lizenzierte Taucher können Ausflüge mit lokalen Veranstaltern organisieren. Mit dem nötigen Kleingeld ist es möglich, ein privates Boot zu chartern und sich durch den ganzen Park schippern zu lassen.

03

Fünf Tage

Wenn man das Visitor Center paddelnd hinter sich lässt, fühlt es sich an, als würde man zum ultimativen Abenteuer aufbrechen. Das Kajak liegt tief im Wasser, da es mit Proviant für mehrere Tage und einem Zelt beladen ist. Der erste Halt erfolgt am Boca Chita Key Campsite im Norden des Parks. Es gibt noch einen weiteren Campingplatz auf Elliott Key – und auf beiden sollte man vorab für je zwei Übernachtungen reservieren.

Die nächsten Tage verbringt man größtenteils auf dem Wasser und steuert Ziele an wie die Jones Lagoon (hier tummeln sich Haie, Rochen und Mangrovenquallen), den Hurricane Creek (ausgezeichneter Spot, um zwischen Mangroven zu schnorcheln) sowie die Flachwasserlagunen und Kanäle südlich vom Caesar Creek, so benannt nach einem Piraten, der hier sein Lager hatte. Für die Wanderung auf dem Spite Highway quer durch Elliott Key plant man einen weiteren Tag ein. Absolutes Highlight ist aber die Unterwasserwanderung entlang des Maritime Heritage Trail.

07

CO

Black Canyon of the Gunnison National Park

Die gähnende, dunkle Schlucht des Black Canyon of the Gunnison ist tiefer als der Grand Canyon und ein hervorragendes Beispiel für die Urgewalt der Natur.

Es vergingen 2 Mio. Jahre, bis dieser schroffe Canyon entstand. Der tosende Gunnison River durchschneidet eine senkrecht abfallende Wildnis und reißt Felsblöcke und Schutt mit sich. „Schmal" ist eine Untertreibung, denn Licht dringt zum Grund der Schlucht nur vor, wenn die Sonne direkt darüber steht. Kein anderer Canyon in Amerika kann es mit den hier aufragenden 610 m hohen Steilwänden aufnehmen. Nur Profis schaffen es, diese zu erklimmen und im Kajak die Stromschnellen der Kategorie V zu bezwingen. Den meisten Besuchern reicht es jedoch, die Panoramaaussicht zu genießen und Wanderungen oder Ausritte zu unternehmen. Für Fliegenfischer bietet der klare jadegrüne Gunnison River einige der besten Angelspots in Colorado und sogar in ganz Amerika. Er erhielt die Auszeichnungen Gold Medal Water und Wild Trout Water, die nur wenige andere Flüsse vorweisen können.

Einst war der mächtige Canyon eine unüberwindbare Barriere. Die Ute besiedelten seinen Rand, wohingegen in der Schlucht selbst keine Besiedlungsspuren gefunden wurden. Der Landvermesser John W. Gunnison suchte hier nach einem Bahnübergang, wurde aber in Utah ermordet, nachdem es ihm 1853 gelungen war, den Canyon zu umgehen. 1901 schafften es zwei Abenteurer, auf Gummimatratzen durch die Schlucht zu treiben, und legten in neun Tagen mühsame 53 km zurück.

Die Ernennung zum Nationalpark erfolgte 1999. Heute ist dies nicht nur der kleinste Nationalpark der USA, sondern auch der am wenigsten besuchte unter den vier Schutzgebieten in Colorado – vielleicht, weil er sich weitab von der Interstate und von größeren Städten erstreckt. Schade, denn er liegt in Colorados schönster Gegend, berühmt-berüchtigt für Pulverschnee und tolle Mountainbikerouten.

Anreisen

Wann?
Von Mitte April bis Mitte November sind alle Parkstraßen zugänglich. Im Winter liegt jede Menge Schnee und man kann auf der South Rim Road Langlauf betreiben und Schneeschuhwanderungen unternehmen. Fliegenfischer kommen am besten während der Laichzeit im Frühling und im Frühherbst hierher.

Wie?
Der Park liegt 422 km (262 Meilen) vom Denver International Airport entfernt. Die nächsten Übernachtungsmöglichkeiten gibt's in Montrose und Gunnison. Noch etwas weiter ist es bis zum Winter- und Sommerresort Crested Butte.

Park in Zahlen

122
Fläche (km²)

2675
Höchster Punkt (m)

31/-10°C
Durchschnittliche Höchst- und Tiefsttemperatur

Zelt oder Hotel?

East Portal Campground
Der Campingplatz in der angrenzenden Curecanti National Recreation Area liegt am Flussufer und im Schatten von Eschenahorn-Bäumen – eine Wohltat in der Sommerhitze. Von hier ist es nicht weit bis zum historischen Gunnison River Diversion Tunnel. Dank der Umleitung des Flusses, einer technischen Meisterleistung aus dem Jahr 1909, war es möglich, die Farmen der ersten Siedler zu bewässern.

Vintage Inn
Western-Behaglichkeit und Charme strahlt dieses nette Cottage aus. Auf einem Leihfahrrad kann man die Seitenstraßen von Gunnisons schattigem Wohnviertel erkunden, im üppigen Garten relaxen oder in der lokalen Brauerei ein kühles Ale trinken.

Ruby of Crested Butte
Der Skiort Crested Butte ist das ganze Jahr über ein Zentrum von Outdooraktivitäten. Hier trifft stilvolles Ambiente auf lässigen Cowboy-Style. Wer im Ruby übernachtet, genießt ein Plus an Komfort. Zur durchdachten Ausstattung gehören u. a. Schalen mit Bonbons und Schlafplätze für Haustiere.

Raus und los

Fliegenfischen
Zur Laichzeit im Frühling kann man im Gunnison River Regenbogenforellen fangen. Strenge Auflagen sollen den jetzigen fischreichen Zustand des Flusses verwenden. Man braucht eine Angellizenz des Staates Colorado und darf nur Köder und Fliegen nutzen. Für die Zugangsstellen zum Fluss ist eventuell eine zusätzliche Genehmigung nötig.

Landschaftsbeobachtung
An Colorados höchster Felswand, der 701 m hohen Painted Wall mit hellen Gesteinsstreifen, kann man gelegentlich Kletterer beim Aufstieg beobachten. Manche Routen sind saisonal geschlossen, um nistende Raubvögel zu schützen. Am Chiasm View ist der Canyon fast so breit wie tief.

Reiten
Die Einwohner von Colorado lieben Übertreibungen – das sollte man wissen, wenn man feststellt, dass der einzige Reitweg des Parks „Deadhorse Trail" heißt. In Wirklichkeit führt der 8 km lange Reitweg durch nicht sehr anspruchsvolles Gelände zum spektakulären North Rim.

⬅ Der Black Canyon.
➡ Wilde ganzjährig blühende Lupinen wachsen neben den Wanderpfaden im Nationalpark.

Wandern

O1 Rim Rock Nature Trail
Der leichte 1,6 km (1 Meile) lange Pfad zum Rand der Schlucht wird von Beifuß, Gambeleichen und Utah-Wacholder gesäumt.

O2 Chiasm View Nature Trail
Wer dem 0,5 km (0,3 Meilen) langen Pfad folgt, gelangt zum dramatischen North Chiasm View mit Blick auf die Painted Wall und den Serpent Point. Nach Mauerseglern, Schwalben und Raubvögeln Ausschau halten.

O3 S.O.B. Draw
Einige Abschnitte auf dem North Rim Inner Canyon sind nur etwas für Könner und führen über Stromschnellen, teilweise mit Geländern zum Festhalten. Auf dem S.O.B. Draw geht's in zwei Stunden 3,2 km (2 Meilen) steil bergab. Am Ziel genießt man dann aber die pure Einsamkeit.

Nicht verpassen

Der Black Canyon of the Gunnison liegt auf dem Colorado-Plateau und ist die Heimat einer einzigartigen, fast senkrecht abfallenden Wildnis. Oben fanden frühere Bewohner in den Zwergwäldern und eichenbestandenen Ebenen essbare Pinienkerne und Brennholz. In den steilen Felshängen leben Dickhornschafe und Raubvögel, unten im Fluss und in den Auen findet man Forellen, Biber und Virginische Traubenkirschen. Nicht das Fernglas vergessen – die Bedingungen zur Vogelbeobachtung sind vor allem im Frühjahr und Frühsommer ideal.

MAULTIERHIRSCH Der elegante Hirsch mit den langen Ohren ist hier weit verbreitet. Im Frühsommer sollte man nach seinem gesprenkeltem Schwanz Ausschau halten.

VIRGINIA-UHU Mit einer Spannweite von bis zu 1,50 m ist dies die größte einheimische Eulenart Amerikas. Der Uhu begibt sich nachts am Rand des Canyons auf die Jagd.

BERGHÜTTENSÄNGER Im Frühling und Sommer tummeln sich diese Vögel in der Schlucht, um ihre Jungen großzuziehen. Sie ernähren sich von Insekten und Beeren. Nur die Männchen sind himmelblau gefärbt.

Tourentipps

Einer der kleinsten Parks – mit zahlreichen Herausforderungen: Berg- und Talfahrten, steile Wanderungen und wildes Zelten für Abenteurer.

← Angler auf dem Gunnison River. Gefangene Regenbogenforellen müssen wieder freigelassen werden.

↑ Ein Kojote und Herbstfarben im Nationalpark.

01

Ein Tag

Im Westen der USA scheinen die Landschaften oft unendlich zu sein, nicht so jedoch in diesem nach lokalen Maßstäben kompakten Park. Ein Besuch des Canyons vermittelt einen wunderbaren Eindruck von der Vielfalt Colorados.

Los geht's mit einer Panoramafahrt auf der befestigten South-Rim-Route mit einem Halt am Visitor Center, das über die hiesige Natur und Tiere (die man am besten frühmorgens oder in der Abenddämmerung beobachtet) informiert.

Die Route führt an einem Dutzend Aussichtspunkte vorbei. Der metamorphe Fels war Vulkanschutt, der sich vor Jahrmillionen auf dem Grund eines Meeresbodens abgelagert hat. Man sollte einen genaueren Blick auf den Canyon werfen, denn die steile Südwand kontrastiert mit der stärker erodierten, dicht bewachsenen Nordwand.

Bei einer Wanderung auf dem Rim Rock Nature Trail passiert man die Painted Wall, die höchste Felswand Colorados. Am Chiasm View, mit 335 m die schmalste Stelle des Canyons, sieht man Kletterer an der Nordwand gegenüber.

02

Ein Wochenende

Am ersten Tag folgt man der zuvor beschriebenen Reiseroute und verbringt die Nacht im Canyon auf dem am Fluss gelegenen East Portal Campground, wo man nachts im Sommer Kojoten heulen hört. Hierher führt eine abfallende Strecke mit Haarnadelkurven.

Der zweite Tag ist Abenteuern gewidmet. Wer im Voraus plant, hat die Chance auf die begehrte Genehmigung, vom Red Rock Canyon zum Gunnison River wandern zu dürfen. Der sanfteste Abstieg ist 5,5 km (3,4 Meilen) lang und führt zu einem bei Fliegenfischern beliebten Gebiet. Hier kann man wild campen. Zum Frühlingsanfang werden in einem Losverfahren Genehmigungen für die teils private Route vergeben.

Alternativ unternimmt man eine Autofahrt entlang des North Rim. Unterwegs hält man für einen Abstecher auf dem kurzen Chasm View Trail an. Zu den weiteren Optionen zählen ein Ausritt auf dem Deadhorse Trail und eine anstrengendere Wanderung auf dem S.O.B. Draw hinunter zum Grund der Schlucht.

08

UT

Bryce Canyon National Park

Salvador Dalí hätte sich in dieser surrealen Welt voller Felsnadeln, schmaler Schluchten, Felsbogen und festungsähnlicher Tafelberge wie zu Hause gefühlt.

Getty Images | Ed Freeman

Die Landschaft dieses National-parks beflügelt die Fantasie: Hoodoos (hohe, dünne Felsnadeln) verwandeln sich zu Totempfählen mit seltsamem Antlitz, Tafelberge werden zu Schiffen auf einem rosafarbenen Meer und Spitzkuppen sehen aus wie uralte Festungen. Doch die bizarre Welt ist nicht auf geologische Formationen begrenzt. Hier stehen Bäume, die zur Zeit des Niedergangs des Römischen Reiches Schösslinge waren. Außerdem wächst im Schutzgebiet eine seltene zarte Fuchsie, die erst 1965 entdeckt wurde, und der Himmel ist so klar, dass man bis zur 2,2 Mio. Licht-jahre entfernten Andromedagalaxie sehen kann. Zweifellos ist dies ein Ort magischer Extreme mit einigen der weltweit seltsams-ten Attraktionen.

Trotz seines Namens ist der Bryce kein echter Canyon. Er umfasst eine Reihe durch Erosion in Utahs Paunsaugunt Plateau ent-standene natürliche Amphitheater. Am größten ist das 19,3 km (12 Meilen) lange Bryce Amphitheater. Frost und Wasser ha-ben den Kalkstein ausgehöhlt und die selt-samsten Formationen entstehen lassen, wo-bei der Park die oberste „Stufe" der Grand Staircase (Große Treppe) bildet, eine riesige Schichtstufenlandschaft, die bis zum Grand Canyon reicht.

Während der letzten Eiszeit jagten Pa-läoindianer hier große Säugetiere, danach kamen die frühen Pueblobewohner, gefolgt von den Paiute, die in den Pinyonkiefer-wäldern Pinienzapfen sammelten. In den 1870er-Jahren gründeten die Mormonen-siedler Ebenezer und Mary Bryce vor Ort die ersten Rinderfarmen der Gegend. Einheimi-sche nannten den Canyon „Bryce's", und die-ser Name setzte sich schließlich tatsächlich durch.

In den frühen 1900ern begannen die Ei-senbahngesellschaften das südliche Utah als Reiseziel zu fördern. Der Nationalpark wurde 1928 gegründet und in den 1930ern erweitert. Er gehört zu den kleineren Schutzgebieten. Ein Besuch wird oft mit dem des nahen Zion Park verbunden.

⬆ Der Navajo Loop Trail (auch auf der vorherigen Seite) führt an den typischen Felsnadeln des Parks vorbei.

Anreisen

⚙ **Wann?**
Der größte Andrang herrscht im Sommer, des-halb sind der Frühling und der Herbst gute Alternati-ven (auch wenn es in dieser Höhenlage kühl wird). Im Winter verwandelt sich der Park in eine Wunderwelt aus Eiszapfen, doch viele Betrie-be sind geschlossen.

🧭 **Wie?**
Vom Bryce Canyon im Südwesten von Utah sind es je etwa 434,5 km (270 Meilen) bis zu den Flug-häfen von Salt Lake City und Las Vegas. Näher liegen die kleinen Airports von Cedar City und St. George, Utah. Im Park gibt's einen Shuttle-service, aber man muss mit dem Auto anreisen.

Park in Zahlen

145
Fläche (km²)

2775
Höchster Punkt: Rainbow Point (m)

200
Utah-Präriehunde im Nationalpark

Zelt oder Hotel?

 Bryce Canyon Lodge
Diese in den 1920ern errichtete Lodge bietet Western-„Parkitecture" vom Feinsten. Gäste sitzen um den großen Steinkamin in der Holzlobby, entspannen in Schaukelstühlen aus Hickoryholz auf der Veranda und verspeisen Burger aus Bisonfleisch. Die Unterkünfte reichen von einfachen Studios und Hotelzimmern bis zu Hütten mit Kamin.

 **North Campground**
Der riesige, ganzjährig geöffnete North Campground wartet mit Zeltplätzen zwischen Kiefern sowie Duschen und Waschmaschinen auf. Von einem Hügel genießt man eine tolle Aussicht auf den Bryce Canyon

und kann nachts die Milchstraße bewundern. Im Sommer muss vorab reserviert werden, ansonsten gilt „Wer zuerst kommt, mahlt zuerst".

 Ruby's Inn
In dem großen Motelkomplex 1,6 km (1 Meile) nördlich des Parkeingangs, der zur Best-Western-Kette gehört, werden schon seit 100 Jahren Gäste empfangen. Neben 400 Zimmern und einem Campingplatz gibt's ein Lebensmittelgeschäft, zwei Tankstellen, ein Postamt, eine Wäscherei, Restaurants und einen Pool. Angestellte organisieren Touren im Geländewagen, Rundflüge, Ausritte, Wanderungen und Schlittenfahrten.

Raus und los

 Reiten
Auf dem 8,9 km (5,5 Meilen) langen Peek-a-Boo Loop Trail zuckelt man durch abwechslungsreiches Gelände. Unterwegs passiert man die Wall of Windows, eine Felswand aus mehreren Bogen und Hoodoos, die der Festungsmauer eines antiken Wüstenreiches ähnelt. Sehenswert sind auch die schlanken Felsnadeln des Fairy Castle. Lokale Ställe bieten Pferde und Maultiere für Ausritte an.

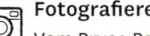 **Fotografieren**
Vom Bryce Point genießt man einen grandiosen Blick über Silent City, einen Wald voll Wolkenkratzer-ähnlicher Hoodoos. Der umzäunte

Aussichtspunkt ragt über den 305 m tiefen Canyon hinaus. Nachmittags taucht die Sonne alles in ein kräftiges, unwirkliches Orange und Schatten huschen über die schroffen Gipfel.

Sterne beobachten
Am schwarzen Nachthimmel sind im Schnitt bis zu 7500 Sterne zu sehen statt nur etwa 2500 wie in anderen Teilen Amerikas. Ranger bieten dazu in der Hauptsaison Multimediavorträge an. Danach beobachtet man mit Teleskopen die Sterne. Im Sommer findet ein viertägiges Astronomiefestival statt. Nirgendwo sonst leuchten die Milchstraße und die Venus so hell wie hier.

Nicht verpassen

Obwohl die kahlen Felsnadeln und Felsspalten des Parks unwirtlich erscheinen, bieten sie Lebensraum für eine Reihe von Tieren und Pflanzen, die perfekt an die hiesigen Bedingungen angepasst sind. Präriehunde bewachen ihre Baue auf den Wiesen im Norden, Goldmantelzwiesel huschen um Pinyonkiefern herum, Pumas streifen im Winter durch das verschneite Hinterland, Kurzhorn-Krötenechsen tarnen sich zwischen Kieselsteinen am Wegesrand und Kiefernhäher hocken in Wacholderbäumen.

SCHWARZKINNKOLIBRI Die daumengroßen Vögel mit den metallisch-grün schimmernden Rücken brüten im Westen, bevor sie in den Wintermonaten nach Mexiko ziehen. Einen schwarzen Kopf haben nur die Männchen.

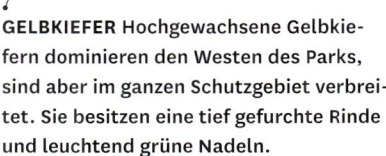

GELBKIEFER Hochgewachsene Gelbkiefern dominieren den Westen des Parks, sind aber im ganzen Schutzgebiet verbreitet. Sie besitzen eine tief gefurchte Rinde und leuchtend grüne Nadeln.

LANGLEBIGE KIEFERN Diese knorrigen Bäume zählen zu den langlebigsten weltweit: Die älteste Grannenkiefer ist fast 5000 Jahre alt. Man findet die Bäume am Fairyland Loop und am Bristlecone Loop.

Wandern

01 Bristlecone Loop Trail

Auf dem leichten 1,6 km (1 Meile) langen Rundweg mit einem fantastischen Blick über den Canyon geht's vorbei an uralten Langlebigen Kiefern und Hoodoos.

02 Navajo Loop Trail

Hauptattraktion der 2,1 km (1,3 Meilen) langen Route, die auch zu einem schmalen Canyon namens Wall Street führt, ist eine als Thor's Hammer bekannte seltsam geformte Felsnadel.

03 Queen's Garden Trail

Familien werden auf dem 2,9 km (1,8 Meilen) langen leichten Abstieg in den Canyon ihren Spaß haben. Unterwegs genießt man einen überwältigenden Blick auf das Amphitheater und spaziert in einer Schleife vorbei an den Hoodoos von Queen's Garden.

Tourentipps

Erkennen, wie der Bryce Canyon Scenic Drive zu seinem Namen kam, unglaubliche Sonnenaufgänge erleben, bei einem Rodeo zusehen und ein Büffelsteak verschlingen.

 Erdhörnchen leben zwischen den Felsformationen des Bryce Canyon.
➜ Pferdetrekking in der Nähe des Queen's Garden Trail.

01

Ein Tag

Um in kurzer Zeit viel zu sehen, sollte man eine Fahrt auf dem Bryce Canyon Scenic Drive unternehmen. Die 27,4 km (17 Meilen) lange Panoramastraße beginnt am Visitor Center und führt südwärts bis zum Rainbow Point. Gleich zu Beginn folgen die drei Aussichtspunkte Sunset Point, Sunrise Point und Inspiration Point. Sie bieten einen Blick auf die surreal geformten Hoodoos und die Mesas, die im Sonnenlicht in allen Rot- und Goldtönen erglühen. Kurz darauf folgt ein weiteres Highlight, der Bryce Point, mit Blick auf Silent City.

Beim Swamp Canyon lohnt ein kurzer Spaziergang zwischen den hohen Kiefern, um die rosafarbenen Felswände aus der Nähe zu betrachten. Etwas weiter südlich legt man beim Rastplatz eine Mittagspause ein und bewundert die gelber und weißen Gesteinsschichten des Noon Canyon Butte. Nicht verpassen sollte man den Bogen der Natural Bridge, der seit Urzeiten der Schwerkraft trotzt. Am Rainbow Point genießt man den Sonnenuntergang und das Schauspiel, wie die Farben allmählich von den Tafelbergen verschwinden.

02

Zwei Tage

Der erste Tag beginnt am Fairyland Point, wo es ruhiger zugeht als am nahen Sunset Point und am Sunrise Point. Den Rucksack voll bepackt mit Proviant und Wasser geht's auf dem 12,9 km (8 Meilen) langen Fairyland Loop Trail bergab, rund um die weite Boat Mesa, vorbei an Langlebigen Kiefern und surrealen Hoodoos. Unterwegs hält man nach Kurzhorn-Krötenechsen und Nattern (sieht man eher selten) Ausschau. Nach der anstrengenden Wanderung gibt's in der Bryce Canyon Lodge ein Steak vom Wa-satch-Range-Büffel oder ein Stück gegrilltes Utah-Lamm.

Am zweiten Tag steht man früh auf, um zu sehen, wie die Morgensonne den Canyon in Pink und Gelb erstrahlen lässt. Gut geeignet dafür ist der Bryce Point. Danach fährt man auf dem Bryce Canyon Scenic Drive südwärts, hält an den wichtigsten Aussichtspunkten und picknickt mittags, während man die Mesa bewundert. Nicht weit vom Ende der Straße lohnt sich eine kurze Wanderung auf dem 1,6 km (1 Meile) langen Bristlecone Loop Trail.

03

Vier Tage

Am ersten Tag geht's auf dem Bryce Canyon Scenic Drive zu den bekanntesten Aussichtspunkten (toll für Selfies). Am zweiten Tag steht zunächst eine nicht zu anstrengende Wanderung auf dem Navajo Loop Trail und dem Queen's Garden Trail auf dem Plan, die zu Thor's Hammer sowie durch den furchtbar engen Wall-Street-Canyon führt und einen herrlichen Blick auf Silent City bietet. Für den dritten Tag bucht man einen Ausritt auf dem Peek-a-Boo Loop Trail. Der steile Abstieg in den Canyon verleiht dem Ausflug einen zusätzlichen

Kick. Zu den Highlights zählen das außerweltliche Fairy Castle und die Mammoth Cathedral. Am vierten Tag sollte man früh aufstehen, um den Sonnenaufgang über Bryce Point zu erleben, danach folgt zur Abkühlung eine kurze Wanderung zur Mossy Cave unweit des nördlichen Parkendes. Im Winter bedecken Eiszapfen die Höhle. Während der Sommermonate kann man in Ruby's Inn vor den Toren des Parks an einem Rodeoabend teilnehmen (nur mittwochs bis samstags) und danach im Ebenezer's Barn and Grill ein Ribeye-Steak verspeisen.

09

UT

Canyon-lands National Park

Mächtige Flüsse formten dieses abenteuerliche Wüstenplateau aus erhabenen Hochebenen, bröckelnden Felsnadeln, zierlichen Felsbogen und unzugänglichen roten Canyons.

Beim Anblick der Canyonlands kommt die Frage nach dem eigenen Platz im Universum auf. Betrachtet man die 300 m tiefen Klippen, die zerklüfteten, bis zum Horizont reichenden Hochebenen und den endlosen Nachthimmel mit klarer Sicht auf die Milchstraße, fühlt man sich wie losgelöst. Beim Blick auf einige Felsformationen durch den Mesa Arch, einen golden und purpurrot strahlenden Bogen über der Felskante der zentralen Hochebene des Schutzgebietes, wirkt die Landschaft weniger furchteinflößend und wie ein Landschaftsgemälde. Besonders reizvoll ist der Mesa Arch bei Sonnenaufgang, wenn die Morgensonne ihn feuerrot glühen lässt.

Colorado River und Green River treffen im Norden aufeinander und bilden ein Y, das den Park in drei Bereiche teilt. In der Mitte liegt der Island in the Sky District, der sich über eine flache Hochebene mit tollem Panorama über die Needles und den Maze erstreckt. Er zählt die meisten Besucher und lockt mit einzigartigen geologischen Formationen sowie eingezäunten Aussichtpunkten am Rand der Steilwände. Der Needles District gleicht einem Wunderland aus orangefarbenen und weißen Sandsteinnadeln. Am schwersten zugänglich ist der Maze mit seinen labyrinthartigen Canyons und Schotterpisten.

Der Park liegt auf dem Colorado-Plateau, ein 336 698 km² großes Tafelland von Sedimentschichten, dessen Entstehung vor Hunderten Millionen Jahren begann. Vor 10 Mio. Jahren drückten geologische Kräfte das Tafelland nach oben und die Erosionskraft des Wassers formte Felsnadeln, Bogen und Brücken. Als Hochlandwüste verzeichnen die Canyonlands sehr kalte Winter, heiße Sommer und weniger

als 25 cm Regen jährlich. 2015 erhielt das Schutzgebiet den Titel International Dark Skies Park und zählt aufgrund der extrem geringen Lichtverschmutzung zu den weltweit besten Orten für die Himmelsbeobachtung.

Anreisen

Wann?
Im April, Mai und von Mitte September bis Ende Oktober herrschen die angenehmsten Temperaturen. Dabei schwanken die Tageswerte zwischen 16 und 27 °C. Nachts kühlt es auf 17 °C ab. Im Sommer kann es bis zu 38 °C heiß werden.

Wie?
Die drei Parkabschnitte sind nicht durch Straßen miteinander verbunden. Island in the Sky liegt 48 km (30 Meilen) von Moab. Die Needles befinden sich 121 km (75 Meilen) südlich von Moab. Schotterstraßen führen abgehend vom Highway 24 zum 3½ Autostunden von Moab entfernten Maze-Bereich.

Park in Zahlen

1365
Fläche (km²)

350
Dickhornschafe im Nationalpark

2170
Höchster Punkt: Cathedral Point, Needles District (m)

Zelt oder Hotel?

 **Willow Flat**
Oh du schöne Einsamkeit! Nur zwölf Stellplätze hat dieser abgeschiedene Campingplatz auf dem Tafelland des Island-in-the-Sky-Bezirks. Von hier ist es nicht weit bis zum Green River Overlook sowie dem Aztec Butte und dem Mesa Arch.

Squaw Flat
Wie wäre es, sein Zelt neben feuerroten Felsen irgendwo weit weg aufzuschlagen? Dieser Campingplatz mit 26 Stellplätzen scheint am Ende der modernen Welt zu liegen, aber dafür ist es nur ein Katzensprung bis zu den Wanderwegen. Wer in Moab übernachtet, muss stattdessen eine 90-minütige Autofahrt in Kauf nehmen.

Three Dogs & A Moose
Aktivurlauber und Familien sind hier richtig. Nach einem anstrengenden Wandertag kann man wunderbar in den hübschen, einfachen Cottages im Zentrum von Moab entspannen. Die Häuschen sind verspielt-modern, haben Wellblechduschen und Türen aus recyceltem Material.

Raus und los

Mountainbiken
Bereit zu schwitzen und roten Staub aufzuwirbeln? Die 160 km (100 Meilen) lange von Uransuchern erbaute Schotterpiste des White Rim Trail windet sich um den Grund des Island-of-the-Sky-Plateaus. Ungesicherte Serpentinen führen in den Canyon hinab. Die Tour dauert drei bis vier Tage. An der Strecke liegen Campingplätze.

Sterne beobachten
Vom Island-of-the-Sky-Plateau aus die Milchstraße zu beobachten ist einmalig. Im Frühling und Herbst halten die Ranger des Nationalparks und des nahen Dead Horse State Park Vorträge über Sterne, dann beobachtet man den Himmel per Teleskop. Die Canyonlands schmücken sich mit dem Titel International Dark Skies Park.

Rafting
Stromschnellen der Kategorie III sorgen im Cataract Canyon südlich des Zusammentreffens vom Colorado und Green River für einen Adrenalinkick. Lokale Veranstalter bieten mehrtägige Touren an. Die wildester Fahrten finden im Spätfrühling statt, wenn die Flüsse Hochwasser führen und mit Stromschnellen der Kategorien IV und V aufwarten.

Moutainbiker rasen bergab auf den Spitzkehren der 160 km (100 Meilen) langen White Rim Road.
Vorherige Seite: Der Needles District.

Nicht verpassen

In der mit Buschwerk bewachsenen Hochlandwüste haben sich Säugetiere, Amphibien und Reptilien an Temperaturextreme und die unwirtliche Gegend angepasst. Wer überlebt? Die Schnellsten, die Wachsamsten, nachtaktive Räuber und Meister der Tarnung. Im Park wachsen elf Kaktusarten, darunter Kaktusfeigen. Pappeln und Weiden gedeihen in der Nähe von Flüssen und anderen Gewässern. Wildblumen blühen im April und Mai sowie nach den schweren Regenfällen des Sommermonsuns im Frühherbst.

PUMA Die weit verbreitete Raubkatze jagt Maultierhirsche und Kleinsäuger und sorgt so für einen ausgeglichenen Bestand. Pumas sind scheue Einzelgänger, die man selten zu Gesicht bekommt.

KÄNGURURATTE Ohne jemals Wasser zu trinken überleben diese Wunderwesen! Stattdessen sichern sie sich ihren Flüssigkeitsbedarf durch das Nagen an Pflanzen. Kängururatten sind sehr gute Springer und können mit einem Satz bis zu 2,70 m weit springen.

UTAH-WACHOLDER Dieser unbeugsame Wüstenbaum übersteht problemlos extreme Temperaturen, starke Winde und Wassermangel! Oft ragt der Utah-Wacholder zwischen kahlen Felsen auf. Er findet Halt dank eines weit verzweigten, für die Wassersuche geeigneten Wurzelsystems.

Wandern

01 Mesa Arch & Grand View Point

Kurze Wege führen zu Aussichtspunkten auf dem Island-of-the-Sky-Plateau. Wer dem 0,8 km (0,5 Meilen) langen Mesa Arch Trail folgt, gelangt zum imposanten Bogen, während der 3,2 km (2 Meilen) lange Grand View Trail mit einem Ausruf des Erstaunens und einem Schritt zurück vom Felsrand endet.

02 Chester Park/Joint Trail

Gestreifte Felstürme, ödes Grasland und enge Canyons prägen den 17,7 km (11 Meilen) langen Rundweg im Needles District.

03 Horseshoe Canyon

In der Great Gallery kann man jahrtausendealte Felskunst bestaunen. Der Horseshoe Canyon liegt westlich des Island in the Sky District. Die Rundroute ist 11,3 km (7 Meilen) lang.

Getty Images | Kennan Harvey; Franz Marc Frei

Tourentipps

Unvergessliche Autotouren in einer Landschaft, die Schauplatz für „Thelma & Louise" war. Mountainbike-, Rafting- und Wanderfans werden ebenfalls nicht enttäuscht sein.

◄ Wandern im Needles District im Canyonlands National Park; Felszeichnungen auf dem Newspaper Rock.
➜ Unterwegs im Geländewagen.

01

Ein Tag

Kamera dabei? Wasser und Proviant? Sonnenhut? Dann geht's los zum Island-of-the-Sky-District mit einem vorherigen Abstecher zum Dead Horse Point Share Park. Von dem 610 m hohen Aussichtspunkt schweift der Blick zum Colorado River und zum Canyonlands Park. Hier wurde für *Thelma & Louise* die Szene gedreht, in der das Duo in den Abgrund fuhr.

Beim Island in the Sky Visitor Center gibt's Infos über Programme und Wanderungen mit Rangern. Die nächste Etappe auf der Panoramastraße lockt mit Aussichtspunkten am Plateaurand sowie kurzen Wanderwegen zu tollen Ausblicken und seltsam geformten Felsen. Nach 19,3 km (12 Meilen) gelangt man zum überwältigenden Grand View Point. Ebenso eindrucksvoll ist am Ende des 1,6 km (1 Meile) langen Wanderweges die Stelle am Rand des Plateaus mit direktem Blick in den Abgrund.

Nach dem Picknick beim Grand View Overlook bietet sich ein Gespräch mit einem Ranger an. Wer noch Energie hat, kann 0,8 km (0,5 Meilen) bis zum Aussichtspunkt am Upheaval Dome wandern. Die kreisrunde Senke entstand vermutlich durch einen Meteoriteneinschlag vor 60 Mio. Jahren. Nach einem Stopp beim Green River Overlook folgt das Highlight des Tages: der Mesa Arch. Dieser schlanke Felsbogen überspannt den Rand des Plateaus und umrahmt den Washerwoman Arch, den Monster Tower sowie die La Sal Mountains. Besonders schön sieht er morgens aus, wenn die Sonne hinter ihm aufgeht und er rot aufleuchtet. Am Abend locken Burger und Bier in der Moab Brewery.

02

Zwei Tage

Für einen schönen Sonnenaufgang sollte man auf dem Squaw Flat Campground im Needles District zelten. Der Bereich A bietet Schatten. Nach dem Frühstück geht's mit dem Auto gen Norden zum Dead Horse Point State Park und in den Island in the Sky District. Am zweiten Tag sieht man sich im Needles Visitor Center den Kurzfilm *Wilderness of Rock* an. Danach stehen familienfreundliche Stätten und kurze Wanderwege an der Panoramastraße auf dem Programm. Der 1 km (0,6 Meilen) lange Cave Spring Loop führt über Leitern und rutschiges Gelände zu einem verlassenen Cowboycamp. Zu den weiteren Attraktionen entlang der Straße zählen Felsbogen, Petroglyphen und ein ehemaliger Getreidespeicher. Der Pothole Trail passiert wassergefüllte Sandsteinbecken voller Tiere. Wer ihm folgt, darf sich auf einen tollen Sonnenuntergang im Needles District freuen. Passionierte Wanderer verbringen den Tag auf dem Chesler Park/Joint Trail, der sich durch die Wüste und durch enge Canyons windet.

03

Sechs Tage

Einen ersten Kontakt mit der Welt der roten Felsen bietet ein Tagestrip zum Island in the Sky District mit einem Abstecher zum Dead Horse Point State Park. Tag zwei verbringt man zwischen Felsnadeln und Canyons im Needles District. Und die nächsten vier Tage? Da kann jeder sein Lieblingsabenteuer wählen: z. B. ein viertägiger Mountainbiketrip mit Camping auf dem 161 km (100 Meilen) langen White Rim Trail um Island in the Sky oder eine mehrtägige geführte Raftingtour durch den Cataract Canyon.

10

UT

Capitol Reef National Park

Von den Ureinwohnern einst „Land des Schlafenden Regenbogens" genannt, ist dies ein echtes Paradies, gespickt mit Canyons.

Getty Images | Danita Delimont

Der ausgedehnte, facettenreiche Capitol Reef National Park gehört zu den eher unbekannten Naturschätzen in Utah. Dieses Wunderland seltsamer Gesteinsformationen besteht aus roten Bogen, Felskuppeln, riesigen Monolithen sowie rötlichen Canyons und ist so verschachtelt, dass es einst sogar dem berüchtigten Butch Cassidy als Versteck diente.

Besucher erkunden die gewundenen Pfade, wirbeln mit Geländewagen Staub auf, bestaunen Tausend Jahre alte Felskunst und folgen den Wanderwegen von insgesamt 241 km (150 Meilen) Länge. Die längsten und am besten markierten Routen befinden sich im nördlichen sowie im südlichen Abschnitt. Am Gooseneck-Aussichtspunkt blickt man hinunter auf den Sulphur Creek zwischen roten Felsen. Autotouren bieten eine grandiose Aussicht. Pioniere waren hier mit Planwagen unterwegs, während man heute bequem in Jeeps reist.

Der Park ist Teil des Waterpocket Fold, einer 161 km (100 Meilen) langen Wölbung in der Erdkruste, die damalige Entdecker daran hinderte, weiter nach Westen vorzudringen – ähnlich einem Riff, das die Fahrt eines Schiffes blockiert. Der übrige Namensteil bezieht sich auf die weißen Felskuppeln, die an die Kuppel des Kapitols in Washington erinnern.

Im Herzen des Schutzgebietes erstrecken sich die Obstplantagen von Fruita, einer Mormonensiedlung aus den 1870ern. Davor bewohnten die Fremontindianer die fruchtbare Schwemmebene und bauten Getreide, Kürbis und Linsen an, bis ihre Siedlungen im 13. Jh. aufgegeben wurden. Einige ihrer Kornspeicher und Petroglyphen können noch heute bestaunt werden.

Doch die Geschichte lässt sich noch um einiges weiter zurückverfolgen. Wissenschaftler haben herausgefunden, dass die Region Teil von Nordamerikas größtem Spurenmassenvorkommen mit Fossilien von Haien und Reptilien ist, die sogar noch vor den Dinosauriern lebten. Capitol Reef war schon immer ein Land im Wandel – einst Meeresboden, nun majestätische Wüste.

⬆ Wandern auf dem Grand Wash im Capitol Reef National Park. Vorherige Seite: Amerikanische Pappeln am Sulphur Creek.

Anreisen

Wann?
Die meisten Besucher kommen im Frühling oder Herbst, weil es im Sommer sehr heiß ist und Monsungewitter aufziehen. Zwischen Juni und Oktober kann man gegen eine geringe Gebühr reifes Obst pflücken.

Wie?
Von Salt Lake City, der Hauptstadt von Utah (mit internationalen Flugverbindungen), sind es 3½ Autostunden bis Capitol Reef. Bestes Transportmittel durch den Süden des Bundesstaates ist ein Mietwagen oder – für das Hinterland – ein Jeep. In Torrey gibt's Unterkünfte und Geschäfte.

Park in Zahlen

1010
Fläche (km²)

887
Pflanzenarten

2700
Obstbäume

Zelt oder Hotel?

 Fruita Campground
Willkommen in der Wüstenoase! Der beliebte Campingplatz am Fremont River erstreckt sich zwischen Pappeln, alten Scheunen und Obstgärten, die von Mormonen angelegt wurden. Von hier aus sind die Wanderwege gut erreichbar.

 Torrey Schoolhouse B&B
Schwarz-weiß-Fotos von Schülern schmücken die Flure des restaurierten Schulgebäudes aus dem Jahr 1914. Der mit Antiquitäten ausgestattete solide Ziegelbau verströmt ein nostalgisches Flair und ländliche Eleganz. Hier können sich die Gäste aus aller Welt auf ruhige Nächte und ein leckeres Gourmetfrühstück freuen.

 Lodge at Red River Ranch
Im Stil einer großen Westernranch wartet die riesige Holzlodge in Teasdeale mit ländlichen Steppdecken, Navajo-Teppichen und übergroßen Zimmern auf. Die rote Felslandschaft rund um die Unterkunft ist einmalig, insbesondere wenn man aus dem Außenwhirlpool den Blick auf die Sterne genießt.

Raus und los

 Mountainbiken & Autofahren
Entlang der Nebenwege zeigt sich die Wüste von ihrer schönsten Seite. Mountainbiker und Geländewagenfahrer lieben die holprige 93 km (58 Meilen) lange Route durch das Cathedral Valley. Sie ist ideal für die Erkundung des einsamen Nordens und dessen unwirklicher Landschaft, gespickt mit riesigen, fantastisch geformten Sandsteinmonolithen.

Obst pflücken
1880 kamen die ersten Mormonen hierher und 1969 verließen die letzten Fruita. Der NPS kümmert sich neben den historischen Gebäuden um die 2700 Kirsch-, Aprikosen-, Pfirsich-, Birn- und Apfelbäume dieser ersten Siedler. In der Saison kann man die reifen Früchte pflücken oder genießt ein Picknick umgeben von Hirschen und Singvögeln – eine echte Seltenheit in der Wüste.

Alte Kulturen erkunden
Geritzte Felsbilder (Petroglyphen) entlang der Wege und tief im Hinterland zeigen Dickhornschafe, Hornvieh und Spiralen und belegen die 2000 Jahre alte Kultur der Fremontindianer. Am leichtesten zugänglich sind die Bilder direkt östlich des Visitor Center am Highway 24.

Nicht verpassen

Unterschiedliche Habitate wie Kiefern und Wacholder, Flüsse, Trockenböden und Felsklippen bieten einer Vielzahl von Pflanzen und Tieren geeignete Lebensräume. Selbst die biologisch empfindliche Erdkruste spielt eine wichtige Rolle im Ökosystem. Im Park leben über 300 Tierarten, darunter etliche Echsen-, Schlangen- und Reptilienarten sowie Hirsche, Kojoten und kleine Nager.

GELBBAUCHMURMELTIER
In der Region um Fruita kommt der recht große Nager sehr häufig vor. Er ist aktiv im Frühling und Sommer und hält Winterschlaf.

ZWERGKLAPPERSCHLANGE
Die im Westen verbreitete, bis zu 61 cm lange giftige Schlange betäubt ihre Opfer durch Gift aus ihren hohlen Fangzähnen.

STEINADLER Mit seiner braunen bis goldgelben Nackenfiederung zählt der Steinadler zu den geschicktesten Raubvögeln. Er ist sehr wendig und stürzt sich die Klippen hinunter, um Hasen und Murmeltiere zu jagen.

Wandern

O1 Grand Wash Trail

Der 3,5 km (2,2 Meilen) lange Weg führt durch Canyons, deren Wände stellenweise bis zu 80 Stockwerke hoch aufragen und nur eine Autolänge breit sind.

O2 Navajo Knobs

Wer dem 14,5 km (9 Meilen) langen Pfad auf einer hohen Felsstufe bis zu den beiden Felsnasen am Rand des Waterpocket Fold folgt, wird mit einem grandiosen Ausblick belohnt.

O3 Muley Twist Canyon

Diese kurvenreiche 24 km (15 Meilen) lange Route durch einen tiefen, schmalen Canyon verläuft entlang eines alten Mormonenweges für Pferdewagen. Eine Tour mit Übernachtung bietet viele Möglichkeiten für Abstecher und Erkundungen.

Tourentipps

Ob zu Fuß oder per Auto – die roten Felsen des Parks muss man einfach gesehen haben. Gestärkt mit Früchtekuchen aus Fruita kann man zu Jeeptouren durch das Hinterland aufbrechen.

◀ Das Kakteengewächs *Echinocereus triglochidiatus*. Unterwegs im Nationalpark.
➡ Fruitas altes Schulhaus.

01

Ein Tag

Capitol Reef liegt zwischen den Nationalparks Canyonlands und Bryce Canyon am Highway 24 und ist ein lohnenswertes Ziel für einen Tagesausflug.

In der Wüste sollte man gleich frühmorgens zum Wandern aufbrechen. Es gibt kaum Schatten und die sandigen Pfade strahlen die aufgenommene Hitze zurück. Gegen Mittag pausiert man unter einer Pappel oder kühlt sich im Fremont River ab. Los geht's mit dem 1,6 km (1 Meile) langen Hickman Bridge Trail, der durch Wildblumen zu einem Canyon mit natürlicher Brücke führt. Den Mittag verbringt man im Schatten der Obstbäume von Fruita.

Am Highway 24 besichtigt man die Petroglyphen, das alte Schulhaus und die Behunin Cabin aus dem Jahr 1882 mit nur einem Raum, in dem eine zehnköpfige Familie lebte. Bis 1962 diente die Panoramaroute als Hauptstraße des Parks. Der schmale, gewundene Weg führt auf den gewölbten Waterpocket Fold. Am aufregendsten sind die letzten Kilometer durch den Capitol Dome und den Golden Throne in der engen Schlucht.

02

Ein Wochenende

Am ersten Tag folgt man der zuvor beschriebenen Route und übernachtet auf dem Fruita Campground. Im kleinen Laden nebenan gibt's köstlichen Früchtekuchen. Abends informieren Ranger über die lokale Kultur und das Ökosystem. Am nächsten Morgen geht's früh los.

Ambitionierte Wanderer folgen dem Pfad durch den Cohab Canyon und den Frying Canyon über den Waterpocket Fold bis zum Cassidy Arch. Dabei passiert man Schluchten innerhalb von Schluchten, Wacholderwald und eine hügelige Sandsteinfläche. Man kommt von oben auf den Cassidy Arch zu – wer mutig genug ist, kann ihn auch überqueren. Der Hinweg ist 11 km (7 Meilen) lang. Am besten bucht man für die Rückkehr zum Grand-Wash-Parkplatz ein Autoshuttle.

Zum Abschluss des Wochenendes geht's per Geländewagen auf den 93 km (58 Meilen) langen Cathedral Valley Loop. Gegen Abend steht eine Fotosafari an: Nun fallen lange Schatten auf die Monolithen im Cathedral Valley und die Hügel erstrahlen in bunten Farben.

03

Vier Tage

Mit den richtigen Karten erwarten einen im Hinterland großartige Wandererlebnisse. Hier locken einsame Pfade, seltsam geformte Landschaften und ein herrlicher Sternenhimmel.

Tag eins und zwei sind für das Capitol Reef und den Cassidy Arch reserviert. Anschließend holt man bei den Rangern eine Genehmigung für das Hinterland ein und steuert den im Norden gelegenen Cathedral District mit seinen straßenlosen Landschaften und verblüffenden Monolithen an. Alternativ bricht man zum Waterpocket District im Süden auf und erkundet das von Canyons, Bogen und Sandstein geprägte Terrain. Immer ausreichend Trinkwasser mitnehmen! Für manche Routen sind Geländewagen nötig. Wer Zeit hat, unternimmt eine Panoramatour auf dem nur teilweise befestigten 199 km (124 Meilen) langen Loop the Fold – für einige Abschnitte braucht man also einen Jeep, z. B. für die holprige Notom-Bullfrog Road um den Waterpocket. Hier sieht man seltsame, in allen Farben schimmernde Steinformationen und genießt einen tollen Ausblick.

11

Carlsbad Caverns National Park

Verborgen unter den kakteenbedeckten Höhen der Guadalupe Mountains liegt ein riesiges unterirdisches Wunderland aus ansteigenden Kammern und verblüffenden Formationen.

Von der Zeit kunstvoll geformt, wirken die herrlichen unterirdischen Hallen und funkelnden Gänge der Carlsbad Caverns wie eine Pforte in die Unterwelt. Kaum vorstellbar ein dramatischerer Wechsel als der Übergang von der heißen Wüstenluft in die kühlen, völlig stillen Tunnel, wo hinter jeder Ecke aufs Neue erstaunliche Formationen zu sehen sind.

Der Zauber und das Geheimnis von Carlsbad werden umso deutlicher, wenn man sich den außergewöhnlichen Prozess vergegenwärtigt, der zur Entstehung der glitzernden Hallen führte. Alles begann vor 250 Mio. Jahren, als sich hier ein ausgedehntes flaches Meer und ein hufeisenförmiges 644 km (400 Meilen) langes Riff befanden. Im Zuge der Klimaveränderung und der Erdentwick-

lung wurde das Riff von Salz- und Gipsablagerungen bedeckt. Vor einigen Millionen Jahren hob es sich 3,2 km (2 Meilen) an, und es bildeten sich tiefe Spalten und Risse. In den folgenden Jahrtausenden sickerte Regenwasser ein, Frisch- und Salzwasser vermischten sich und es entstand Schwefelsäure, deren Korrosionswirkung allmählich die großen unterirdischen hohlen Kammern formte. Die Entstehung der Höhle als Wunderwerk der Natur setzte vor 1 Mio. Jahren ein, als Regenwasser immer tiefer durch die Gesteinsschichten sickerte und mit jedem Tropfen eine winzige Menge des Minerals Kalzit abgelagert wurde. So bildeten sich die spektakulären Stalaktiten, Stalagmiten, Heliktiten, Sintervorhänge und Höhlenperlen.

Im Höhleninnern entdeckte man nur wenige menschliche Spuren, aber neben dem

Haupteingang hinterließen Ureinwohner ein etwa 1000 Jahre altes Piktogramm. Carlsbads Ruhm begann 1898: Damals betrat der 16-jährige Viehtreiber Jim White die Höhle – und dieses Ereignis sollte sein Leben verändern. Er benannte die diversen Hallen und Formationen (Big Room, King's Palace, Bottomless Pit, Watch's Finger), war ihr wichtigster Förderer, betätigte sich bei Forschungsexpeditionen als Guide und wurde hier später auch noch zum Chefranger ernannt.

⬆ Stalaktiten und Stalagmiten in den Carlsbad Caverns, tief im Innern der Guadalupe Mountains.
➡ The Chandelier (Der Kronleuchter).

Anreisen

Wann?

Am besten kommt man abends zwischen Mai und Oktober, wenn die Fledermäuse die Höhlenkammern verlassen. Führungen gibt's nur zu bestimmten Uhrzeiten (im Voraus buchen). An Ferienwochenenden herrscht der größte Andrang.

Wie?

Der Nationalpark liegt im Südosten von New Mexico. Die nächsten Flughäfen befinden sich in El Paso, 225 km (140 Meilen) bzw. 2¼ Autostunden gen Südwesten, und Midland, 258 km (160 Meilen) bzw. 3 Autostunden Richtung Osten. In beiden Airports kann man Wagen mieten.

Park in Zahlen

189
Fläche (km²)

253
Tiefster Punkt (m)

120
bisher bekannte Höhlen

Zelt oder Hotel?

The Trinity Hotel

Einst war in diesem historischen Gebäude aus dem Jahr 1892 im südöstlichen New Mexico eine Bank untergebracht. Es fällt nicht schwer, sich die vor dem Eingang stehenden Pferde vorzustellen. Hohe Bogenfenster und mit Antiquitäten ausgestattete Flure erinnern an eine längst vergangene Zeit, als der Südwesten Amerikas noch kaum bekanntes Grenzland war.

Fiddler's Inn

In dem ruhigen, wenige Blocks westlich vom Lake Carlsbad gelegenen B&B wird man herzlich empfangen. Julie und Tonk spielen Fiedel (daher der Name der Pension) und vermitteln ein heimeliges Gefühl. Sie erzählen gern von ihren Reisen und ihren Lieblingsplätzen im Nationalpark.

Campen auf BLM-Land

Wer Natur pur erleben will, zeltet auf einem Hügel, wenige Autominuten entfernt vom Abzweig zu den Carlsbad Caverns. Es ist herrlich, die Landschaft ganz allein genießen zu können. Abends kann man sich auf einen dramatischen Sonnenuntergang freuen. Danach erhellt die Milchstraße den Nachthimmel.

Raus und los

Fledermäuse beobachten

Zwischen Mai und Mitte Oktober rasten in den Höhlenkammern Hunderttausende Mexikanische Bulldogfledermäuse. Von einem Amphitheater neben dem Höhleneingang kann man beobachten, wie sie abends auf Nahrungssuche ausschwärmen. Bei Sonnenuntergang erzählen Ranger hier Interessantes über die Säugetiere, bevor sie alle gleichzeitig in die Chihuahua-Wüste hinausflattern.

Sterne beobachten

In dieser entlegenen Ecke New Mexicos ist der Nachthimmel sehr dunkel und die Milchstraße besonders gut zu sehen. Die Höhlenverwaltung organisiert regelmäßig „Sternenpartys" mit Teleskopen. Ranger bieten außerdem kurze Nachtwanderungen durchs Hinterland an und erklären die Himmelsphänomene.

Wandern

Außerhalb der Höhlen gibt's insgesamt 80,5 km (50 Meilen) an Wanderwegen, von 0,8 km (0,5 Meilen) kurzen Wüstenpfaden bis zu anstrengenderen Tagesrouten. Der 8,5 km (5 Meilen) lange Rattlesnake Canyon Trail, ein Rundweg, folgt einem steilen Abstieg in einen Canyon und führt an einer Farmruine aus den 1930er-Jahren vorbei.

Erkunden

O1 King's Palace

Auf der 90-minütigen, 1,6 km (1 Meile) langen Führung passiert man vier Säle, darunter einige der tiefsten für Besucher zugänglichen Hallen.

O2 Slaughter Canyon

Einblicke in den raueren Teil der Carlsbad Caverns bietet die 5½-stündige geführte, nicht zu anstrengende Tour. Besonders faszinierend ist der Monarch, mit 27 m eine der weltweit höchsten Kalksteinsäulen.

O3 Lower Canyon

Abenteurer lieben diese dreistündige Tour, die mit verblüffenden Formationen wie Höhlenperlen und dem „Texas-Zahnstocher", einem Raum voller Stalaktiten, aufwartet. Beim Höhleneingang geht's über Leitern und ein Seil 18,3 m in die Tiefe.

Nicht verpassen

Dank seiner Lage in den Guadalupe Mountains verfügt der von der Chihuahuan Desert umgebene Carlsbad Caverns National Park über verschiedene Habitate, darunter vor allem raue Wüste. Obwohl es sich um ein halbtrockenes Gebiet handelt, ist dies mit einer jährlichen Niederschlagsmenge von etwa 37 cm eine der feuchtesten Wüstengegenden Nordamerikas. Das begünstigt ein vielfältiges Ökosystem mit 67 Säugetier-, 357 Vogel- und über 900 Pflanzenarten.

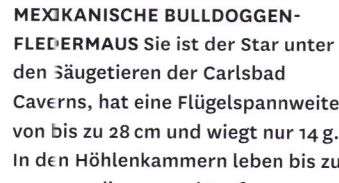

MEXIKANISCHE BULLDOGGEN-FLEDERMAUS Sie ist der Star unter den Säugetieren der Carlsbad Caverns, hat eine Flügelspannweite von bis zu 28 cm und wiegt nur 14 g. In den Höhlenkammern leben bis zu 400 000 dieser Insektenfresser.

SCHWARZBRAUNDORNIGER FEIGENKAKTUS
Die auffallende Wüstenpflanze ist im ganzen Südwesten verbreitet. An der Spitze abgeflachter grüner, dorniger, blattähnlicher Segmente wachsen gelbe Blüten, zur Basis hin rötlich getönt.

RIESENTAUSENDFÜSSLER
Diese beeindruckenden Lebewesen werden bis zu 20 cm lang und verursachen schmerzhafte (nicht lebensbedrohliche) Bisse. Sie bewegen sich schnell fort und gehen nachts auf Nahrungssuche.

Tourentipps

Fledermaushöhle oder Spinnenhöhle? Beide Lebewesen sind hier reichlich vertreten, außerdem gibt's jede Menge verblüffende Höhlenformationen zu sehen. Alternativ folgt man bei Sonnenuntergang den Wüstenpfaden.

◄ Stalaktiten hängen von der Decke herab, Stalagmiten wachsen von unten nach oben.
➜ Allabendlich verlassen Fledermäuse auf Nahrungssuche die Höhlen.

01

Ein Tag

Tagesausflügler sollten bereits zur Öffnung der Höhlen um 8 Uhr herkommen. Am frühen Morgen taucht die Sonne die faszinierende Wüstenlandschaft in goldgelbes Licht: Nun hat die Fahrt auf der kurvenreichen Straße zum Park etwas regelrecht Magisches. Statt den Aufzug zu nehmen, kann man den langen Abstieg zum Höhleneingang bei guter Kondition auch zu Fuß bewältigen. Auf diese Weise bekommt man ein Gefühl dafür, wie weit unten man sich befindet – nämlich ganze 229 m tief. Vom Eingang führen Pfade zum Great Room, der größten einzelnen Höhlenhalle in Nordamerika und ein wahres Wunderland glitzernder, skulpturenähnlicher Gebilde verschiedenster Form und Größe, von mächtigen Säulen bis zu kunstvoll geformten Stalaktiten und dem kuriosen Bottomless Pit, einem Loch ohne erkennbaren Boden.

Nach Ende des Rundgangs geht's mit dem Aufzug zurück nach oben und für einen Imbiss in die Cafeteria. Es folgt eine 15,3 km (9,5 Meilen) lange Panoramafahrt auf der Desert Loop Road durch die unwirkliche Landschaft der Chihuahuan Desert. Dabei sollte man Ausschau halten nach Maultierhirschen und Halsbandpekaris, die trotz ihres Aussehens nur sehr entfernt mit dem Wildschwein verwandt sind. Gegen Abend kehrt man zum Höhleneingang zurück, um zu beobachten, wie Riesenschwärme von Fledermäusen in der Abenddämmerung auf Nahrungssuche gehen – ein faszinierender Tagesabschluss und der Moment, zurück nach Carlsbad zu fahren.

02

Ein Wochenende

Nach einer Tour auf eigene Faust, einer Panoramafahrt und der Beobachtung der Fledermäuse am ersten Tag taucht man am zweiten Tag tiefer in die eindrucksvolle Höhlenwelt ein.

Dafür bietet sich eine private, von Rangern geführte Tour an. Zunächst steht die Spider Cave auf dem Programm. Der Name sagt es schon: Die Höhle ist voller (harmloser) Spinnen, denen man beim Robben durch die engen, feuchten Gänge zwangsläufig begegnen wird. Kriechend und kletternd geht's vorbei an verblüffenden Formationen wie dem Medusa Room mit seinen verzweigten Heliktiten. (Helm, Stirnlampe, Knieschützer und Handschuhe werden bereitgestellt.)

Später folgt man dem Rattlesnake Canyon Trail, einem der malerischsten Pfade des Parks. Nur wenige Besucher verirren sich hierher. Startpunkt der 9,7 km (6 Meilen) langen Rundtour ist die Kuppe der Mesa. Von dort geht's bergab zu einem ausgetrockneten Bach, eine kleine Steigung hinauf und hinunter und in einen staubtrockenen Canyon. Unterwegs genießt man immer wieder einen tollen Ausblick. Danach folgt der Pfad dem Canyon und führt vorbei an Wüstenpflanzen und – im Frühling – an blühenden Kakteen. Gut möglich, dass man die Virginiawachtel hört, Gabelböcken begegnet oder Fleckenskunks erspäht, die über das ausgedörrte Flachland streifen. Anschließend kehrt man zum Visitor Center zurück und bewundert die Wüste im Abendrot.

12

CA

Channel Islands National Park

Vor der sonnigen Küste Südkaliforniens warten diese Inseln mit dem Beinamen „Kaliforniens Galapagos" mit einer vielfältigen Natur auf und bieten unvergessliche Abenteuer zu Lande und zu Wasser.

Wer je davon geträumt hat, vom Rand der Welt loszusegeln, ist diesem Wunsch wohl nirgendwo näher. Kaum zu glauben, dass diese völlig entlegenen Inseln einst besiedelt waren. Wer aber aus dem Boot steigt und die uralten Felsen betritt, folgt tatsächlich den Spuren der Ureinwohner vor über 12 000 Jahren. Angehörige vom Stamm der Chumash überquerten in *tomols* (Kanus aus ausgehöhlten Baumstämmen) den Kanal und gründeten Siedlungen. Viel später folgten ihnen europäische Entdecker, Walfänger, Abalonefischer, gestrandete Seeleute und Schmuggler.

Spannender als die Geschichte der früheren Einwohner ist die überaus vielfältige Natur. Einige der hier heimischen Pflanzen und Tiere gibt's nirgendwo sonst auf der Welt. Sie sind ein lebendiges Zeugnis der Evolutionsbiologie. Für andere – gegenwärtige oder ehemalige – gefährdete Arten bildeten die Inseln ein sicheres Refugium zum Überleben, so etwa für Nördliche Seeelefanten, Nördliche Seebären und wandernde Grauwale, die hier überwintern. Besuchern bieten die Inseln die einmalige Möglichkeit, die Landschaft und die Tiere zu bestaunen, sei es von windgepeitschten Klippen aus oder auf Kajakfahrten entlang der Küste.

Jede der fünf Inseln des Parks ist einzigartig. Zu Anacapa, das dem Festland am nächsten ist, gehören drei winzige Eilande von weniger als 2,6 km². Im Frühling bevölkern Zehntausende brütende Seevögel jeden freien Flecken. Gleich westlich davon liegt die hundertmal größere Insel Santa Cruz mit dem 747 m hohen Diablo Peak und der Painted Cave, einer der weltweit größten Meereshöhlen. Auf Santa Rosa, der zweitgrößten Insel, gibt's etliche archäologische Stätten sowie reiche Fossilienfunde – und man kann sich leicht vorstellen, wie es im Pleistozän ausgesehen haben muss, als Zwergmammute durch die Gegend streiften.

Anreisen

 Wann?
Schönes Herbstwetter sorgt für eine ruhigere See. Im Frühling blühen Wildblumen, aber Nebel und starke Winde können bis in den Sommer andauern. Heiße und trockene Spätsommer. Der Winter kann stürmisch sein, aber es gibt spektakuläre Möglichkeiten zur Tierbeobachtung.

Wie?
Die meisten Besucher kommen im Rahmen organisierter Touren mit dem Boot oder der Fähre von Ventura, abseits des Highway 101 in Südkalifornien, zwischen Los Angeles und Santa Barbara. Panoramaflüge starten in Camarillo, unweit von L. A.

Park in Zahlen

1010

Fläche (km²)

5

Inseln

145

Arten, die es nirgendwo sonst auf der Welt gibt

Zelt oder Hotel?

Wer auf den Channel Islands übernachten will, braucht ein Zelt. Egal welche Insel das Reiseziel ist, Campingplatz und Überfahrt müssen vorab gebucht werden. Da man fernab der Zivilisation ist, erwarten einen primitive Bedingungen.

Scorpion Ranch Campground
Familien und Gruppen sind auf dem größten Campingplatz des Parks gut aufgehoben. Er liegt nur einen 0,8 km (0,5 Meilen) langen Spaziergang von der Bootsanlegestelle auf Santa Cruz entfernt. Ganz in der Nähe beginnen mehrere Wanderwege.

Santa Rosa Campground
Der mittelgroße Campingplatz auf Santa Rosa versteckt sich in einem Canyon, flache 2,4 km (1,5 Meilen) vom Anlegeplatz der Fähre entfernt. Teilweise sind die Stellplätze von einem Unterstand oder Eukalyptusbäumen geschützt.

Anacapa Campground
Vom Fähranleger ist es ein steiler 0,8 km (0,5 Meilen) langer Aufstieg, u. a. über 150 Stufen, bis zu den sonnigen, ungeschützten Stellplätzen mit einmaligem Ausblick auf den Ozean. Wasservorräte mitnehmen!

Raus und los

Kajakfahren
Unter Felsbogen hindurchpaddeln, an Steilklippen vorbeigleiten oder Meereshöhlen erkunden! Anfänger können eine Tour entlang der Küste von Santa Cruz unternehmen und am Scorpion Beach starten.

Tauchen & Schnorcheln
Um die Schwärme knallbunter Fische im Kelpwald zu beobachten, setzt man sich eine Taucherbrille auf und schwimmt mit dem Gesicht im Wasser umher. Leicht zu erkennen ist der orangefarbene Garibaldifisch, der Staatsfisch Kaliforniens. Die Inseln warten mit einigen der besten Tauchspots in den USA auf. Mitunter begegnet man sogar dem Riesenzackenbarsch, der bis zu 363 kg auf die Waage bringt.

Baden im Gezeitenbecken
Weit entfernt vom dicht besiedelten, hoch technisierten Festland stehen die Gezeitenbecken der Inseln unter dem Schutz von Mutter Natur. An allen Küsten finden sich solche felsigen Pools, in denen sich zahllose bunte Meeresbewohner tummeln, darunter Seesterne, Seeigel, Seepocken, Muscheln und Strandschnecken.

◄ Ein Seehund im unterseeischen Wald.
➡ Anacapa Island.

Wandern

01 Inspiration Point
Der 2,4 km (1,5 Meilen) lange Weg, der einen herrlichen Ausblick auf Anacapa bietet, führt u. a. am Pinniped Point vorbei, wo Seelöwen in der Sonne liegen.

02 Cavern Point & Potato Harbor
Auf Santa Cruz geht's 8,9 km (5,5 Meilen) steil aufwärts, um von den Klippen den Fernblick zu genießen und Wale zu beobachten. Danach spaziert man an der Küste entlang bis zu einem malerischen Hafen.

03 Cherry Canyon
Gemächlich schlendert man 5,6 km (3,5 Meilen) durch die Auenlandschaft von Santa Rosa Island und unternimmt einen kurzen Abstecher zum Water Canyon Beach, einem weißen Sandstrand, oder zum Gipfel des Black Mountain.

Nicht verpassen

Kaliforniens Channel Islands müssen vor der Ankunft des Menschen wie ein Garten Eden gewesen sein. Ihre räumliche Abgeschiedenheit begünstigte die besondere Artenvielfalt, wie sie Darwin schon auf den Galapagosinseln festgestellt hatte. Nach jahrhundertelangen Umweltsünden wie Überweidung, Ölkatastrophen und der Nutzung als Übungsgelände für Bombenabwürfe ist die Natur im Begriff zu gesunden. Ehrgeizige Projekte stellten in den letzten Jahrzehnten Lebensräume wieder her und trugen zum Erhalt seltener Tiere und Pflanzen bei.

KALIFORNISCHER SEELÖWE
Der verspielteste Flossenfüßer dieser Inseln liebt es, sich im Sand zu sonnen, in der Brandung zu planschen und nach Tintenfischen zu tauchen.

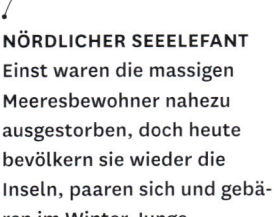

NÖRDLICHER SEEELEFANT
Einst waren die massigen Meeresbewohner nahezu ausgestorben, doch heute bevölkern sie wieder die Inseln, paaren sich und gebären im Winter Junge.

KALIFORNISCHER BRAUN-PELIKAN Bis 2009 galten die Vögel mit dem großen Kehlsack offiziell als bedroht. Die einzigen bekannten Brutkolonien befinden sich auf Anacapa und Santa Barbara.

Tourentipps

Einen Tag auf Anacapa oder mehrere Tage auf Santa Cruz oder auf Santa Rosa – die Inseln sind ideal zum Schnorcheln und Schwimmen.

← Purpurseeigel bevölkern den Meeresgrund.
→ Taucher können kleine und große Meeresbewohner beobachten.

01

Ein Tag

Bevor die Fähre nach Anacapa ablegt, sollte man nur ein leichtes Frühstück zu sich nehmen, denn die Überfahrt kann unruhig werden. Delfine folgen dem Boot, während es sich der Landing Cove nähert und der malerische Arch Rock am Horizont auftaucht. Nach dem Anlegen geht's über die Metallleiter hinunter auf den Holzsteg, dann eine steile Treppe hinauf – schon steht man oben und genießt den tollen Blick auf die Insel.

Als Nächstes sieht man sich im Visitor Center die Liveübertragung eines Tauchgangs an oder nimmt an einer Führung teil. Es folgt eine 3,2 km (2 Meilen) lange Wanderung. Keine Eile: Alles ist an einem Nachmittag zu schaffen. Nur die letzte Fähre zurück sollte man nicht verpassen. Zuerst geht's in Richtung Inspiration Point. Am Pinniped Point kann man Kalifornische Seelöwen unten bei den Klippen beobachten. Im Frühling säumen bunte Wildblumen den Pfad. Auf dem Rückweg steht noch ein Abstecher zur Cathedral Cove mit einer spektakulären Aussicht auf erstaunliche Felsformationen an.

02

Zwei Tage

Eine zweitägige Tour nach Santa Cruz mit Übernachtung auf dem Campingplatz bietet deutlich mehr als ein Tagesausflug. Die Morgenfähre legt am Scorpion Beach an, wo viele bunte Kajaks bereitstehen. Bis zum Campingplatz, auf dem Graufüchse (Füttern verboten!) umherstreifen, sind es 0,8 km (0,5 Meilen). Nachdem man sein Zelt aufgeschlagen und im Schatten gepicknickt hat, geht's nachmittags zurück zum Strand, um zu schnorcheln oder zu schwimmen. Am nächsten Morgen sollte man zeitig aus dem Schlafsack kriechen. Die Wanderung vom Campingplatz zum Cavern Point lässt einen keuchen und schnaufen, entschädigt aber mit einem überwältigenden Panoramablick. Danach spaziert man auf einem sanft hügeligen Pfad Richtung Potato Harbor, vorbei an einem Eukalyptushain und wieder zurück zum Zelt, um seine Sachen zu packen. Auf dem Weg zum Strand ist Gelegenheit, sich auf der Scorpion Ranch umzusehen, bevor es mit der letzten Nachmittagsfähre zurückgeht.

03

Drei Tage

Von der kalifornischen Küste nach Santa Rosa sind es 40 Seemeilen (74 km). Für die vielen Attraktionen der Insel sollte man zwei Übernachtungen einplanen. Die Bootsfahrt dauert etwa zwei Stunden. Wer das nötige Kleingeld hat, kann natürlich auch einen Flug buchen.

Als Erstes schlägt man sein Zelt auf dem in einem Canyon gelegenen Campingplatz auf. Danach spaziert man zurück zum Water Canyon Beach. Wenn es nicht zu windig ist, sind die Picknicktische am 3,2 km (2 Meilen) langen weißen Sandstrand perfekt für ein Mittagessen. Anschließend schlendert man am Ufer entlang. Am nächsten Morgen geht's, mit Tagesproviant versorgt, auf eine lange Tour durch den grasbedeckten Cherry Canyon und – sofern man fit genug ist – weiter zum Gipfel des Black Mountain. Am dritten Tag steht eine Wanderung entlang der Küstenstraße Richtung East Point an, auf der man Torreykiefern und versteckte Sandbuchten passiert. Nach dem Mittagessen wird gepackt, um nachmittags mit dem Boot in die Zivilisation zurückzukehren.

13

SC

Congaree National Park

Über den Köpfen hängt Louisianamoos, in der Ferne hallen dumpfe Vogelschreie: Kanutrips durch die schwarzen Wasser von Congaree sind eine Reise ins dunkle Herz South Carolinas.

Der schaurig-schöne Congaree National Park umfasst ein Gebiet von 106 km² im Süden der USA. An seiner Südgrenze windet sich der breite, braune, von Steilufern gesäumte Congaree River durch Wälder und bietet Fischen, Schildkröten und Schlangen Lebensraum. Im Innern des Parks erstreckt sich der größte unberührte Auenwald des Südostens der USA. Echte Sumpfzypressen ragen aus dem Wasser, smaragdfarbene Flechten überziehen die hohen Schwarzen Tupelobäume und von den Stämmen der Sumpfhickory lösen sich Borkenstreifen. Dieser dunkle Überschwemmungswald ist die Heimat zahlreicher Reptilien, Amphibien, Insekten, Vögel, aber auch von Wildschweinen – und Mücken (Insektenspray mitnehmen!).

Fast alle der früher hier siedelnden Congaree-Indianer fielen den Pocken – von den Europäern um 1700 eingeschleppt – zum Opfer. Die neuen Siedler versuchten, das Gebiet landwirtschaftlich zu erschließen, allerdings machten ständige Überschwemmungen ihre Bemühungen zunichte. Zu Beginn des 20. Jhs. kauften Forstbetriebe das Land auf, holzten die Sumpfzypressen ab und schafften sie flussabwärts. Die Fällarbeiten erwiesen sich jedoch in dem sumpfigen Untergrund als zu schwierig und das Gebiet wurde wieder der Natur überlassen. Fünfzig Jahre später erwogen private Landbesitzer angesichts hoher Preise erneut, im Congaree Holz zu schlagen. Entsetzt über die drohende Abholzung startete der Sierra Club eine Kampagne zum Schutz der unberührten Landschaft. 1976 wurde das Congaree Swamp National Monument ausgewiesen und dieses 2003 zum Nationalpark erklärt.

Tagesausflügler werden sich im Visitor Center informieren und einen Spaziergang auf dem nahen Plankenweg genießen. Wer die Sumpflandschaft genauer kennen lernen möchte, kann hier einige Tage verbringen und Kanutouren auf den flachen, überwucherten Wasserwegen unternehmen, in den stillen Seen angeln und an den Steilufern campen. In der Nacht lassen die Rufe von Eulen und das Quaken der Frösche die Zivilisation weit entfernt scheinen.

⬆ Blühendes Greiskraut im Sektor Frenchman's Gut des Congaree National Park.

Anreisen

Wann?
Der Park ist ganzjährig geöffnet und dank des gemäßigten Klimas jederzeit einen Besuch wert. Er ist selten überlaufen. An den Wochenenden sind die Campingplätze manchmal von einheimischen Jugendgruppen belegt.

Wie?
Der Congaree liegt in South Carolina, etwa eine halbe Autostunde von Columbia, der Hauptstadt des Bundesstaates, entfernt, wo es einen großen Flughafen gibt. Bis zum beliebten Urlaubsziel Charleston sind es zwei Autostunden. Man braucht ein eigenes Fahrzeug.

Park in Zahlen

107,5
Fläche (km²)

51
Höchster Baum (m)

0
Eintrittspreis ($)

Zelt oder Hotel?

Longleaf Campground
In Congaree gibt's zwei primitive Campingpätze: Longleaf ist per Auto erreichbar, der Buff Campground dagegen nicht. Man ist inmitten der Natur, unter Kiefern und ohne jeglichen Komfort (außer Feuerstelle, Picknicktisch und chemischer Toilette). Wasser gibt's jeden Tag rund um die Uhr im Visitor Center. Und das Beste: Man zeltet kostenlos!

1425 Inn
Wer nicht campen möchte, wird in South Carolinas Hauptstadt Columbia fündig. Das nette Southern B&B wartet mit Himmelbetten, Badewannen mit Klauenfüßen und einer Veranda mit Schaukelstühlen auf. Für ihre Gastfreundschaft erhalten die Betreiber beste Bewertungen.

Inn at USC
Das elegante an den Campus der University of South Carolina angrenzende Backsteinhotel ist bei Eltern und Alumni beliebt (an Wochenenden mit Abschlussfeiern aber ausgebucht). Die bequemen Zimmer haben weiche Betten und riesige Bäder. Außerdem gibt's eine Veranda mit Schaukelstühlen. Gutes Frühstück.

Raus und los

Kanufahren
Auf dem dunklen Congaree River durch Auenwald paddeln – für die meisten der Hauptgrund, den Park zu besuchen. Man kann Otter, Schildkröten und (gelegentlich) sogar Alligatoren sehen, während das Boot an Echten Sumpfzypressen vorbeigleitet, von denen Louisianamoos herabhängt. Hier fühlt man sich fernab jeglicher Zivilisation.

Spazierengehen
Wer weiß schon, dass Louisianamoos und Ananas zur selben Pflanzenfamilie gehören? Fakten wie diese erfährt man auf den Naturlehrpfaden von Congaree jeweils samstagvormittags auf einem 90-minütigen, geführten Spaziergang. Vom Plankenweg aus erblickt man Bromeliengewächse, Stelzvögel und mitunter sogar Schlangen, während man Neues über die 22 Pflanzengemeinschaften im Park lernt.

Angeln
Wer einen ruhigen Nachmittag verbringen will, paddelt hinaus in die Flussmitte und wirft die Angel aus. Mit einer Angelgenehmigung von South Carolina darf man überall im Park angeln, außer am Aussichtspunkt Weston Lake. Forellenbarsche und Amerikanische Welse beißen an, Letztere verbergen sich in tiefen Löchern und unter Prallhängen und erreichen die Größe eines Schweines.

Wandern

01 Boardwalk Trail
Der wunderbare 4 km (2,4 Meilen) lange Plankenweg führt durch ursprünglichen Auenwald, vorbei an Zypressen, Tupelobäumen und Weihrauchkiefern. Auf Schildkröten und Schlangen achten!

02 Weston Lake Loop
Ein 7 km (4,4 Meilen) langer Pfad entlang des Cedar Creek, in und um den sich Otter und Stelzvögel tummeln. Unterwegs passiert man ein ausgetrocknetes Flussbett voll Echter Sumpfzypressen mit Kniewurzeln.

03 River Trail
Diese 16 km (10 Meilen) lange Route verläuft durch dichten Auenwald und an Kiefern vorbei zum breiten, braunen Congaree River. Um Vögel beobachten zu können, sollte man ein Fernglas mitnehmen.

Nicht verpassen

Echte Sumpfzypressen mit Kniewurzeln sowie Wasser-Tupelobäume, von denen Louisianamoos herabhängt, gedeihen überall in dieser Auenlandschaft. Auf den Anhöhen spenden hohe Kiefern Schatten. In den Auen leben Schildkröten und Salamander, im Fluss tummeln sich Barsche, Welse und Kahlhechte. Schleiereulen und Grasmücken nisten in den Bäumen. Vielleicht gleitet sogar ein Alligator oder eine Wassermokassinotter an einem vorbei.

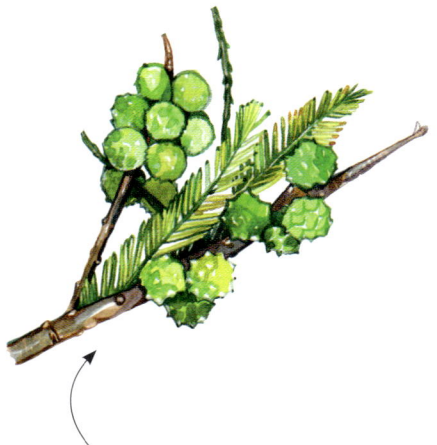

ECHTE SUMPFZYPRESSE
Die hochwachsenden Bäume lieben Schwemmland und sind leicht an den Kniewurzeln, auch Atemknie genannt, erkennbar, die aus dem Boden ragen.

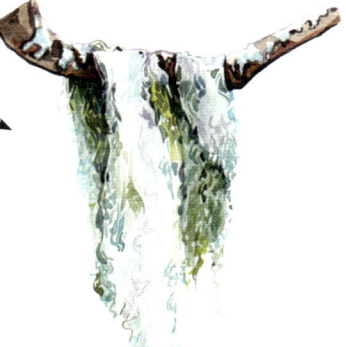

LOUISIANAMOOS
Im Grunde ist dies kein Moos, sondern eine Blütenpflanze, die wie ein grauer Bart von den Bäumen herabhängt.

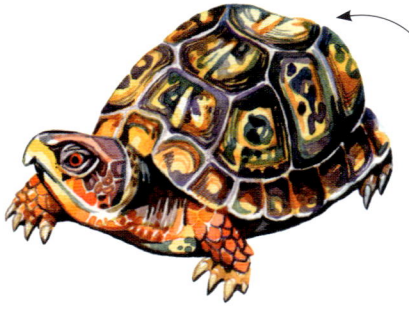

CAROLINA-DOSENSCHILDKRÖTE
Diese Reptilien sind an ihrem orange und schwarz gefleckten Rückenpanzer zu erkennen. Erwachsene Tiere erreichen 15 cm. Die Männchen haben rote Augen.

Getty Images | altrendo nature, Alamy | Richard Ellis

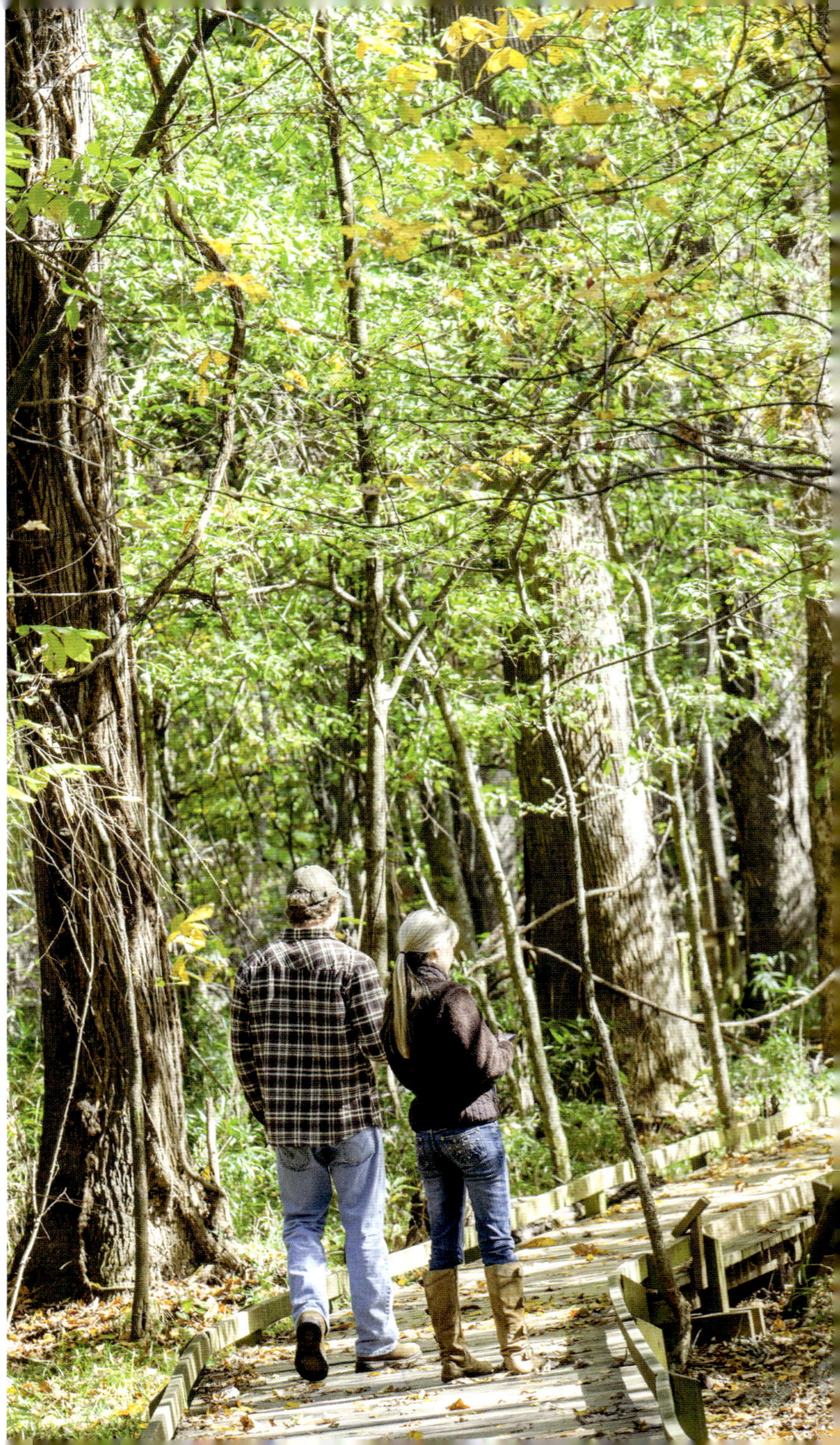

Tourentipps

Mit dem Kajak oder Kanu an Alligatoren oder Gürteltieren vorbeigleiten oder auf dem Boardwalk Trail zwischen Echten Sumpfzypressen umherschlendern. Hier herrscht die neblig-dunstige Stille einer Auenlandschaft.

← Plankenwege winden sich durch uralte Hartholzwälder.

↑ Ritterfalter und eine Waldklapperschlange.

01

Ein Tag

Auf dem 3,8 km (2,4 Meilen) langen Plankenweg geht's durch den gespenstischen Auenwald, in dem die Sumpfzypressen so dicht wachsen, dass im Sommer kein Sonnenstrahl bis auf den Boden dringt. Besucher sollten sich Zeit nehmen und glitzernde Libellen, im Wasser schlängelnde Rotbauch-Wassernattern und durch Baumkronen schwirrende Grasmücken beobachten. Es lohnt sich, an der von Freiwilligen geleiteten Führung (jeweils samstagmorgens) teilzunehmen. Nach einem Mittagspicknick (im Park gibt's keine Lebensmittel zu kaufen) werden Kajak oder Kanu im Cedar Creek zu Wasser gelassen. Lautlos gleitet man unter Echten Sumpfzypressen hindurch. Am Dawson's Lake hält man an, um zu angeln oder umhertollende Fischotter zu beobachten. Auf dem selben Weg paddelt man zurück und übernachtet unter Kiefern auf dem Longleaf Campground. Am nächsten Morgen früh aufstehen und beobachten, wie sich der Morgendunst über dem Sumpfgebiet hebt. Danach geht's zurück in die Zivilisation.

02

Zwei oder drei Tage

Der 80,5 km (50 Meilen) lange Congaree River Blue Trail ist eine der großen Wochenend-Paddelrouten des Südens. Kajak oder Kanu besteigt man in Columbia unter der Brücke beim West Columbia Amphitheater, passiert den Granby Lock and Dam und rudert durch den Kanal auf der rechten Seite in den Congaree Creek Heritage Preserve mit den seltenen Atlantischen Weißen Zedern. Ab hier ist man fast allein und dringt immer tiefer in die Wildnis vor. Der Fluss ist breit, Sandbänke eignen sich für kurze Pausen. Die erste Nacht campt man auf einer Sandbank und verfolgt, wie die Sonne hinter den Sumpfkiefern untergeht und der Fluss zunehmend schwarz schimmert. Am zweiten Tag passiert man Altarme, bewaldete Steilufer, verschlammte Creek-Mündungen und beobachtet Hirsche, Schildkröten, Reiher, Schlangen, Alligatoren, und vielleicht sogar Gürteltiere oder Wildschweine. Auch die zweite Nacht verbringt man im Zelt, bevor die Paddelstrecke am dritten Tag bei Bates Bridge Landing endet.

14

OR

Crater Lake National Park

Egal wie häufig man ihn gesehen hat: Der Oregons Crater Lake ist ein so unfassbar tiefblau schimmerndes Juwel, dass einem immer wieder der Atem stockt.

Heute strahlt der See Ruhe aus, doch er zeugt von unvorstellbaren Urgewalten der Natur. Vor etwa 7700 Jahren brach der Vulkan Mt. Mazama aus. Im Lauf von wenigen Tagen wurde der obere Teil des Kegels in die Luft geschleuert, der Berg fiel in sich zusammen und bildete eine Caldera mit Steilwänden. Allmählich füllte sich die Caldera mit Regen- und Schmelzwasser und bildete den Crater Lake. Mit 592 m ist er der tiefste See der USA und berühmt für sein tiefblaues, klares Wasser.

Der See und seine Umgebung wurden am 22. Mai 1902 zum Nationalpark erklärt. Im Innern des Vulkans hatte sich ein weiterer Vulkan gebildet – weltweit ein überaus seltenes Phänomen: Wizard Island ist ein Schlackekegel, der auf der westlichen Seeseite aus dem Wasser ragt. Ein Shuttleservice befördert die Besucher des Nationalparks täglich zur Insel. Aber auch entlang des Ufers gibt's jede Menge tolle Aussichtspunkte. Man sollte unbedingt Ausschau halten nach dem Old Man of the Lake, einem Baumstamm, der senkrecht aus dem Wasser ragt

und schon seit den 1890er-Jahren auf dem See treibt. Im Park hat auch das Crater Lake Science and Learning Center seinen Sitz, das Wissenschaftlern, Künstlern, Studenten und Lehrern zur Verfügung steht.

Ob man von der Rim Drive Road auf den See schaut, ihn auf einer Wanderung entlang des Randes erkundet oder mit einem Boot an einer geführten Tour teilnimmt – der Crater Lake bleibt ein absolut unvergessliches Erlebnis.

Anreisen

⚙ Wann?
Der See ist jederzeit großartig. Im Winter sorgt die Schneedecke für zusätzlichen Glanz, die Zufahrt ist im Sommer aber einfacher. Park und zentrales Visitor Center sind ganzjährig geöffnet; Rim Visitor Center, Tankstelle und die meisten Service-Einrichtungen schließen von Oktober bis Mai. Während der Waldbrandzeit (Juli bis August) kann die Sicht beeinträchtigt sein.

🧭 Wie?
Der per Auto erreichbare Crater Lake liegt im Südwesten Oregons, 105 km (65 Meilen) von Medford und 72 km (45 Meilen) von den Klamath Falls entfernt.

Park in Zahlen

741
Fläche (km²)

18,9
Billionen Liter Wasser im See

6600
Jahre seit dem letzten Vulkanausbruch

Zelt oder Hotel?

🏠 Crater Lake Lodge
Diese rustikale 1915 erbaute Lodge lädt ihre Gäste dazu ein, am Kamin in der Great Hall ein Glas Wein zu genießen, bevor man sich auf die einfachen Zimmer zurückzieht. Die von Mai bis Oktober geöffnete Unterkunft liegt nur wenige Schritte von der Caldera entfernt und bietet einen Blick auf den See.

⛺ Mazama Village Campground
Trotz seiner Größe ist der Campingplatz am Südeingang zum Park recht verwinkelt, was die Privatsphäre und Ruhe gewährleistet. Obwohl es nur 11 km (7 Meilen) bis zum Seeufer sind, fühlt man sich wie in der Wildnis. Einen weiteren Pluspunkt gibt's für die Infrastruktur mit Tankstelle, Lebensmittelladen, Wäscherei und Café. Man kann sich problemlos vor dem Parkbesuch versorgen.

🏠 Mazama Village Cabins
Wer ein weiches Federbett, eine warme Dusche und ein Dach über dem Kopf einer Nacht im Zelt vorzieht, ist hier richtig. Die Hütten neben dem Mazama Village Campground bieten Bett und eigenes Bad. Das Beste dabei: Wer seinen Kopf zur Hütte rausstreckt, ist umgeben von Kiefernwald.

Raus und los

🗺 Entdecken
Vom Norden des Crater Lake wandert man 1,6 km (1 Meile) auf dem abschüssigen Cleetwood Cove Trail bis zur Bootsanlegestelle. Im Shuttleboot geht's in 45 Minuten nach Wizard Island, das man drei Stunden lang auf eigene Faust erkunden kann. Auf einer 75-minütigen geführten Rundwanderung erfährt man Wissenswertes über die Natur des Parks. (Auf dem Rückweg ist eine Steigung von 213 m zu bewältigen.)

🚲 Radfahren

Auf dem steilen, schmalen 53 km (33 Meilen) langen Rim Drive rund um den See kommen Fahrradfans auf ihre Kosten. Man startet bei der Parkverwaltung, radelt im Uhrzeigersinn und bewältigt zuerst das schwierigste Teilstück. Recht anstrengende Steigungen; in der Hauptsaison ist mit viel Verkehr zu rechnen.

⛷ Skifahren und Schneeschuhwandern
Im Winter können Anfänger wie Fortgeschrittene auf neun Trails verschiedener Schwierigkeitsgrade den See erkunden. Beim Visitor Center gibt's Karten.

↩ Wandern am Crater Lake; von mehreren Wanderwegen öffnet sich der Blick auf den See, bis im Spätherbst winterliches Wetter aufzieht und man Schneeschuhe braucht.

Wandern

O1 Discovery Point
Der leichte 1,8 km (1,1 Meilen) lange Pfad führt westwärts vom Rim Village zu einem staubigen Trail und bietet einen großartigen Ausblick auf den Crater Lake.

O2 Garfield Peak
Ein steiler 5,5 km (3,4 Meilen) langer Rundwanderweg mit herrlichem Blick auf den See und seine Umgebung. Er verläuft von der Crater Lake Lodge ostwärts entlang des Klippenrandes, bevor er bergauf zum Gipfel klettert.

O3 Pacific Crest Trail
Das Buch *Der große Trip – Wild* und seine anschließende Verfilmung haben diesen Fernwanderweg bekannt gemacht. Er durchquert den Park von Nord nach Süd.

Nicht verpassen

Aufgrund der Höhenlage des Crater Lake sind die Sommer kurz, die Winter lang und streng, und nur die widerstandsfähigsten Pflanzen überleben. Im Frühling blühen Wildblumen wie Frühe Küchenschelle, Lupinen und Indianerpinsel. Die Tierwelt ist artenreich, ihre Vertreter – z. B. Hirsche, Bären und Baummarder – sind aber nur selten zu sehen. Im See tummeln sich die von Menschen eingeführten Regenbogenforellen und Rotlachse. (Im See gibt's keine einheimische Arten.)

KIEFERNHÄHER Diese gar nicht scheuen Vögel ignorieren die „Füttern verboten!"-Schilder und unterhalten die Besucher in der Hoffnung auf einen kleinen Snack.

FLECKENKAUZ Die Nadelwälder in tieferen Lagen sind der ideale Lebensraum für den Fleckenkauz. Im Streit zwischen Umweltschützern und der Holzindustrie spielte er in den 1990er-Jahren eine Schlüsselrolle.

RAUHÄUTIGER GELBBAUCHMOLCH Diese Amphibien, die vermutlich endemisch nur im Crater Lake vorkommen, sind durch die jüngste Ansiedlung von hier bisher nicht bekannten Flusskrebsen gefährdet.

Tourentipps

Wer auf dem Crater Lake herumkreuzt oder in der Sky Lakes Wilderness wandert, erblickt seltene Vögel und genießt eine herrliche Panoramaaussicht. Ein Snack am Lagerfeuer rundet den Tag perfekt ab.

← Wizard Island im Crater Lake.
→ Die Crater Lake Lodge.

01

Ein Tag

Vom Südeingang am Mazema Village fährt man zur Parkverwaltung im Steel Visitor Center, um sich über Aktivitäten und den Shuttleboot-Fahrplan zu informieren. Dann geht's weiter Richtung See. Bei der Crater Lake Lodge wirft man einen Blick auf das berühmte blaue Wasser. Danach wird eingecheckt und die aus den 1920ern stammende Great Hall inspiziert. Anschließend fährt man weiter auf dem West Rim Drive und hält am Watchman Overlook.

Auf etwa halber Strecke dieses Rundweges befindet sich der Cleetwood Cove Trail, der zu einer Bootsanlegestelle am Seeufer führt (steiler Weg). Wer mag, steigt hinunter zum Shuttleboot. Angeboten werden ein- bis zweistündige Fahrten sowie Ganztagestouren mit einem Stopp auf Wizard Island. Hier kann man drei Stunden lang wandern, angeln oder einfach nur umherschlendern. Etwas später wird die Fahrt auf dem East Rim Drive fortgesetzt mit Halt an allen Aussichtspunkten, bis man wieder beim Visitor Center ankommt.

02

Ein Wochenende

Der erste Tag läuft wie zuvor beschrieben ab, aber anstatt abends den Park zu verlassen, wird auf dem netten Mazama Village Campground übernachtet. Im Laden im nahen Mazama Village stockt man seine Vorräte auf, lässt die Gasflasche auffüllen, besorgt ein Picknick für den nächsten Tag und ersteht vielleicht ein Souvenir.

Am nächsten Morgen, nach einem herzhaften Frühstück in der Crater Lake Lodge, wandert man zum Garfield Peak, beobachtet Vögel, macht Fotos von der tollen Landschaft und picknickt zu Mittag. Zum Abschluss der Tour folgen die obligaten Selfies. Danach steigt man in den Crater Lake Trolley und unternimmt eine bequeme Rundfahrt mit einem Guide. Wer noch fit ist, kann sich spontan für einen Wanderweg entscheiden, der vom Rim Village in südwestliche Richtung verläuft und die Verbindung zum Pacific Crest Trail herstellt (Karten im Visitor Center), und nach Belieben weiterlaufen.

03

Drei bis vier Tage

Die Erkundung auf dem Pacific Crest Trail wird um eine Übernachtung im Freien erweitert. Der südwärts verlaufende Trail führt in die Sky Lake Wilderness – unbedingt eine topografische Karte mitnehmen und alle Auflagen für Backpacker beachten. Vom Hauptweg zweigen immer wieder Pfade ab, sodass sich beliebig lange Abstecher zu Rundwanderungen anbieten. Beim Visitor Center sollte man sich nach dem Zustand der Wanderwege erkundigen und fragen, wo wildes Campen und Lagerfeuer erlaubt sind und wie die Wettervorhersage ist. Bedingt durch die Schneelage und die durch Waldbrände entstandenen Schäden können die empfohlenen Routen von Jahr zu Jahr erheblich schwanken. Man sollte also flexibel sein und auf die Ratschläge der Ranger hören. Nach der Wanderung belohnt man sich für seine Leistung mit einer Nacht in einem bequemen Bett, mit warmer Dusche und einem deftigen Essen in der Crater Lake Lodge (im Voraus buchen).

15

OH

Cuyahoga Valley National Park

Inmitten der Schleifen eines gewundenen Flusslaufs gelegen, macht dieses grüne Zauberland mit reicher Tier- und Pflanzenwelt, Wasserfällen und historischen Wegen Stadtbewohner zu wandernden und radelnden Entdeckern.

Eingeklemmt zwischen zwei Städten und inmitten eines Autobahnnetzes ist Cuyahoga Valley so etwas wie eine Outdoorutopie: Es verfügt über 201 km an Wander- und Reitwegen und Möglichkeiten zum Radeln, Campen und Kanufahren sowie für Winterabenteuer. Außerdem gibt's Aktivitäten wie Golf, Livekonzerte und einen Lokomotiventrip.

Ohios einziger Nationalpark liegt zwischen Cleveland und Akron. Das Cuyahoga Valley blickt auf 12 000 Jahre menschlicher Besiedlung zurück. Es wird gebildet vom Cuyahoga River (der Name bedeutet „gewundener Fluss" in der Sprache der Mohawkindianer), der sich Richtung Eriesee schlängelt. Angehörige der Whittleseykultur verließen in den frühen 1600ern das Tal. Biberjäger, Bergbewohner und neue Indianerstämme ließen sich hier nieder, aber mit dem Vertrag von Greenville von 1795 wurden die Ansprüche der Ureinwohner auf das Gebiet verworfen. Danach setzte ein Zustrom von Siedlern nach Ohio ein.

In den nächsten 150 Jahren wurden Städte gegründet und man baute einen Kanal, eine Bahnlinie und Straßen. Dank des leichten Zugangs zum Tal schlossen die Stadtbewohner ihren wilden Garten ins Herz. Hayward Kendall, Geschäftsmann aus Cleveland, machte Landschenkungen und während der großen Wirtschaftskrise schuf der Civilian Conservation Corps einen Großteil der Infrastrukur.

Die wirtschaftliche Entwicklung der Region wurde besorgt verfolgt und mit einer Petition die Gründung eines Parks gefordert. Noch 1973 sagte der Direktor des NPS, dies werde „nur über seine Leiche" geschehen, doch bereits 1974 genehmigte Präsident Gerald Ford die Cuyahoga Valley National Recreation Area, die 2000 den Status eines Nationalparks erhielt. Das Bahn- und Wasserwegenetz ist heute Teil dieses besonderen Parks.

Anreisen

Wann?
Der Park ist ganzjährig geöffnet, aber am besten kommt man im Frühling (blühende Wildblumen) oder Herbst (bunte Wälder) hierher. Wanderungen und Radtouren sind fast das ganze Jahr über möglich. Im Winter kann man Skilaufen und Schlittenfahren.

Wie?
Die Interstates I-80 und I-81 verlaufen durch den Park, nicht weit von Attraktionen wie den Brandywine Falls entfernt. Von Cleveland und Akron nimmt man die I-77 oder die Ohio State Route 8. Es gibt etliche Besucherzentren. Der Eintritt ist frei.

Park in Zahlen

133

Fläche (km²)

201

Wanderrouten insgesamt (km)

39

Säugetierarten im Nationalpark

Zelt oder Hotel?

Camping
Obwohl es nur eine recht kurze Autofahrt bis zu zwei Großstädten ist, bedeutet Camping im Cuyahoga Valley eine Übung in Sachen Entschleunigung. Nachts sind nur Waschbären, Kojoten und Eulen zu hören. Geweckt wird man von zwitschernden Vögeln. Der einfache Platz unweit des Towpath Trail beim Stanford House ist vom Memorial Day bis Ende Oktober geöffnet.

Stanford House
Das renovierte Bauernhaus aus dem 19. Jh. ist im Besitz des NPS und eignet sich bestens für eine Übernachtung. Es liegt im Herzen des Parks, unweit der Brandywine Falls, des Boston Store Visitor Center und des Treidelpfades am Kanal. Hier herrscht eine tolle Atmosphäre, das Personal ist freundlich und es gibt etliche Gemeinschaftsräume, darunter eine Küche und eine Lounge mit Brettspielen.

The Inn at Brandywine Falls
Wer sich verwöhnen lassen will, entscheidet sich für das luxuriöse Inn at Brandywine Falls. Das historische Gebäude von 1848 mit Blick auf den Wasserfall ist berühmt für seine Gastfreundschaft.

Raus und los

Radfahren
Eine Radtour auf dem Ohio & Erie Canal Towpath ist ein Muss. Daneben gibt's noch zahlreiche weitere tolle Routen, z. B. den Bike & Hike Trail. Fast alle Wege sind befestigt und jüngst wurde mit dem Bau des East Rim Trail, einer neuen Mountainbikestrecke, begonnen.

Skilaufen & Rodeln
Kaum fällt der erste Schnee, verwandelt sich das Cuyahoga Valley in ein traumhaftes Gelände für Langlauf, Schneeschuhwanderungen und Schlittenfahrten. Ski und Schneeschuhe kann man ausleihen. Langlauf ist auf allen Wanderpfaden von insgesamt 201 km (125 Meilen) Länge möglich, ausgenommen nur das Ledges- und Brandywine-Falls-Wegenetz.

Panoramafahrt
Seit 1880 schnaufen Loks durch das Cuyahoga Valley. Eine Zugfahrt, vor allem kombiniert mit einer Wanderung auf dem Towpath Trail, ist ein echtes Highlight. Einfach am Bahnsteig winken, dann hält der Zug an.

← Die Blue Hen Creek Falls im Cuyahoga Valley National Park nach heftigem Regen
→ Im Sommer blühen hier jede Menge Wildblumen.

Wandern

O1 Brandywine Gorge Trail
Der 2,4 km (1,5 Meilen) lange Weg führt rund um den Brandywine Creek. Über einen kurzen Pfad gelangt man zum Wasserfall.

O2 Ohio & Erie Canal Towpath Trail
32 km (20 Meilen) der historischen Route verlaufen durch den Park. Wandern oder Radeln (oder Inlineskaten oder Skilaufen) auf dieser Strecke ist ein Muss.

O3 Buckeye Trail
Der 2324 km (1444 Meilen) lange Rundwanderweg durch Ohio passiert auch den Park. Man kann einen Abschnitt des Buckeye Trail mit dem Towpath Trail zu einer 27 km (17 Meilen) langen Tour kombinieren, die in Boston beginnt und endet.

Nicht verpassen

Das Appalachenplateau und die Zentrale Tiefebene Amerikas treffen im Cuyahoga Valley zusammen und schaffen ein vielfältiges, intaktes Ökosystem. Am Himmel tummeln sich 194 Vogelarten. In den Wäldern und Sümpfen gedeihen 900 Pflanzenarten, außerdem leben hier Säugetiere, Reptilien und Amphibien. Auch der Fluss ist gesund, davon zeugen die 43 Fischarten, die darin umherflitzen.

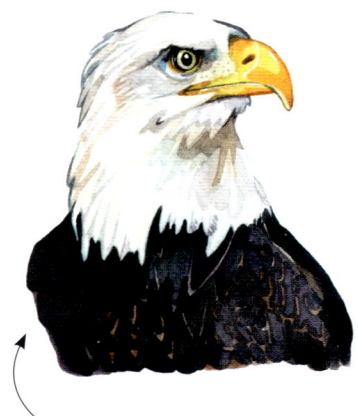

WEISSKOPFSEEADLER Seitdem sich die Fischbestände im Fluss erholt haben, sind die berühmten Raubvögel wieder zahlreicher im Park vertreten. Im November kann man ihr spannendes Liebeswerben beobachten und dabei zusehen, wie sie tauchen und ihre Klauen öffnen und schließen.

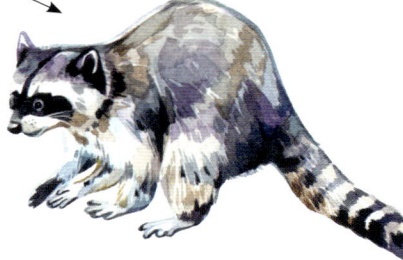

WASCHBÄR Dank ihres dichten Unterfells kommen die schlauen Tiere gut mit den harten Wintern zurecht. Ihre typische Gesichtszeichnung ist bei den Ureinwohnern Amerikas Bestandteil etlicher Mythen.

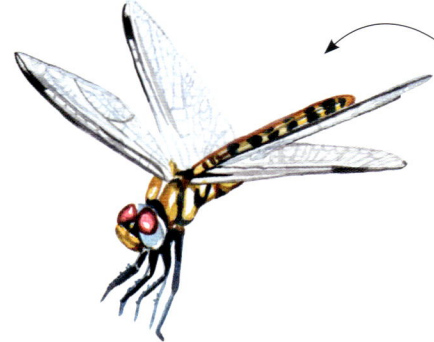

WANDERLIBELLE Ohios Sumpfgebiete bieten 157 Libellenarten Lebensraum, darunter auch dieser, der weltweit am meisten verbreiteten Art.

Getty Images | zrfphoto; James Schwabel

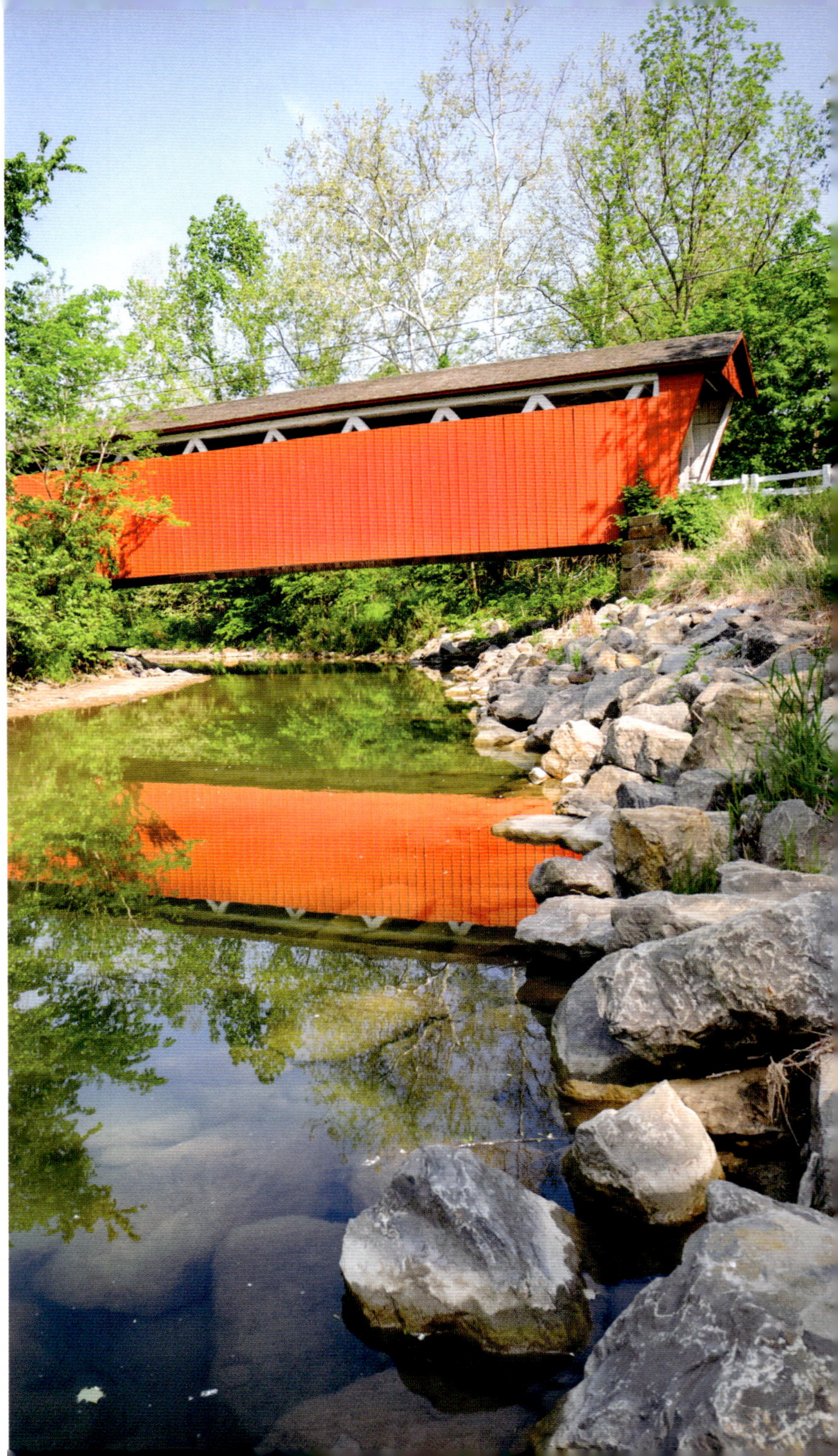

Tourentipps

Rund um die Brandywine Falls erstrecken sich Plankenwege zur Beobachtung der Biber. Lohnenswert sind außerdem die Fahrt mit dem Panoramazug sowie eine kombinierte Rad- und Wandertour.

◄ Überdachte Brücken führen über Flüsse und Bäche im Cuyahoga Valley.
► Die Peninsula Depot Station auf der Cuyahoga Valley Scenic Railroad.

01

Ein halber Tag

Der freie Eintritt und die gute Erreichbarkeit von den Nachbarstädten aus machen ein Nachmittagsabenteuer im Park möglich. Eine Wanderung zu einem der Wasserfälle, der Besuch eines Visitor Center und die Beobachtung von Tieren vermitteln einen Eindruck vom Schutzgebiet.

Das Highlight sind die Brandywine Falls. Hier stürzt der Brandywine Creek 20 m in die Tiefe und mündet in einem kurvenreichen Fluss. Nach einem kurzen Spaziergang vom Parkplatz abseits der Brandywine Road erreicht man mehrere Plankenwege zu Aussichtsplattformen am Wasserfall. Der Picknickplatz nebenan bietet sich für eine Mittagspause an. Dann geht's zum Boston Store Visitor Center in einem Gebäude von 1836. Dort erfährt man Interessantes über die Geschichte des Ohio-Erie-Kanals, der durch den Park fließt und den Eriesee mit dem Ohio River verbindet.

Zum Schluss folgt man einem Plankenweg, der vom Ira Trailhead 2,4 km (1,5 Meilen) rund um das sumpfige Beaver Marsh führt, und beobachtet Biber, Otter, Bisamratten sowie Wasservögel.

02

Ein Tag

Die klassische Tagestour ist ein Abenteuertrip auf dem Towpath Trail. 32 km (20 Meilen) des alten Ohio-Erie-Kanals verlaufen durch den Park, also ist die Route etwas zu lang für eine Tageswanderung, aber ideal für eine Radtour – zumal man nur auf dem Hinweg radelt und auf dem Rückweg den Scenic Train nimmt.

Geparkt wird am Boston Visitor Center, dann geht's los. Auch wenn man die ebene Strecke in gut einer Stunde bewältigen kann, ist keine Eile geboten. Am besten nimmt man ein Lunchpaket mit und pausiert auf einem der malerischen Picknickplätze am Wegesrand.

Auf der Tour passiert man Wälder, Wiesen und Sümpfe, in denen man vielleicht sogar den einen oder anderen Biber entdeckt, und gelegentlich taucht der Fluss wieder auf.

An der Rockside Station steigt man in den Zug, sichert sich einen Fensterplatz und lässt die Landschaft an sich vorbeiziehen. Ein völlig anderes Bild bietet sich im Winter; vielleicht kommt man im Januar wieder, zum Langlauf auf dem Towpath ...

03

Zwei oder mehrere Tage

Wer der Hektik der Stadt entfliehen und das uralte Tal erkunden will, sollte hier mindestens eine Nacht verbringen, am besten inmitten der Wildnis und trotzdem in Hörweite des Ohio Turnpike.

Nach einem Tag, in dessen Verlauf man auf dem Treidelpfad und dann zurück auf einem Abschnitt des Bike & Hike Trail (eine der ersten Bahnstrecken, die zu einem Rad- und Wanderweg umgewandelt wurden) geradelt ist, geht's in Richtung Ledges, um einen der berühmten Sonnenuntergänge im Cuyahoga Valley zu bestaunen. Von den Klippen aus hat man einen hervorragenden Blick darauf, wie die Abendsonne die Wälder in flammende Farben taucht. Nach einer Nacht im Zelt unweit von Stanford House verschafft eine Tour auf dem Buckeye Trail einen tieferen Einblick ins Hinterland. Kurz nach Verlassen des Wanderweges stößt man auf die Blue Hen Falls, die etwas kleiner als die Brandywine Falls, aber ebenso beeindruckend sind. Außerdem hat man den Wasserfall nur für sich. Zum Abschluss des Tages geht's mit dem Zug zurück zum Boston Visitor Center.

16

CA

Death Valley National Park

Kaliforniens tiefstgelegener, heißester und geologisch seltsamster Ort: das Death Valley. Das Tal zeigt sich überraschend lebendig, vor allem, wenn die Frühlingsblumen blühen.

Die Luft flirrt vor Hitze. Durch die Windschutzscheibe zeichnen sich Sanddünen am Horizont ab. In der Salzwüste bricht der Boden zickzackförmig auf, so als könnte er eine Stadt verschlingen. Felsbrocken bewegen sich unmerklich auf dem Wüstenboden und hinterlassen ihre Spur im Staub eines ehemaligen Flussbettes. Enge, gewundene Canyons zeigen vom Wind geformte Felsen in einmaligen Farben: rostrot, ocker, malvenfarbig, giftgrün und stahlblau.

Wer mit dem Wagen durch das Death Valley fährt, wird keine sichtbaren Spuren von Leben erkennen. Doch man sollte anhalten und sich einen Feigenkaktus aus der Nähe ansehen (nicht berühren!), einer Schildkröte zuschauen, wie sie ihren Bau verlässt, oder ein Wüsten-Dickhornschaf beobachten, das behutsam seinen Weg entlang einer Felskante wählt. Das gesamte empfindliche Ökosystem dieses Tals hängt vom Wasser ab. Es sammelt sich in Quellen oder als Sickerwasser. Nach den Regenfällen im Winter und Frühling saugt sich der ausgedörrte Boden voll und Wildblumen, darunter Mojave-Astern und orangefarbene Wüsten-Frühlingsmalven, schießen aus dem Boden.

Der berüchtigte Name „Death Valley" geht auf die Siedler des 19. Jhs. zurück, die sich hier während des Goldrauschs verirrten und nicht selten den Tod fanden. Ihnen folgten Schürfer, die nach Silber und anderen wertvollen Mineralien suchten. Gespenstische Relikte ihrer Tätigkeit entdeckt man auf Nebenwegen: Die trockene Wüstenluft hat die Geisterstädte als Zeugnisse jener Epoche erhalten. Andere unbefestigte Straßen führen zu spektakulären Aussichtspunkten wie Aguereberry Point, von wo aus man den 4421 m hohen Mt. Whitney, den höchsten Gipfel der USA außerhalb Alaskas, sehen kann – oder nach Badwater, mit 86 m unter dem Meeresspiegel Nordamerikas tiefstgelegener Punkt.

Anreisen

☼ Wann?
Hauptsaison ist der Frühling, wenn die Wildblumen blühen. Der Herbst mit seinen gemäßigten Temperaturen gilt ebenfalls als angenehme Reisezeit. Die Winter sind in tieferen Lagen mild, die Sommer aber fürchterlich heiß.

🧭 Wie?
Der Park liegt in Südkalifornien, zwei Autostunden von Las Vegas, Nevada, wo sich der nächstgelegene internationale Flughafen befindet. Death Valley lässt sich nur mit eigenem Wagen erkunden.

Park in Zahlen

13 649
Fläche (km²)

58°C
Höchste je gemessene Temperatur

86
Niedrigster Punkt unter dem Meeresspiegel (m)

Zelt oder Hotel?

 **Inn at Furnace Creek**
In dem historischen, von Palmengärten umgebenen Hotel kann man im Pool entspannen oder auf der Veranda mit einem Cocktail anstoßen. Die minimalistischen Zimmer sind ruhig gelegen, einige haben tolle Ausblicke auf die Berge und eine Terrasse, von der man die Sonnenaufgänge beobachten kann.

Ranch at Furnace Creek
Diese im Westernstil eingerichtete Lodge ist besonders familienfreundlich. Die Doppelhütten können etwas eng sein, strahlen aber Westerncharme aus, z. B. dank der Schaukelstühle auf der Vorderterrasse. Weitere Pluspunkte sind der Golfplatz und Reitmöglichkeiten.

Mesquite Spring Campground
Camper, die schon früher mal im Park waren, steuern oft diesen nicht überlaufenen Platz an. Er liegt etwa 610 m über dem Talgrund, sodass es hier deutlich kühler ist. Aufgrund der nur 30 Stellplätze fühlt man sich hier, wenn man sein Zelt im Schatten der Hänge aufschlägt, wie ein Pionier. Vorsicht: Kräftige Winde möglich, vor allem nachts.

Raus und los

Historische Tour
Die Tour führt zu Scotty's Castle, einem exzentrischen Landhaus, das Geschäftsleute aus Chicago für den befreundeten „Death Valley Scotty", einen erfolglosen Schürfer, aber beliebten Geschichtenerzähler, erbaut haben. Geisterstädte wie Skidoo und Rhyolite sowie bienenkorbförmige Holzkohlemeiler im Wildrose Canyon erinnern an die Bergbautage der Wild-West-Zeit.

Jeeptour
Man braucht ein Allradfahrzeug mit hoher Bodenfreiheit, um auf den holprigen Straßen, steilen Anstiegen oder sandigen Strecken voranzukommen. Der ultimative Kick ist der Titus Canyon, der sich durch die Grapevine Mountains bergab vorbei an der Geisterstadt Leadfield und an den Petroglyphen von Klare Spring windet. Allradwagen werden in der Saison in Furnace Creek vermietet.

Sterne beobachten
Death Valley ist offiziell der größte „Dark-Sky"-Nationalpark der USA. Man rollt den Schlafsack auf, nimmt eine Himmelskarte zur Hand und meditiert über die Unendlichkeit, während man die Milchstraße oder vorbeiziehende Kometen beobachtet.

← Felsbrocken wandern, bewegt von Wind und Eis, über das ausgetrocknete Seebett von Racetrack Playa.
Vorherige Seite: Der Zabriskie Point.

Nicht verpassen

Durch Anpassung an eine unwirtliche, trockene Landschaft entstand im Death Valley eine Flora und Fauna von spektakulärer Vielfalt. Hier gedeihen über 1000 Pflanzen- und leben mehr als 400 Tierarten, vom gefährdeten Wüstenkärpfling, der kleiner ist als ein Daumen, bis zu den wilden Eseln in den Berghöhen, den Nachkommen der von den Schürfern freigelassenen Lasttiere. Am aktivsten sind die Wüstentiere am kühlen Morgen sowie gleich nach Sonnenuntergang.

KALIFORNISCHE WÜSTEN-SCHILDKRÖTE Diese trägen Reptilien bevölkern seit Jahrmillionen die Mojave-Wüste und sind durch den Verlust ihres Lebensraums, durch Raubtiere und Seuchen gefährdet.

WÜSTEN-DICKHORNSCHAF
Die scheuen, trittsicheren Säugetiere erblickt man nur selten. Am ehesten sind sie auf Berggraten und steilen Hängen anzutreffen.

FEROCACTUS CYLINDRACEUS
Im Frühling bringen die stacheligen, gerippten Kakteengewächse gelbe Blüten hervor. Sie erreichen eine Wuchshöhe von über 2 m.

Wandern

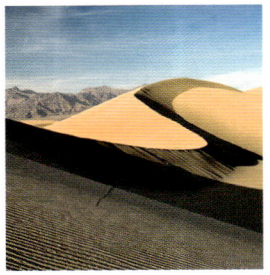

01 Golden Canyon Trail
Ein leichter, 3,2 km (2 Meilen) langer Spaziergang in einer der farbenprächtigsten Einöden des Death Valley mit Blick auf die Red-Cathedral-Klippen.

02 Mesquite Flat Sand Dunes
Die wogenden, goldfarbenen Sanddünen sind unwiderstehlich – zu erkunden auf einem 3,2 km (2,2 Meilen) langen Pfad bei gleißendem Sonnenlicht oder nachts bei Mondschein.

03 Wildrose Peak Trail
Ein anstrengender, 13,5 km (8,4 Meilen) langer Aufstieg führt die Wanderer in kühlere Höhenlagen mit herrlichem Panorama.

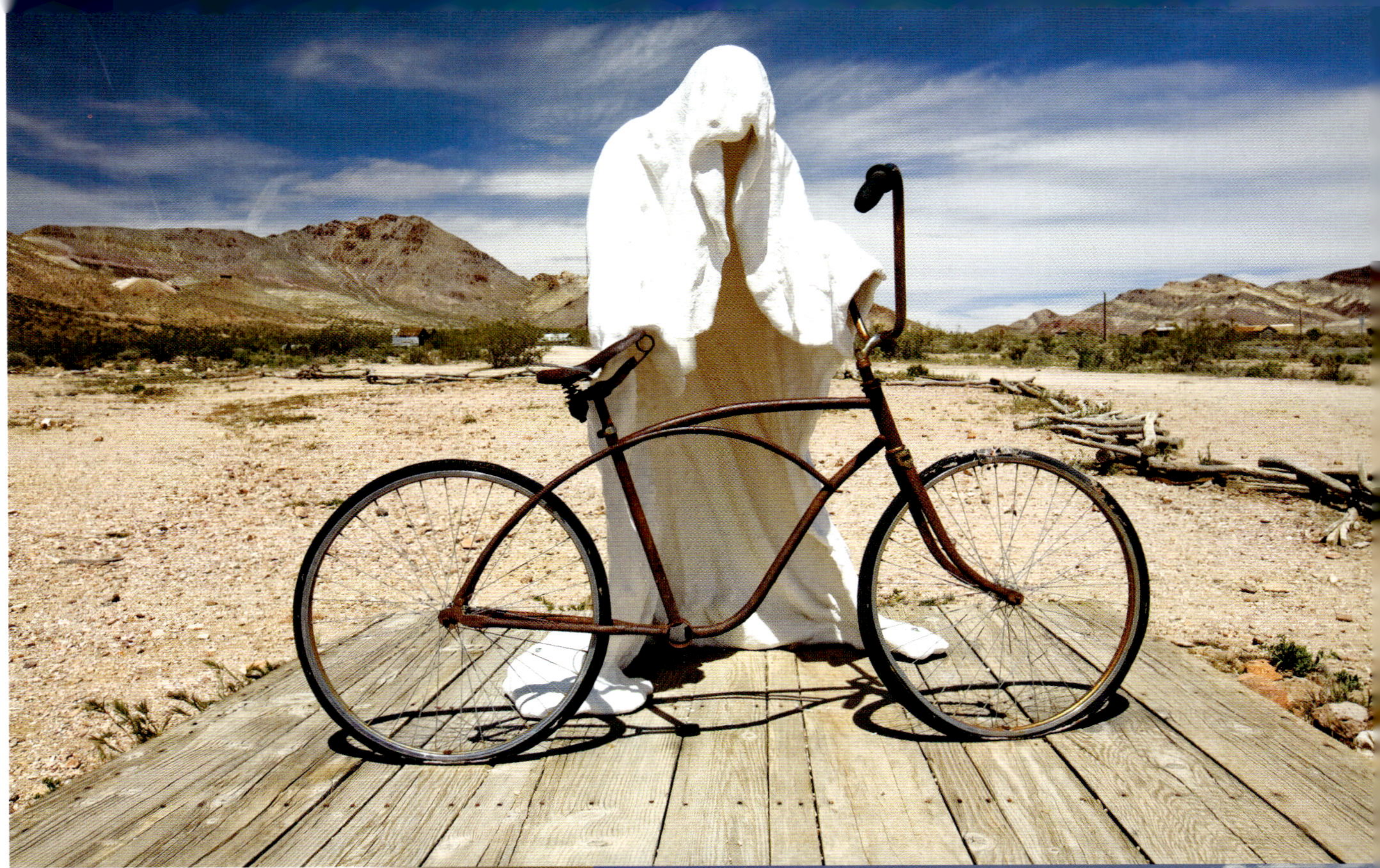

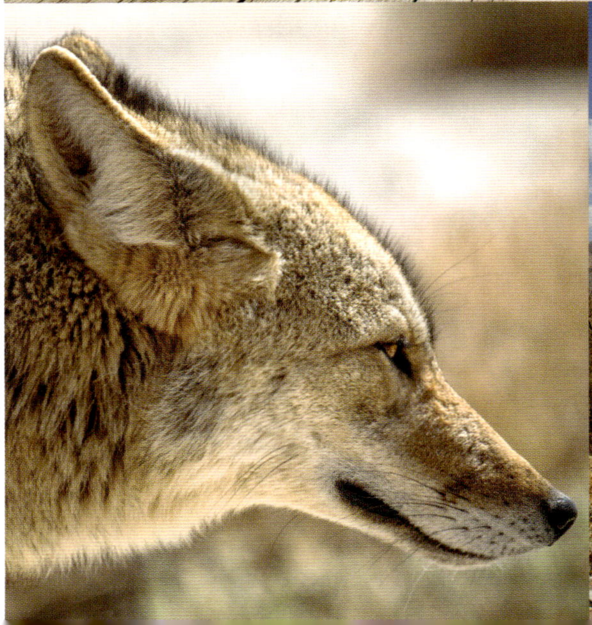

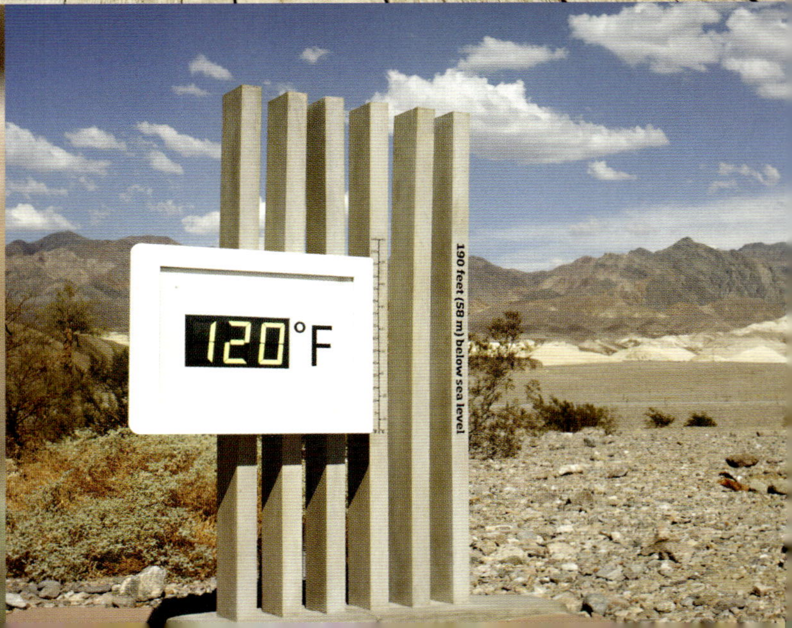
120°F
190 feet (58 m) below sea level

Getty Images | Ed Norton; Sebastien Mamy; Tracy Packer Photography; Cultura Travel/Owen Smith; Chris Murray

Tourentipps

Geisterstädte erkunden, bei Sonnenuntergang die warmen Farbtöne auf dem Artists Drive genießen oder nach Badwater, dem tiefstgelegenen Punkt Nordamerikas, wandern.

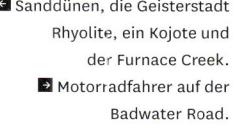

◄ Sanddünen, die Geisterstadt Rhyolite, ein Kojote und der Furnace Creek.
➡ Motorradfahrer auf der Badwater Road.

01

Ein Tag

Nach einem Besuch in der Geisterstadt Rhyolite fährt man über den Daylight Pass in den Park und 1219 Höhenmeter hinab in den Talgrund. Man biegt nordwärts ab, passiert Sanddünen, Schwemmfächer und Hänge, die im Frühling von Wildblumen übersät sind. Im skurrilen Scotty's Castle wird man in eine vergangene Zeit versetzt. Danach läuft man am Ubehebe Crater entlang, der erst vor wenigen Jahrunderten letztmals ausgebrochen ist.

Es geht zurück auf die südwärts führende Straße nach Furnace Creek, wo man zu Mittag isst und ein kühles Bad in dem quellengespeisten Pool in der Ranch nimmt. Am Nachmittag geht's auf einem Abstecher zum Artists Drive, wo die stark erodierten Hügel in warmen Farben erstrahlen. Endziel des Tages ist Badwater, der niedrigste Punkt Nordamerikas – ein Schnappschuss vor dem Schild belegt, dass man es hierher geschafft hat. Danach spaziert man bei Sonnenuntergang auf der Salzfläche, genießt die kühle Brise und wartet auf den Einbruch der Nacht und die ersten Sterne.

02

Ein Wochenende

Über den Jubilee Pass im Süden erreicht man den Park. Die Straße windet sich nordwärts nach Badwater und lässt die Weite des Death Valley erkennen. Man hält bei der Badwater-Salzwüste, die sich bis zu den Bergketten am Horizont erstreckt. Auf dem Weg nach Norden bietet sich eine kurze Wanderung durch den Golden Canyon an. Danach erreicht man den geschäftigen Furnace Creek und checkt im Ranchresort, im historischen Hotel oder auf einem Campingplatz ein. Am Spätnachmittag fährt man zum Zabriskie Point oder zu Dante's View und genießt den Panoramablick auf die Badlands.

Tags darauf geht's per Auto nordwärts auf einen Abstecher zum Mustard Canyon, bevor man nach Stovepipe Wells im Westen fährt. Am Straßenrand erheben sich die imposanten Sanddünen, über die man wandern kann – oder man fährt weiter und kraxelt durch den kühlen Mosaic Canyon. Nach dem Lunch folgt eine gemächliche Spritztour durch die dramatische Landschaft zum skurrilen Scotty's Castle.

03

Fünf Tage

Den ersten Tag verbringt man im Süden des Parks mit Wanderungen in der Salzwüste von Badwater, den Badlands des Golden Canyon und unter der Natural Bridge hindurch. Man passiert Aussichtspunkte entlang des Artists Drive. Als Basislager dient Furnace Creek, wo man am zweiten Tag Golf spielt, reitet oder eine Jeeptour unternimmt. Unbedingt zum Zabriskie Point oder Dante's View fahren, um den Sonnenuntergang zu erleben. Der dritte Tag gilt Scotty's Castle und dem vulkanischen Ubehebe Crater, danach überquert man die Grenze nach Nevada und fährt nach Rhyolite, einer Geisterstadt der Bergbauzeit. Den vierten Tag verbringt man in kühleren, höheren Lagen auf der „49er"-Ausweichroute zum Emigrant Canyon, passiert weitere Geisterstädte, genießt herrliche Ausblicke und anspruchsvolle Wanderwege. Am letzten Tag verlässt man den Park bei Panamint Springs, rastet beim eindrucksvollen Father Crowley Vista Point und unternimmt eine leichte Wanderung zu den verborgenen Darwin Falls.

17

AK

Denali National Park

Der Denali National Park enthält alles, was die Wildnis Alaskas so großartig macht. Unter dem subarktischen Himmel breitet sich ein majestätisches, wildes Reich aus – weit, karg, berauschend.

Hier entdeckt man Natur in ihrer urtümlichsten und rauesten Form. Auf über 24 281 km² bietet dieser riesige Park intakte Wildnis und bemerkenswerte Einblicke in Flora, Fauna und Ökosysteme des Inneren Alaskas.

Ob man nur einen Tag auf der Park Road verbringt oder zehn Tage durch die unberührten Weiten der Tundra, des Taigawaldes, der Wiesen, Flüsse und Berge streift, die den Park so einzigartig machen – nie wird ein Besuch in Denali enttäuschen. Selbst beim kürzesten Aufenthalt kann man Bären, Elche und Karibus sichten. Bei einer längeren Expedition wird man Wölfe, Füchse sowie unzählige Vogelarten beobachten.

Über allem erhebt sich der 6168 m hohe Denali, früher bekannt als Mt. McKinley, bis er durch Präsidialdekret 2015 wieder seinen ursprünglichen Athabasca-Namen zurückerhielt, welcher „Der Große" bedeutet. Er ist die höchste Erhebung Nordamerikas. An einem klaren Tag sieht man, wie das gletscherbedeckte Bergmassiv seine Grate gleichsam wie Arme weit über die überwältigende Landschaft ausbreitet. Die Macht der Natur offenbart sich hier so unmittelbar und unvermittelt, wie man es auf dem übrigen Festland der USA kaum je erlebt. Hier ist einfach alles größer – und genau darum geht es bei einer Alaska-Expedition.

Der Denali ist der Anfang und das Ende und unter seinem wachsamen Auge entfaltet sich jeden Frühling zur Zeit der Schneeschmelze das perfekte Zusammenspiel der Natur. Grizzlybären erwachen aus ihrem langen Winterschlaf, Karibus und Elche legen ihr Winterkleid ab, während ihre Jungen auf wackligen Beinen noch ihr Gleichgewicht finden müssen. Wildblumen blühen, Füchse und Wölfe finden reichlich kleine Säuger als Nahrung, und Besucher aus aller Welt ziehen durch die Wildnis und erleben Freude, Ausgeglichenheit und Einsamkeit inmitten ihres ansonsten so pulsierenden Lebens.

⬆ Ein Karibubulle im Herbst.
➡ Das Talkeetna-Lufttaxi auf dem Ruth Glacier.

Anreisen

☼ Wann?
Viele Besucher kommen von Anfang Juni bis Ende August, wenn sich Wildtiere, Blumen und Zugvögel am besten beobachten lassen. Wer Einsamkeit sucht, reist im Winter oder in der Nebensaison an. Die frühen Morgenstunden sind die beste Zeit zur Tiersichtung.

🧭 Wie?
Der Parkeingang ist mühelos mit dem Auto oder Zug von Anchorage aus erreichbar. Dort angekommen, steigt man in einen Shuttlebus um und fährt 148 km (92 Meilen) auf der Park Road durch bezaubernde Wildnis.

Park in Zahlen

24 584
Fläche (km²)

169
Vogelarten

39
Säugetierarten

Zelt oder Hotel?

Wonder Lake Campground
Der Campingplatz tief im Park-inneren hat nur Zeltstellplätze und bietet den besten Blick auf den Denali. Da es manchmal einen bis zwei Tage dauert, bis der Gipfel zwischen den Wolken hervorlugt, sollte man am besten drei Tage buchen.

Camp Denali
Die Lodge liegt auf einem 0,27 km² großen privaten Schutz-gebiet im Parkinneren. Rustikale Holzhütten ziehen sich oberhalb des 1954 von den Gründern gebauten Gebäudes einen Hang hinauf. Ein Highlight sind die von Biologen

geführten Wanderungen, bei denen man erstaunliche Details über das empfindliche Ökosystem erfährt. Man hat einen tollen Blick auf die Alaska Range, es gibt gutes Essen sowie ein ordentliches Begleitprogramm.

Backcountry-Camping
Abgeschiedenheit prägt die 87 Backcountry Units, in die der Park aufgeteilt ist. Statt auf Trails einen er-schlossenen Campingplatz im Hinter-land anzusteuern, wandert man durch wegloses Gelände. Innerhalb der zuge-wiesenen Unit darf man übernachten, wo man möchte. Ein ganz eigenes, in jedem Fall wildes Abenteuer.

Raus und los

Backpacking
Der Park ist etwa so groß wie Vermont – es gibt also reichlich Platz zum Wandern. Entscheidend ist eine gute Vorbereitung: Die Ranger wissen bestens Bescheid über Routen, Überlebenstechniken und Vorsichtsmaßnahmen vor den Bären. Sobald man im Hinterland unterwegs ist, wird man einzigartige Erfahrungen machen, seine Grenzen kennenlernen, die Sinne schärfen und eine tiefe Verbundenheit mit der großartigen Landschaft emp-finden.

Radfahren
Man kann die Parkstraße auf ihrer gesamten Länge von 148 km

(92 Meilen) entlangradeln. Dabei passiert man niedere Tundra, lichte Waldgebiete und Wiesen, Schwarz-fichten-, Weißfichten- und Papierbir-kenwälder.

Panoramaflug
Schon vom Wonder Lake aus wirkt der Denali National Park riesig – und dies umso mehr, wenn man die Perspektive wechselt und in die Luft steigt. Von oben übertrifft die unendliche Wildnis jedes Vorstel-lungsvermögen.

◄ Radfahrer beim Anstieg auf dem Grassy Pass. Eröffnungsseiten: Blick auf den Denali und den Wonder Lake.

Getty Images | Michael Jones

Nicht verpassen

Größe und Abgeschiedenheit des Parks sorgen für ein intaktes Öko-system, das genauso ungezähmt und unverfälscht ist, wie es aussieht. Besucher haben gute Chancen, schon allein beim Befahren der Park Road etliche der bekanntesten Großwildarten zu sichten. Dazu zählen Grizzly- und Schwarzbären, Wölfe, Karibus, Elche und Dallschafe. Zugvögel und ein erstaunlicher Reichtum an Flechten, Moosen und Wildblumen ergänzen die bunte Vielfalt dieses Ökosystems.

WOLF Der Park ist einer der besten Orte, um diese berühm-ten Raubtiere zu sichten. Heute leben hier 60 bis 100 Wölfe, nachdem ihre Zahl 2015 auf be-sorgniserregende 48 Exemplare gesunken war.

ELCH Nordamerikas zweitgrößte Säuger bilden eine der Haupt-attraktionen des Parks. Man begegnet ihnen in Waldgebieten in der Nähe von Sümpfen und Seen.

GRIZZLYBÄR Bärinnen treiben sich oft an der Parkstraße herum, um ihre Jungen zu schützen. Sie sind ein beliebtes Fotomotiv. Da sie hier keinen Fisch finden, sind sie kleiner als ihre Verwandten an der Küste.

Wandern

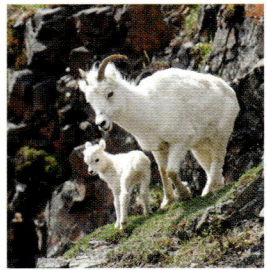

01 Triple Lakes Trail
Der 15,3 km (9,5 Meilen) lange Weg führt durch Flussläufe, dichte Wälder und Hochgebirgspässe. Tolle Ausblicke auf die Alaska Range und die Triple Lakes.

02 Mt. Healy Overlook Trail
Bei guter Sicht erspäht man den Denali von dem nur 4,3 km (2,7 Meilen) kurzen, steilen Pfad. Er steigt auf 517 m hoch, von Waldgebieten mit Fichten, Erlen und Espen in Gebirgszonen, wo Flechten, Moose und Wildblumen gedeihen.

03 Wandern abseits der Pfade
Jeder kann sein Abenteuer wählen und über Bäche, vorbei an Seen, durch Tundren, Wiesen und Wald wandern. Am besten bleibt man stets auf den Kammlinien und meidet Dickicht sowie tückisches Gelände.

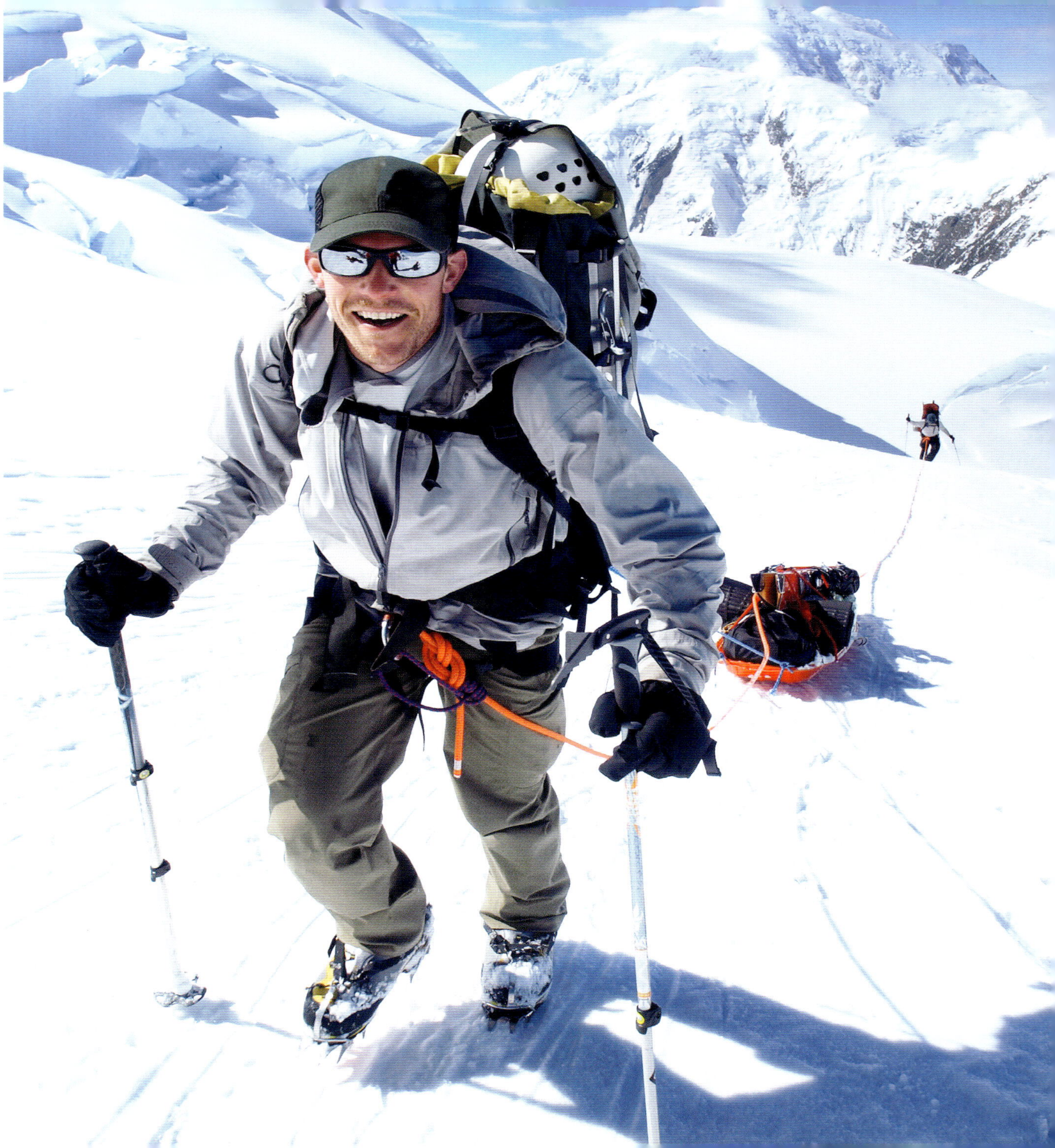

Getty Images | Menno Boermans, Alamy | Design Pics Inc

Tourentipps

Egal, ob man Gletschertouren mag, flussabwärts durch Canyons raften will oder eine ruhige, malerische Panoramafahrt mit dem Denali Star Train bevorzugt – stets ist man von großartiger Natur umgeben.

◄ Dallschaf im Denali National Park. Ein Ranger zieht seine Ausrüstung hoch zum Windy Corner auf dem Denali.
➔ Schmalblättrige Weidenröschen säumen den Weg am Sable Pass.

01
Zwei Tage

In ein bis zwei Tagen gewinnt man einen lebhaften Eindruck von der Natur. Los geht's im Denali Star Train, der in Anchorage startet und auf seinem malerischen Weg das Mantanuska Valley passiert, am Susitna River vorbeifährt und am Parkeingang hält. Hier unbedingt einen Trip zu den Schlittenhunden unternehmen, mit denen die Ranger im Winter auf Patrouille gehen. Übernachtet wird im Canyon, in McKinley Village, Carlo Creek oder Healy. Am nächsten Morgen früh aufstehen, um den ersten Shuttlebus zu erwischen, der auf der Park Road zum Eielson Visitor Center fährt. Dafür braucht man acht Stunden, also sollte man einen Tag einplanen. Einige der tollsten Aussichten bieten sich zwischen Savage River und Eielson, wo man Dallschafe sehen kann. Am Sable Pass schweift der Blick zum Polychrome Pass. Vom Visitor Center bieten sich kurze Abstecher an. Auf der Rückfahrt kann man beim Savage River für ein bis zwei Stunden aussteigen und weglos durchs Gelände streifen.

02
Eine Woche

Der Park wurde 1917 mit dem Ziel gegründet, die einzigartige Flora und Fauna zu schützen. 1980 stimmte der US-Kongress der dreifachen Vergrößerung des Schutzgebietes zu. In sieben Tagen kann man eine Vielzahl an Pflanzen und Tieren bestaunen. Wichtig sind eine gründliche Planung und die Vorabbuchung von Übernachtungen. Einen Platz auf dem begehrten Wonder Lake Campground zu bekommen ist wie ein Lottogewinn, aber einen Versuch wert.

Die ersten Tage sollte man beim Wonder Lake, dem Camp Denali oder einer der anderen tollen Lodges am Ende der Park Road in Kantishna verbringen und einige Trips unternehmen, bevor es zurück zur Parkverwaltung geht, um sich zu orientieren, und man zu einer längeren, drei- bis siebentägigen Reise ins Hinterland startet. Im Idealfall wandert man durch einzigartige Ökosysteme und Backcountry Units, bevor es wieder über die Park Road mit dem Shuttle in die Zivilisation zurückgeht.

03
Zehn Tage

Im Denali kann jeder seinen Weg gehen. Outdoorfreaks finden hier unbegrenzte Möglichkeiten zu individuellen Abenteuern. Zunächst kann man drei bis vier Tage fernab aller Pfade durchs Gelände wandern. Welch einmaliges Erlebnis, seinen Weg in der unberührten Wildnis nur mit Kompass und Karte zu finden!

Wem das nicht reicht, der kann sich für einen Panoramaflug oder eine geführte Gletschertour entscheiden. Der expeditionsähnliche Aufstieg auf den Gipfel des Denali ist ein ernsthaftes, dreiwöchiges Unternehmen. Jedes Jahr versuchen über tausend Bergsteiger, ihn zu erklimmen, doch nicht einmal die Hälfte schafft es. Für Wasserratten gibt's am nahen Nenana River kühne Raftingtouren der Kategorien III und IV, bei denen man zwischen steilen Canyonwänden kräftige Walzen, hohe Schwälle und Wirbel bewältigen muss. Den Aufenthalt runden mehrere Tage im nahen Talkeetna ab – mit Bluegrass Jam, Fischen, Seilrutschen und Jetbootfahrten.

18

Dry Tortugas National Park

Der Nationalpark umfasst einen entlegenen Archipel, dessen Mittelpunkt ein riesiges Fort aus dem 19. Jh. ist. Es wurde auf einem Korallenriff erbaut und ist von Schiffwracks und einem ungewöhnlich reichen Unterwasserleben umgeben.

Eine Ansammlung entlegener Koralleninseln im Golf von Mexiko dürfte nicht der Ort sein, wo man einen der größten Ziegelbauten der nördlichen Halbkugel vermuten würde. Aber hier, 109 km südlich von Floridas berühmtem Außenposten Key West, erhebt sich Fort Jefferson, eine gewaltige, nicht fertiggestellte Festung in einem der ungewöhnlichsten US-Nationalparks überhaupt.

Als der Spanier Juan Ponce de León 1513 den Dry-Tortugas-Archipel entdeckte, benannte er ihn nach den *tortugas* (Schildkröten), die er dort vorfand. (Das Wort „*dry*", also trocken, wies auf den Süßwassermangel auf den Inseln hin.) Heute kommen Tagesausflügler her, um zu schnorcheln, zu tauchen, mit dem Kajak das Riff und die sieben winzigen Atolle zu umrunden und um Unechte Karettschildkröten zu bestaunen. Ursprünglich waren die Dry Tortugas aber Schauplatz von weniger friedlichen Aktivitäten. 1822 hatten die USA ihre territorialen Ansprüche auf Florida gegenüber Spanien durchgesetzt. Dabei war die strategische Rolle des Archipels offenkundig. Die Lage an der Einfahrt zum Golf von Mexiko war von entscheidender Bedeutung für die Verteidigung der östlichen Flanke des noch jungen Staates. Man überlegte auch, die Inseln als Basis für den Kampf gegen die Piraten in der Karibik zu nutzen. Aber erst 1846 wurde mit dem Bau der riesigen Küstenfestung begonnen.

Im Amerikanischen Bürgerkrieg – und auch danach – diente das auf Garden Key errichtete Fort als Gefängnis für Deserteure aus den Unionsstaaten. Einer der berühmtesten Häftlinge war der Arzt Samuel Mudd, der wegen seiner Verwicklung in die Ermordung von Präsident Abraham Lincoln hier einsaß. Die Festung wurde nie vollständig fertiggestellt und musste sich niemals militärisch bewähren. Die einzigen Invasionen, die es erlebt, sind die Schwärme der Zugvögel, die hier auf ihrem alljährlichen Weg nach Süden zu Tausenden rasten.

1935 erhielt der Archipel den Status eines Nationalparks. Bei Schnorchlern sind die Festungsmauer und der -graben beliebt.

◄ Ansicht von Fort Jefferson im Dry Tortugas National Park. Die Festung mit sechseckigem Grundriss wurde aus 16 Mio. Ziegeln erbaut.

Anreisen

Wann?
Beste Besuchszeiten sind Frühling und Herbst. Dann erlebt man die Invasion der Zugvögel, die hier auf ihrer Wanderung zwischen Nord- und Südamerika einen Zwischenstopp einlegen.

Wie?
Um herzugelangen, braucht man ein Boot oder ein Wasserflugzeug; beides kann in Key West, Florida, gebucht werden. Fluggesellschaften organisieren halb- oder ganztägige Trips, während der Highspeed-Katamaran *Yankee Freedom III* Tagesausflüge mit fünfstündigem Aufenthalt auf der Insel bietet (oder man campt über Nacht).

Park in Zahlen

262
Fläche (km²)

16
Millionen Ziegelsteine wurden zum Bau von Fort Jefferson verwendet

100 000
Seeschwalben rasten zwischen März und September im Park

Zelt oder Hotel?

Camping
Weltweit einzigartig: Man hat einen ganzen Nationalpark fast für sich allein zum Übernachten. Garden Key neben Fort Jefferson verfügt über acht einfache Stellplätze, die nach dem Prinzip „wer zuerst kommt, mahlt zuerst" vergeben werden. Hier gibt's nichts außer einem sternenübersäten Himmel. Und wenn das letzte Boot ablegt, sind die Camper Herrscher über die Inseln.

Raus und los

Schnorcheln & Tauchen
Bei einem Schnorchel- und Tauchausflug in den unberührten Gewässern des Parks und den Korallenriffen begegnet man Schildkröten, tropischen Fischen, Judenfischen, Hummern, Tintenfischen, Kraken und Riffhaien. Dry Tortugas ist außerdem letzte Ruhestätte für versunkene Schiffe: Taucher können zahlreiche Wracks erkunden, darunter auch den Windjammer.

Kajakfahren
Erfahrene Paddler gleiten im glasklaren (aber tiefen und mitunter herausfordernden) Wasser von Atoll zu Atoll und umrunden dabei Bush and Long Key oder besuchen die größte Insel des Archipels, Loggerhead Island, mit tollen Sandstränden.

Tourentipps

An Bord eines Katamarans und Leinen los! Das Ziel: Fort Jefferson mit seinem eindrucksvollen Festungsgraben. Danach schnorchelt man im Korallenparadies der sieben Atolle dieses Parks.

01

Ein Tag

Kein schlechter Start in den Tag: Im Luxuskatamaran über den Golf von Mexiko jagen, vorbei an den Marquesa Keys und Boca Grande, auf dem Weg zu den sieben Inseln, die einen der kleinsten Nationalparks der USA bilden. Mit an Bord ein Naturkundler, der erklärt, was einen erwartet. Gut zwei Stunden nach dem Ablegen in Key West sind die geschützten Gewässer des Dry Tortugas National Park erreicht. Das glasklare tropische Meer rund um diese abgelegenen Atolle lockt mit einem Bad. Zunächst erkundet man aber das im 19. Jh. erbaute, historisch interessante Fort Jefferson, eine der mächtigsten und komplett von einem Wassergraben umgebenen Befestigungsanlagen Amerikas. Am Nachmittag geht's per Boot auf die offene See. Es gilt, die Unterwasserwelt zu entdecken, wo sich zwischen den Korallen die verblüffendsten Lebewesen tummeln. Während man das Nachmittagsboot besteigt, das einen zurück aufs Festland bringt, wird man neidvoll auf die Camper schielen, die auf dem Eiland übernachten.

Getty Images | Mark Newman

Den ausgedehnten Sümpfen mit wogendem Sumpfgras, so weit das Auge reicht, verdanken die Everglades den Beinamen „Fluss aus Gras".

Man schlendert auf dem Anhinga Trail, einem Plankenweg über dem sumpfgrasbedeckten Moor des Taylor Slough, in dem sich breitblättrige Sumpfpflanzen im braunen Wasser sanft wiegen. Dann bemerkt man einen großen Stumpf – und urplötzlich bewegt er sich! Es ist ein 2 m langer Alligator, der träge sein Haupt hebt, mit gelben Augen die Umgebung überprüft und danach im Schlamm verschwindet. Wenig später windet sich eine grüne Schlange durchs Wasser und verkriecht sich im Gras. Ein Rosalöffler stochert mit seinem langen, breiten Schnabel im Wasser und schnappt sich einen zappelnden Fisch. Diese Überfülle an vielgestaltiger Natur zeichnet die Everglades aus.

Die größte tropische Wildnis der USA erstreckt sich über den gesamten Südwesten Floridas. Sie umfasst 6242 km² nasses, von Sumpfgras bedecktes Grasland, Mangrovensümpfe, Hartholzdickichte, Kiefernwälder und Flussmündungen, in denen es von Wassertieren wimmelt.

Seit über 10 000 Jahren durchstreiften Eingeborene diese Sümpfe und Wälder. Im Laufe der Zeit nutzten Indianerstämme und entflohene Sklaven dieses Gebiet als Rückzugsort. Bis vor etwas mehr als 100 Jahren war die gesamte Halbinsel Florida von seichten, sich ungehindert ihren Weg suchenden Gewässern durchzogen. Dieses 28 490 km² große Marschland bestand aus einem komplexen System von Sümpfen, Teichen, Flussarmen und Wäldern. Die frühen Siedler begannen mit der Trockenlegung dieses Gebiets, um es landwirtschaftlich zu nutzen, und zerstörten damit weite Teile des sensiblen Ökosystems. 1947 wurde der Nationalpark gegründet, um den noch

verbliebenen Rest dieses Lebensraumes zu schützen. Heute bewahrt die Umgebung des Parks einen Hauch von typischem Floridaflair mit kitschigen Attraktionen entlang der Straßen, baufälligen Krabbenimbissbuden und gelegentlichen Bikerbars.

⬆ Ein Propellerboot ist die ideale Art, sich auf den Wasserwegen der Everglades fortzubewegen. Vorherige Seite: Silberreiher auf Nahrungssuche.

Getty Images | Steven Greaves

Anreisen

⚙ **Wann?**
Die Trockenzeit zwischen Dezember und April eignet sich zum Wandern und Sightseeing, nicht jedoch zum Kajakfahren. Ideal für Wassersport ist das Frühjahr. Sommer und Herbst bringen Hitze, Mücken und Stürme.

🧭 **Wie?**
Von Miami ist es weniger als eine Autostunde bis zum Park. Der Zugang erfolgt über Homestead/Florida City im Südosten oder Everglades City im Nordwesten (jeweils mit Übernachtungs- und Verpflegungsmöglichkeiten). Man braucht unbedingt einen Wagen.

Park in Zahlen

6242
Fläche (km²)

4,6
Maximale Länge eines ausgewachsenen Mississippi-Alligators (m)

152
Jährlicher Regenfall (cm)

Zelt oder Hotel?

 Everglades International Hostel

Ein schrulliges, aus den 1930ern stammendes Hostel in Florida City: Mosaikböden, Himmelbetten, Wandmalereien und Schlafzimmer voller Bücher verströmen viel Atmosphäre. Einmalig ist der Garten mit Baumhaus, Wasserfall, Felsbecken und Pavillon. Die Unterkünfte reichen von Schlafsälen und privaten Zimmern bis zu Familiensuiten. Sind alle Zimmer belegt, kann man im Garten zelten.

 Ivey House B&B

Das moderne B&B in Everglades City bietet Florida-Touch – von den Fliesenböden bis zu den tropischen Wandbildern. Die 18 Zimmer sind klimatisiert. Günstigere Bleiben gibt's in The Lodge, die an ein Strandhaus erinnert und einen Hof mit Swimmingpool hat. Gute Angebote für Kajakfahrten und Ausflüge.

Long Pine Key Campground

9,6 km (6 Meilen) vom Ernest Coe Visitor Center entfernt, bietet dieser saubere, naturnahe Drive-in-Campingplatz 108 Stellplätze, Toiletten, Wasser (aber weder Duschen noch Strom). Man wacht mit Vogelgezwitscher auf und das Wasser leuchtet rosa, wenn die Sonne über dem Sumpfgras aufgeht. Der Long Pine Key Campground liegt unweit vom Anhinga Trail, von dem aus man Alligatoren beobachten kann. Mückenschutz nicht vergessen!

Raus und los

Kajakfahren

An Floridas südwestlichem Rand liegen die Ten Thousand Islands, ein 97 km langer Archipel aus winzigen Mangroveninseln. Bei einer Kajaktour fühlt man sich wie Indiana Jones im Dschungel: Man paddelt durch jadegrünes Wasser, geht für ein Picknick an einem unbewohnten weißen Strand an Land und setzt danach die Tour unter Tunneln von Mangroven fort.

Sumpfwaten

Das Sumpfwaten ist eine herrlich schmutzige Art, knietief durch die Marschlandschaft der Everglades zu wandern und unmittelbar die Natur Südfloridas kennenzulernen. Örtliche Veranstalter organisieren geführte *slogging*-Touren und stellen dafür geeignetes Schuhwerk zur Verfügung, sodass man hautnah Sumpforchideen, Zypressen, Schildkröten und Schlangen erleben kann.

Tramtour

Die beliebte Tramtour führt durch das Shark Valley der Everglades. Naturkundlich ausgebildete Ranger begleiten die Touren, auf denen man garantiert Alligatoren begegnet. Außerdem kann man Rotschulterbussarde, Ibisse und eine Vielzahl von Schlangen beobachten.

Nicht verpassen

Die Everglades sind für Alligatoren berühmt, bieten aber weit mehr. Ihre endlose Sumpfgrasprärie, tropische Hartholzwälder, Mangrovensümpfe und verschlungene Mündungsgebiete sind die Heimat zahlreicher Vögel, Schlangen (einschließlich der über 150 000 eingeschleppten Burma-Pythons) und Schildkröten. Mit viel Glück kann man in der Florida Bay sogar eine Seekuh sichten, viel häufiger jedoch Delfine. Im Marschland gedeihen seltene Orchideen.

ALLIGATOR Die große Attraktion der Everglades. Alligatoren sind leicht zu entdecken und vom Ahinga Trail aus gut zu beobachten. Vorsicht! Sie sind leicht mit Baumstümpfen zu verwechseln.

ENCYCLIA TAMPENSIS Diese Orchideenart mit grünen Blütenblättern und hängender Purpurlippe wächst im Marschland und klammert sich an Eichen, Zypressen oder Kiefern.

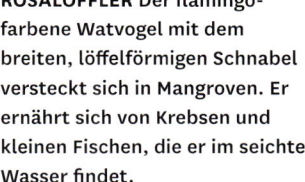

ROSALÖFFLER Der flamingofarbene Watvogel mit dem breiten, löffelförmigen Schnabel versteckt sich in Mangroven. Er ernährt sich von Krebsen und kleinen Fischen, die er im seichten Wasser findet.

Wandern

O1 Anhinga Trail
Auf dem nur 1,3 km (0,8 Meilen) langen Plankenweg bekommt man garantiert Alligatoren zu Gesicht. Auch nach Kormoranen (auf der Steinmauer) und Rosalöfflern (in den Bäumen) Ausschau halten.

O2 Bayshore Loop
Auf der 3,2 km (2 Meilen) langen Wandertour entlang des Ufers der Florida Bay sieht man Mangroveneilande und läuft an Palmen, blühendem Hibiskus und Knopfmangroven vorbei.

O3 Snake Bight Trail
Selbst wenn der Name „Schlangenbisstrail" nicht abschreckt, die Moskitos könnten es. Dennoch lohnt sich die 12,2 km (7,6 Meilen) lange Tour durch Hartholzwald. Die Augen nach Flamingos offen halten!

Tourentipps

Ob man durch Shark Valley radelt oder zwischen den Mangroven der Ten Thousand Islands umherschippert – im größten tropischen Naturpark der USA begegnet man garantiert Alligatoren.

◄ Junge Alligatoren und eine Luftaufnahme der Marschlandschaft der Everglades.
► Der Mahagoni Hammock Trail führt vorbei an Weißgummibäumen.

01
Ein Tag

Ist die Zeit knapp, beschränkt man sich am besten auf eine Region wie das Shark Valley. Die zweistündige Tramfahrt vermittelt eine lebendige Einführung in das Gebiet und die Natur und man bekommt sicher auch Alligatoren zu Gesicht. Danach radelt man mit einem Leihfahrrad auf dem befestigten, 24 km (15 Meilen) langen Shark Valley Trail und kommt an Hartholzwäldern vorbei, überquert Wasserwege und bleibt immer in ebenem Gelände. Ausreichend Wasser und Sonnencreme sowie Verpflegung mitnehmen. Im Park gibt's nichts zu essen.

Beim Visitor Center picknickt man und beobachtet Waldstörche, Kanadareiher und glänzende Ibisse.

Danach fährt man westwärts zur Big Cypress Gallery, wo Clyde Butcher, ein bekannter Künstler, eine riesige Sammlung mit Schwarz-Weiß-Fotografien der Feuchtgebiete ausstellt. Anschließend geht's zurück Richtung Miami, im Rücken die untergehende Sonne, die das Sumpfland in Gold und Pink taucht. Der Tag endet mit einem herzhaften knusprigen Schweinebraten mit Kochbananen im Exquisito Restaurant in Little Havanna.

02
Zwei Tage

In Everglades City früh zur Kajakfahrt zu den Ten Thousand Islands aufbrechen. Paddelnd geht's zwischen Weißgummibäumen und auf Mangrovenkanälen voran. Unterwegs entdeckt man uralte Muschelschalenhaufen, zerfallene Brennereien und Trappercamps und sollte Ausschau nach Delfinen, Ottern, Haien sowie Watvögeln halten. Mittagessen gibt's im Joanie's Blue Crab Café, einem für Florida typischen Seafood-Schuppen (den Swamp Combo probieren: frittierte Froschschenkel, Krabbenkuchen und Alliga-tornuggets). Am nächsten Tag fährt man ostwärts auf dem Tamiami Trail und hält am Skunk Ape Research Center in Ochopee, einem kitschigen „Zoo" mit Souvenirladen, der dem Everglades-Verwandten des Bigfoot gewidmet ist. Danach geht's ins Shark Valley auf eine Radtour und zu einem Bummel auf dem Bobcat Boardwalk. Man verlässt den Park auf dem HWY 997 südwärts. Beim Coral Castle halten, wo ein exzentrischer lettischer Einwanderer in den 1920ern und 1930ern 1100 t Korallenfels zu einem seltsamen Schloss geformt hat.

03
Eine Woche

Am ersten Tag fährt man zum Ernest Coe Visitor Center und läuft auf den erhöhten Plankenwegen durch die Sumpfgrasprärie. Danach geht's zum Royal Palm Visitor Center. Man beobachtet vom Anhinga Trail aus die Alligatoren. Der zweite Tag beginnt mit einer Radfahrt oder einer Tramtour im Shark Valley, wo man u. a. nach Rosalöfflern, Amerikanischen Schlangenhalsvögeln, seltenen Schlangen und Alligatoren Ausschau hält. An Tag drei startet man vom Gulf Coast Visitor Center zu einer geführten Bootsfahrt durch die mit Mangroven besetzten Ten Thousand Islands. Für den vierten Tag wird eine Sumpfwanderung gebucht. Eine Kanufahrt mit Naturbeobachtung um Flamingo Point steht am fünften Tag an. Am sechsten Tag verlässt man die Everglades in Richtung Biscayne National Park mit dem drittgrößten Riff weltweit. Im kristallklaren, fischreichen Wasser kann man herrlich schnorcheln. Am siebten Tag fährt man im Glasbodenboot in Biscayne herum und bestaunt das knallbunte Riff oder taucht hinab zu einem der unheimlichen Schiffwracks des Parks.

20

AK

Gates of the Arctic National Park & Preserve

Endlose Sommernächte, ein unberührtes Ökosystem ohne Straßen und entlegene Abenteuer am Rand der Welt.

Die echte Natur ist für den heutigen Menschen unbekanntes Terrain. Ob Tagesausflug durchs Hinterland oder mehrtägiger Trip durch die Rockies, die Spuren der Moderne wie Flugzeuge, Straßen, Telefondrähte, Abfälle und Smog sind unübersehbar. Doch jenseits des Polarkreises, wo der Wind heult und Karibus frei umherziehen, gibt's tatsächlich noch ein ganz ursprüngliches Gebiet – und zwar die urtümlichste, einfachste, raueste Wildnis in ganz Nordamerika.

Über 13 000 Jahre lebte der Mensch hier vollkommen im Einklang mit der Natur. Der Park umfasst eine Fläche von rund 34 000 km² und beherbergt Tausende archäologische Stätten, in denen die halbnomadischen Traditionen der Inupiat- und Athabascavölker bewahrt werden. Deren Nachfahren sowie einige wenige zivilisationsmüde Zeitgenossen wohnen, jagen und überleben noch immer in den Gates of the Arctic. Die Tage der Nomadenjagd sind zwar vorbei, aber elf kleine Gemeinschaften haben innerhalb des Parks überdauert.

In den 1880er-Jahren erreichten erstmals Entdecker von außerhalb die Central Brooks Range, als sie nach Gold, militärischen Standorten und besseren Lebenschancen suchten. Ihre Spuren sind inzwischen längst verblasst, geblieben ist jedoch ein unerforschtes Walhalla für Abenteuerlustige, das sich bis jenseits des nördlichen Horizonts erstreckt.

Wie bei allen schwer zugänglichen Wildnisgebieten bilden Flüsse das natürliche Tor für das Vordringen des Menschen. Und die sechs Flüsse des Parks – Alatna, John, Kobuk, Noatak, North Fork of the Koyukuk und Tinayguk – bieten ungezählte Meilen an ursprünglicher Natur sowie einen fantastischen Blick auf steile, von Gletschern geformte Täler.

Eine Reise zu den bzw. durch die Gates of the Arctic setzt einiges an Outdoorerfahrung voraus. Die völlige Abgeschiedenheit macht für überzeugte Bootsfahrer und Wanderer den Reiz aus, hier das Nichtalltägliche zu erleben.

Anreisen

Wann?

Die Sommer sind nicht lang, aber es ist es rund um die Uhr hell und man kann in kurzer Zeit viel unternehmen. Am besten kommt man zwischen Juni und August in den Park, es sei denn, man hat Schlittenhunde oder Ski.

Wie?
Flugzeuge bringen Besucher nach Bettles (dort befindet sich die Parkverwaltung) oder Anaktuvuk Pass. In den Siedlungen starten Wasserflugzeuge zum gewünschten Fluss, wo die Boots- oder Wandertour beginnt. Alternativ geht's von den Dörfern (oder vom Dalton Highway in Coldfoot) aus zu Fuß direkt in die Wildnis.

Park in Zahlen

34 286
Fläche (km²)

16
Wildflüsse

145
Vogelarten

Zelt oder Hotel?

Camping
Im Park befinden sich keine ausgewiesenen Campingplätze, was bedeutet, dass man überall zelten darf, z. B. an einem Seeufer, auf einem windgepeitschten Kamm oder direkt vor einem Waldgebiet am Fluss.

Iniakuk Lake Wilderness Lodge
Die nur mit einem Flugzeug erreichbare Luxuslodge ist in einer 1974 erbauten Holzhütte untergebracht und bietet Vollpension sowie Angel-, Wander- und Tierbeobachtungs-

touren. Hier herrscht eine intime Atmosphäre und überall ist Kameradschaftsgeist spürbar. Es gibt rund um die Uhr Strom aus Solarenergie und fließendes Wasser sowie einige abgelegene Hütten ohne Stromanschluss.

Peace of Selby Wilderness Lodge
Entweder fliegt man zu den entlegenen Holzhütten an See- oder Flussufern im Süden der Brooks Range oder entscheidet sich für die Hauptlodge am See. Absolutes Highlight hier ist der Ausblick.

Raus und los

Paddeln

Wasserratten können auf den Flüssen und Seen des Parks tage- bis wochenlange Rafting-, Kajak- oder Kanutouren unternehmen, so wie es seit Urzeiten die einheimischen Stämme Alaskas getan haben. Der Noatak River eignet sich für wunderbare Paddel- und Tierbeobachtungstrips von bis zu zehn Tagen, während der Kobuk River mit Stromschnellen der Kategorie III aufwartet. Wer ein längeres Abenteuer sucht, schippert bis zur Tschuktschensee.

Backpacking
An Land gibt's unendlich viel zu sehen und zu erleben. Die einzigen Grenzen werden von der Kondition und dem Ehrgeiz gesetzt.

Diese Region ohne markierte Pfade, Straßen und Handynetz ist nur etwas für erfahrene Outdoorfreaks. Anfänger sollten unbedingt einen Guide anheuern.

Packrafting
Manche Betreiber veranstalten kombinierte Wander- und Paddeltouren entlang des Alatna River. Sie sind anstrengend, aber überaus erlebnisreich.

◄ Hundeschlittenfahrt auf dem North Fork of the Koyukuk River, der durch breite Gletschertäler fließt.
► In der Brooks Range nach Wolfsspuren suchen.

Erkunden

○1 Panoramaflug
Um den Park zu erkunden, muss man kein MacGyver sein. Ein Wasserflugzeug bringt einen überallhin und eignet sich auch zur Beobachtung von Moschusochsen und Karibus, sobald man die Brooks Range erreicht hat.

○2 Archäologie
Menschliche Zeugnisse reichen 13 000 Jahre zurück. Vielerorts kann man noch immer archäologische Entdeckungen machen und stößt z. B. auf verlassene Camps oder Bergbauhütten.

○3 Vogelbeobachtung
Rund um die Wasserwege tummeln sich Fischadler, Adler, Kronwaldsänger und Schneeeulen sowie jede Menge Sperlinge, Spornammern, Finken, Raufußhühner, Möwen und Seeschwalben.

Nicht verpassen

Der arktische Sommer ist kurz, aber nun explodiert das Leben geradezu. Zugvögel machen Halt, um sich von den Myriaden Mücken zu ernähren, Fische wandern flussaufwärts, Säugetiere legen ein Fettpolster für den langen, eisigen Winter an, Karibus und Elche suchen Schutz im Wald und Grizzlybären fressen sich satt. Wandernde Karibus, Moschusochsen und große Raubtiere sind zwar die Highlights, aber die kleinen Nager, Vögel und Insekten erfüllen die schlummernde Wildnis mit Leben.

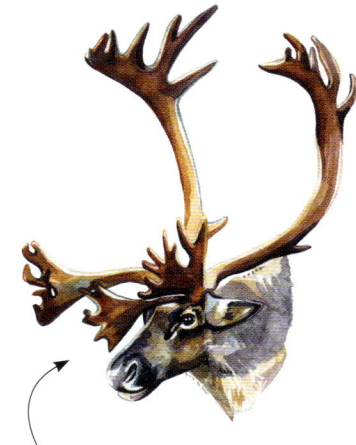

KARIBU Alaskas größte Karibuherde zieht durch den Park. Die stattlichen Tiere werden bis zu 227 kg schwer. Fell und Fleisch sind von großer Bedeutung für die Ureinwohner, die noch von der Jagd leben.

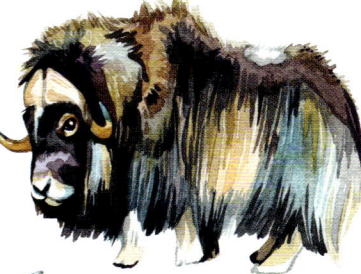

MOSCHUSOCHSE Schon in der Eiszeit gab es diese zotteligen Tiere. Sie streifen wie Zeugen einer längst vergangenen Zeit im offenen Gelände und in der Tundra umher.

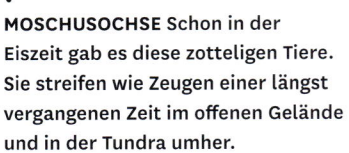

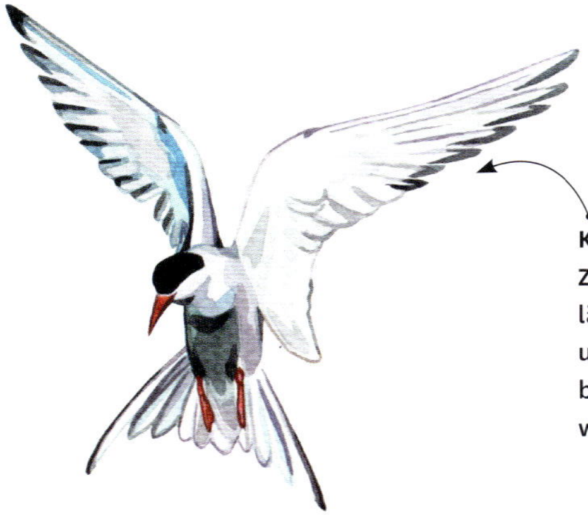

KÜSTENSEESCHWALBE Unter den Zugvögeln legt diese Art den weltweit längsten Weg zurück und hält hier, um sich mit Insekten sattzufressen, bevor sie Richtung Süden zu den Gewässern der Antarktis weiterfliegt.

Getty Images | Scott Dickerson ; Kevin Smith; Patrick Endres

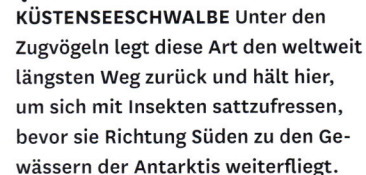

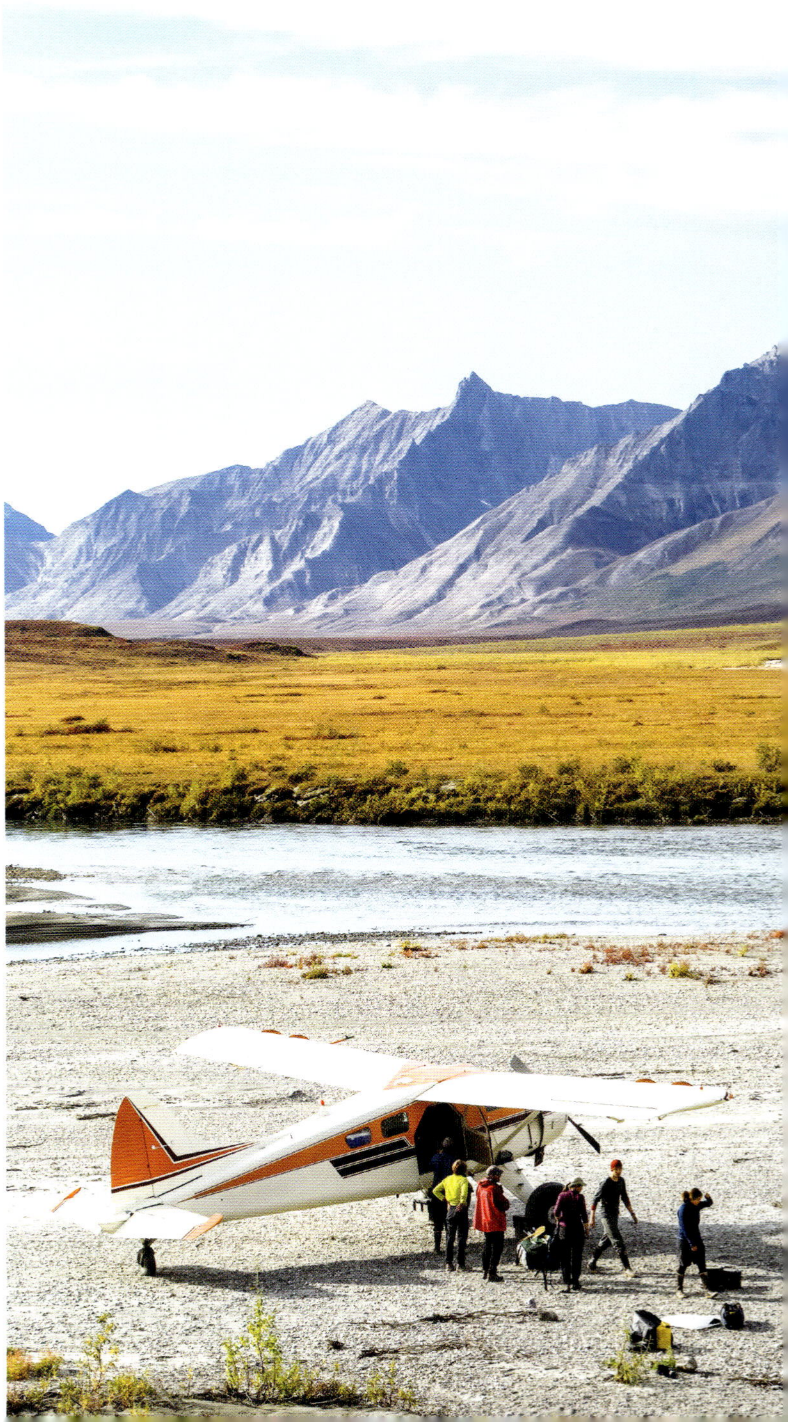

Tourentipps

Einen Panoramaflug über dem Polarkreis unternehmen, auf dem entlegenen Noatak River raften und vielleicht sogar einen oder zwei Grizzlybären in der rauen, unberührten Natur erspähen.

◄ Für Raftingtouren ist man auf den Transport mit Kleinflugzeugen angewiesen.
▲ Im Park sind Schneemobile zugelassen; die Arrigetch-Gipfel im Morgenlicht.

01

Fünf Tage

Diese Tour eignet sich für Leute, die wenig Outdoorerfahrung haben, nicht topfit sind oder keine zehn Tage in einem Zelt am Fluss bibbern wollen. Die ersten ein bis zwei Tage verbringt man in Fairbanks. Hier kann man einen Rundflug über dem Polarkreis unternehmen, das Museum of the North besuchen oder durch den Ort bummeln und sich die verfallenen Schiffe anschauen. Anschließend geht's per Flugzeug zur Iniakuk Lake Wilderness Lodge, die All-inclusive-Aufenthalte bietet. Vor den täglichen Kurztrips in die Wildnis stärkt man sich mit frischen Backwaren. Zu den Angeboten zählen Kanufahrten und Tierbeobachtungstrips, aber man kann auch einfach nur die Spiegelung des blauen Polarhimmels im Wasser bewundern. Lohnenswert sind auch ein bis zwei Tage in einer der entlegenen Blockhütten der Lodge. Die Arrigetch Peaks Wilderness Cabin ist ein rustikales Juwel aus Holz mit einer großen Veranda und herrlichem Ausblick. Am besten lässt man sich vom Guide jeden Tag eine neue Ecke der Brooks Range zeigen.

02

Zehn Tage

Am ersten Nachmittag steht eine Kneipen-Paddeltour auf dem Chena River in Fairbanks an. Tags darauf geht's mit einem frühen Flieger nach Bettles. Hier meldet man sich bei der Parkverwaltung und lässt sich per Wasserflugzeug zum Noatak River bringen. Wenn der Flieger mit brummendem Motor in der Ferne verschwindet, begreift man, dass man allein ist in der Wildnis, die doppelt so groß ist wie die Schweiz.

Die Expedition beginnt mit einem Abendessen, das aus frisch gefangenem Fisch besteht. Danach schläft man sich ordentlich aus. Der Noatak River, der zu den Welterbestätten gehört, ist 644 km lang und mündet in die Tschutschkensee. Auch wenn man nur eine Strecke von 160 km zurücklegt, scheint dieses Abenteuer ewig zu dauern. Auf der Paddeltour erblickt man Wölfe, Füchse, Elche, Dallschafe, laichende Lachse und Grizzlybären. Nach etwa 24 km wird man erschöpft sein. Zur Stärkung sammelt man Blaubeeren und bewundert dabei die Wildblumen der Tundra, darunter Studentenröschen und Arktischer Mohn.

21

MT

Glacier National Park

In Glacier scheint alles übergroß zu sein, von den schneebedeckten Bergen über die tiefblauen Seen bis zu den furchtlosen Schneeziegen.

Getty Images | Danita Delimont

→ Blick auf den Glacier National Park. Vorherige Seite: Herbstliche Kajakfahrt auf dem Bowman Lake.

Die Fahrt auf der berühmten Going-to-the-Sun Road des Glacier National Park hat zunächst nichts Ungewöhnliches. Der Weg verläuft durch Kiefernwälder, vorbei an einem See, doch plötzlich steht man nach einer Kurve 305 m über dem Talgrund, umgeben von urzeitlichen Granitgipfeln, die in die Wolken aufragen. Man wendet den Kopf und erblickt eine Wand von Wasserfällen, die einen Fels hinabstürzen. Dann, weit oben, auf einem von Blumen umgebenen Fels, eine Schneeziege. Willkommen im Glacier National Park! Worte wie „schön" sind unzutreffend, „mächtig", „atemberaubend" und „gewaltig" beschreiben ihn schon besser.

Der Park wurde 1910 durch Präsident William Howard Taft gegründet, entwickelte sich aber erst zwei Jahre später zu einem wichtigen Reiseziel, als die Great Northern Railway mit dem Bau prächtiger Hotels begann und für die Region als „Schweiz Amerikas" warb. Der Zweite Weltkrieg brachte vieles zum Stillstand, die Chalets verfielen. Heute sind neun der ursprünglich dreizehn Gebäude wieder instand gesetzt.

Die 85 km (53 Meilen) lange Going-to-the-Sun Road wurde 1932 fertiggestellt und leitete die Ära des Automobil-Tourismus ein. Sie führt in Serpentinen durch die malerischsten Regionen des Parks und gilt als spektakulärste Straße Amerikas. Benannt ist sie nach dem Going-to-the-Sun Mountain, den die Angehörigen der Blackfeet-Indianer als heiligen Ort verehrten. Wegen der großen Schneemengen ist sie über weite Teile des Jahres geschlossen und häufig erst ab Juli zugänglich.

1932 wurde der Glacier mit dem Waterton Lakes National Park aus Alberta, Kanada, vereint und bildete den weltweit ersten

International Peace Park (Friedenspark), als Symbol für die Freundschaft zwischen den USA und Kanada. Heute können die Besucher die Grenze wandernd oder per Boot überqueren. Auch wenn es keine Zollstation gibt, sollte man seinen Reisepass mitführen – Wanderer, die zu Fuß die Grenze überqueren, bekommen einen Schneeziegenstempel.

Anreisen

Wann?
Wie der Name „Glacier" schon sagt, ist es hier fast das ganze Jahr über eiskalt. Manche Einrichtungen öffnen erst im Juli und die Straßen sind oft nach dem ersten Schneefall im Frühherbst wieder gesperrt. Am besten kommt man Ende August/Anfang September, dann herrschen angenehme warme Temperaturen und wenig Andrang.

Wie?
Glacier liegt in Nordmontana an der Grenze zu Kanada. In Kalispell, 48 km (30 Meilen) westlich des Parks, gibt's einen internationalen Flughafen. Ein öffentlicher Bus fährt die wichtigsten Parkregionen an, besser geht's mit dem eigenem Wagen.

Park in Zahlen

4100
Fläche (km²)

2026
Höchster Punkt auf der Going-to-the-Sun Road: Logan's Pass (m)

1500
Anzahl der Schneeziegen im Park

Zelt oder Hotel?

Many Glacier Hotel
Klappriges, aber charmantes, 1915 im Stil eines Schweizer Chalets erbautes Hotel mit Pagen in Lederhosen, Bädern mit Vintagefliesen und einer Bibliothek mit vogelkundlichen Werken. Die Zimmer der ruhigen Lodge sind schlicht, aber bequem. Am Abend einen Pullover überziehen, um draußen einen Drink mit Blick über den Swiftcurrent Lake zu genießen.

Many Glacier Campground
„Wer zuerst kommt, mahlt zuerst" in diesem schnell belegten Campingplatz, der zu den nettesten in Glacier zählt. Für einen Stellplatz mit schönem Ausblick reist man am besten früh an. Duschen, Wäscherei und Lebensmittelladen sind leicht erreichbar, man ist also nicht völlig ohne Komfort. In unmittelbarer Nähe befinden sich einige der schönsten Trails.

Lake McDonald Lodge
1913 wurde diese nette Lodge am Lake McDonald erbaut. Die Lobby mit teils holzverkleideten Wänden und einem Steinkamin ist ein Beispiel der „Parkitecture" des frühen 20. Jhs. Man kann im Haupthaus oder in einer Hütte übernachten. Günstiger ist ein Bett im Schlafsaal. Oder man gönnt sich eine Suite. Frühzeitig buchen.

Raus und los

Panoramafahrt
Die Going-to-the-Sun Road ist eine technische Meisterleistung, die den Park von Südwesten nach Nordosten durchzieht. Sie bietet einen einmaligen Ausblick auf Berge und Täler. Man kann im eigenen Auto reisen, den Shuttlebus des Parks nutzen oder an einer geführten Tour in den roten, historischen Bussen des Glacier teilnehmen.

Reiten
Swan Mountain Outfitters hat im ganzen Park Reitställe und organisiert halb- oder ganztägige geführte Ausritte durch die Kiefernwälder zu den Gebirgsseen und -flüssen.

Dabei erfährt man Interessantes über Fauna und Flora (mitunter auch, weil das Pferd einen giftigen Busch anknabbern möchte).

Gletscher beobachten
Im Park gibt's 25 Gletscher; 1850 waren es noch 150. Experten befürchten, dass ihre Tage gezählt sind. Von wo aus also hat man die beste Sicht? Einige sieht man von der Going-to-the-Sun Raus aus, darunter den blaugrau schimmernden Jackson Glacier. Im Sektor Many Glacier ist der Grinnell Glacier das Highlight. Vom Aussichtspunkt aus kann man beobachten, wie er in der Sonne von Montana glänzt.

Nicht verpassen

Der Glacier strotzt vor Leben, vor allem während der Schneeschmelze, wenn die Tiere nach dem Winterschlaf ihre Baue verlassen. Gelbbauchmurmeltiere flitzen über Felsen, majestätische Elche grasen friedlich auf höher gelegenen Berghängen, schwerfällige Grizzlys suchen nach Heidelbeeren. Die Osthälfte des Parks steht unter Föhneinfluss und erhält weniger Niederschläge. Die Westhälfte ist feuchter und urtümlicher, hier gedeihen dunkle Zedern und Hemlocktannen.

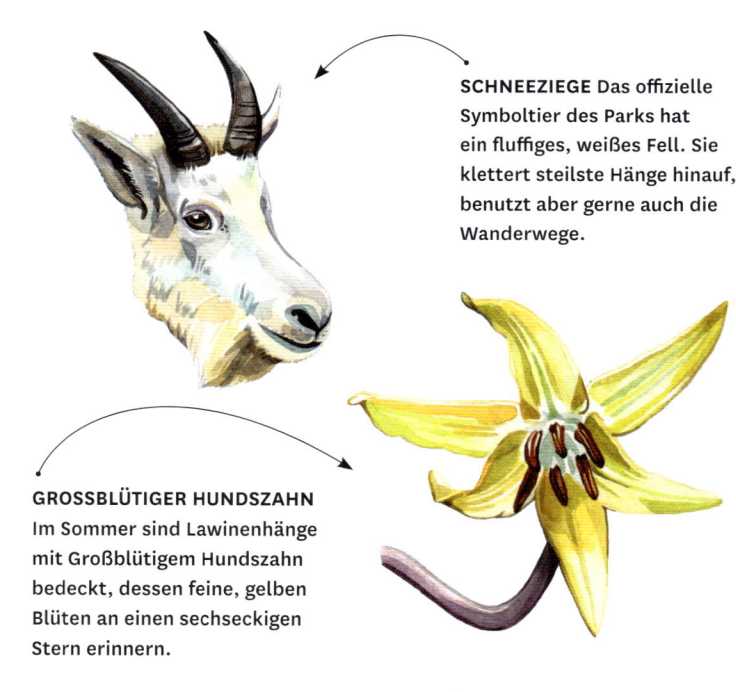

SCHNEEZIEGE Das offizielle Symboltier des Parks hat ein fluffiges, weißes Fell. Sie klettert steilste Hänge hinauf, benutzt aber gerne auch die Wanderwege.

GROSSBLÜTIGER HUNDSZAHN Im Sommer sind Lawinenhänge mit Großblütigem Hundszahn bedeckt, dessen feine, gelben Blüten an einen sechseckigen Stern erinnern.

KANADALUCHS Der schwer zu sichtende silberbraune Luchs ähnelt einer großen Hauskatze. Sein Bestand ist gefährdet und er ist vorwiegend nachtaktiv.

Die Going-to-the-Sun Road ist eine beliebte Bergstrecke für Radfahrer im Glacier National Park.

Wandern

O1 The Highline
Die malerischste Wanderung im Park verläuft auf einem schmalen Pfad entlang der berühmten Garden Wall, steigt 12 km (7,5 Meilen) in die Berge an und endet am rustikalen Granite Park Chalet.

O2 Avalanche Lake
Diese bei Familien beliebte 6,4 km (4,6 Meilen) lange, leichte Rundwanderung führt durch dichten Wald zu den Ufern eines blau schimmernden Bergsees.

O3 Iceberg Lake
Wanderer sind außer Atem, wenn sie oben am Ende dieses 14,5 km (9 Meilen) langen Wanderweges ankommen und vor dem glasklaren, grünen See stehen, auf dem kleine Eisschollen schwimmen.

Tourentipps

Iceberg Lake oder Logan Pass sind unvergessliche Wanderziele: Dort kann man über Gletscher und atemberaubende Panoramen staunen und man sieht vielleicht sogar Wölfe.

◄ Stehpaddeln auf dem Hidden Lake.
➡ Kochen in der Wildnis im Glacier National Park.

01

Zwei Tage

Am ersten Tag geht's früh hinaus auf die Going-to-the-Sun Road. Erster Stopp ist am Lake McDonald für Schnappschüsse und einen Blick in die aus Holz errichtete Lobby der 1913 erbauten Lake McDonald Lodge. Dann folgt man den aufsteigenden Haarnadel-kurven von The Loop, wo die Straße die kontinentale Wasserscheide Garden Wall quert. Nach den Bird Wowan Falls und der Weeeping Wall Ausschau halten und beim Logan Pass Visitor Center stoppen, um sich die Beine zu vertreten und aus 2026 m Höhe ins Tal zu schauen. Anschließend fährt man hinab zum Jackson Glacier Overlook und zum tiefblauen St. Mary Lake. Der Tag endet mit einem Bisonburger und einer dicken Schnitte Heidelbeer-Pie im Park Café in St. Mary. Ziel des zweiten Tages ist das Many-Glacier-Gebiet, wo der Glacier sein wildes Gesicht zeigt. Mittags stärkt man sich im Ptarmigan Dining Room im Many Glacier Hotel, bevor man die 14,5 km (9 Meilen) lange Wanderung zum malerischen Iceberg Lake unternimmt.

02

Vier Tage

Am ersten Tag folgt man der Going-to-the-Sun Road wie bei der zuvor beschriebenen Reiseroute, parkt aber beim Logan Pass und begibt sich auf eine unvergessliche Wanderung entlang des Highline Trail. Unterwegs begegnet man Schneeziegen, im Frühling und Sommer manchmal mit niedlichem Nachwuchs. Am zweiten Tag erreicht man das Ende der Going-to-the-Sun Road und hält am kristallklaren St. Mary Lake, um nachmittags zu einer Kanufahrt zu starten. Ziel des dritten Tages ist der Many Glacier mit einer Tour zum Iceberg Lake oder zum Grinnell Glacier. Beide Trips sind ungemein reizvoll und bieten einen tollen Ausblick. Zu Abend isst man im Two Sisters Café unweit Babb, das bekannt ist für die mit Autoaufklebern geschmückten Wände und den Heidelbeer-Shake. Am vierten Tag wird das entlegene Two Medicine Valley erkundet. Der Upper Two Medicine Lake ist eine lohnende Tageswanderung, die durch dichten Farnwald mit malerischen Ausblicken auf die Berge führt.

03

Eine Woche

An Tag eins gewinnt man erste Eindrücke auf einer Rundfahrt mit einem der fotogenen, „Jammer" genannten Busse. Am zweiten Tag hält man am Avalanche Lake und erkundet auf einer leichten Wanderung den Südwestabschnitt der Going-to-the-Sun Road. Ein Lunchpaket mitnehmen und am sandigen Seeufer picknicken. Am dritten Tag wandert man vom Logan Pass auf dem Highline Trail. Das Lunchpaket wird beim Granite Park Chalet mit herrlicher Aussicht auf die Berge ringsum verzehrt. An Tag vier paddelt man auf dem St. Mary Lake und beobachtet Fischadler, Habichte und Wanderfalken. Ziel des fünften Tages ist der Swan Mountain Reitstall in Many Glacier, wo man zu einem ganztägigen Ritt durch die dichten Wälder zu einem der milchig blauen Gletscherseen startet. Tag sechs führt ins Two Medicine Valley zu einem Paddeltrip auf dem kristallklaren See. Am siebten Tag überquert man die Grenze nach Kanada, um im Waterton Lakes National Park an einer Wander- und Bootstour teilzunehmen.

22
AK

Glacier Bay National Park & Preserve

Glacier Bay, der Inbegriff von Alaska, ist ein eindrückliches Zeugnis für die Stärke, die Hartnäckigkeit und die Macht von Mutter Natur.

Elf Gezeitengletscher schieben sich aus den Bergen hervor und füllen das Meer mit Eisbergen in allen nur erdenklichen Formen und Größen. Der Park selbst erstreckt sich über eine vielgestaltige, 13 355 km2 große Fläche, die von Bergen und Eisfeldern bis zu gemäßigten Regenwäldern und entlegenen Fjorden reicht. Absolutes Highlight sind die Gletscher, die mit dem dramatischen Spektakel des Kalbens, einer gewaltigen Größe und ihrem urtümlichen Aussehen beeindrucken.

Die geologische Entwicklung der Bucht zeigt sich im tief eingeschnittenen Fjord, der durch den schnellen Rückzug des Eises entstand. Als Kapitän George Vancouver 1794 hier vorbeisegelte, war Glacier Bay kaum mehr als ein kompakter Eisberg. Im 19. Jh. entdeckte John Muir, dass das Eis um 32 km zurückgegangen war. Heute sind es bereits 96,5 km. Dieser hydrologische Prozess ist faszinierend, aber auch ein wenig besorgniserregend.

Kaum jemand erkundet die raue Bucht mit dem donnernden Getöse der kalbenden Eisberge und den kunstvollen Sprüngen der Buckelwale vom Festland aus. Kein Wunder, denn es gibt keine Straßen. Stattdessen kommen zahlreiche Besucher im Rahmen einer Seereise oder im Kajak hierher. Täglich dürfen zwei große Schiffe in die Bucht einlaufen – ein Höhepunkt vieler Kreuzfahrten im Südosten Alaskas. Abenteuerlustige Traveller reisen alternativ von Juneau aus an und legen in Gustavus (hier befinden sich einige Läden) sowie in Bartlett Cove (beherbergt die Hauptverwaltung des Parks) Zwischenstopps ein. Vom Schiff aus kann man jede Menge Meeressäuger wie Wale und Seehunde beobachten und vielleicht sogar einem Bären oder einem Elch dabei zusehen, wie sie durch eine Engstelle der Bucht schwimmen. Die hiesige Wildnis, Teil der 101 171 km2 großen Welterbestätte, ist rau, ungezähmt und unerbittlich.

Anreisen

 Wann?
Der Park ist ganzjährig geöffnet, aber von Ende Mai bis Anfang September herrscht am meisten Andrang. Jedes Jahr fallen bis zu 178 cm Regen, sodass man stets mit Nässe und Kälte rechnen muss.

 Wie?
Viele der jährlich 300 000 Besucher kommen im Rahmen einer Kreuzfahrt hierher. Alternativ reist man vom abgelegenen Provinznest Gustavus aus an, das erst in den 1980er-Jahren Strom bekam. Hier kann man Schiffsfahrten oder Kajaktouren buchen, die bei der Parkverwaltung in Bartlett Cove starten.

Park in Zahlen

13 354
Fläche (km²)

11
Gezeitengletscher

36
Gewicht eines Buckelwals in Tonnen

Zelt oder Hotel?

National Park Service Campground
Wenige Schritte vom Ufer entfernt liegt in dichtem Wald ein kostenloser Campingplatz mit Bärenkanister und Warmwasserdusche. Nur 400 m weiter bekommt man in der Glacier Bay Lodge Mahlzeiten und kann sich aufwärmen.

Glacier Bay Lodge
Die betagte, aber behagliche Lodge ist das einzige Hotel und Restaurant in Bartlett Cove. Sie verfügt über einen großen Steinkamin und zieht mit ihrem Lokal Backpacker, Kajakfahrer sowie wohlhabende Touristen an. Diaabende, geführte Tagestouren, Rangervorträge und gelegentliche Filmvorführungen ergänzen das Angebot.

Blue Heron B&B
Das Blue Heron in Gustavus ist eine fröhliche, kleine Unterkunft auf einem 4000 m² großen Grundstück mit Wildblumen und einem einmaligen Ausblick auf die Fairweather Mountains. Es gibt ein reichhaltiges, sättigendes Biofrühstück und vor Ort herrscht eine kameradschaftliche Stimmung. Besitzerin Deb hat jede Menge Tipps für individuelle Ausflüge, ob zu Kajak- und Radtouren, zur Walbeobachtung und zu Angeltrips.

Raus und los

Kajakfahren
Das ohrenbetäubende Getöse der kalbenden Gletscher ist überwältigend. Mit dem Wassertaxi erreicht man einen Absetzpunkt und bekommt an einem Tag recht viel zu sehen. Am besten meidet man das offene Meer der Glacier Bay und plant mehrere Tage zur Erkundung von Muir Inlet und West Arm ein. Ein Ausflug zu den Beardslee Islands gibt Gelegenheit zum Campen, zur Vogelbeobachtung und zur Wildblumensuche.

Panoramaflug
An Bord eines Kleinflugzeugs erlebt man die Erhabenheit dieser Welt aus Eiswasser und Wald ganz neu und kann Gletscher, Buchten sowie die Küste bestaunen. Los geht's in Haines. Angeboten werden zahlreiche Rundflüge (1–2½ Std.) zu den dramatischsten Landschaften der Region.

Bootsfahrt
Zur zweitägigen Tour gehören eine Übernachtung in der Glacier Bay Lodge und eine achtstündige Bootsfahrt hinaus zu den Gletschern. Alternativ unternimmt man einen Walbeobachtungstrip.

◄ Buckelwale suchen im Sommer die Glacier Bay auf, um sich von Kleinfischen zu ernähren. Sie verzehren täglich bis zu 500 kg.
► Gelbschopflund.

Wandern

01 Nagoonberry Loop
Eine 3,5 km (2,2 Meilen) lange Vormittagswanderung führt zu schier endlosen Wiesen voller Wildblumen sowie durch alte Waldbestände und bietet einen Einblick in die hiesige Flora.

02 Forest Trail
Auf dem kurzen Naturpfad geht's unter Führung eines Rangers vorbei an winzigen Teichen, Hemlocktannen und Fichtenbeständen zur Anlegestelle in Bartlett Cove.

03 Point Gustavus
Für den 19,3 km (12 Meilen) langen Weg entlang des Strandes von Bartlett Cove nach Gustavus sollte man zwei Tage einplanen. Am Point Gustavus sind gelegentlich Schwertwale zu sehen.

Nicht verpassen

Viele Tiere, vorwiegend Meeressäuger und Vögel, sind vom Wasser aus zu sehen. Hier leben Stellersche Seelöwen, Schweinswale, Seehunde und verspielte Seeotter. Durch die Waldgebiete unweit der Bucht streifen Braun- und Schwarzbären und auf den Klippen klettern Schneeziegen herum. Die echten Stars sind aber die in dieser Bucht heimischen Wale, deren Schwanzflossen immer wieder aus dem Wasser ragen.

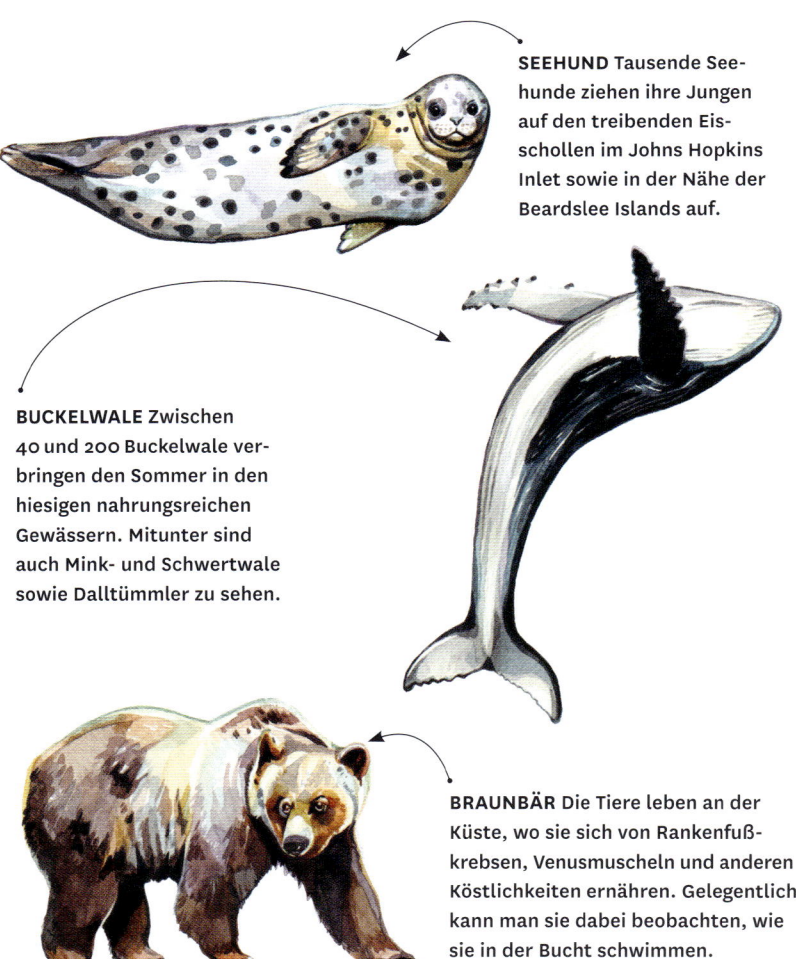

SEEHUND Tausende Seehunde ziehen ihre Jungen auf den treibenden Eisschollen im Johns Hopkins Inlet sowie in der Nähe der Beardslee Islands auf.

BUCKELWALE Zwischen 40 und 200 Buckelwale verbringen den Sommer in den hiesigen nahrungsreichen Gewässern. Mitunter sind auch Mink- und Schwertwale sowie Dalltümmler zu sehen.

BRAUNBÄR Die Tiere leben an der Küste, wo sie sich von Rankenfußkrebsen, Venusmuscheln und anderen Köstlichkeiten ernähren. Gelegentlich kann man sie dabei beobachten, wie sie in der Bucht schwimmen.

Getty Images | Mark Newman; Danita Delimont

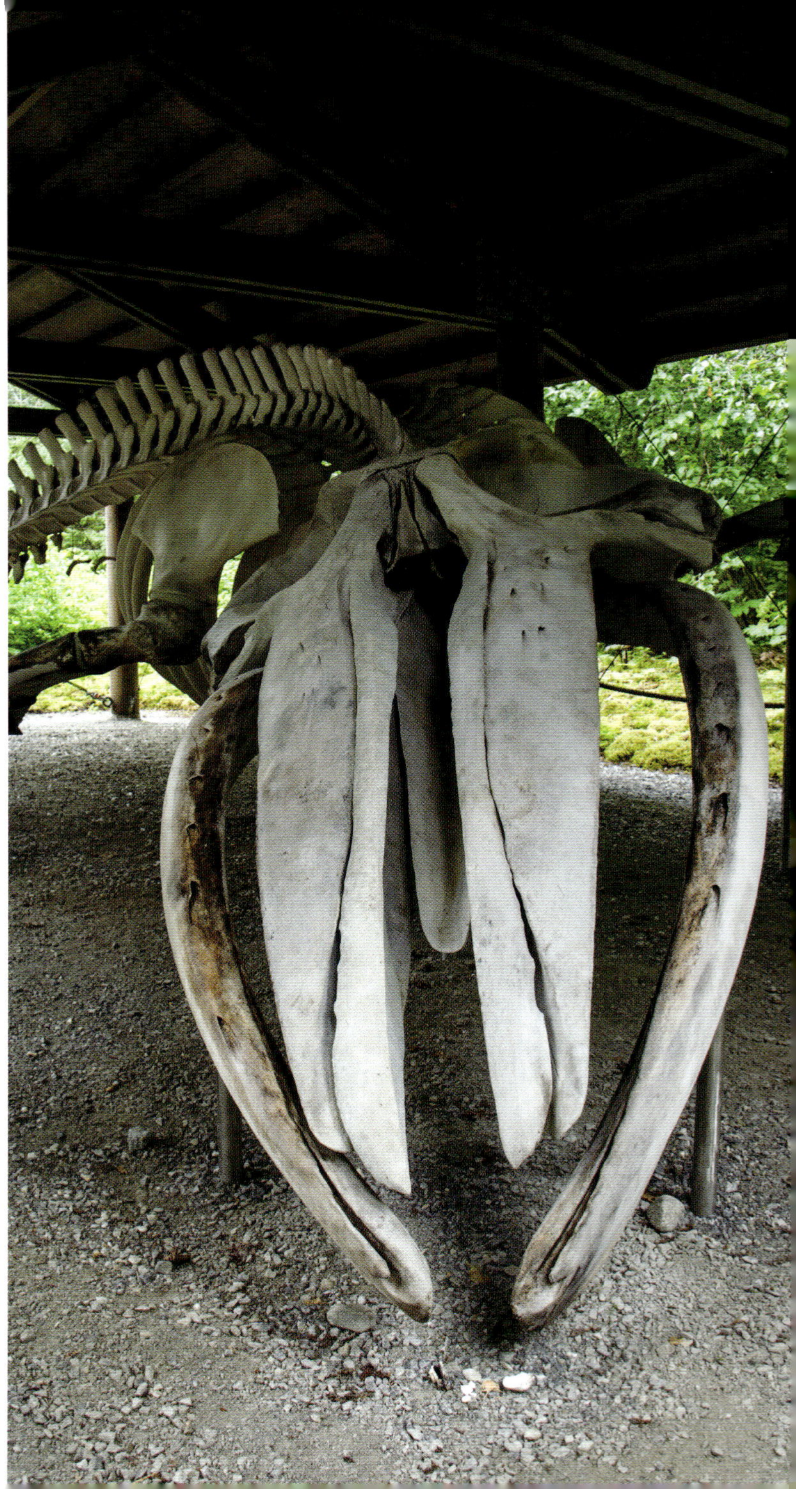

Tourentipps

Auf einer Bootsfahrt in der Glacier Bay Papageitaucher und Stellersche Seelöwen beobachten oder eine mehrtägige Paddeltour auf dem Alsec River unternehmen.

◄ Das Skelett von Snow, einem 2001 in der Glacier Bay getöteten Buckelwal.
▲ Baumskulptur der Tlingitindianer. Die Beardslee Islands vom Kajak aus gesehen.

01

Zwei Tage

Wer nicht mit einem Kreuzfahrtschiff reist, muss einiges im Voraus planen und eine pralle Brieftasche haben. Es gibt regelmäßige Flüge von Alaskas Hauptstadt Juneau nach Gustavus. Eine Alternative ist die Alaska-Marine-Highway-Fähre. Nach einer Übernachtung in Gustavus im Blue Heron B&B lässt man sich am Morgen Biohaferflocken mit Heidelbeeren schmecken, stellt im Sunnyside Market ein Lunchpaket zusammen und trampt anschließend nach Bartlett Cove. Am Nachmittag unternimmt man eine Wanderung auf dem Forest Trail und verbringt die Nacht auf dem Campingplatz. Am nächsten Morgen geht's mit dem 7-Uhr-Boot in die Glacier Bay. Auf der 209 km langen Rundtour informiert ein Ranger über interessante Details. Bei South Marble Island tummeln sich oft Gelbschopflunde und Hornlunde sowie Stellersche Seelöwen. Nach 32 km auf offener See erscheinen die ersten Eisberge. Das Highlight folgt nach der Mittagspause: die Gezeitengletscher der Bucht. Mit etwas Glück sieht man, wie ein haushoher Brocken Eis abbricht und ins Meer stürzt.

02

Eine Woche

Wer Abenteuer liebt und Risiko und Kälte nicht scheut, für den gibt's hier jede Menge Aktivitäten. In Gustavus und Bartlett Cove findet man Wassertaxis, Guides und die nötige Ausrüstung. Die Glacier Bay Boat Tour umfasst mehrere Zwischenhalte, außerdem kann man ein- oder mehrtägige Paddeltrips buchen, die Anfänger wie Profis nur in Begleitung eines Guides unternehmen sollten – allein schon, um Gesellschaft zu haben.

Als Aufwärmübung bietet sich eine kurze Kajaktour zu den Beardslee Islands an.

Ein weiterer Tagesausflug führt zum Point Adolphus, ein toller Spot zur Beobachtung von Buckelwalen. Wer es eine Nummer größer mag, bucht einen einwöchigen Trip auf den Fjorden West Arm oder East Arm landeinwärts. Auf dem Rückweg paddelt man weiter nordwärts zum Glacier Bay National Preserve, einer entlegenen, am besten über Yakutat erreichbaren Gegend. Hier kann man auf dem Alsek River raften oder sich das eigene Abenteuer inmitten einer grenzenlosen Wildnis aussuchen.

23

AZ

Grand Canyon National Park

Wer auch nur einen flüchtigen Blick in diesen gewaltigen Riss in der Erde wirft, muss zugeben: Manche Orte sind so großartig, wie es der Prospekt verspricht.

Grand Canyon

Der Grand Canyon mit seinen rot und gold leuchtenden Felsklippen und seinen sanft gewellten Hochflächen gilt als eines der überwältigendsten Weltwunder überhaupt. Er ist 1,6 km tief, 29 km breit und 446 km lang. Doch nur wer ihn mit eigenen Augen gesehen hat, erfasst seine tatsächliche Größe. Man kann auf schmalen Pfaden zwischen Sandsteinfelsen bergab wandern, auf dem tosenden Colorado raften und auf einem Maultier durch duftende Pinyonkieferbestände sowie vorbei an Salbeisträuchern reiten. Wer will, verharrt an der Felskante, dem Rim, die Kamera in der Hand, staunend.

90 % aller Besucher kommen zum wärmeren South Rim mit seinem heißen Sommer, silbern glänzenden Herbst, märchenhaft verschneiten Winter und kühlen blauen Frühling. Schwieriger ist der Zugang zum höher gelegenen, kälteren North Rim. Entlegenere Bereiche werden von indianischen Stämmen verwaltet, darunter die betörend blauen Wasserfälle im Havasupaireservat und der schwindelerregende Skywalk (eine Aussichtsplattform mit gläsernem Boden) im Gebiet des Hualapaivolkes.

Der wilde Colorado River hat sich seit 6 Mio. Jahren in Arizonas Landschaft gefräst. Zusammen mit Wind, Eis und der Kontinentaldrift legte er allmählich übereinander gelagerte Schichten von Kaibab-Kalksandstein, Coconino-Sandstein, Hermit-Schiefer und weiteren Gesteinen frei und ließ die heutige Schlucht entstehen.

Seit über 10 000 Jahren ist der Canyon besiedelt. In den 1540ern gelangten spanische Reisende als erste Europäer hierher. In den 1870ern unternahm der Geologe Wesley Powell mehrere Expeditionen und machte den Canyon landesweit bekannt. Anfang des 20. Jhs. reisten die Besucher auf der Santa Fe Railroad an. Heute strömen pro Jahr 5 Mio. Touristen aus aller Welt zum Grand Canyon und sind überwältigt von seiner Größe und Schönheit.

◙ Kameras sind nicht gestattet, was aber den Blick vom Grand Canyon West Skywalk keineswegs beeinträchtigt. Vorherige Seite: Der Bright Angel Point am North Rim.

Anreisen

☼ **Wann?**
Der South Rim ist ganzjährig geöffnet. Frühling und Herbst sind die angenehmsten Besuchszeiten. Im Sommer wird es sehr voll und im Winter friert man. Der North Rim ist von Mai bis Oktober offen.

🧭 **Wie?**
Der Park befindet sich in Arizona. Eine Autostunde nördlich von Falstaff an der I-40 liegt der South Rim, von dem es bis zum Grand Canyon West (Skywalk) vier Stunden sind. Nächster Flughafen ist in Phoenix, vier Autostunden entfernt. Der Eingang zum North Rim liegt 48 km (30 Meilen) südlich des Jacob Lake.

Park in Zahlen

4937
Fläche (km²)

2682
Höchster Punkt: Point Imperial (m)

2
Alter des ältesten Felsen im Canyon (Vishnu Schist) in Milliarden Jahren

Zelt oder Hotel?

 El Tovar Hotel
In dem 1905 vom Architekten Charles Whittlesey am South Rim erbauten Chalet aus Kalkstein und Oregonkiefer nächtigten schon Berühmtheiten wie Einstein und Paul McCartney. Wer eine hochpreisige Suite bewohnt, wacht mit einem traumhaften Blick auf den Canyon auf. Seit 30 Jahren ist das El Tovar eine National Historic Landmark.

 Bright Angel Lodge
Die Architektin Mary Jane Colter schuf 1935 diese Lodge. Sie ließ sich von der hiesigen Landschaft und lokalen Traditionen inspirieren. Das holzverkleidete Gebäude aus Stein ist in den Farben eines Sonnenuntergangs in der Wüste gehalten. Der Kamin besteht aus allen Gesteinsschichten des Canyons. Zum Angebot zählen Doppelzimmer mit Gemeinschaftsbad und mit Rundholz verkleidete Suiten.

 Phantom Ranch
In der Phantom Ranch zu übernachten ist ein Muss. Man erreicht sie nur wandernd, auf dem Maultier reitend oder per Raftingtour. Die von Mary Jane Colter entworfenen Hütten fügen sich harmonisch zwischen den Bäumen an der Nordseite des Colorado River ein. Nach einem langen Tag unterwegs gibt's nichts Angenehmeres als ein Bier mit anderen Wanderern im Speisesaal.

Raus und los

 Sonnenuntergang beobachten
Wer am Lipan Point den Sonnenuntergang beobachten will, der über den Palisades of the Desert, den Echo Cliffs und den Vermilion Cliffs alles rot und violett färbt, ist nicht allein. Im Westen erkennt man die Unkar Rapid. Früh ankommen und bleiben, bis der letzte Purpurschein verschwunden ist.

 Auf den Desert View Watchtower steigen
1932 wurde der Steinturm von Mary Jane Colter entworfen. Er erinnert an die uralten Wachttürme der Puebloindianer. Das oberste Stockwerk liegt 2293 m ü. d. M. und ist damit der höchste Punkt am South Rim. Von oben bietet sich ein herrlicher Ausblick auf die Painted Desert.

 Rafting
Rafting-Aspiranten warten oft über ein Jahr, bis sie auf den wilden Colorado River dürfen, manchmal gibt's aber noch Last-Minute-Tickets. Eine Tour auf dem Grund des Grand Canyon ist ein Erlebnis, von dem man noch den Enkeln erzählen wird. Die Angebote reichen von vier- bis zu zehntägigen Trips, mit Vollverpflegung und Übernachtung am Flussufer. Manche Abschnitte sind ruhig, auf anderen überwindet man bis zu 9 m hohe Stromschnellen. Wow!

Nicht verpassen

Aufgrund des Höhenunterschiedes von 2438 m vom Grund des Colorado River bis zum North Rim gibt's im Grand Canyon verschiedenste Habitate. Graufüchse, Maultierhirsche und Dickhornschafe bewohnen die Pinyonkieferwälder des South Rim, während am North Rim Ponderosakiefern und Blautannen Pumas, Rotluchsen sowie Habichten Schutz bieten. Im Colorado River kommen die gefährdete Karpfenart Gila cypha und Buckelsaugkarpfen vor, während Biber, Canyonlaubfrösche und Kojoten zwischen den Pappeln an den Ufern leben.

KAIBABHÖRNCHEN Das Habitat des Kaibabhörnchens mit seinen Büschelohren umfasst das Kaibab Plateau, den North Rim und die unmittelbar unter dem Rim liegende Höhenstufe.

KALIFORNISCHER KONDOR 1987 war der größte Landvogel Amerikas in freier Wildbahn ausgestorben. Hier im Südwesten wurde er wieder angesiedelt. Sein Bestand liegt aber unter 500 Exemplaren.

FEIGENKAKTUS Diese weit verbreitete Kakteenart hat abgeflachte, blattähnliche Segmente und große, kräftig pink-, orangefarbene oder gelbe Blüten sowie knollenartige violette Früchte.

Wandern

O1 Rim Trail
Der familenfreundliche, teilweise befestigte 19,3 km (12 Meilen) lange Weg verbindet die wichtigsten Aussichtspunkte des South Rim miteinander.

O2 Bright Angel Trail
Auf dem beliebten Trail geht's eng an den Canyonwänden entlang 12,5 km (7,8 Meilen) hinab zum Colorado. Es gibt mehrere Umkehrpunkte für Tagesausflügler.

O3 Grandview Trail
Der 9,7 km (6 Meilen) lange Rundwanderweg ist einer der steilsten Trails im Park. Steile Serpentinen führen zwischen rostfarbenen Hochplateaus auf 1,6 km Distanz 488 m nach unten.

Tourentipps

Keinesfalls verpassen sollte man einen Sonnenuntergang über dem Canyon. Wandern, Ausritte mit Maultieren und jede Menge Kaktusfeigen sind weitere Attraktionen.

◀ Im Grand Canyon werden Maultierausritte organisiert; Wandern im Elacktail Canyon, einem Seitencanyon.
▶ Rafting auf dem Colorado River.

01
Ein Tag

Zum Sonnenaufgang sollte man am South Rim sein, wenn Pink- und Lavendeltöne die Painted Desert überziehen. Die besten Aussichtspunkte lassen sich auf dem 19,3 km (12 Meilen) langen Rim Trail verbinden. Erster Stopp ist am Pipe Creek Vista, wo man die endlosen rot und purpur schimmernden Hochflächen bestaunt. Dann geht's weiter zur Yavapai Observation Station mit einem Panoramablick und topografischen Modellen der Geologie des Canyons. Vom Grandeur Point nebenan sind tief unten die Wanderer auf dem Bright Angel Trail zu erkennen. Zwischen den Kiefern macht man Mittagspause. Unweit von hier steht das Verkamp's Visitor Center, eines der ältesten Parkgebäude. Das Hopi House von Mary Jane Colter ist von alten Hopi-Pueblos inspiriert und wurde weitgehend von Hopi-Indianern erbaut. Heute gibt's hier von Indianern gefertigten Schmuck und Kunsthandwerk. Einige Aussichtspunkte weiter liegt der Hopi Point, wo die Abendsonne die Canyonwände in die unglaublichsten Farbtöne taucht (auch der nahe Mohave Point steht ihm nicht nach).

02
Ein Wochenende

Nach einer Nacht auf einem der Campingplätze am South Rim steht man früh auf und stärkt sich mit einem deftigen Frühstück, bevor man (mit Snacks und Wasser versorgt) auf dem Bright Angel Trail loszieht. In Serpentinen geht's zwischen rost- und orangefarbenen Sand- und Kalksteinwänden hinunter. Bis Indian Garden, eine Oase mit üppigem Grün und Wasser, sind es 7,4 km (4,6 Meilen). Nachdem man sich erschöpft wieder auf den Rim geschleppt und geduscht hat, gönnt man sich im holzgetäfelten El Tovar Dining Room ein Abendessen, z. B. Ente mit Kaktusfeige. Am nächsten Tag werden die müden Glieder geschont und es geht 40 km (25 Meilen) auf dem Desert View Drive nach Mother Point, wo man sieht, wie sich der Bright Angel Trail durch den rosaroten Canyon windet. Nicht den Panoramablick vom Lipan Point oder dem 21 m hohen Watchtower auslassen! Zum Abschluss verschwindet die Sonne wie eine rote Scheibe hinter den Klippen.

03
Fünf Tage

Am ersten Tag geht's zu den Aussichtspunkten entlang des 40 km (25 Meilen) langen Desert View Drive. Den Abschluss bildet der Lipan Point, wo die Abendsonne die Felsen in ein schönes Rot taucht. Ziel des zweiten Tages ist der 2,4 km (1,5 Meilen) lange steile Abstieg auf dem Grandview Trail. Wieder oben angekommen, macht man Pause und beobachtet den Flug der Vögel über dem Abgrund.

Am dritten Tag wird der Rucksack für den Bright Angel Trail gepackt. Er führt im Schatten von Pinyonkiefern vorbei an der hellgrünen Oase Indian Garden bis auf den Grund des Canyons. Die Abbruchkante oben zeichnet sich nur noch schemenhaft ab. Nun wandert man bis zur rustikalen Phantom Ranch und versinkt in einen tiefen Schlaf.

An Tag vier geht's denselben Weg zurück. Am fünften Tag darf man sich auf einem halbtägigen Maultierritt zum Aussichtspunkt Abyss erholen. Zum Abschluss gönnt man sich einige Cocktails in der gemütlichen Lounge von El Tovar.

Mark Read

Grand Teton National Park

*Yellowstones weniger
bekannter südlicher Nachbar
ist eine hoch gelegene
Sensation mit Gipfeln, Wiesen
und Pfaden, die einen traumhaften Ausblick und herrliche
Ruhe bieten.*

Grand Teton ist kein „Durchfahrpark", in dem man die Highlights erlebt, ohne sich mehr als hundert Schritte vom Auto zu entfernen, auch wenn das Schutzgebiet Panoramastraßen hat. Es ist geschaffen zum Wandern auf schwierigen Pfaden zu schroffen Gipfeln und jadegrünen Gebirgsseen. Besucher können außerdem auf dem aufgewühlten Jackson Lake umherpaddeln, Raftingtouren auf dem gewundenen Snake River unternehmen oder sich auf eine Wiese setzen und beobachten, wie Gabelböcke und Bisons im Nachmittagslicht grasen. Kurzum: Die Berge und Täler von Grand Teton bieten einen unvergesslichen Trip.

Herzstück des Parks ist die hoch aufragende Teton Range. Französische Pelzjäger nannten die drei Hauptgipfel *les trois tétons* – „die drei Brüste", wobei man sich fragt, welches medusenähnliche Geschöpf derart gezackte Busen hat. Im Zuge einer touristisch ausgerichteten Entwicklung in den frühen 1900ern schossen in Jackson Hole Tankstellen, Tanzlokale und Pferderennbahnen aus dem Boden. John D. Rockefeller Jr., der Erbe von Standard Oil, war besorgt aufgrund der Zerstörung der Landschaft und kaufte hier insgeheim Grundstücke auf, die er zum Nationalpark machen wollte. Als dies der Öffentlichkeit zu Ohren kam, gab es heftige Proteste, da man den Verlust von Steuereinnahmen befürchtete. Obwohl der Park 1929 gegründet wurde, mussten über 50 Jahre vergehen und im Kongress viele Gesetze verabschiedet werden, bis er seine heutigen Grenzen erhielt.

Das Gelände ist äußerst vielgestaltig und die Teton Range, die an die Berge aus *Der Herr der Ringe* erinnert, ragt unvermittelt aus dem Tal empor. An einem einzigen Tag kann man in einem Gletschersee baden, durch feuchte Nadelwälder wandern, unter

Pappeln an den Ufern ruhiger Flüsse picknicken und im Tal an einer flachen Wiese vorbeifahren. Abends genießt man den Blick in den Sternenhimmel oder gönnt sich in Jackson ein Bisonsteak.

⬆ Ranger bieten vor allem im Sommer viele Aktivitäten an. Vorherige Seite: Ausritt durch Beifußdickicht.

➡ Der John-Moulton-Stall.

Anreisen

☼ Wann?
Obwohl der Park ganzjährig geöffnet ist, kommen die meisten Besucher im Sommer, wenn die Wildblumen blühen und angenehme Temperaturen (knapp über 20 °C) herrschen. Doch der Winter ist trotz schneebedingter Sperrung mancher Straßen ebenfalls großartig.

🧭 Wie?
Grand Teton liegt gleich außerhalb von Jackson in der nordwestlichen Ecke von Wyoming. Der Jackson Hole Airport ist der einzige Flughafen der USA innerhalb eines Nationalparks. Für den Besuch des Schutzgebietes braucht man unbedingt ein Auto.

Park in Zahlen

1256
Fläche (km²)

4197
Höchster Punkt: Grand Teton (m)

4,4
Durchschnittlicher Schneefall (m)

◄ Der Snake River befindet sich im Westen des Parks. Raftingtouren zur Erkundung von Grand Teton sind sehr beliebt (Genehmigung nötig, zudem fallen Gebühren an).

Zelt oder Hotel?

Jenny Lake Campground
Im Sommer warten Besucher bereits um 6 Uhr darauf, einen der Zeltplätze zu ergattern. So früh aufzustehen lohnt sich, da der Jenny Lake Campground über eine zentrale Lage am See unter immergrünen Bäumen verfügt. Es gibt 51 Plätze ohne Duschen oder Geschirrspülmöglichkeiten. Kein Luxuscamping, aber das macht gerade den Reiz aus.

Jenny Lake Lodge
Die teuren, aber überaus beliebten komfortablen Blockhütten dieses rustikal-vornehmen Resorts sind oft schon ein Jahr im Voraus ausgebucht und bereits seit den 1920ern mit handgemachten Stepp-decken ausgestattet. Das Frühstück, ein fünfgängiges Abendessen sowie Aktivitäten wie Ausritte und Radtouren sind im Preis inbegriffen.

Jackson Lake Lodge
Auf einer Klippe über dem Jackson Lake befindet sich diese eher für ihre Aussicht als für ihre Unterkünfte bekannte Lodge. Die Standarddräume sind etwas in die Jahre gekommen, aber die teureren Zimmer bieten einen traumhaften Blick auf die Teton Range. In der Bar kann man dabei zusehen, wie die Sonne hinter den Bergen untergeht. Zudem gibt's einen Spielplatz und einen Pool, der ein gutes Stück wärmer ist als der eisige Jackson Lake.

Raus und los

Rafting
Bei einer Tour auf dem Snake River, der sich durchs Tal windet, beobachtet man Biber und Otter, während über einem Adler und Fischadler kreisen. Am Ufer zeigen sich mitunter grasende Gabelböcke und Elche. Mehrere Veranstalter bieten solche ruhigen, entspannten Raftingtrips an, die nicht durch Wildwasser führen und einer Strecke etwa 16 km folgen.

Bootfahren
Im Sommer verkehren alle zehn bis 15 Minuten Shuttleboote zwischen dem Jenny Lake Visitor Center und dem Fuß des Mt. Teewinot. Am Westufer des Sees unternimmt man eine kurze, aber malerische Wanderung zu den Hidden Falls. Darüber hinaus wird dreimal täglich eine einstündige Fahrt über das glasklare Wasser angeboten.

Radfahren
Es gibt einen neuen, autofreien Mehrzweckpfad von Jackson zum Jenny Lake, der parallel zu den Hauptstraßen verläuft. In Moose kann man ein Fahrrad leihen und durchs Tal düsen. Vor allem frühmorgens bestehen gute Chancen, grasende Elche zu erspähen. In Jackson stärkt man sich mit einem Cowboymahl wie Bisonburger oder Elchsteak, bevor es wieder zurückgeht.

Nicht verpassen

Grand Teton hat zwei Ökosysteme: die Berge und das Tal. Den Talgrund bedecken silbrige Salbeisträucher, die bevorzugte Nahrung von Gabelböcken und Hirschen. An den Flussufern spenden Pappeln und Weiden Schatten, während Otter umhertollen und Elche zur Tränke kommen. Die niedrigeren, kühlen Berghänge sind mit Koniferen bewachsen, deren Zweige unzähligen Singvögeln Unterschlupf bieten. In höheren Lagen flitzen Murmeltiere und Pfeifhasen über nackte Felsgipfel.

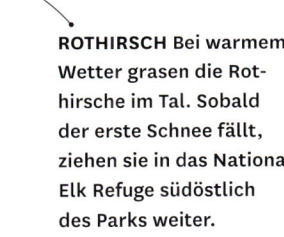

GELBBAUCHMURMELTIERE
Die niedlichen Tiere ähneln Bibern, haben aber keinen abgeflachten, breiten Schwanz. Sie sind echte Publikumslieblinge und oft an den höheren Hängen der Teton Range zu sehen.

BUCKELBEEREN Ab dem Spätsommer reifen die Buckelbeeren an dornigen Zweigen. Sie sehen wie größere glänzende Blaubeeren aus und erfreuen sich bei Mensch und Bär gleichermaßen großer Beliebtheit.

ROTHIRSCH Bei warmem Wetter grasen die Rothirsche im Tal. Sobald der erste Schnee fällt, ziehen sie in das National Elk Refuge südöstlich des Parks weiter.

Wandern

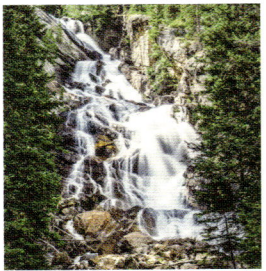

01 Surprise Lake & Amphitheater Lake
Die anspruchsvolle 15,5 km (9,6 Meilen) lange Rundwanderung führt in Serpentinen auf der mit Wildblumen übersäten Flanke des Disappointment Peak zu zwei kühlen Bergoasen.

02 Lake Solitude
Auf dem 24 km (15 Meilen) langen Rundweg folgt man dem Cascade Creek im Cascade Canyon durch Nadelwald, passiert Wiesen mit Blauen Bergglöckchen und erreicht schließlich den tiefgrünen Lake Solitude.

03 Hidden Falls
Diese beliebte 2,4 km (1,5 Meilen) lange Familienwanderung beginnt an der westlichen Anlegestelle des Shuttlebootes auf dem Jenny Lake. Das Ziel sind die 61 m hohen malerischen Hidden Falls.

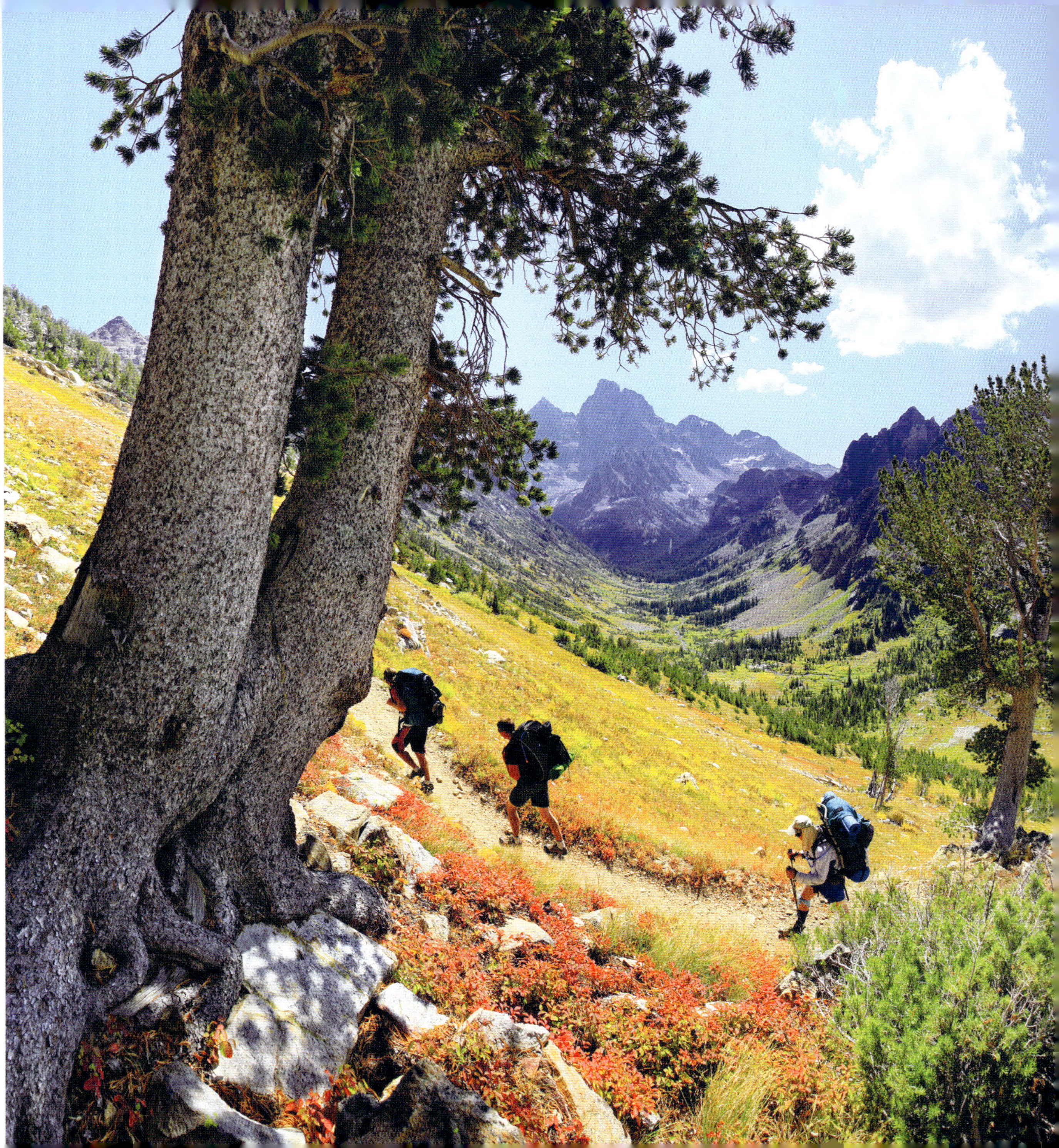

Getty Images | Ferran Traite Soler; Johnathan Ampersand Esper; David Epperson

Tourentipps

Den Snake River flussabwärts raften, auf dem ruhigen Jenny Lake Boot fahren oder im Hochgebirge zum Surprise Lake und zum Amphitheater Lake wandern. Fernglas und Kamera dürfen bei der Vogelbeobachtung nicht fehlen.

 Die Hidden Falls und Wanderer im Grand Teton National Park.
➡ Mit dem Fahrrad den Park erkunden.

01

Ein Tag

Schon frühmorgens geht's von Jackson aus in den Park. Wenn die ersten Sonnenstrahlen den Talgrund erreichen, hält man Ausschau nach grasenden Elchen und Rothirschen. Das Morgenlicht eignet sich wunderbar, um Fotos der verfallenden Ställe von Mormon Row, einer kleinen Mormonensiedlung der späten 1800er, im Südosten des Schutzgebietes zu schießen. Während es immer wärmer wird, wandert man zum Jenny Lake, fährt mit einem Boot auf dem spiegelglatten See umher und macht Schnappschüsse der schroffen Teton Range. Am Westufer des Sees lockt eine 2,4 km (1,2 Meilen) lange Wanderung zu den tosenden Hidden Falls. Nachmittags paddelt man in Ufernähe auf dem Jackson Lake. Das Fernglas nicht vergessen: Hier kann man sehr gut Vögel beobachten. Nach so viel Action gibt's ein Abendessen im Freien bei Dornan's in Moose, wo auf offenem Feuer Kartoffelpüree, Maiskolben, Rindfleisch, geschwärzter Fisch und etliches mehr zubereitet wird, das man an Picknicktischen unter dem Sternenhimmel genießt.

02

Zwei Tage

Beim zweitägigen Programm erwacht man im Zelt (oder in der Lodge, falls man das Glück hatte, ein Zimmer zu ergattern) und nimmt das erste Shuttleboot über den Jenny Lake, um den Menschenscharen auf dem Trail im Cascade Canyon zuvorzukommen. Die nächsten sechs bis sieben Stunden geht's durch moosbedeckte Wälder, vorbei an strandähnlichen Flussufern und über idyllische Bergwiesen, bis man den eiskalten Lake Solitude erreicht. Um im Mural Room der Jackson Lake Lodge ein Abendessen samt tollem Ausblick zu genießen, muss man rechtzeitig zurückkehren. Am nächsten Morgen unternimmt man eine vorab gebuchte Raftingtour auf dem Snake River und verbringt den Tag dahintreibend unter dem endlosen Himmel. Danach gibt's ein Abendessen im Freien bei Dornan's in Moose oder Würstchen vom offenen Feuer. Gegen Mitternacht bestaunt man den sternenübersäten Himmel. Im Morgengrauen kann man die grasenden Tiere im Tal fotografieren – die beste Zeit, um sie in Action zu erleben.

03

Vier Tage

Tag eins beginnt mit einer anstrengenden Tour: der 16 km (10 Meilen) langen Rundwanderung zum Surprise Lake und zum Amphitheater Lake. Es geht bis auf 3048 m hoch, wo Schnee das eisige türkisfarbene Wasser umgibt und sich Murmeltiere sowie Pfeifhasen tummeln. Abends gibt's in der Jenny Lake Lodge Wapitihirsch mit Buckelbeeren, bevor man in einen tiefen, traumlosen Schlaf versinkt. Am zweiten Tag stehen eine Kanufahrt auf dem Jenny Lake und einige Kurztrips auf der Westseite des Parks an. An Tag drei radelt man nach Jackson, vorbei an Wiesen mit grasenden Kühen und den majestätischen Bergen als malerische Kulisse. Abends lässt man sich im Snake River Grill verwöhnen, wo Forelle in Maismehlkruste und Wild auf koreanische Art in einem schicken Speisesaal serviert werden. Am letzten Tag unternimmt man vormittags einen Ausritt ab Colter Bay, während sich nachmittags ein Abstecher ins Laurance S. Rockefeller Preserve, dem einstigen Landsitz der Familie Rockefeller, lohnt, um Tiere zu beobachten.

25

Great Basin National Park

Ein gewaltiger Gipfel ragt in den Sternenimmel Zentralnevadas, umgeben von uralten Bäumen, einzigartigen Höhlen, einem gefährdeten Gletscher und fantastischen Felsbogen.

Keine 483 km von Las Vegas entfernt, ist dieser Park praktisch frei von Lichtverschmutzung. Er bietet einen spektakulären Blick auf den Nachthimmel, wo fünf der acht Planeten unseres Sonnensystems oft mit bloßem Auge erkennbar sind.

Das Schutzgebiet im White Pine County von Nevada liegt fast 1600 m über Meereshöhe, was die gute Sicht auf den Himmel noch verstärkt. Die Snake Range erreicht ihre höchste Erhebung im Wheeler Peak, einem vom Eis in vielen Jahrtausenden geformten Gipfel mit einem Gletscher, durchsetzt von Mondmilch- und Gipsablagerungen. Hier befanden sich die Jagdgründe der Fremontindianer und später die der Schoschonen. Der Park erstreckt sich entlang dem California Trail, über den zahlreiche Planwagen rollten, als sich der Goldrausch 1848 von der Westküste aus in Windeseile verbreitete. Der mächtige Wheeler Peak überragt eine Vielzahl von Naturhighlights, die in diesem außergewöhnlichen, nach den zahlreichen *basins* (Täler) in der Gegend benannten Park vorkommen. Besucher können Felsbogen, tausend Jahre alten Felsmalerein und uralte Nadelbäumen bewundern.

Die Entdeckung der größten Attraktion ist Absalom Lehman zu verdanken, einem wandernden Bergmann und gelegentlichen Rancher, der in den frühen 1880ern auf eine große marmorne unterirdische Kammer stieß. In den Lehman Caves, die sich unterirdisch in eine Flanke der Snake Range bohren, erwarten einen Stalaktiten, Stalagmiten und seltene Speläothemen.

Der Höhle verdankt die Region die ersten Schutzmaßnahmen. US-Präsident Warren R. Harding erklärte sie 1922 zum Lehman Caves National Monument und 1986 wurde die Umgebung zum Nationalpark ernannt.

Anreisen

Wann?
Der Park ist ganzjährig geöffnet. In den Lehman Caves herrschen konstant 10 °C. Wanderer kommen am besten im Sommer. Der Winter bietet tolle Langlaufbedingungen. Es gibt nur einen durchgehend geöffneten Campingplatz.

Wie?
Great Basin liegt 467 km (290 Meilen) nördlich von Las Vegas und 402 km (250 Meilen) südlich von Salt Lake City in Nevada, unweit der Grenze zu Utah. Das Visitor Center befindet sich im Osten des Parks, der über die I-15 und den US 50 Highway leicht zu erreichen ist. Im Park gibt's keine öffentlichen Verkehrsmittel.

Park in Zahlen

313
Fläche (km²)

3982
Höhe des Wheeler Peak (m)

4900
Alter von „Prometheus", einer 1964 gefällten Langlebigen Grannen-Kiefer (Jahre)

Zelt oder Hotel?

Lower Lehman Creek
Passend zu einem für seinen Nachthimmel berühmten Ort sollte man im Freien unter den Sternen übernachten. Von den fünf Campingplätzen des Parks ist nur dieser ganzjährig geöffnet. Er verfügt über Plumpsklos, Picknicktische, Zeltmatten sowie Feuerstellen und das namensgebende Flüsschen fließt durch das Grundstück.

Wheeler Peak
Hier kann es kühl werden, denn der höchstgelegene Campingplatz des Parks befindet sich auf 3013 m. Je nach Wetter öffnet er von Mai bis Oktober.

Es gilt das Prinzip „wer zuerst kommt, mahlt zuerst". Großartig zum Zelten, aber für ausladende Wohnmobile zu eng. Der Ausblick ist toll und in der Nähe verlaufen die Pfade zum Gipfel.

Campen im Hinterland
Nach Ausschalten der Stromgeneratoren hüllt eine friedvolle Dunkelheit den einfachen Platz an der Snake Creek Road ein und man scheint das gesamte Universum über dem schemenhaften Wheeler Peak bestaunen zu können. Abgesehen von Picknicktischen, Feuerstellen und einer grandiosen Aussicht gibt's hier kaum etwas.

Raus und los

Sterne beobachten
Oft sieht man mit bloßem Auge ganze fünf Planeten sowie das Andromeda-Sternbild, die Milchstraße und Meteoritenregen. Zudem warten auf Besucher etliche nächtliche Abenteuer: ein Ausflug im Freien mit einem Laser schwingenden Ranger oder – bei Vollmond – eine geführte Wanderung.

Höhlen erkunden
Die Lehman Caves sind eine kolossale Marmorhöhle mit Stalaktiten, Stalagmiten, Heliktiten, Sinterdecken, Höhlenperlen und über 300 seltenen Formationen. Zur Auswahl stehen die einstündige Lodge Tour und die etwas anspruchsvollere 90-minütige Grand Palace Tour, die u. a. zum berühmten Parachute Shield führt.

Angeln & Essbares sammeln
Bachsaiblinge sowie Regenbogen-, See- und Cutthroat-Forellen tummeln sich in Parkgewässern wie dem Lehman Creek und dem Baker Creek. Im Herbst kann man köstliche Pinienkerne sammeln, die jahrhundertelang zur Nahrung der Indianer zählten (wer sich nicht sicher ist, was er in seinem Korb hat, sollte einen Ranger fragen).

← Langlebige Grannenkiefer im Wheeler Peak Grove. Sie zählt zu den weltweit ältesten lebenden Organismen.
→ Espen im Lehman Valley.

Wandern

01 Sky Islands Forest Trail
Ein angenehmer 0,6 km (0,4 Meilen) kurzer Pfad führt durch hochalpinen Nadelwald mit Tafeln, auf denen erklärt wird, warum diese Region so einmalig ist.

02 Bristlecone & Glacier Trail
Wegen der globalen Erwärmung könnte der Gletscher in 20 Jahren weggeschmolzen sein. Deshalb sollte man ihn auf diesem 7,4 km (4,6 Meilen) langen Weg erkunden, solange es noch möglich ist. In der Nähe wachsen uralte Grannenkiefern.

03 Wheelerpeak Summit Trail
Auf diesem Weg erreicht man den höchsten Gipfel der Snake Range. Die 13,8 km (8,6 Meilen) lange Route startet am Summit-Trail-Parkplatz und folgt dem Höhenrücken.

Nicht verpassen

Dies ist ein Ort, wo sich Wüste und Berge inmitten einer weitgehend unverdorbenen Wildnis begegnen, deshalb gibt's hier ein überaus reiches Ökosystem. Mit den Langlebigen Grannenkiefern sind im Park einige der ältesten lebenden Organismen sowie weitere 800 Pflanzenarten heimisch. Die Bandbreite der Säugetiere reicht von Pumas bis zu Erdhörnchen. Schlangen gleiten an Kaktusfeigen vorbei, zudem fliegen Vögel wie Kiefernhäher umher und sammeln Pinienkerne.

LANGLEBIGE GRANNENKIEFER Diese Art kann Tausende Jahre leben. Das älteste je nachgewiesene nicht klonale Exemplar war eine in der Nähe des Wheeler Peak gefällte Langlebige Grannenkiefer, die 4900 Jahre auf dem Buckel hatte.

MILCHSTRASSE Am Himmel über dem Park leuchtet die Milchstraße besonders hell. Mit ihren 100 bis 400 Mrd. Sternen erscheint sie wie ein milchigweißer Streifen am Himmel.

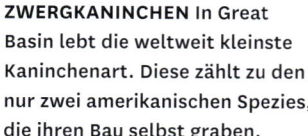

ZWERGKANINCHEN In Great Basin lebt die weltweit kleinste Kaninchenart. Diese zählt zu den nur zwei amerikanischen Spezies, die ihren Bau selbst graben.

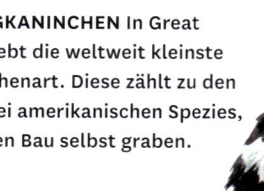

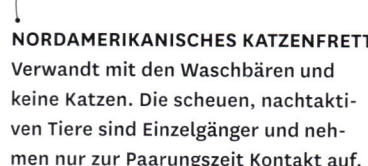

NORDAMERIKANISCHES KATZENFRETT Verwandt mit den Waschbären und keine Katzen. Die scheuen, nachtaktiven Tiere sind Einzelgänger und nehmen nur zur Paarungszeit Kontakt auf.

Tourentipps

An einer geführten Tour durch die Lehman Caves teilnehmen, auf den imposanten Wheeler Peak wandern oder das Hinterland entlang des Baker Lake Loop Trail erkunden.

 Der Wheeler Peak Scenic Drive (19 km bzw. 12 Meilen) führt durch eine malerische Landschaft.

 In den Lehman Caves finden sich Hunderte Felsformationen.

01

Halber Tag

Wer auf der I-15 zwischen Salt Lake City und Las Vegas reist und die eintönige Reise auf dem Freeway für eine Nacht im Motel und einen aktiven Nachmittag unterbrechen möchte, sollte dem Great Basin National Park einen Besuch abstatten.

Zunächst geht's ins Visitor Center, wo man sich gründlich umschaut. Anschließend steht eine 90-minütige geführte Tour durch die Lehman Caves auf dem Programm. Hier kann man die Größe des Grand Palace und die jahrhundertealten Inschriften an den Wänden des Inscription Room bestaunen.

Wieder im Freien, folgt man dem Wheeler Peak Scenic Drive 19,3 km (12 Meilen) und genießt unterwegs den grandiosen Blick auf die Berge sowie die umliegenden Täler.

Am Ende der Straße stellt man sein Auto auf dem Bristlecone-Parkplatz ab, um sich die Beine auf einer 0,4 km (0,25 Meilen) kurzen Wanderung durch hochalpinen Nadelwald auf dem Sky Island Forest Trail zu vertreten. Anschließend wird die Fahrt fortgesetzt.

02

Über Nacht

Kurz nach Tagesanbruch stellt man den Wagen auf dem Summit-Trail-Parkplatz ab und folgt der 13,8 km (8,6 Meilen) langen Strecke auf den Wheeler Peak. Wer früh startet, verringert das Risiko, von einem der plötzlichen Unwetter überrascht zu werden. Der Pfad führt über den Höhenzug, und sobald man oben auf dem Gipfel steht, fühlt man sich, als habe man sich den herrlichen Ausblick redlich verdient.

Gestärkt durch die landschaftliche Schönheit erkundet man den Bristlecone Pine Trail, der zu den ältesten Bäumen der Welt führt. Einige der Grannenkiefern haben schon mehrere Tausend Jahre auf dem Buckel. Nicht verpassen sollte man außerdem Nevadas einzigen Gletscher, der schon in einigen Jahrzehnten verschwunden sein könnte.

Nachdem man wieder zurück am Fuß des Berges ist und auch die berühmte Höhle besichtigt hat, ist es Zeit, das Zelt aufzuschlagen und den Sonnenuntergang an einem wolkenlosen Himmel zu bewundern. Danach lohnt sich eine nächtliche Rangertour.

03

Drei oder mehr Tage

Vom Basislager im Herzen des Parks bieten sich etliche Abenteuer an. Am ersten Tag macht man sich mit dem Schutzgebiet vertraut, indem man dem Mountain View Natural Trail folgt und den Duft von Kiefern sowie Wacholder einatmet. Außerdem geht's für weitere Informationen über die Gegend ins Visitor Center.

Auf der To-do-Liste stehen außerdem die Besteigung des Wheeler Peak, ein Abstecher zu den Langlebigen Grannenkiefern und dem Gletscher sowie die unterirdische Erkundung der Lehman Caves. Darüber hinaus lohnt es sich, das freigelegte Fremont Indian Village der Baker Archaeological Site aufzusuchen, die uralte Felskunst in der Pictograph Cave zu entdecken und zum Lexington Arch am Südende des Parks zu wandern.

Das größte Abenteuer verspricht jedoch ein Trip durchs Hinterland auf dem Baker Lake/Johnson Lake Loop Trail. Dabei sollte man ein leichtes Zelt mitführen und auf der 21 km (13 Meilen) langen Strecke ganz primitiv campen. Hier ist man dann allein mit den Sternen – in der Tat eine himmlische Erfahrung.

2.6

CO

Great Sand Dunes National Park

Dieses Sandmeer vor der Kulisse schneebedeckter Gipfel ist keine optische Täuschung, sondern wunderbare surreale Natur.

W enn man eine Weile durch das weite San Luis Valley fährt und dann diese gleißende Saharalandschaft auftaucht, meint man, eine Fata Morgana zu sehen. Die Sanddünen erstrecken sich auf über 78 km² zwischen den Bergen der Sangre de Cristo Range und topfebenen Feuchtgebieten. Optische Täuschungen betören den Besucher. Der stetige Wind ist am Werk wie ein unentschlossener Bildhauer, der unablässig elegante Wellen schafft und wieder zerstört. Zwischen den Dünen verliert man jeden Sinn für Proportionen – die größte Düne erhebt sich 213 m hoch. Anhaltspunkte für Entfernungen bieten einzig die ameisengroßen Wanderer auf fernen Dünen.

Die Great Sand Dunes sind ein Tummelplatz für Eltern und Kinder, die auf Poporutschern oder Sandboards die Dünen runtergleiten, Burgen bauen, sich eingraben oder einfach unbändigen Spaß haben. Hält man ein Sandkorn unter eine Lupe, so entdeckt man ein breites Spektrum an Größen und Farben: Die Körner bestehen aus 29 verschiedenen Gesteinen und Mineralien, von Obsidian und Schwefel bis zu Amethyst und Türkis.

Woher kommt aber der Sand und wieso lagert er sich hier ab? Die Antwort liefern die einzigartige geologische Beschaffenheit und die meteorologischen Bedingungen des San Luis Valley. Über Jahrmillionen hinweg führten Flüsse, Schmelzwasser und Sturzfluten Sand und Schlamm aus den San Juan Mountains fast 100 km hinaus ins Talbecken. Allmählich trugen die vorwiegend südwestlichen Winde den Sand in diesen natürlichen Talkessel am Südende der Sangre de Cristo Range. Weil aus den östlichen Bergketten häufig kräftige, entgegengesetzte Winde wehten, entstanden Sandverwehungen, die im Laufe der Zeit zu den höchsten Dünen Nordamerikas anwuchsen.

Getty Images | Witold Skrypczak

Anreisen

☼ Wann?
Beste Besuchszeit sind Spätfrühling und Frühherbst, wenn es angenehm warm ist. (Im Sommer erhitzt sich der Sand tagsüber auf 60 °C.) Auch bei Vollmond ist es hier sehr schön. Der Campingplatz öffnet von Mai bis Mitte November.

◈ Wie?
Colorados Great Sand Dunes National Park liegt 53 km (33 Meilen) nordöstlich von Alamosa und 386 km (240 Meilen) südlich von Denver (mit einem internationale Flughafen) entfernt. Man braucht ein Auto, da es keine öffentlichen Verkehrsmittel gibt.

Park in Zahlen

342
Fläche (km²)

66/-7 °C
Höchst- und Tiefsttemperatur auf den Dünen

229
Höchste Düne (m)

Zelt oder Hotel?

 Pinyon Flats Campground
Der offizielle Campingplatz des Parks befindet sich in bester Lage unweit der Dünen. Nachdem man das Zelt aufgeschlagen hat, versammelt man sich ums Lagerfeuer. Der klare Nachthimmel über dem Tal lädt zum Sternegucken ein.

 Zapata Ranch
Das exklusive Naturreservat zieht viele Pferdefreunde an, denn inmitten von Pappelhainen liegt diese Ranch für Rinder und Bisons. Besitzer und Betreiber des Hauptgasthofes, einer renovierten Blockhütte aus dem 19. Jh. mit tollem Blick auf die Dünen, ist der Nature Conservacy.

 Orient Mine & Valley View Hot Springs
Wenig bekanntes Thermalresort mit Stellplätzen und erschwinglichen Hütten – ein magischer Ort, der sich an die Ausläufer der Sangre de Cristo Range schmiegt. Das Thermalwasser fließt bergab durch natürliche Pools in eine von Colorados schönsten heißen Quellen. Badekleidung ist nicht zwingend. Die Ferienanlage befindet sich 106 km (66 Meilen) von den Sand Dunes entfernt.

Raus und los

 Sandrodeln
Während man ihn die Düne hinaufschleppt, erscheint der schwere Holzschlitten als schlechter Witz. Doch das Vergnügen beim Runtersausen lohnt jede Mühe. Beste Bedingungen herrschen nach Regenschauern. Sandboards kann man am Rand des Parks ausleihen.

Schlauchreiten
Das Schmelzwasser des Medano Creek stammt von den Hängen der Sangre de Cristo Range. Manchmal kann man sich mit einem Schlauch auf dem Creek an den Sanddünen vorbeitreiben lassen. Ende Mai oder Anfang Juni ist der Wasserpegel am höchsten. Es entstehen Badebuchten, die bei Familien beliebt sind.

Tiere beobachten
Im Alamosa National Wildlife Refuge leben Adler, Wapitis und Kojoten. Im Frühling und Herbst sollte man nach den wandernden Kanadakranichen Ausschau halten. Die Tiere sind frühmorgens oder bei Sonnenuntergang am aktivsten. Hinzu kommt ohrenbetäubendes Vogelgezwitscher. Von Alamosa sind es 5 km (3 Meilen) bis hierher.

◄ Wer rauf will, muss auch runter. Sanddünenklettern im Great Sand Dunes National Park. Vorherige Seite: Dünen und die Bergkette Sangre de Cristo.

Nicht verpassen

Die Sanddünen liegen inmitten einer vielfältigen Landschaft, die sich aus Grasland, Sümpfen, Nadel- und Espenwäldern, Bergseen und Tundra zusammensetzt. Extreme Temperaturschwankungen prägen die einzigartige Hochebenen-Wüstenlandschaft. Niederschläge sorgen für konstante Feuchtigkeit, wodurch manche Tiere, darunter Känguru-ratten und einige Käferarten, im Sand überleben können. Forscher schätzen das Alter der Dünen auf etwa 500 000 Jahre.

RIO-GRANDE-CUTTHROAT-FORELLE Diese einheimische Forellenart mit leuchtendem Bauchstreifen überlebt im Medano Creek, weil exotische Fische nicht in dieses geschlossene Abflusssystem eindringen können.

WANDERFALKE Die geschützte und einst bedrohte Falkenart ist der weltweit schnellste Vogel. Er nistet in Felsklippen und jagt über dem Grasland nach Beute.

ROCKY-MOUNTAIN-SPINNENBLUME Während feuchter Sommer zieht die pinkfarbene Wildblume verschiedene Bestäuber an. Wegen des intensiven üblen Geruchs wird sie auch „Skunkweed" genannt.

Wandern

O1 Great Sand Dunes

Obwohl durch die ausgedehnten Dünen keine Pfade führen, sind sie das Highlight des Parks. Es ist mühsam, sie zu besteigen. Man kann es aber mit der High Dune versuchen, einer 4 km (2,5 Meilen) langen Wanderung hin und zurück mit tollem Fernblick.

O2 Mosca Pass Trail

Hin und zurück sind es 11 km (7 Meilen) auf dem mittelschweren Pfad, der über Wiesen und durch Espenhaine entlang des Mosca Creek aufwärts in die Sangre de Cristo Wilderness führt.

O3 Zapata Falls

Der nur 800 m (0,5 Meilen) lange familienfreundliche Pfad verläuft durch knöcheltiefes, eiskaltes Wasser und über glitschige Felsen zum Ausgang eines Slot Canyon.

◀ Maultierhirsch und Sonnen-
blumen im Nationalpark.
➡ Auf einem Sandboard
geht's die Düne runter.

Tourentipps

Man kann die Dünen raufklettern und wieder runterrodeln oder sich auf den Furcht einflößenden Blanca Peak wagen. Den Adrenalinpegel senkt ein Bad im Mosca Creek oder man entspannt in den dampfenden Valley View Hot Springs.

01

Ein Tag

Zuallererst reichlich Sonnencreme, Sonnenhut und viel Wasser mitnehmen. Wer im Sommer schon früh zu den Dünen aufbricht, entgeht der Hitze und den Nachmittagsgewittern. Geschlossene Schuhe schützen besser vor dem heißen Sand und geben festeren Halt als Sandalen. Auf den Dünen kann man in jede Richtung wandern; es gibt keine Pfade oder Hindernisse. Feste Bezugspunkte, ferne Gipfel etwa, helfen bei der Orientierung. Wer einen Schlitten mitnimmt, hat Spaß, solange er ihn wieder raufziehen kann. Wer es anspruchsvoller mag, bricht zur High Dune und Star Dune – mit 229 m die höchste Düne des Parks – auf.

Mittags rastet man im Picknickbereich am Mosca Creek, in dem man auch die Füße abkühlen kann. Im Frühsommer reicht der Wasserstand zum Schlauchreiten. Nachmittags kann man die anderen Facetten des Parks erkunden, denn die Dünen machen weniger als die Hälfte seiner Fläche aus. Man fährt 16 km (10 Meilen) südwärts und läuft auf einem kurzen Pfad zu den Zapata Falls.

02

Ein Wochenende

Der erste Tag ist den Dünen vorbehalten. Wer im Pinyon Flats Campground übernachtet, kann sie zudem bei Mondschein fotografieren. Es lohnt sich, auch nach nächtlichen Wanderern wie Kängururatten, Kröten, Kojoten, Rotluchsen und Eulen Ausschau zu halten.

Am zweiten Tag geht's weiter hinaus. Die Tour zu den Zapata Falls lässt sich bis zum South Zapata Lake (13 km bzw. 8 Meilen hin & zurück) fortsetzen, wo man sich nach Murmeltieren und Pfeifhasen umguckt. Der Blanca Peak (4372 m), der Gipfel, der die Kulisse der Sanddünen bildet, bleibt für die meisten ein Fotomotiv, erfahrene Wanderer werden ihn aber besteigen wollen. Vom Lake Como ist es eine ganztägige Tour, zu der man früh starten muss. Es sind hin und zurück 17,7 km (11 Meilen) und 1189 m Höhenunterschied zu bewältigen. Um zum Ausgangspunkt zu gelangen, braucht man ein Allradfahrzeug.

Den krönenden Abschluss bilden die nahen Valley View Hot Springs, wo man in natürlichen Felsbecken die müden Glieder entspannt.

27

NC
TN

Great Smoky Mountains National Park

Nebelverhangene Gipfel, be-mooste Wälder: Im Gegensatz zu den dramatischen Rockies strahlen die erdgeschichtlich uralten Appalachen eine geheimnisvolle Atmosphäre aus.

Getty Images | Sean Pavone

So etwas gibt's nur hier: Einen Himmel, der sich von Tiefschwarz zu Lavendelblau verfärbt, während rosafarbene Wolken über die zerfurchte bis zum Horizont reichende Bergkette hinwegziehen. Vom nebelumhüllten Clingman's Dome, der fotogenen Geisterstadt Cades Cove bis zum Rauschen Dutzender silbriger Wasserfälle – etwas zutiefst Magisches erfüllt die Berge.

Diesen Zauber erlebt man beim Wandern, beim Übernachten auf entlegenen Campingplätzen, beim kühlen Bad in den Schwimmlöchern und beim Fahren auf holprigen Nebenstraßen.

Die Cherokee, die hier seit Jahrtausenden lebten, wurden in den 1830ern durch einen Erlass von Präsident Jackson zwangsumgesiedelt und zogen auf dem Trail of Tears (Pfad der Tränen) nach Oklahoma. Einige widersetzten sich jedoch und versteckten sich in den Wäldern des heutigen Parks. Nachfahren dieser Rebellen leben heute noch außerhalb des Parks im Qualla-Boundary-Gebiet.

Weiße Siedler traten im frühen 19. Jh. auf den Plan, bauten Gehöfte und Bahnlinien und fällten Bäume in den unberührten Wäldern. Aus Sorge darüber, der Kahlschlag könnte die Landschaft zerstören, schlossen sich Privatleute, die US-Regierung und John D. Rockefeller Jr., der Erbe von Standard Oil, zusammen, erwarben hier in den 1920ern Grundstücke und zwangen die ansässigen Siedler zur Räumung.

Dank einer Zuwendung der Familie Rockefeller, die in einer Klausel im Originalvertrag festgehalten ist, muss man für das Schutzgebiet keinen Eintritt bezahlen. Dies und die Nähe zu den Großstädten des Ostens machen Great Smoky mit seinen jährlich über 10 Mio. Besucher zum beliebtesten US-Nationalpark überhaupt. Die meisten Besucher entfernen sich aber kaum von ihren Autos, sodass man sich schon wenige Schritte abseits der Straße ganz allein in der märchenhaften Landschaft bewegt.

◀ Die Wassermühle bei Roaring Fork.
⬆ Wandern im Park. Vorherige Seite: Sonnenuntergang bei Newfound Gap.

Anreisen

 Wann?
Der Park ist ganzjährig geöffnet, aber im Sommer überlaufen. Von einer besonders reizvollen Seite zeigt er sich im Herbst. Im Winter können einige Straßen und Einrichtungen gesperrt sein.

Wie?
Die Great Smoky Mountains erstrecken sich über den Osten von Tennessee und den Westen von North Carolina. In Tennessee befindet sich der Haupteingang in der kitschigen Stadt Gatlinburg, in North Carolina bildet Cherokee das Eintrittstor zum Great Smoky. Asheville (Flughafen) ist etwa zwei Autostunden entfernt.

Park in Zahlen

2113
Fläche (km²)

907
Neue hier entdeckte Tier- und Pflanzenarten

78
Erhaltene historische Gebäude

Zelt oder Hotel?

LeConte Lodge
Zweifellos ist die am Mt. Le-Conte gelegene und nur zu Fuß erreichbare Lodge ohne Stromanschluss keine gewöhnliche Unterkunft. Alle Vorräte werden auf dem Rücken von Lamas über den Trilium Gap Trail zu dieser Bleibe befördert. Wanderer essen beim Schein der Petroleumlampe zu Abend, bevor sie friedlich einschlummern.

Cades Cove Campground
Hier herrscht Stimmung! Im Sommer gibt's Rangerprogramme, einen Fahrradverleih, einen Laden sowie einen Reitstall, der Ausritte und

Kutschfahrten anbietet. Weitere Pluspunkte sind 160 schattige Stellplätze und Toiletten mit Spülung. Zudem startet hier der Pfad zu den Abram Falls. Besonders malerisch im Herbst.

Balsam Mountain Campground
Dieser kleine Campingplatz liegt inmitten von Balsamtannen und Amerikanischen Rotfichten. Vom Aussichtspunkt genießt man einen der traumhaftesten Sonnenuntergänge in den Smokies. Weil Stromanschlüsse fehlen, ist es angenehm still, wegen der Höhenlage aber recht kühl. Einen Pulli mitbringen!

Raus und los

Radfahren
Im 19. Jh. wurde das Bergtal Cades Cove von mutigen englischen, walisischen und schottisch-irischen Pionieren besiedelt. Verlassene Mühlen und Gehöfte zeugen davon. In der Hochsaison staut sich der Verkehr auf der 17,7 km (11 Meilen) langen Rundstraße; darum lieber ein Fahrrad leihen oder am Mittwoch- oder Samstagmorgen herkommen, wenn hier autofreie Zone ist.

Ausblick genießen
Der nebelverhangene Clingman's Dome ist mit 2025 m der höchste Gipfel der Smokies. Nach der Autofahrt geht man 0,8 km (0,5 Meilen) bis zu einem Aussichts-

turm, der einer fliegenden Untertasse ähnelt. Bei klarer Sicht schweift der Blick 161 km weit über sieben Bundesstaaten. Es gibt spektakuläre Sonnenuntergänge und zarte rosa- sowie purpurfarbene Wolken. Im Herbst leuchten die Berge golden und rot.

Wasserfälle
In den Höhenlagen fallen 216 cm Regen pro Jahr – ideale Bedingungen für zahllose Wasserfälle. Nahe Cades Cove stürzen die Abram Falls von einem Fels 6 m tief. Hinter dem Wasservorhang der Grotto Falls kann man wandern. Die silbern glitzernden Mingo Falls messen 36,60 m.

Nicht verpassen

Die Smokies besitzen eine derart artenreiche Flora und Fauna, dass sie zum internationalen Biosphärenreservat erklärt wurden. Auf Bergwiesen sprießen im Frühling Waldlilie, Akelei, Veilchen und Silene virginica. Im Sommer blühen Berglorbeer, Rhododendren und Azaleen in Heidelandschaften. Dichte Fichten-, Kiefern- und Hemlocktannenwälder beherbergen eine Fülle an Moosen und Farnen. Überall im Park sind Schwarzbären, Eulen, Bachsaiblinge, Salamander und Hunderte weiterer Tierarten verbreitet.

TRÄNENDES HERZ Wie schon ihr Name nahelegt, erinnern die pink-farbenen Wildblumen an ein Valentinsherz mit einem Tropfen an der Spitze. Man findet sie an Hängen im April und Mai.

LUNGENLOSER SALAMANDER Im Park sind 24 Arten von Salamandern beheimatet, die über die Haut atmen. Sie sind in Bächen und unter feuchten Baumstümpfen und Laubstreu zu sehen.

GELBBIRKE Diese weit verbreiteten Bäume erkennt man an ihrer bronzefarbenen Rinde, die leicht nach Wintergrün riecht. Im Herbst nehmen die Blätter einen flammenden Goldton an.

Ein Wapitibulle während der Brunftzeit.

Wandern

01 **Laurel Falls**
Diese klassische 4,2 km
(2,6 Meilen) lange Rund-
wanderung führt gemäch-
lich durch Eichenwald und
Berglorbeer bergauf zu
einem 24,4 m hohen Was-
serfall mit zwei Becken.

02 **Chimney Tops**
Der 6,4 km (4 Meilen) lange anstrengende Aufstieg
durch Rhododendron-
dickicht und über mehrere
Bäche endet vor zwei Fels-
buckeln aus metamorphem
Gestein, die als „Chimneys"
bekannt sind.

03 **Alum Cave Bluffs**
Alter Waldbestand, der
zerklüftete Überhang des
Arch Rock und eine Fülle an
Heidelbeersträuchern sind
die Highlights des 7,2 km
(4,5 Meilen) langen Auf-
stiegs zum Mt. LeConte.

Tourentipps

Ein Wasserfallparadies: Man kann bei den Laurel Falls nach Schwarzbären Ausschau halten, zu den Abram Falls wandern oder beim Townsend Wye von den Felsen in den Little River springen.

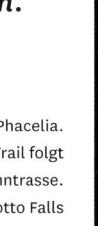

 Purpurfarbene Phacelia. Der Little River Trail folgt einer Bahntrasse.
 Lamas bei den Grotto Falls auf dem Trillium Gap Trail.

01

Ein Tag

Man beschränkt sich auf die Hauptstraße des Parks, die 48 km (30 Meilen) lange Newfund Gap Road, die sich von Cherokee, North Carolina, nach Gatlinburg, Tennessee, durch dichten Wald schlängelt. Von North Carolina kommend, geht's zur Mingus Mill, einer restaurierten Getreidemühle aus dem Jahr 1886, und zur Mountain Farm, einer Ansammlung von Gebäuden des 19. Jhs., die einen Eindruck vom damaligen Alltag auf den Appalachengehöften vermitteln. Vom Aussichtspunkt blickt man auf das Patchworkmuster im Oconaluftee River Valley. Danach nimmt man den Abzweig nach Clingman's Dome und genießt die weite Aussicht. Beim Newfund Gap betritt man Tennessee. Wenige Meilen später folgt der Ausgangspunkt für den Pfad zu den Alum Cave Bluffs. Wer mit einer Tour durch neblige Gebirgslandschaft liebäugelt, startet hier. Bei The Loop führt die Straße durch einen Tunnel. Unweit vom Ausgang auf Tennesseeseite erheben sich die Felsgipfel der Chimney Tops. Der Tag wird mit einem Crêpe im kitschigen Gatlinburg beendet.

02

Zwei Tage

Wie bei der ersten Route geht's der Newfund Gap Road nach, aber kurz vor der Grenze zu Tennessee links auf die Little River Road ab, wo der Pfad zu den Laurel Falls beginnt. Oft entdeckt man im Gebüsch hinter dem 25 m hohen Wasserfall Schwarzbären. Man kann im kühlen Wasserbecken planschen oder ein Stück weiter zu den Townsend-Wye-Schwimmlöchern wandern und dort vom Felsen in den Little River springen. Übernachtet wird inmitten duftender Kiefern auf dem Cades Cove Campground.

Früh am nächsten Morgen fährt (oder radelt) man auf der Cades Cove Road, guckt sich alte Blockhütten an, besichtigt eine Getreidemühle und erklimmt den Hügel mit dem alten Friedhof, der an das Leben in diesem Bergtal im 19. Jh. erinnert. Danach wandert man 8 km (5 Meilen) bis zu den Abram Falls, einer kleinen, aber wilden Kaskade mitten im Wald. Am Abend entspannt man sich auf dem Campingplatz und plaudert mit anderen Reisenden über Wanderungen und Begegnungen mit Bären.

03

Fünf Tage

Tag eins beginnt in Cherokee, wo man Fastfoodläden und Souvenirshops unbeachtet lässt und dafür das erstklassige Museum of the Cherokee Indian besucht. Es vermittelt Interessantes über das Volk, das dieses Gebiet Shaconage („Land des blauen Rauches") nannte. Am zweiten Tag folgt man der Newfund Gap Road, hält an Aussichtspunkten und bei Höhlen und Wasserfällen. An Tag drei geht's auf dem Trillium Gap Trail durch unberührten Tannenwald und vorbei an urzeitlichen Farnen zum Mt. LeConte (die Übernachtung in der beliebten Lodge muss ein Jahr im Voraus gebucht werden – also rechtzeitig planen!). In den Hütten (ohne Stromanschluss) schlummert man schnell ein und steht noch im Dunkeln auf, um den Sonnenaufgang über den nebelverhangenen blauen Bergen zu erleben. Danach steigt man aus den Bergen ab und fährt ins kitschige Gatlinburg. Hier ist an Tag fünf der Besuch einer Brennerei bei Mondschein angesagt, man kann aber auch eine Runde Minigolf spielen oder einen riesigen Pfannkuchen verdrücken.

28

TX

Guadalupe Mountains National Park

Hoch über dem Wüstenboden entfaltet sich die grenzenlose Wildnis der Guadalupe Mountains, eines der bestgehüteten Geheimnisse von Texas.

erge, Wälder und Wüste treffen in dieser rauen Wildnis aufeinander, die trotz ihrer Vielfalt nur wenige Besucher anzieht. Blickt man vom höchsten Gipfel in Texas über die glitzernde Chihuahuan Desert, ist es schwer vorstellbar, dass der Nationalpark kaum bekannt ist. Selbst ein eintägiger Aufenthalt vermittelt schon einen Eindruck von seiner Einmaligkeit. Die offene, mit Kakteen übersäte Wüstenlandschaft geht über in baumbewachsene Canyons, es folgen Bäche mit reichen Forellenbeständen, bevor die windgepeitschte Graslandschaft zerklüfteten Höhenzügen weicht, wo es nach Kiefern duftet.

Verborgen in einer kleinen Ecke des Südwestens wäre dieses Gebiet leicht zu übersehen, gäbe es da nicht die mächtige, 2464 m hohe El-Capitan-Felswand, eines der dramatischsten Highlights des Parks.

Die Region hat noch dazu einiges mehr zu erzählen, als man auf den ersten Blick sieht und erwartet. So finden sich in den Bergen bemerkenswerte Zeugnisse eines uralten fossilen Riffs. Vor 250 Mio. Jahren, der Zeit des Superkontinenten Pangäa, bedeckte ein tropisches Meer die Gegend und das besagte Riff wurde angehoben, als die geologischen Kräfte hohe Canyons und zerfurchte Berge schufen. Dabei legten sie riesige Abschnitte des Riffs samt den darin eingefassten Fossilien frei.

Viel später, um 10 000 v. Chr. gegen Ende der Eiszeit, spielten die Guadalupe Mountains eine Schlüsselrolle im Leben der frühen Bewohner, die Mammuts und andere Wildtiere jagten. Die Menschen sammelten zudem essbare Pflanzen und wohnten in Berghöhlen, wo sie Keramiken, Körbe und Felsenkunst hinterließen. Später traten Apachen und spanische Goldsucher auf die Bildfläche, denen im 19. Jh. Pioniere folgten. Der Park war auch der ungewöhnliche Standort einer Postkutschenstation auf der 4502 km (2800 Meilen) langen Butterfield Overland Mail Route, die St. Louis mit San Francisco verband.

⬆ Auf dem Guadalupe Peak schweift der Blick über die Chihuahuan Desert.
➡ Die Pratt Cabin, McKittrick Canyon.

Anreisen

Wann?
Am besten besucht man den Park Ende Oktober/ Anfang November, wenn das Laub in Herbstfarben leuchtet. Angenehm ist es auch von März bis Mai, da etwas kühlere Temperaturen herrschen und man längere Touren unternehmen kann.

Wie?
Der Park liegt im Nordwesten von Texas. Über den NM137 in New Mexico erreicht man den Dog Canyon, während sich der McKittrick Canyon und die Pine Springs am US62 in Texas befinden. Im Schutzgebiet gibt's keine Straßen, sodass man zwischen dem Nord- und Südeingang 193 km (120 Meilen) fahren muss. Der nächste Flughafen ist in El Paso, 161 km (100 Meilen) westlich.

Park in Zahlen

350
Fläche (km²)

2667
Höchster Punkt: Guadalupe Peak (m)

1000
Pflanzenarten

Zelt oder Hotel?

Dog Canyon Campground
Der baumbewachsene Dog Canyon Campground im Norden des Parks ist der ansprechendere der beiden festen Campingplätze. Hier kann man sein Zelt in reizvoller Umgebung und geschützt vor der Kulisse steiler Berghänge aufstellen. Aufgrund der Höhenlage (914 m) herrschen nachts recht kühle Temperaturen.

Rodeway Inn
Wer nicht campen möchte, hat als nächste Übernachtungsoption dieses zu einer Kette gehörende Motel in White's City. Es liegt 58 km (36 Meilen) nördlich vom Eingang zum McKittrick Canyon, also bequem für den Besuch der nahen Carlsbad Caverns, und wartet mit einem Pool auf, der nach einem Wandertag in der Hitze hochwillkommen ist.

Hotel El Capitan
Das nach der eindrucksvollen Felswand der Guadalupe Mountains benannte Hotel wurde in den 1930ern im Missionsstil erbaut. Die besten Zimmer sind geräumig und verfügen über Balkone, die auf einen Innenhof blicken. Im Restaurant werden einige der besten Gerichte im Umkreis von 160 km serviert. Die Unterkunft befindet sich 105 km (65 Meilen) südlich vom Park in Van Horn.

Raus und los

Vogelbeobachtung

Das einzigartige Ökosystem des Parks lockt jede Menge Zugvögel an, die durch die Chihuahuan Desert fliegen. Hier gibt's Wüstenbewohner wie Braunrücken-Grundammern und Rennkuckucke sowie Steinadler. Am frühen Abend lockt in Ufernähe ein anderes Spektakel: Violettgrüne Schwalben gleiten über die Quellen hinweg, Breitschwanzkolibris suchen Nektar und Schwarzkopf-Phoebetyrannen jagen über dem Wasser Insekten.

Backpacking
Die Guadalupe Mountains sind ideal für mehrtägige Touren. Im Hinterland verteilen sich zehn Campingplätze entlang eines 129 km (80 Meilen) langen Wegenetzes. Dank des vielgestaltigen Geländes kann man auf nur einem Ausflug ebene Wüstenflächen, Waldgebiete in Ufernähe und mit Kiefern bedeckte Berge erkunden.

Tierbeobachung
Egal wann man den Park besucht, stets bieten sich gute Möglichkeiten, Tiere zu beobachten. Die wenigen ständigen Wasserquellen im Park (McKittrick Canyon, Smith Spring und Manzanita Spring) sind die besten Standorte. Hier entdeckt man auch viele Spuren (Fährten, Kot, Baue und Höhlen).

Wandern

01 Guadalupe Peak
Die anspruchsvolle Rundtour ist 13,5 km (8,4 Meilen) lang und führt auf den höchsten Gipfel von Texas (2267 m). Dabei wird ein Höhenunterschied von 915 m bewältigt.

02 McKittrick Canyon Trail
Eine der beliebtesten Wanderungen ist dieser 11,3 km (7 Meilen) lange Rundweg durch einen malerischen bewaldeten Canyon zu einer historischen Hütte und einer Höhle unweit eines sprudelnden Baches.

03 Smith Spring Trail
Auf dem 3,7 km (2,3 Meilen) langen angenehmen Pfad erspäht man mitunter Maultierhirsche und Wapitis. Neben der Smith Spring tummeln sich jede Menge Vögel.

Nicht verpassen

Die Guadalupe Mountains ragen aus der Wüstenlandschaft empor und verfügen über verschiedene Ökosysteme. Felsige Canyons, von reichem Baumbestand gesäumte Wasserläufe und bewaldete Berggipfel bieten Lebensraum für 60 Säugetier-, 55 Reptilien- und 300 Vogelarten. Es gibt nachtaktive Wüstenbewohner wie Kojoten, Dachse und 16 Fledermausarten. Viele Reptilien wie der Mexikanische Stachelleguan können tagsüber beobachtet werden.

TRILOBITENFOSSIL Trilobiten gehörten zur Gruppe der Gliederfüßer (Arthropoda) und hatten ihre Blütezeit vor rund 400 Mio. Jahren, bevor sie am Ende des Perm (vor 250 Mio. Jahren) mit dem Massensterben der Arten verschwanden.

HASE Dieser oft beobachtete Bewohner der Guadalupe Mountains nutzt seine großen Ohren, um den Wärmeüberschuss abzugeben und seinen Körper in der Wüstenhitze auf niedrigerer Temperatur zu halten.

BREITSCHWANZKOLIBRI Weil er seinen Herzschlag verlangsamt, die Körpertemperatur herabsetzt und in Starre verfällt, überlebt der winzige Vogel mit metallisch schimmerndem grünem Rücken und Krone sowie weißer Brustfiederung die kalten Gebirgsnächte.

Tourentipps

Auf den höchsten Gipfel von Texas steigen, Kakteen und Agaven auf dem malerischen Canyon Trail bestaunen oder neben einer Grotte picknicken – all das ist in diesem Nationalpark möglich.

◄ Sonnenaufgang über dem Guadalupe Peak mit Yuccas im Vordergrund.

⬆ Ein Fleckenkauz und eine Jägerhütte im McKittrick Canyon.

01

Ein Tag

Um 8 Uhr wird der Eingang zum McKittrick Canyon geöffnet, und da sich der frische Morgen wunderbar zur Tierbeobachtung eignet, sollte man sich bereits zu dieser Zeit einfinden und dem beliebten Canyon Trail folgen. Er führt durch Wüstengelände mit Kakteen und Agaven zu einem Bach, wo das Waldgebiet beginnt. Es ist eine Wohltat, im Schatten von Eichen und Ahornbäumen weitergehen zu können. Nach wenigen Kilometern erreicht man die Pratt Cabin, die einstige Hütte von Wallace Pratt, einem Geologen und Naturschützer. Er vermachte sein in den 1930ern gebautes Häuschen später dem Nationalpark. Entweder pausiert man hier oder – unsere Empfehlung – marschiert zügig weiter bis zur Grotte und picknickt an einem idyllischen Bachlauf, in dem sich Regenbogenforellen tummeln. Nach der Rückkehr fährt man zum Pine Springs Visitor Center, um sich über die Geschichte des Parks und seine Fauna zu informieren und einen Kurzfilm über die Guadalupe Mountains anzusehen.

02

Ein Wochenende

Auf einer zweitägigen Rucksacktour erlebt man einen herrlichen Sonnenuntergang. Die Nacht verbringt man z. B. in Pine Top.

Alternativ unternimmt man am ersten Tag eine Tour im McKittrick Canyon und tags darauf die anspruchsvolle Wanderung auf den Guadalupe Peak. Los geht's frühmorgens vom Pine Springs Campground aus. Am anstrengendsten sind die ersten 2,4 km (1,5 Meilen) mit steilen Serpentinen. Belohnt wird man mit einem herrlichen Blick hinter jeder Spitzkehre. Der weitere Aufstieg ist bequemer und führt durch einen kühlen Kiefer- und Douglasfichtenwald am Nordhang des Berges. Nach 4,8 km (3 Meilen) erreicht man zunächst den falschen Gipfel – aber nicht verzweifeln, der richtige Gipfel folgt nach 1,6 km. Es geht an einem Hinterlandcampingplatz vorbei, über eine Holzbrücke, und nach einigen Serpentinen steht man dann ganz oben auf dem höchsten Punkt von Texas. Das Panorama auf die Wüste unten ist traumhaft. Für die Tour benötigt man sechs bis acht Stunden.

Getty Images | Ed Freeman

29

HI

Haleakalā National Park

Dies ist das „Haus der Sonne", wie einheimische Hawaiianer den erloschenen Vulkan nannten, der sich vom Himmel bis zum Meer erstreckt.

Haleakalā

Im Morgengrauen steht man am Rand von Haleakalās Gipfelkrater, schlotternd vor Kälte, und starrt gebannt hinunter auf etwas, das einem Schlachtfeld gleich vom Ringen zwischen Schlackenkegeln und Lavafelsen kündet. Das morgendliche Frösteln ist jedoch vergessen, sobald die Sonne über dem verwitterten Rand des einstigen Vulkans aufleuchtet. Ihre Strahlen fallen schräg auf die bunte Aschewüste und erhellen ein schier endloses Meer aus Wolken – eine spirituelle Erfahrung an einem Ort, der den hiesigen Hawaiianern heilig ist. Von diesem Gipfel aus fing der Sage nach nämlich Halbgott Maui die Sonne ein und gab den Menschen Licht und Leben.

Der 3048 m hohe Vulkan ist das Herzstück des Parks. Von den Traumstränden bis zum Gipfel geht's kurvige 59,5 km (37 Meilen) mit dem Auto hinauf. Keine andere Straße weltweit überwindet auf einer so kurzen Strecke mehr Höhenmeter. Wanderwege führen in den Krater, wo gefährdete Pflanzen und *nēnē* (Hawaiigänse) vorkommen. Hier oben schlägt das heiße, sonnige Wetter oft ganz plötzlich in Kälte, Regen und Wind um.

Bis jetzt konnte die Vulkanlandschaft ihre Schönheit bewahren. Wer eine unvergessliche Nacht erleben will, zeltet oder übernachtet in einer einfachen Hütte auf dem Kratergrund und bestaunt den Sternenhimmel.

Der Vulkankegel ist zwar die Hauptattraktion, aber der Park hat auch eine andere Seite. Jenseits von Hana verläuft eine Dschungelstraße zum Küstenort Kipahulu, einer alten hawaiianischen Siedlung an den unteren Hängen des Vulkans. Dort, im 'Ohe'o Gulch stürzen Wasserfälle in terrassenförmigen Naturbecken, in denen man an ruhigen Tagen baden kann, bis in den Pazifik. Von hier geht's bergauf durch einen Bambushain zu den filigranen Waimoku Falls.

Anreisen

Wann?
Ein Besuch ist jederzeit möglich. Die Winter in Hawaii sind kühler und feuchter und Regenstürme können zur Sperrung des Gipfels sowie von Küstenabschnitten führen. Auf dem Gipfel herrscht launisches Wetter (die Vorhersage beachten).

Wie?
Bis zum Gipfel sind es 1½ Autostunden von Kahului, Mauis Hauptflughafen mit US-Inlandsflügen, Verbindungen zwischen den Inseln und Mietwagen. Kipahulu ist über die langsame Straße nach Hana (96,5 km bzw. 60 Meilen) in 2½ Stunden zu erreichen.

Park in Zahlen

135
Fläche (km²)

3055
Höchste Erhebung (m)

49
Größe des Gipfelkraters (km²)

Zelt oder Hotel?

Holua Cabin & Wilderness Campground
Von der Gipfelstraße wandert man bis Holua knapp 6,4 km (4 Meilen) durch den Krater auf dem gewundenen Halelau'u Trail. Wer in der rustikalen Hütte des Civilian Conservation Corps (CCC) übernachten möchte, muss vorab buchen. Alternativ zeltet man auf einem Campingplatz in der Wildnis (Genehmigung nötig).

Kapalaoa Cabin
Die einfache Hütte mit Stockbetten (vorab reservieren) befindet

sich direkt im Bauch des Monsters: in der Schlackenwüste des Kraters. Hier erwarten einen grandiose Sonnenaufgänge und ein herrlicher Sternenhimmel. Von der Gipfelstraße wandert man 8,9 km (5,5 Meilen) bergab über den Keonehe'ehe'e Trail bis hierher.

Kipahulu Campground
Einer der beiden direkt anfahrbaren Campingplätze ist in Gipfelnähe, der andere an der Küste. Dank seines Ozeanblicks und der Rasenstellflächen geht Kipahulu als Sieger hervor. Campen ist kostenlos. Wasser mitbringen!

Raus und los

Vogelbeobachtung
Rund um den 0,8 km (0,5 Meilen) langen Hosmer Grove Loop Trail, der an den Hängen durch einen Wald verläuft, tummeln sich zahllose Vögel. Eine längere geführte Tour durch den magischen, für Besucher meist gesperrten Nebelwald des Waikamoi Preserve muss vorab gebucht werden.

Sterne beobachten
Der Himmel über Haleakalā ist so klar, dass hier mit Solarenergie betriebene Observatorien aufgestellt wurden. Hier kann man wunderbar Sterne gucken. In den Taucherläden werden auch Ferngläser verliehen. Während der Sommermonate bieten Ranger im Hosmer Grove Campground Programme zur Himmelsbeobachtung.

Schwimmen
Solange kein Regen angesagt ist, lockt ein traumhaftes Bad in den Dschungelpools am Pipiwai Stream, der stufenweise bis ins Meer abfällt. Wer im Ozean schwimmen will, steuert den idyllischen Hamoa Beach an, der sich weniger als 16 km (10 Meilen) vom Kipahulu District des Parks entfernt erstreckt.

◄ Im Gipfelbereich des Haleakalā National Park gibt's ein Wanderwegenetz von mehr als 38 km (30 Meilen) Länge. Immer an die Trails halten! Vorherige Seite: Die vulkanische Caldera.

Nicht verpassen

Wie auch andernorts auf den Inseln Hawaiis entwickelte Mauis endemische Flora und Fauna eine erstaunliche Vielfalt an Arten, von denen etliche nur hier vorkommen. Zusammen mit dem Hawai'i Volcanoes National Park, dem benachbarten Schutzgebiet auf Big Island, wurde Haleakalā wegen seiner reichen Ökosysteme und seltenen Lebensformen zum internationalen Bisphärenreservat der UNESCO erklärt. Ursachen der Gefährdung sind der Habitatverlust, die globale Klimaerwärmung und die von Europäern und Amerikanern eingeschleppten Spezies.

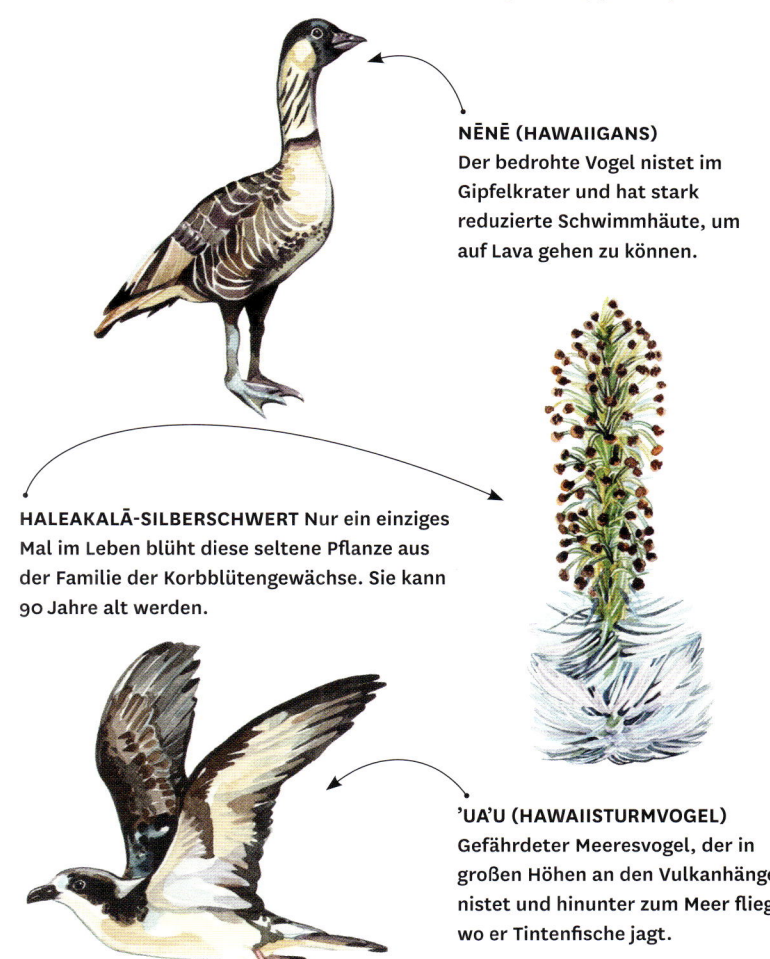

NĒNĒ (HAWAIIGANS)
Der bedrohte Vogel nistet im Gipfelkrater und hat stark reduzierte Schwimmhäute, um auf Lava gehen zu können.

HALEAKALĀ-SILBERSCHWERT Nur ein einziges Mal im Leben blüht diese seltene Pflanze aus der Familie der Korbblütengewächse. Sie kann 90 Jahre alt werden.

'UA'U (HAWAIISTURMVOGEL)
Gefährdeter Meeresvogel, der in großen Höhen an den Vulkanhängen nistet und hinunter zum Meer fliegt, wo er Tintenfische jagt.

Wandern

○1 Halemau'u Trail

Der Abstieg beginnt in Höhe der Wolken und führt 305 m tief in den Vulkankrater. Nicht den Rundweg (3,5–14,8 km bzw. 2,2–9,2 Meilen) zu den faszinierenden Silberschwertpflanzen verpassen.

○2 Keonehe'ehe'e Trail

Diese aufregende Wanderung (0,8–18 km bzw. 0,5–11,2 Meilen) mit Beinamen „Sliding Sands" („Gleitender Sand") windet sich um Schlackenkegel und verläuft vom Gipfel in scharfen Kehren hinunter zum Kratergrund.

○3 Pipiwai Trail

Wer dem familienfreundlichen 6,4 km (4 Meilen) langen Pfad in der Küstenregion Kipahulu folgt, wandert bergauf durch üppige Bambushaine zu den 122 m hohen Waimoku Falls.

Tourentipps

Auf dem großen Rundweg um den Vulkankrater wandern und in den Becken des 'Ohe'o Gulch oder eines Dschungelwasserfalls baden. Eine Gratiszugabe sind die Sonnenuntergänge über den Schlackenkegeln.

◀ Silberschwertpflanze. Die Makahiku Falls können vom Pipiwai Trail aus bestaunt werden.
▶ Ein 'I'iwi, der zur Unterfamilie der Kleidervögel gehört, im Haleakalā National Park.

01

Ein Tag

Es geht möglichst früh los, denn je nachdem, wo man auf der Insel wohnt, dauert die Fahrt auf den Vulkangipfel mindestens zwei Stunden. Noch vor Tagesanbruch sollte man am Kraterrand stehen, um zu sehen, wie die ersten Sonnenstrahlen die Vulkankegel erhellen. Dem Andrang am Aussichtspunkt auf dem Gipfel entgeht man, indem man noch ein kurzes Stück weiter auf den Pa Ka'oao (White Hill) klettert. Nach Sonnenaufgang geht's auf dem Keonehe'ehe'e Trail (Sliding Sands) hinab in die mit Schlackenkegeln über-säte Caldera. Danach verlässt man das von Klippen gesäumte Kraterbecken und wandert zur Kapalaoa Cabin. Am Picknicktisch verzehrt man sein Lunchpaket (ohne die nēnē zu füttern, so süß sie auch betteln mögen). Wer noch fit ist, unternimmt einen Abstecher nach Norden zu den auffallenden Vulkankegeln im Pele's-Paint-Pot-Kraterbereich, so benannt nach der hawaiianischen Göttin des Feuers und der Vulkane. Die Wanderung endet dort, wo sie begann – auf dem Gipfel.

02

Zwei Tage

Am ersten Tag bleibt man auf dem Vulkangipfel, bewundert vom Kraterrand aus den Sonnenaufgang und wandert anschließend um den Hosmer Grove, um Waldvögel zu beobachten. Am späten Vormittag geht's auf dem Halemau'u Trail hinab in den Krater. Mittags picknickt man vor der Holua-Hütte. Es folgt ein Schlenker auf dem Silversword Loop, eigentlich ein botanischer Garten im Kraterbecken, bevor man bergab zum Ozean fährt.

An Tag zwei ist man wieder früh unterwegs und fährt auf dem serpentinenreichen Highway über 54 Brücken ins verträumte Hana. Hier gibt's eine Pause, um im Becken eines Dschungelwasserfalls zu baden oder um an einem Grillimbiss an der Straße zu Mittag zu essen. Man bleibt im Küstenbereich von Kipahulu und sucht die Naturbecken des 'Ohe'o Gulch auf, wo man schwimmen kann, sofern kein Regen angesagt ist. Der leichte, 6,4 km (4 Meilen) lange Pipiwai Trail führt durch einen Bambustunnel zu einem Wasserfall mitten im Wald.

03

Vier Tage

Der ultimative Kick für Wanderer und Backpacker ist eine große Tour rund um den Vulkankrater. Dafür muss man die Übernachtung in den Wildnishütten rechtzeitig buchen oder alternativ alles mitnehmen, was zum Campen in Höhenlagen sowie bei wechselhaftem Wetter nötig ist. Am ersten Tag, nach dem Sonnenaufgang auf dem Krater, steigt man auf dem Keonehe'ehe'e Trail hinab in die Caldera und läuft zur Kapalaoa Cabin (Zelten ist dort nicht möglich). Nördlich der Hütte erkundet man ausgiebig die vielfarbige Öcnis der kleinen Vulkankegel vor dem Sonnenuntergang. Am nächsten Tag geht's vollbepackt zur feuchten, windigen Seite des Vulkans. Die Nacht verbringt man in der Paliku Cabin oder campt davor. An Tag drei wandert man auf dem Kratergrund zwischen den Schlackenkegeln zurück, bis man in Holua den Campingplatz und die Hütte erreicht. Vor Ort gibt's einen grandiosen Sonnenaufgang. Am letzten Tag kehrt man auf dem kurvigen Halemau'u Trail zurück zum Kraterrand.

30

Hawai'i Volcanoes National Park

Frisch gebildete Erdkruste wird durchgeknetet, unge-bändigte Lavaströme glühen: Willkommen im Reich von Pele, der hawaiianischen Vulkangöttin.

Getty Images | Toshi Sasaki

Vor über 70 Mio. Jahren ließen Tiefseevulkane die Hawaii-Inseln entstehen. Zunächst tauchten kahle Lavafelsen aus dem Wasser auf. Im Laufe der Zeit wuchsen diese zu Inseln mit einer einzigartigen Flora und Fauna an. Schließlich erodierten die Eilande wieder und verwandelten sich in flache, über Tausende Kilometer verstreute Korallenriffe.

Das heutige Hawaii, bekannt auch als Big Island, ist die einzige vulkanisch aktive Insel des ganzen Archipels. Sie befindet sich direkt über einem tief unter der Erdkruste liegenden „Hotspot". Die Vulkane auf Hawaii zeigen keine explosiven Ausbrüche; vielmehr ergießen sich Ströme flüssiger Lava auf die Erdoberfläche. Erreichen diese den Ozean, erlebt man das apokalyptische Schauspiel riesiger zischender Dampfwolken.

Die Natur ist hier in ständiger Bewegung. So ist der Kilauea-Vulkan seit 1983 ständig aktiv und spuckt Lavafontänen in den Himmel. 2008 wandelte sich der Halema'uma'a-Krater in einen Lavasee, ähnlich wie damals, als sich die Reisenden Isabella Bird und Mark Twain zu Pferde hierher wagten. Auf den erstarrten schwarzen Lavaströmen des Kilauea wachsen heute leuchtend grüne Farne, Flechten, Moose und 'Ohelo-Pflanzen mit knallroten Beeren. 'Ohi'a-Lehua-Bäume (mit roten, büschelförmigen Blüten) siedeln auf dem neuen Boden. In üppigen *kipuka* (Oasen), die von früheren Lavaströmen verschont blieben, zwitschern inzwischen Waldvögel.

In dem Park kann man Geologie hautnah erleben und in lebendige hawaiianische Traditionen eintauchen. Einheimische Hawaiianer besiedelten als Erste die Inseln, schufen geritzte Felsbilder und begruben die *piko* (Nabelschnur) Neugeborener in Lava-

gestein. Sie hinterließen in der Vulkanasche versteinerte Fußabdrücke, zelebrierten Hula-Tänze am Kraterrand und bestiegen den 4170 m hohen Mauna Loa, den größten Schildvulkan weltweit.

⬆ Flüssige Lavaströme am Kilauea-Vulkan, dem aktivsten Vulkan der Insel (auch vorherige Seite).
➡ Lava erstarrt beim Kontakt mit dem Pazifik.

Getty Images | Greg Vaughn

Anreisen

⚙ **Wann?**
Im ganzjährig geöffneten Park sind die Winter eher feucht und kühl. Vorab über Ausbrüche informieren, denn dann werden Aussichtspunkte, Straßen und Wege gesperrt.

🧭 **Wie?**
Ostküste von Big Island: Der Park liegt eine Stunde südlich des Flughafens von Hilo. Westküste: Vom Flughafen in Kailua-Kona braucht man 2½ Autostunden. Schnelle, regelmäßige Flüge nach Big Island starten in der Hauptstadt Honolulu, Hawaiis größtem internationalen Flughafen.

Park in Zahlen

1309
Fläche (km²)

33
Jahre dauert der jüngste Ausbruch des Kilauea bereits an

202
Hektar neues Land ist seit dem Beginn dieses Ausbruchs entstanden

Zelt oder Hotel?

Volcano House

Einziges Hotel im Park (und älter als dieser, da es seit 1846 besteht) ist das Volcano House. Nirgendwo sonst wacht man morgens mit einem Blick auf die Kilauea Caldera und den Regenwald auf. Auch wer nicht an diesem historischen, kürzlich renovierten Ort übernachtet, sollte im Rim Restaurant ein Gourmetessen genießen oder in der Uncle George's Lounge bei hawaiianischer Musik einen Drink schlürfen.

Namakanipaio Cabins & Campground

Der Campingplatz befindet sich verborgen in einem ruhigen Eukalyptushain. Hier kann jeder übernachten, der vor Ort ein Zelt mietet (wenn man möchte, bauen es die Parkangestellten sogar für einen auf). Alternativ kann man sich für eine rustikale Hütte mit Grillplatz und Feuerstelle davor entscheiden.

Chalet Kilauea

Die weitläufige Lodge im Städtchen Volcano bietet jedem etwas – Wanderern, Familien und sogar Flitterwöchnern. Wer ungestört sein möchte und einen Zwei-Personen-Whirlpool wünscht, wählt den versteckten Hapu'u Forest Bungalow, den man über einen kurzen, von grünen Farnen gesäumten Pfad erreicht.

Raus und los

Lava beobachten

Die Lavaströme am Kilauea sind unvorhersehbar. Beim Visitor Center fragen, ob man sie im Park beobachten kann. Zurzeit befindet sich der einzige zugängliche Aussichspunkt beim Jaggar Museum an der Crater Rim Road, wo aus der Ferne aufgewühlte Lava im Halemau'uma'u-Krater zu sehen ist. Bessere Aussichtspunkte gibt's außerhalb des Parks im Gebiet Puna (nur nach einem langen Fußmarsch oder mit einem Boot erreichbar).

Höhlen erkunden

Flüssige Lava lässt Röhren und Tunnel entstehen. Manche sind so groß, dass darin ein Schulbus Platz hat. Die Nahuku (Thurston Lava Tube) besichtigen, die verborgen in dichtem Farnwald abseits der Crater Rim Road liegt.

Hawaiianische Kunst und Kultur kennenlernen

Traditionelle *hula halau* (Hula-Tanzschulen) und hawaiianische Kunsthandwerker zeigen ihre Produkte in der Volcano Art Center Gallery am Eingang zum Visitor Center. Zum Angebot gehören Workshops und Kunstunterricht (vorher anmelden).

◄ In den ungewöhnlich üppigen Wäldern der Insel wachsen viele nur hier vorkommende Arten.

Nicht verpassen

Der Park ist UNESCO-Welterbe und Internationales Biosphärenreservat und umfasst verblüffend viele unterschiedliche Habitate: Lavawüsten, Regenwald, Küstenstrände und sogar einen hochalpinen Berggipfel. Hier leben mehr als 50 bedrohte oder gefährdete Arten. Besonders vielfältig ist die Vogelwelt. Sie reicht von kleinen, kunterbunten Kleidervögeln, die durch den Regenwald flattern, bis zum einzelgängerischen Hawaii-Bussard (i'o), der auf Beutejagd hoch in die Lüfte aufsteigt.

'OHI'A-LEHUA
Der 'Ohi'a wächst als Strauch oder Baum und ist leicht an seinem gedrehten Stamm sowie den Zweigen mit roten bis cremefarbenen büschelförmigen Blüten erkennbar.

'APAPANE Mit seinem gebogenen schwarzen Schnabel saugt derpurpurfarbene Hawaiianische Kleidervogel Blütennektar.

HONU'EA (ECHTE KARETT-SCHILDKRÖTE) Diese gefährdeten Amphibien ziehen sich zur Eiablage an entlegene Strände zurück. Nach dem Schlüpfen graben sich die Jungen selbst aus dem Sand frei und wandern direkt ins Meer.

Wandern

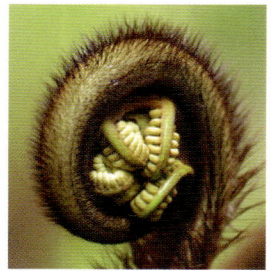

01 Kilauea Iki Trail
Der 6,4 km (4 Meilen) lange Rundweg durch ein Gebiet jüngster vulkanischer Ausbrüche führt vom Regenwald des Kraters hinunter durch eine Lava-Mondlandschaft.

02 Pu'u Loa Petroglyphs
Von der Chain of Craters Road zweigt ein kurzer 2,3 km (1,4 Meilen) langer Pfad zu einer archäologischen Stätte mit alter hawaiianischer Felskunst ab.

03 Napau Trail
Erfahrene, voll ausgestattete Bergwanderer können sich nach einer 22,5 km (14 Meilen) langen Tour zum Rand der vulkanisch aktiven Zone des Vulkankegels Pu'o O'o heranwagen.

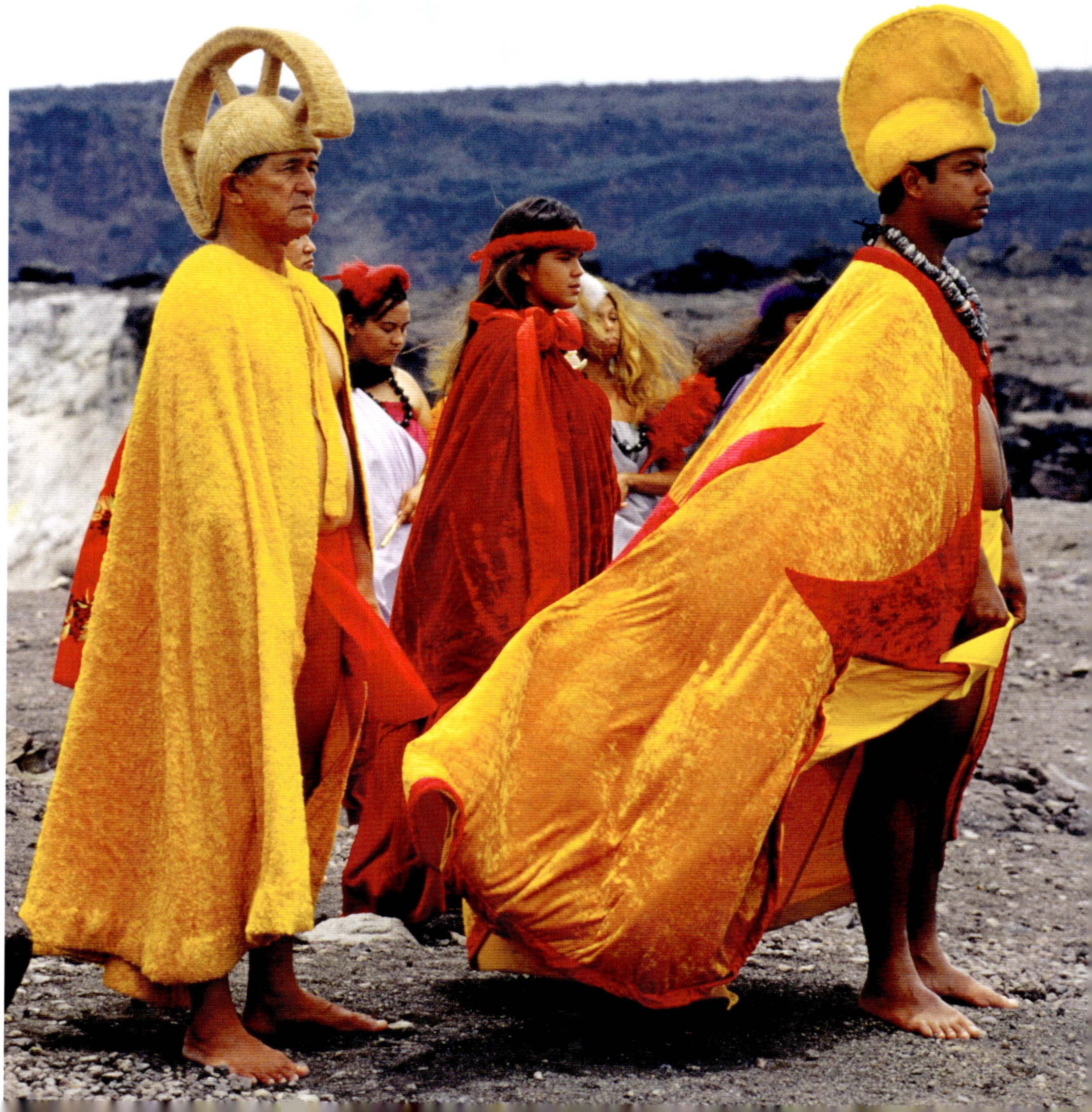

Getty Images | Greg Vaughn; Ann Cecil; Panoramic Images

Tourentipps

Nachts zur gespenstischen Lavaröhre Thurston Lava Tube spazieren, eine Wanderung auf dem Devastation Trail unternehmen oder völlige Wildnis und seltene Vögel in der Kahuku Unit erleben.

⬅ Ein *hapu'u*-Farn. Traditionelle Tracht bei der Amtseinführung des Big Island's Royal Court.
➡ Aus Vulkanschloten steigt Dampf auf.

01

Ein Tag

Am Parkeingang grüßen häufig Regenwolken und Vog (Vulkansmog). Keine Sorge, das launenhafte Wetter auf dem Vulkangipfel kann später ohne Weiteres Sonnenschein bringen. Zunächst stoppt man beim Besucherzentrum und verschafft sich einen ersten Überblick. Danach geht's westwärts auf dem Crater Rim Drive zum Jaggar Museum, das über die Geologie der Region informiert. Draußen sind Rauchschwaden über dem Halema'uma'u-Krater zu sehen. Dann fährt man zurück zu den Sulphur Banks, wo austretende Gase farbige Mineralablagerungen hinterließen, und stoppt zu Mittag im historischen Volcano House. Nachmittags fühlt man sich wie ein Astronaut auf einem fremden Planeten auf dem Kilauea Iki Trail, der aus dem Regenwald in einen Vulkankrater führt. Nach Sonnenuntergang steht die Besichtigung der gespenstischen Thurston Lava Tube (Taschenlampe!) auf der anderer Straßenseite an. Zurück im Jaggar Museum betrachtet man den rauchenden Lavasee des Halema'uma'u, der einem höllischen Inferno gleicht.

02

Zwei Tage

Der zweite Tag beginnt in Vulcano. Nach dem Frühstück geht's ohne Eile in den Park und auf der kurvenreichen Chain of Craters Road hinunter zum Ozean, vorbei an Zeugnissen heftiger Eruptionen – Krater, Schlackenkegel und Lavaschilde. Nun bieten sich einige kurze Abstecher zu Fuß an, etwa auf dem Devastation Trail und zum Petroglyphenfeld Pu'u Loa, einer der archäologischen Stätten des Parks. Keinesfalls den Aussichtspunkt Kealakomo Overlook verpassen, wo ein Picknicktisch zum Lunch einlädt. Die Chain of Craters Road endet abrupt, wo sie von fließender Lava begraben wurde. Hier bestaunt man den ins Meer ragenden Holei Sea Arch.

Zurück am Parkeingang fährt man auf der einsamen Mauna Loa Road Richtung Westen. Diese beginnt als einspurige befestigte Straße bei Kipukapuaulu (Vogelpark), wo Vogelfreunde auf einem bewaldeten Rundweg wandern. Anschließend klettert sie ein Stück den Mauna Loa empor und führt zu einem tollen Aussichtspunkt.

03

Drei Tage

Am dritten Tag verlässt man die ausgetretenen Pfade und erkundet die Kahuku Unit, die neueste Ergänzung in diesem schon weitläufigen Park. Um dorthin zu gelangen, geht's südwärts auf der Belt Road durch den Ka'u-Distrikt, der bekannt ist für seine kleinen Kaffeefarmen und die Meeresschildkröten am Ufer von Punalu'u. Dann fährt man vorbei am Abzweig nach Ka Lae – dies ist der südlichste Punkt der USA – und dem Green Sands Beach, der sich jenseits des Windparks an der Küste befindet. Beide lohnen einen Abstecher.

Wieder auf der Belt Road, geht's Richtung Ocean View. Der Abzweig zur Kahuhu Unit ist zur Rechten in Fahrtrichtung, und die Tore sind in der Regel täglich geöffnet (wenn auch nur für eine bestimmte Zeitspanne).

Dieser Flecken Wildnis auf dem Boden einer einstigen Ranch umfasst Weideland, erstarrte Lavaströme und dichten Wald. Welcher kurzen Pfad man auch wählt, man dürfte der Einzige auf diesen Lavafeldern sein, während der Gesang einheimischer Vögel die Luft erfüllt.

31

AR

Hot Springs National Park

Ein kleiner Park mit einem Naturwunder: Bereits seit Jahrhunderten tauchen die Menschen in die ungewöhnlichen wohltuenden Quellen dieses dampfenden Heiligtums ein.

I n dem kleinsten (und vermutlich ältesten) amerikanischen Nationalpark dreht sich alles um die 47 heißen Quellen, die diese Ecke von Arkansas einst in einen Mantel aus Dampf hüllten und über eine heilende Wirkung verfügen sollen.

Sie werden durch zurückströmendes Regenwasser gespeist, das in einer 4000-jährigen Reise von der Bergspitze ins Erdinnere gelangte, dort erhitzt wurde und nun an der Oberfläche wieder austritt. Dankenswerterweise leidet Hot Springs nicht unter dem üblen Schwefelgeruch, mit dem viele Kurorte zu kämpfen haben. Das farblose, angeblich heilsame Wasser wird in Leitungen gepumpt und kann an Brunnen gekostet werden.

Seit jeher erfreuen sich die Quellen größter Beliebtheit und die Region lockt sogar schon seit Jahrtausenden Menschen an. Indianerstämme, darunter die Caddo, Choctaw und Cherokee, kamen lange vor den ersten Europäern ins „Tal der Dämpfe". 1541 badete der spanische Eroberer Hernando de Soto in den Quellen und leitete damit eine touristische Tradition ein. Dunbar und Hunter weilten hier auf ihrer Entdeckungsreise, nachdem die USA die Gegend 1803 mittels des Louisiana Purchase erworben hatte. 1807 ließen sich vor Ort die ersten Siedler nieder.

Hot Springs löste hitzige Debatten aus, in denen es um seinen Platz in der Geschichte der US-Parks ging. Yellowstone gilt gemeinhin als ältester Nationalpark der Welt, obwohl die Gründungsurkunde der Hot Springs Reservation, der Vorläuferin des heutigen Nationalparks, bereits 1832 von US-Präsident Jackson unterzeichnet wurde – also vier Jahrzehnte, bevor Yellowstone unter Schutz stand. In zahlreichen Gebäuden befanden sich Bottiche mit heißem Wasser, bis zwischen 1912 und 1922 die heutige Bathhouse Row entstand, als Hot Springs bereits offiziell ein Nationalpark war.

Das Missverständnis ist nachvollziehbar. Hot Springs entspricht nicht dem Image eines Nationalparks mit Grizzlybären. Stattdessen erwarten einen unbekleidete Körper im Buckstaff Bath House. Doch es gibt in der historischen Umgebung tatsächlich auch einige Outdoorabenteuer.

← Dampfende heiße Quelle bei Arlington Lawn, am Nordende der historischen Bathhouse Row.

Getty Images | Richard Rasmussen

Anreisen

☼ Wann?
Im Sommer, besonders im Juli, kann es in dem ganzjährig geöffneten Park recht voll werden. Die Winter sind mild und die Wildblumen an den Berghängen blühen schon ab Februar.

🧭 Wie?
Der Park liegt in Arkansas im Zentrum der Stadt Hot Springs, 483 km (300 Meilen) östlich von Dallas, Texas, und 322 km (200 Meilen) westlich von Memphis, Tennessee. Bergflanken, die den Regen abfangen und ihn auf seine lange Reise ins Erdinnere leiten, säumen die Bathhouse Row.

Park in Zahlen

22,2
Fläche (km²)

62 °C
Durchschnittstemperatur der heißen Quellen

2650
Liter Wasser, die sich jeden Tag im Stausee ansammeln

Zelt oder Hotel?

⛺ Gulpha Gorge
Hot Springs verfügt über diverse Unterkünfte, aber die einzige Möglichkeit, im Park zu übernachten, ist dieser malerisch an einem Bach gelegene Campingplatz. Vor Ort erstreckt sich das Wegenetz, das zum Hot Creek Mountain führt. Es gibt keine Duschen, doch dafür erreicht man nach nur wenigen Schritten das berühmteste Badehaus Amerikas.

Raus und los

〰 Baden
Wer hierherkommt, um ins heiße Wasser zu steigen, tut dies getrennt nach Geschlechtern im letzten noch betriebenen Badehaus des Parks. Seit 1912 können die Menschen so ihre Sorgen wegwaschen. Die kompletten traditionellen Anwendungen dauern etwa 1½ Stunden.

🥾 Wandern
Es gibt im Park ein Wanderwegenetz von 42 km (26 Meilen). Die meisten Pfade sind kurz und steil oder auch sanft ansteigend. Anstrengender ist der 16 km (10 Meilen) lange Sunset Trail über den West Mountain, durch den Hartholzwald des Sugarloaf Mountain und über den Fordyce Mountain bis zum Gulpha-Gorge-Campingplatz.

Nicht verpassen

In Hot Springs herrscht ein mildes Klima. Hier kommen Kiefern-, Eichen- und Hickorywälder vor und zu den hiesigen Vogelarten zählen Rubinkehlkolibris sowie Königsadler.

GEFLECKTER FURCHENMOLCH Diese lokale Art verfügt über büschelige Kiemen, um unter Wasser zu atmen. Wie andere Molche auch ist ihr die kuriose Fähigkeit erhalten geblieben, dass abgetrennte Gliedmaßen und sogar Teile des Hirns nachwachsen.

Tourentipps

Auf den Hot Springs Mountain wandern und anschließend traditionelle Kuranwendungen genießen.

01

Ein Tag

Bei Vogelgezwitscher wacht man auf dem Gulpha-Gorge-Campingplatz im wohl kleinsten US-Nationalpark auf und unternimmt als Erstes eine Wanderung zum Hot Springs Mountain. Vor dem Zelt zweigen mehrere Wege zum Mountain Tower ab. Dort beobachtet man, wie die Stadt erwacht, bevor es über den Dead Chief Trail wieder hinuntergeht. An der Bathhouse Row läuft man an alten Badehäusern vorbei und stellt sich vor, wie Dunbar und Hunter hier 1804 ankamen, als die 47 dampfenden Quellen noch nicht geschützt waren. Heute befindet sich die einzige „Open Spring" hinter dem Maurice Bathhouse. Im Visitor Center im einstigen Fordyce Bathhouse wird gezeigt, wie der Ort 1915 aussah. Anschließend geht's ins Buckstaff Bathhouse, um traditionelle Kuranwendungen zu genießen. Vielleicht hatte man danach noch vor, auf dem Sunset Trail zu wandern, aber solche Pläne verflüchtigen sich in den heißen Dämpfen. Doch eventuell bleibt man nun noch eine weitere Nacht …

32

MI

Isle Royale National Park

Isle Royale, das wilde Reich der Elche und Wölfe inmitten des Lake Superior, ist der am wenigsten besuchte National-park in den Lower 48.

Isle Royale verblüfft in jeder Hinsicht. 400 kleine Satelliteneilande umgeben die 2313 km² große, mit dichten Fichten- und Birkenwäldern bestandene Insel, die im größten und kältesten der Großen Seen liegt. Der Anschein unberührter Wildnis trügt, denn jahrhundertelang wurden hier Bodenschätze abgebaut. Schon vor 4500 Jahren klopften Indianer Kupferklumpen aus dem Fels heraus. Nachdem Frankreich die Insel 1783 an die USA abtrat, nutzten Fischer Stellnetze, um vor dem Ufer Weißfisch, Seeforelle und Amerikanischen Seesaibling zu fischen. Mitte des 19. Jhs. setzten Arbeiter auf der Suche nach Kupfervorkommen die Wälder auf den Eilanden in Brand und fällten auf dem Festland die Weymouthkiefern, um Raum für Siedlungen zu schaffen. Im frühen 20. Jh. war Isle Royale bei wohlhabenden Sommerurlaubern aus St. Louis und Chicago so beliebt, dass auf Belle Isle vor der Nordostküste von Isle Royale ein 9-Loch-Golfplatz angelegt wurde.

Heute sind die Bäume nachgewachsen und 99 % der Insel als Naturreservat ausgewiesen. Wanderwege und Campingplätze erschließen das Gebiet, in dem eine schwankende Zahl von Elchen und Wölfen lebt. Es ist unwahrscheinlich, dass ein Besucher einem der drei scheuen, auf der Insel verbliebenen Wölfe begegnet. Recht häufig kann man hingegen Elchbullen beobachten: Die massigen Tiere mit einer Schulterhöhe von bis zu 1,80 m bahnen sich ihren Weg durch die Sümpfe und tauchen auf den Grund der Binnenseen, um dort die Wurzeln von Seerosen zu fressen.

Hier wird seit 50 Jahren eine weltweit einzigartige Langzeitstudie zum Räuber-Beute-Verhältnis durchgeführt. Der Wolfsbestand ist auf einem Allzeittief angelangt – vor allem, weil die Seen zwischen Kanada und Minnesota immer seltener zufrieren. Die Parkleitung genehmigte deshalb kürzlich einen Plan, um dem Rückgang der Wolfspopulation Einhalt zu gebieten.

Anreisen

Wann?
Der Park ist von Mitte April bis Oktober geöffnet, aber selbst im Sommer können Nebel oder raues Wetter den Flug- oder Fährverkehr, das einzige öffentliche Transportmittel zur Insel, verzögern. Wer Ruhe sucht, sollte im Mai kommen. Das verlässlichste Wetter gibt's im Juli oder August.

Wie?
Isle Royale gehört zu Michigan. Die Insel liegt 90 km nordwestlich der Keeweenaw Peninsula. 35 km sind es bis Minnesota, noch kürzer ist die Luftlinie bis Kanada. Vier Fähren und ein Flieger verkehren zwischen Houghton oder Copper Harbor (Michigan) und Grand Portage (Minnesota).

Park in Zahlen

2313
Fläche (km²)

3
Wölfe (2015)

1250
Geschätzte Anzahl der Elche (2015)

Zelt oder Hotel?

Rock Harbor Lodge Housekeeping Cottages
Zwischen den Bäumen hinter der Hauptlodge versteckt, bieten diese Cottages Platz für vier Personen, eine voll ausgestattete Kochzeile, Bad und ein Panoramafenster mit Blick auf den beschaulichen Tobin Harbor. Die Ruhe in den Hütten ist unbezahlbar.

Three Mile Campground
5 km (3 Meilen) östlich vom Haupteingang zum Park in Rock Harbor liegt dieser bei Wanderern beliebte Campingplatz. Er grenzt an einen schönen Uferstreifen mit Kiesstränden und Granitblöcken am Lake Superior. Direkt am Ufer gibt's mindestens zwei abgeschirmte Campingduschen und eine Anlegestelle für Besucher, die mit privatem Boot ankommen.

Feldtmann Lake Campground
Der Campingplatz an einem Binnensee befindet sich 10 km (6 Meilen) südwestlich von Windigo, dem östlichen Parkeingang, entfernt. Nur zehn Minuten Fußmarsch sind es zum Rainbow Cove, einem rötlichen Kiesstrand am Südwestufer der Insel. An beiden Orten wurden Elche gesichtet.

Raus und los

Kajakfahren
Beim Hafenmeister in Rock Harbor mietet man ein Kajak und verbringt mindestens einen halben Tag mit der Erkundung der Inseln. Hundertjährige Hütten stehen hier auf Granitfelsen am Seeufer. Vorsicht: Rund um Black Point, den östlichsten Zipfel der Insel, gibt's unbeständiges Wetter und tückische Wasserströmungen.

Angeln
Mit einem Charterboot kann man im Lake Superior Forellen oder Lachse fangen. Benötigt wird eine Michigan-Lizenz, die man in Rock Harbor bekommt. Beim Forellen- oder Hechtangeln auf den Binnenseen der Insel befindet man sich innerhalb des Nationalparks und braucht deshalb keine Michigan-Lizenz.

Sporttauchen
Rund um Isle Royale liegen zehn große Wracks auf dem Grund, die im klaren Lake Superior relativ leicht zu sehen sind. Taucher aufgepasst! Die Wassertemperatur an der Oberfläche steigt selten über 13 °C, in der Tiefe herrschen sogar nur 2 °C. Ein Neoprenanzug ist also zwingend nötig.

← Leuchtturm der Isle Royale auf Menagerie Island.
→ Im Park kann man Eichhörnchen beobachten.

Wandern

01 Minong Ridge Trail
Dieser felsige, oft als Michigans härtester Wanderweg bezeichnete Pfad beginnt in Windigo Harbor und endet nach 50,9 km (31,6 Meilen) in der McCargoe Cove, einer Bucht am Nordufer der Insel.

02 Greenstone Ridge Trail
Der 64,4 km (40 Meilen) lange Hauptwanderweg durchschneidet Isle Royale und endet in 396 m Höhe mit einem fantastischen Blick auf den Lake Superior. Für die ganze Wegstrecke sind 3–5 Tage einzuplanen.

03 Scoville Point Loop
Einen tollen Blick auf die Landschaft bietet der 6,4 km (4 Meilen) lange Rundweg, der in Rock Harbor startet. Die Tour so planen, dass man die Elche bei Sonnenaufgang oder den Sonnenuntergang in Tobin Harbor beobachten kann.

Nicht verpassen

Isle Royale mit ihrem typischen sekundären borealen Nadelwald ist reich an Fichten, Kiefern und Birken. Die Süßwasser-Binnenseen sind mit Seerosen und gelegentlichem Purpurknabenkraut übersät. Auch Elche, Wölfe und Füchse streifen umher, weil es aber keine Bären oder Waschbären gibt, muss man seine Vorräte nachts nicht aufhängen.

ELCH Durch den starken Rückgang des Wolfsbestandes nahm die Zahl der Elche zu, sodass man die majestätischen Tiere leicht beobachten kann. Abstand halten, wenn man eine Elchkuh mit ihrem Jungen oder einen Elchbullen während der Brunftzeit (Mitte September bis Ende Oktober) sieht.

HELMSPECHT Gelbe Augen, schwarzes Gefieder und scharlachroter Schopf: Die Spechte fliegen von Baum zu Baum und picken aus Totholz Riesenameisen heraus. Ihr Erkennungszeichen ist ein rechteckiges Loch.

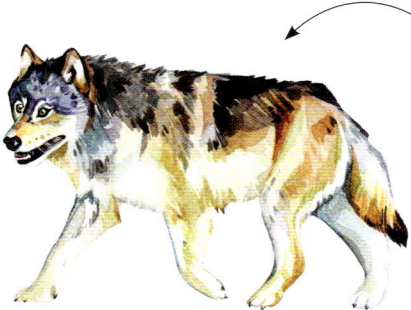

WOLF Die Chancen, einen der drei verbliebenen und sehr scheuen Wölfe auf Isle Royale zu sichten, sind gering – aber hoffen darf man ja. Auffallend ist, dass die Tiere in letzter Zeit am östlichen Inselende, im am dichtesten besiedelten Parkteil, gesichtet wurden.

Tourentipps

Bei einer Überfahrt mit der Fähre erhält man einen guten Eindruck von der Insel. Toll ist auch ein Kajak- oder Kanutrip in Rock Harbor oder Tobin Harbor. Echte Abenteurer erkunden die Isle Royale zu Fuß.

 Luftbild von Isle Royale, der größten Insel des Nationalparks.
Nur bei guter Wettervorhersage: Auf den Binnengewässern der Isle Royale.

01

Zwei Tage

Um einen Eindruck von der ganzen Insel zu gewinnen, geht man an Bord der *Voyager II*, einer bequemen Aluminiumfähre, die dreimal wöchentlich in Grand Portage, Minnesota, ablegt. Um 7:30 Uhr steuert man schon Windigo an, die erste Station auf Isle Royale. Man umrundet im Uhrzeigersinn die Insel und hält dann in McCargoe Cove, wo hartgesottene Wanderer zusteigen, die den Minong Ridge Trail geschafft haben. Nach der Umrundung von Black Point fährt das Boot südwestlich nach Rock Harbor. Hier quartiert man sich in einem Zimmer mit Seeblick in der Rock Harbor Lodge ein. Nach einer 6,4 km (4 Meilen) langen Tour bis Scoville Point und zurück gibt's abends frischen Lachs oder Forelle im Lighthouse Restaurant. Am nächsten Morgen erlebt man den Sonnenaufgang vom Zimmer aus und geht dann an Bord, um die Highlights im Südwesten zu sehen, darunter eine alte Fischerhütte und einen traditionellen Leuchtturm. Gegen 15 Uhr legt die Fähre wieder in Grand Portage an.

02

Drei Tage

Los geht's mit einem Wasserflugzeugtrip von Houghton, Michigan, aus. Das ist teurer als eine Reise mit der Fähre, aber vom Start bis zum Aufsetzen in Rock Harbor dauert es nur knapp 35 Minuten. Man bucht einen Aufenthalt in einer voll eingerichteten Hütte, kauft eine Übersichtskarte beim Parkbüro und marschiert zum Mt. Franklin, einer über 305 m hohen Erhebung mit einem Traumblick auf das Nordufer und den Lake Superior dahinter.

Am zweiten Tag mietet man, sofern das Wetter mitspielt, ein Kajak, Kanu oder Boot mit 15-PS-Außenbordmotor und angelt vor Rock Harbor oder Tobin Harbor Forellen, Bachsaiblinge oder Weißfische. Am letzten Tag steht eine Wanderung am Südufer Richtung Three Mile Campground auf dem Programm, wo es jede Menge Granitblöcke gibt – der perfekte Ort für ein kühles Bad, bevor man sich in die Sonne legt. Alternativ bucht man einen ganztägigen (Forellen- und Lachs-)Angeltrip von Rock Harbor aus.

03

Sechs Tage

Die Bewährungsprobe: Isle Royale zu Fuß der Länge nach durchqueren. Fünf Nächte sind für den 68,4 km (42,5 Meilen) langen Greenstone Ridge Trail geplant. An Bord der *Voyager II* geht's nach Windigo an der Westküste, dem Startpunkt der Wanderung. Zunächst marschiert man 9,6 km (6 Meilen) bis Island Mine oder 19,3 km (12 Meilen) bis South Lake Desor. Für die Campingplätze an den Zwischenstopps bei 9,6 km bis 16 km (6 bis 12 Meilen) gilt „wer zuerst kommt, mahlt zuerst". Am vierten Abend biegt man beim Mt. Franklin rechts ab und wandert 3,2 km (2 Meilen) bis zum Three Mile Campground, in der Hoffnung, sich einen Zeltplatz am Seeufer zu sichern. Am letzten Tag steht ein leichter Spaziergang am Ufer nach Rock Harbor an, wo es eine heiße Dusche und kühles Bier gibt. Zur Erinnerung: Der Mittlere Westen gilt zwar als flach, doch es gibt auf der Strecke acht Punkte, die höher sind als 400 m (müde Beine!). Am Morgen des sechsten Tages geht's in Rock Harbor an Bord der Fähre.

33

CA

Joshua Tree National Park

Seltsam geformte Bäume, majestätische Felsen und seltene Palmenoasen locken Besucher in diese süd-kalifornische Grenzwüste.

Joshua Tree

In diesem wilden Park erwarten einen riesige, zu bizarren Haufen in der Wüste aufgetürmte Felsbrocken, die klangvolle Namen wie „Skull Rock" („Schädelfels") tragen. Vor der kargen Kulisse hebt sich, besonders bei Vollmond, der seltsam verdrehte Baum ab, der für das Schutzgebiet namensgebend war. Wer über einen ausgetrockneten, steinigen Hügel klettert, erlebt die größte aller Überraschungen: eine kühle Quelle im Schatten kalifornischer Fächerpalmen, die fast 100 Jahre alt werden.

Joshua Tree hat eine einmalige Lage: teils in der hoch gelegenen, kühleren Mojave Desert, teils in der niedrigeren, heißeren Colorado Desert. Letztere gehört zur viel größeren Sonora Desert, die bis nach Mexiko hineinreicht – an Tagen mit guter Sicht kann man vom Keys View tatsächlich so weit in die Ferne blicken. Auf der Straße nach Cottonwood Springs ist zu sehen, wie die Wüsten ineinander übergehen, während man durch das Pinto Basin kurvt, das seit über 8000 Jahren besiedelt ist. Stämme wie die Serrano, Chemehuevi und Cahuilla leben heute noch hier und sammeln Pflanzen als Nahrung, zur Herstellung von Medizin und zum Weben ihrer Körbe mit den auffallenden Mustern.

Entlang staubiger Trails und Straßen gibt's in Joshua Tree eine Fülle historischer Artefakte zu entdecken. Knarren schwingende berittene Bergleute kamen im 19. Jh. auf der Suche nach Gold und Silber, fanden jedoch zumeist nichts. Siedler versuchten vor Ort sesshaft zu werden, zogen aber weiter, als der Regen ausblieb. Mittlerweile zieht die Gegend vor allem Kletterer an. Diese versuchen ihr Können auf den erstklassigen Routen zu beweisen, die über Granitblöcke und hoch aufragende Platten – das auffallendste Ergebnis vulkanischer und

plattentektonischer Aktivität – führen. Das Gelände ist von zahllosen Erdbebenspalten durchzogen, darunter auch Kaliforniens berühmter San-Andreas-Graben. Er schuf die Quellen und Oasen, die erst das Leben im Nationalpark ermöglichten.

Anreisen

⚙ Wann?
Wenn im Frühling die Wildblumen blühen, herrscht der größte Andrang. Jetzt und im Herbst ist es mild und die ideale Zeit für Outdooraktivitäten. Die Winter können kalt sein, aber dafür ist der Himmel strahlend blau.

🧭 Wie?
Der Park liegt in Südkalifornien, eine Autostunde nordöstlich der Ferienstadt Palm Springs. Von hier sind es mindestens zwei Stunden bis nach Los Angeles mit seinem großen internationalen Flughafen LAX.

Park in Zahlen

3200
Fläche (km²)

8000
Kletterrouten

5
Fächerpalmenoasen in der Wüste

Zelt oder Hotel?

Black Rock Campground
Nur 15 Autominuten von der Stadt Joshua Tree entfernt, ist dieser familienfreundliche Ort die richtige Wahl, wenn man der Zivilisation nicht allzu fern sein will. Stellplätze können bis zu sechs Monate im Voraus gebucht werden (hilfreich bei Frühlingsreisen).

Jumbo Rocks Campground
Wer davon träumt, unter Sternen und neben einmaligen Felsformationen zu schlafen, entscheidet sich für den Jumbo Rocks Campground. Hier gilt „wer zuerst kommt, mahlt zuerst". Vor allem an Wochenenden sollte man früh da sein, um einen Platz zu ergattern. Wasser mitbringen!

Harmony Motel
Ein einfaches Motel brachte es zu Bekanntheit: Hier stieg die Rockband U2 ab, als sie an ihrem Album *The Joshua Tree* arbeitete – ihr Durchbruch. Nach einem langen Wander- und Klettertag entspannt man im Whirlpool oder im kühlen Schwimmbecken. Jede Menge Privatsphäre bietet die Jack Kerouac Cabin.

Raus und los

Klettern
Monzogranitfelsen, Platten und steile Felswände locken Anfänger ebenso wie Könner an. Lokale Anbieter in der Stadt Joshua Tree verleihen bzw. verkaufen die nötige Ausrüstung und geben auf Wunsch auch Unterricht. Bevor man auf eigene Faust loszieht, lohnt es sich während der Klettersaison (Oktober bis April) mit den Rangern einen Kaffee zu trinken.

Wüstenfahrten
Es macht großen Spaß, in einem Wüstenpark mit dem Auto oder Mountainbike über staubige Pisten zu jagen. Auf der 29 km (18 Meilen) langen Geology Tour Road erlebt man 100 Mio. Jahre geologischer Entwicklung im Eiltempo. Alternativ erkundet man die Covington Flats, wo die größten Joshuabäume wachsen.

Geführte Touren
Entweder besorgt man sich ein Ticket für eine Tour durch die faszinierende Keys Ranch, wo Siedler einen Claim absteckten, oder unternimmt eine kostenlose Mondscheinwanderung mit einem Ranger.

Joshua Tree zieht Kletterer jedes Alters an. Vorherige Seite: Die ausgewaschenen Felsen bieten jede Menge Möglichkeiten, sich festzuhalten.

Nicht verpassen

Dank seiner einzigartigen Grenzlage zwischen zwei Wüsten wartet der Park mit einer ungewöhnlich reichen Vielfalt an Pflanzen und Tieren auf. Den Süden der Colorado Desert prägen Ocotillopflanzen mit dornigen roten Blüten und Chollakakteen, deren Dornen auf Vorbeigehende „überzuspringen" scheinen. Im Norden liegt die kühlere Mojave Desert mit Joshuabäumen, Wüstenschildkröten und Zugvögeln, die hier auf ihrem Flug entlang des Pacific Flyway einen Halt einlegen.

JOSHUABAUM Der bis zu 12 m hohe Baum, auch Joshua-Palmlilie genannt, gehört zu den Yuccas und ist an seinen gedreht wachsenden Ästen erkennbar. Im Frühling trägt er cremefarbene Blüten.

RENNKUCKUCK Eine der wenigen einheimischen Vogelarten. Der Rennkuckuck kann bis zu 40 km/h schnell laufen und sogar angreifende Klapperschlangen töten.

WÜSTENHALSBANDLEGUAN Schwarz-weiße Halsbänder sind das Kennzeichen dieses räuberischen Reptils, das in felsigen Arealen des Parks vorkommt.

Wandern

O1 Hidden Valley
Kinder mögen diesen nur 1,6 km (1 Meile) langen Naturpfad, der in die Geologie, Flora und Fauna des Parks einführt.

O2 Lost Horse Trail
Es geht 6,4 km (4 Meilen) durch das Trockenbett eines Sturzbachs zu den Ruinen einer Goldmine des 19. Jhs. Der komplette Rundweg ist 9,7 km (6 Meilen) lang.

O3 Lost Palms Oasis
Auf der einsamen 11,6 km (7,2 Meilen) langen Wanderung zu einer Oase mit Kalifornischen Fächerpalmen (auch Petticoatpalmen genannt) wird man zum Erforscher einer untergegangenen Welt.

Tourentipps

Die Überreste der Lost Horse Mine erkunden, durch das Hidden Valley und zum Barker Dam wandern und vom Keys View den Sonnenuntergang über den berühmten Joshuabäumen erleben.

◀ Ein Kojote. Beim Campen kann man nachts die Milchstraße bewundern; im Park gibt's jedes Jahr ein Night Sky Festival.
▶ Der Joshuabaum gehört zur Gattung der Yuccapalmen.

01

Ein Tag

Für die Highlights des Wüstenparks reicht ein Tag. Von Palm Springs geht's durch das Yucca Valley ins Städtchen Joshua Tree, die letzte Möglichkeit, Vorräte, Wasser und Kraftstoff aufzunehmen. Während man auf dem Park Boulevard weiterfährt, tauchen noch vor dem Parkeingang die berühmten Joshuabäume auf. Der Wagen wird im Hidden Valley abgestellt. Als Erstes folgt man dem kurzen Naturpfad und genießt ein mittägliches Picknick. In der Nähe beginnt ein Rundwanderweg um den Barker Dam mit seinem Wasserreservoir. Auf dem Weg dorthin passiert man Petroglyphen der Ureinwohner. Anschließend fährt man bis zum Keys View, das tolle Fotomotive bietet, und ostwärts durch die „Wonderland of Rocks"-Wildnis mit riesigen bizarr geformten Felsbrocken. Kids mögen vor allem den Skull Rock. Im Visitor Center in der Oasis of Mara gibt's pädagogische Exponate zu sehen. Am späten Nachmittag wandert man über den Hügel zur Fortynine Palms Oasis mit Fächerpalmen und einem Wasserbecken, das Tiere anzieht.

02

Zwei Tage

Wer zwei Tage Zeit hat, kann sich dem Park eingehender widmen. Auf einer geführten Tour besucht man die historische Keys Ranch oder man marschiert zu den Ruinen der Lost Horse Mine. Danach folgt man der Geology Tour Road vorbei an Kletterern, die in den Steilwänden hängen, zum netten Jumbo Rocks Campground. Hier betrachtet man zunächst den Sonnenuntergang und anschließend die funkelnden Sterne.

Am nächsten Tag fährt man gemächlich südwärts durch das Pinto Basin. Bei einem kurzen Stopp am Kakteengarten sind seltsam geformte Sukkulenten zu sehen, darunter Ocotillos und flaumig aussehende Chollakakteen, die aber stachelbedeckt sind. Die Straße verläuft weiter durch die Colorado Desert bis nach Cottonwood Spring mit einem kleinen Visitor Center und einem Campingplatz. Hier füllt man seine Wasservorräte nach und unternimmt eine meditative Wanderung zur Lost Palms Oasis mit einheimischen Fächerpalmen. Einziger Begleiter hier dürfte ein Wüstenbighornschaf sein.

03

Drei Tage

An drei Tagen lernt man den Park in- und auswendig kennen. Einen Tag verbringt man rund um Hidden Valley und Barker Dam mit Wandern, Picknicken und Kletterunterricht. Es gibt keinen besseren Aussichtspunkt für Sonnenuntergänge als Keys View, obwohl auch an der Ryan Mountain einen tollen Blick und zudem mehr Stille bietet – vorausgesetzt man ist fit genug für den anstrengenden Aufstieg. In der ersten Nacht zeltet man in Hidden Valley. Tags darauf besucht man die Keys Ranch und unternimmt eine Mountainbiketour im Queen Valley mit den Ruinen eines riesigen Bergwerks. Vor Sonnenuntergang fährt man Richtung Black Rock Campground und macht einen Abstecher rund um Covington Flat zu riesigen Joshuabäumen. Am dritten Tag geht's hinab nach Cottonwood Springs, von wo man zur malerischen Lost Palms Oasis wandert. Oder man fährt nordwärts zur kleinen an der Straße gelegenen Oasis of Mara und läuft zur Fortynine Palms Oasis, gleich abseits des Highways, der wieder in das Städtchen Joshua Tree führt.

34

AK

Katmai National Park & Preserve

Mit den mitunter weltbesten Möglichkeiten zur Braunbärbeobachtung wartet dieser abgelegene Park an den nebeligen Buchten der Alaskahalbinsel auf.

V ielleicht erinnert sich der eine oder andere noch an die Tierdokus, in denen rund 450 kg schwere Braunbären auf Lachsfang an Wasserfällen stehen. Höchstwahrscheinlich wurden diese Bilder in Brooks Camp im Katmai National Park gedreht. Wer sich die Anreise leisten kann, erlebt solche idyllischen Szenen des unberührten Amerikas live und in Farbe.

Tiefer im Park mit einer Fläche von 16 576 km² kann man verwunschene Seen erkunden, die Tausende Jahre alten, kulturellen Traditionen der Ureinwohner Alaskas bestaunen, sich beim Angeln vergnügen und das bezaubernde, fantasievoll benannte Valley of Ten Thousand Smokes („Tal der zehntausend Dämpfe") besuchen. Das 1918 zum National Monument ernannte Schutzgebiet erhielt 1980 Nationalparkstatus. Ursprünglich sollten hier vor allem das vulkanisch aktive Valley of Ten Thousand Smokes und die großen Küstenlebensräume, die für das artenreiche Ökosystem dieser Region stehen, erforscht werden. Das 104 km² große Tal ist seit dem Ausbruch des Novarupta 1912 mit Asche bedeckt. Jahrelang prägten rauchende Fumarole das Bild, aber heute sind nur noch wenige von ihnen auf nahen Hügeln zu finden. Übrig geblieben ist eine karge Mondlandschaft, die eindrucksvoll, trostlos und etwas surreal anmutet.

Viele Besucher kommen nur her, um große Braunbären zu sehen. Dank der spektakulären Lachswanderungen sind die mächtigen, eindrucksvollen Tiere gut im Futter. Den besten Blick auf sie hat man an den Brooks Falls.

Hervorragende Möglichkeiten zum Kanu- und Kajakfahren bieten Hunderte Meilen von gewundenen Wasserstraßen auf Flüssen, Seen und Bächen. Auch das Hinterland lädt zu einem Ausflug ein. Im Park gibt's zwar nur einen 8 km (5 Meilen) langen Wanderweg, doch je nach Fähigkeiten kann man sich vom Abenteuergeist und vom Kompass leiten lassen.

Anreisen

Wann?
Juli und September sind die besten Monate, um in Brooks Camp Bären zu beobachten. Im Juli sieht man, wie Lachse gegen den Strom anschwimmen. Parkeinrichtungen öffnen von Juni bis Mitte September.

Wie?
Die Anfahrt zu dem Park auf der Alaskahalbinsel ist nicht gerade leicht. Nach der Landung in King Salmon geht's per Wasserflugzeug nach Brooks Camp. Wer vorab plant und abenteuerlustig ist, den erwarten jede Menge Wanderungen und Paddeltouren durch die Wildnis.

Park in Zahlen

16 576
Fläche (km²)

2200
Anzahl der Braunbären im Nationalpark

9000
Jahre menschlicher Besiedlung

Zelt oder Hotel?

Hallo Bay Bear Camp
Der auf Bärenbeobachtung spezialisierte Tourenveranstalter betreibt einen Safarizeltplatz an der Küste und bietet geführte Naturtrips an. Dank der Kleingruppen sind Begegnungen mit den großen Bären umso toller.

Brooks Lodge
Nur einen kurzen Spaziergang von den Brooks Falls entfernt eignet sich diese Lodge mit Blick auf den Naknek Lake gut zum Angeln und Bärenbeobachten. In den schlichten Zimmern der rustikalen, kostspieligen Unterkunft stehen Etagenbetten. Mit anderen Gästen kann man bis spätabends Reiseerlebnisse austauschen.

Fure Cabin
Einst wohnte in der Hütte an der Bay of Islands am Naknek Lake der berühmte Fallensteller Roy Fure, der das Häuschen aus Fichtenstämmen 1926 errichtete. Es ist eine beliebte, einfache Anlaufstelle für Kajak- und Kanufahrer, die sich tiefer in das Schutzgebiet wagen (über die Parkverwaltung reservieren).

Raus und los

Kanu- & Kajakfahren
Eine spektakuläre, malerische Route führt durch das Hinterland des Parks. Für die 138 km (86 Meilen) lange Strecke sollte man fünf bis zehn Tage einplanen. Nur für erfahrene Paddler.

Angeln
Seit Tausenden Jahren ist die Fischerei zentraler Bestandteil der regionalen Kultur und Wirtschaft. Neben den fünf Arten des wandernden Pazifischen Lachses gibt's im Park Regenbogenforellen, Seesaiblinge, Dolly-Varden-Forellen, Arktische Äschen und Saiblinge.

Bärenbeobachtung
Deshalb kommen jährlich 50 000 Besucher hierher. Am besten sind die Tiere an den Brooks Falls zu sehen, wo sich in der Hochsaison ca. zehn Bären aufhalten. Lachse springen auf dramatische Art und Weise aus dem Wasser und landen zwischen den Zähnen der Tiere. Je tiefer man sich in das Schutzgebiet hineinbegibt, desto weniger andere Leute trifft man. Immer (!) die Sicherheitsregeln befolgen!

Zelten am Naknek Lake. Ganz in der Nähe befinden sich die Brooks Falls, wo Bären Lachse fangen. Vorherige Seite: Küstenbraunbär.

Nicht verpassen

Neben den berühmten Braunbären leben 42 Säugetierarten im Park. In den Küsten- und Seengebieten streifen die besagten Bären und Elche umher. Zudem sieht man Rentiere, Rotfüchse, Wölfe, Luchse, Vielfräße, Flussotter, Nörze, Marder, Wiesel, Stachelschweine, Schneeschuhhasen, Rote Eichhörnchen und Biber. Vor der Küste tummeln sich Rotlachse sowie bellende Seelöwen und Seeotter. Gelegentlich erblickt man auch Wale und Schweinswale entlang der Shelikof Strait an der Parkgrenze.

BRAUNBÄR Gegen Ende des Sommers wiegen Braunbären, die zu den berühmtesten Spitzenprädatoren der Welt gehören, etwa 450 kg. Sie verschlingen in dieser Zeit täglich bis zu 30 Lachse.

BIBER Die Seen, Teiche und Moore dieser Küstenregion ziehen eine verblüffend große Artenvielfalt an. Nachmittags kann man wunderbar Biber rund um ihren Bau beobachten.

SEELÖWE An der Küste sind Seehunde und -löwen sowie die wunderbaren (leider bedrohten) Seeotter zu sehen. Den Anblick und Klang der großen Seelöwenkolonien wird man so schnell nicht vergessen.

Wandern

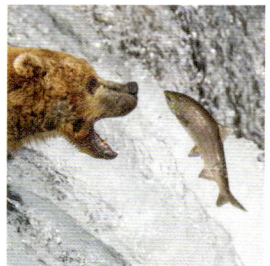

01 Brooks Falls
Vom Abhang zu den Brooks Falls sind es nur 0,8 km (0,5 Meilen). Unterwegs erwarten einen drei Aussichtsplattformen und auf der letzten Terrasse rangeln sich Touristen um den besten Platz.

02 Dumpling Mountains
Der einzige erschlossene Wanderweg im Park führt in einem halben Tag zum Gipfel des 768 m hohen Dumpling Mountain mit atemberaubendem Blick auf das umliegende Seengebiet.

03 Three Forks Overlook
Es gibt hier nicht viele Pfade, doch man kann sich an diesem Aussichtspunkt absetzen lassen und von dort aus ins wilde Hinterland wandern.

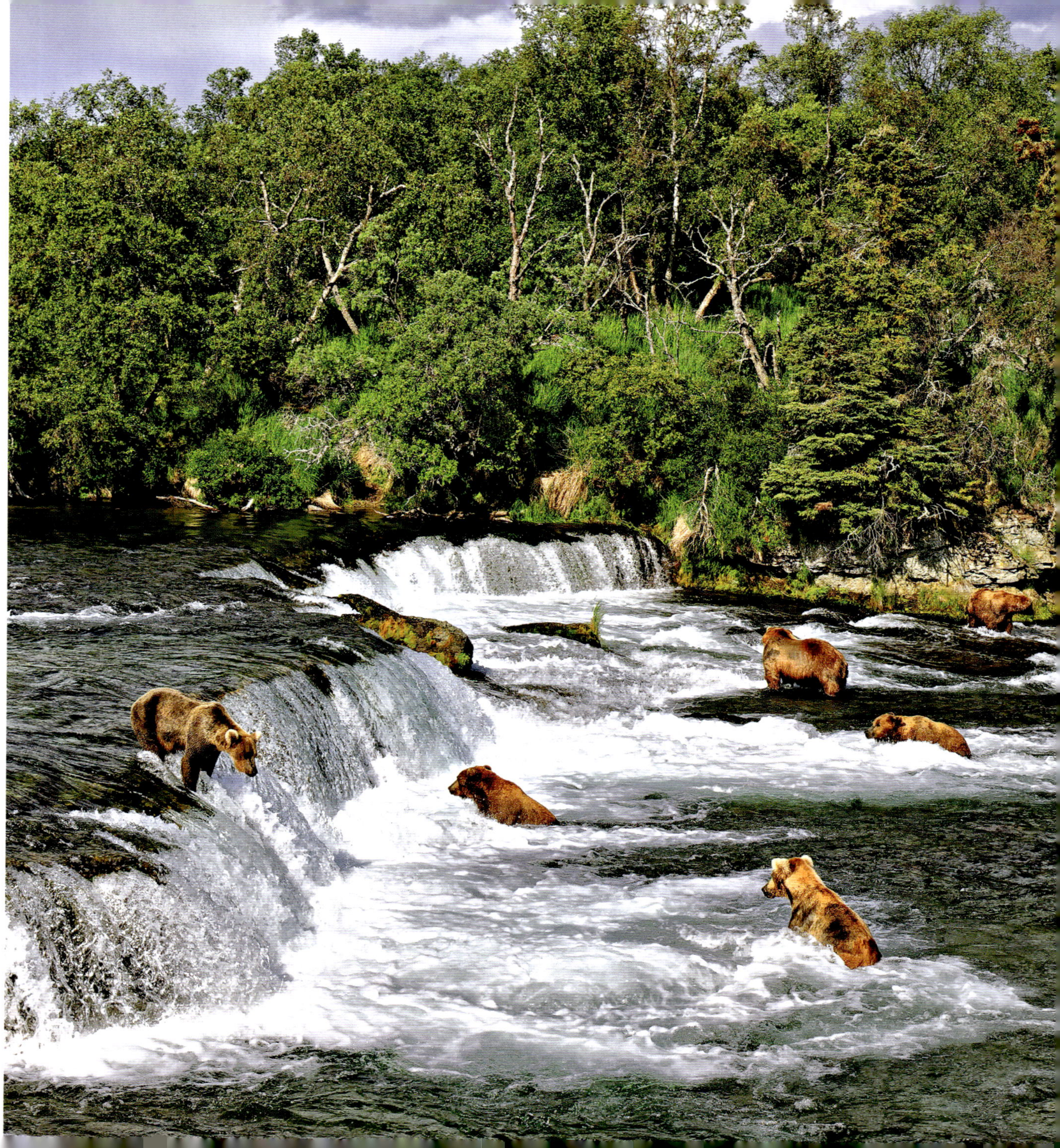

Getty Images | Patrick Endres; Barcroft Media

Tourentipps

In Brooks Camp Bären beobachten, einen Roadtrip zum Three Forks Overlook unternehmen oder auf dem Savonski Loop Kajak fahren – dieser Park hat all das zu bieten und wartet zudem noch mit einem tollen Blick auf das Valley of Ten Thousand Smokes auf.

◄ Beim jährlichen großen Fressen an den Brooks Falls futtern sich Braunbären Fettpolster für den Winterschlaf an.
➡ Ein Wasserflugzeug auf dem Naknek Lake; ein Rotfuchs im Katmai National Park.

01

Drei Tage

Vom Landeplatz des Dorfes King Salmon geht's per Wasserflugzeug zunächst ins ziemlich kostspielige Brooks Camp. Wer ein knappes Budget hat, schlägt sein Zelt in King Salmon auf und macht Tagesausflüge in den Park. Man kann auch sein Glück versuchen und am Losverfahren teilnehmen, um einen Platz auf dem Brooks Camp Campground zu ergattern, der verständlicherweise von einem Elektrozaun umgeben ist. Teure Alternativen sind die rustikale Brooks Lodge und

das Hallo Bay Bear Camp. Den ersten Tag sollte man auf jeden Fall rund um Brooks Camp Bären beobachten. Dafür planen viele Besucher mindestens ein paar Stunden ein.

An Tag zwei geht's über die 38 km (23 Meilen) lange einzige Straße im Park zum Three Forks Overlook mit einem grandiosen Blick auf das Valley of Ten Thousand Smokes. Von dort aus sind herrliche Wanderungen in die Wildnis möglich (keine Wege!). Am letzten Tag bietet sich eine kurze Kajakfahrt oder ein Rundflug an.

02

Zehn Tage

Die Aktivitäten im Park sind etwas für Leute, denen es nicht an Zeit, Geld, Outdoorerfahrung und Ehrgeiz mangelt. Los geht's mit der Bärenbeobachtung rund um Brooks Camp, wo man sich über Expeditionen in die Wildnis informieren kann. Von dort unternimmt man eine fünf- bis zehntägige Kajak- oder Kanufahrt auf dem Savonski Loop. Alternativ folgt man der 48 km (30 Meilen) langen Paddelstrecke zu den Bay Islands mit Abholung durch ein Wasserflugzeug oder der 16 km (10 Meilen) langen

Route zum Margot Creek und zurück. Auf den großen Seen muss mit starkem Wind und unruhigem Wasser gerechnet werden. Wer noch Energie hat, wandert vom Valley of Ten Thousand Smokes entlang von Flussbetten und Kammlinien durchs Hinterland. Einige Tourenveranstalter bieten All-inclusive-Trips mit Wandern, Paddeln und Bärenbeobachtung. Für den zusätzlichen Adrenalinkick wird die Reise mit einem Ausflug zum kaum erschlossenen Lake Clark National Park & Preserve beendet.

35

AK

Kenai Fjords National Park

Steile Gletscher, tief ein-geschnittene Fjorde, eine Vielzahl an Vögeln und Meerestieren: Dieser leicht erreichbare Park bietet eine zauberhafte Mischung aus Wasser, Eis und Bergen.

Das Highlight dieses beliebten Nationalparks sind die fast 40 Gletscher, die sich ihren Weg durchs felsige Gebirge Alaskas bis hinunter zu zerklüfteten Fjorden gebahnt haben.

Leider verlieren sie aufgrund der Erder-wärmung an Masse, sind jedoch immer noch unglaublich eindrucksvoll – allen voran das Harding Ice Field, ein majestätisch glitzern-des Eisfeld, das sich vor über 23 000 Jahren gebildet hat und heute eine Fläche von mehr als 1800 km² in den Kenai Mountains einnimmt. Aus den Kenai Mountains flossen Gletscher in Richtung Meer, höhlten tiefe Täler aus, die sich später mit Meereswasser füllten: Legendäre Fjorde wie Resurrection Bay und Aialik Bay entstanden.

Zum Pflichtprogramm gehört eine Boots-fahrt vom poetischen Fischerdorf Seward. Unterwegs sieht man Fjorde, Gletscher und eine bemerkenswerte Vielfalt an Meerestie-ren wie Seeottern, Weißflankenschweinswa-le, Gewöhnliche Schweinswale, Stellersche Seelöwen, Seehunde und Schwertwale. Spektakulär ist auch die Walbeobachtung mit Finn-, Grau-, Buckel-, Zwerg- und Seiwalen.

Eine andere Perspektive auf die Meeres-welt bietet eine Kajaktour, bei der man zwi-schen Eisbergen hindurchpaddelt und das Knacken von schmelzendem Eis hört. Der Exit Glacier ist das meistbesuchte Ziel im Landesinnern. Hier kann man einen Tag lang wandern oder einen längeren Trip zum hoch gelegenen Harding Ice Field unternehmen. Zudem beginnt hier ein Wanderweg, der über die komplette Kenai-Halbinsel führt. Auf der breiten Landzunge an der Südküste von Alaska leben Schwarz- und Braunbären, Bergziegen und Elche. Wer genau hinsieht, kann sogar ein Murmeltier oder einen Nörd-lichen Moorlemming entdecken.

Anreisen

Wann?
In diesen nördlichen Breitengraden eignen sich die Sommermonate von Juni bis August am besten für einen Besuch. Während der Zwischensaison gibt's vielleicht gutes Wetter, doch die Besucherzentren sind geschlossen.

Wie?
Von Anchorage führt die Alaska Railroad zur Stadt Seward mit ihren reizenden Geschäften. Von hier aus unternimmt man Boots- und Kajakfahrten in den Park oder wandert ins Landesinnere zum Exit Glacier.

Park in Zahlen

2375
Fläche (km²)

191
Vogelarten

877
Kilometer Küstenlinie

Zelt oder Hotel?

Allgemein zugängliche Hütten
Naturliebhaber können eine der drei öffentlich zugänglichen Hütten an den Fjorden buchen. Die Aialik Cabin am Strand eignet sich gut zur Walbeobachtung. Von der Holgate Arm Cabin sieht man den nahen Gletscher. Die North Arm Cabin hingegen liegt fernab von allem und ist erst nach einer langen Paddeltour erreichbar.

Kenai Fjords Glacier Lodge
Als einzige Naturlodge im Park bietet diese an einer fantastischen Lagune gelegene All-inclusive-Lodge 16 rustikale Hütten, die moderne Annehmlichkeiten mit dem einfachen Lebensstil Alaskas verbinden. Die Hütten sind über Bohlenwege miteinander verbunden. Zum Angebot zählen Bootsausflüge, Kajaks, Gourmetspeisen und der Transfer von Seward.

Alaska Paddle Inn
Tolle Zimmer hoch über einem einsamen Strand an der Resurrection Bay außerhalb von Seward. Gewölbedecken, gemütliche Sitzecken und offene Kamine verleihen der Unterkunft ein charmantes Ambiente. Man kann den Strand erkunden, nachmittags Kajak fahren oder einfach am Wasser sitzen und den Horizont betrachten.

Raus und los

Kajakfahren
Zwar sind auch kurze Tagestouren möglich, doch im Grunde dreht sich alles um mehrtägige Exkursionen auf dem blauen Wasser. Von Seward geht's mit einem Leihboot zur Aialik Bay, wo man drei oder vier Tage nach Süden paddelt – vorbei am Pedersen Glacier und in den Holgate Arm. Während man sich auf dem Kajak den Wind durchs Haar wehen lässt, fühlt man sich der Natur tief verbunden.

Bootsfahrten
Vom Boot aus sind viele Vögel und Wildtiere an der Küste, dramatische Wasserfälle und kalbende Gletscher an der Resurrection Bay, dem Holgate Arm und der Northwestern Lagoon sowie die wilden, steilen Fjordwände aus nächster Nähe zu sehen. Erfahrene Guides kommentieren das Geschehen und versorgen einen bei kaltem Wetter mit heißer Schokolade.

Gletschertouren
Steigeisen anschnallen, Eispickel in die Hand und schon startet der Gletschertrip zum Harding Ice Field. Auf geführten Touren entdeckt man Gletscherspalten und Eishöhlen, die in der hellen Sonne Alaskas mit faszinierenden Blautönen aufwarten.

◄ Geologie zum Anfassen: Die Spire Cove an den Kenau Fjords.
► Orcas aus nächster Nähe.

Wandern

O1 Exit Glacier
Vom Naturzentrum Exit Glacier geht's auf einer geführten Wanderung zu einem Aussichtspunkt oberhalb des Gletschers (eine der wenigen Stellen im Park, die auf dem Landweg erreichbar sind). Die Wanderung hin und zurück dauert nur ein oder zwei Stunden.

O2 Harding Ice Field Trail
Bis zum höchsten Punkt sind es nur 6,4 km (4 Meilen). Der Weg ist jedoch sehr steil. Acht Stunden einplanen.

O3 Resurrection River Trail
Spektakulärer Pfad durch unberührte Natur. Der mehrtägige Backpackertrip führt von Seward zum Dorf Hope an der Nordküste der Kenai-Halbinsel.

Nicht verpassen

Ganz oben auf der Liste der Besucher steht das Beobachten von Walen und Tümmlern – und tatsächlich wurde der Park zum Schutz dieser Meerestiere sowie ihrer Fortpflanzungsreviere gegründet. Mit dem Fernglas und Mega-Zoomobjektiven sichtet man berühmte Vogelarten wie Gelbschopf- und Hornlunde, Weißkopfseeadler und Austernfischer.

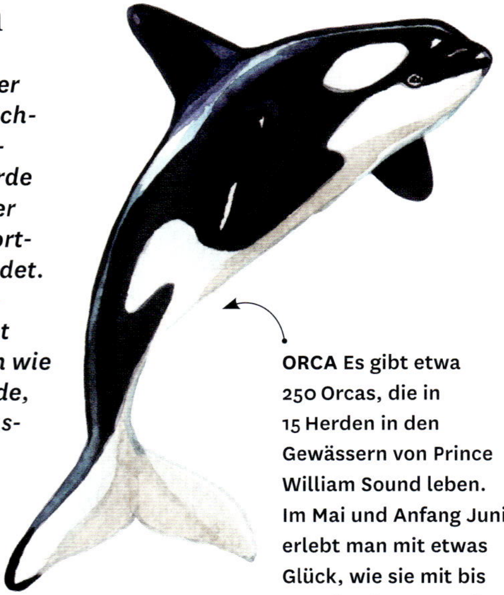

ORCA Es gibt etwa 250 Orcas, die in 15 Herden in den Gewässern von Prince William Sound leben. Im Mai und Anfang Juni erlebt man mit etwas Glück, wie sie mit bis zu 55 km/h am Bug des Schiffes vorbeiziehen.

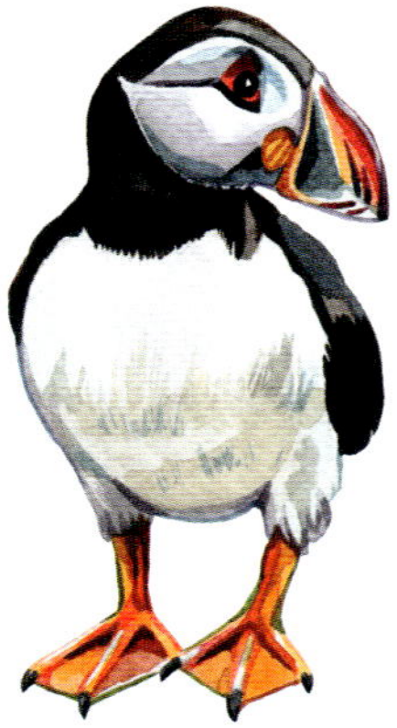

PAPAGEITAUCHER Die wunderbaren Vögel mit dem farbenfrohen Schnabel nisten hier ab Mitte Mai. Sie sind außergewöhnliche Schwimmer und führen wie Pinguine lebenslange Partnerschaften.

SEEOTTER Verspielt, lustig anzusehen und ungemein neugierig: Diese wasserliebenden Tiere sind an der ganzen Südküste Alaskas zu finden. Mit großer Wahrscheinlichkeit wird man einigen begegnen.

Getty Images | James + Courtney Forte;

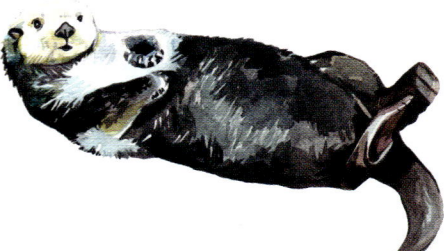

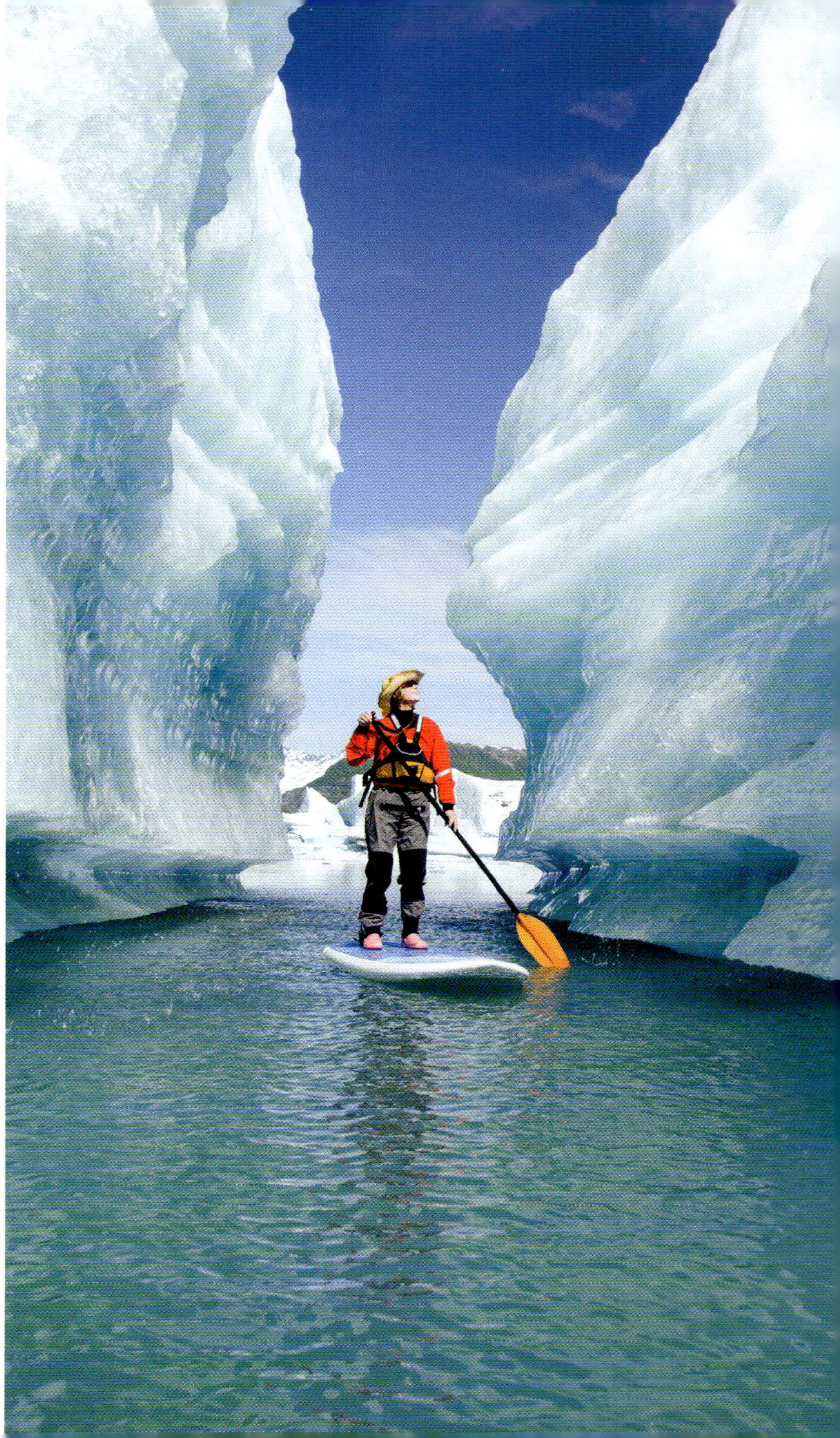

Tourentipps

An einer Bootsfahrt über die Fjorde oder einer geführten Wanderung hoch zum Harding Ice Field teilnehmen, den Mount Marathon erklimmen und zum Abendessen den frischesten Heilbutt der Welt genießen.

◀ Auf einem Stand-up-Paddelboot zwischen den haushohen Eisbergen des Bear Lake.

▶ Zeit für einen Snack am Bear Lake.

01

Drei Tage

Mit dem Coastal Classic Train fährt man von Anchorage nach Seward und bekommt bei einem Halt Weißwale in der Bucht Turnagain Arm zu Gesicht. Nach der Ankunft bietet sich ein Spaziergang durch die hübsche Stadt an. Zum Abendessen lädt das Chinooks am Hafen ein. Dort bucht man bei einem der beiden größeren Veranstalter eine Bootstour für den nächsten Tag. Auf dem achtstündigen Ausflug bekommt man viel von den Fjorden zu sehen und lauscht unterdessen den Erläuterungen des erfahrenen Tourguides. Der Blick ist stets auf den Horizont gerichtet, um Wale, Orcas und andere Meeressäugetiere nicht zu verpassen. Den Abend zelebriert man auf alaskische Art in der charakteristischen Thorn's Showcase Lounge mit dem wohl besten Heilbutt der Stadt. Früh am nächsten Morgen geht's zur geführten Wanderung hoch zum Harding Ice Field. Auf dem Rückweg kehrt man im Exit Glacier Salmon Bake ein. An Tag drei könnte man eine geführte Kajaktour oder eine lange Tageswanderung in die unberührte Natur rund um Seward unternehmen.

02

Fünf Tage

Wer mit dem Kajak den Park erkundet, kommt den Naturgewalten, den Geräuschen und der Magie dieser einzigartigen Landschaft näher, als man denkt. Eine gute Planung ist unerlässlich. Nur erfahrene Paddler sollten sich auf eigene Faust aus der Resurrection Bay herauswagen. Alle anderen lassen sich von einem Wassertaxi in den relativ ruhigen Gewässern der Aialik Bay absetzen (auf ständige Nässe und Kälte vorbereiten). Anschließend übernachtet man in einer Hütte in Aialik oder auf einem der vielen einsamen Zeltplätze. Es gibt nichts Schöneres, als sich nach einem langen Regentag am Feuer aufzuwärmen. Im Laufe der nächsten vier Tage reist man gemächlich über den Pedersen Glacier bis zum Holgate Arm mit der nächsten öffentlichen Hütte. Nach dem fünften Tag lässt man sich von einem Wassertaxi abholen oder begibt sich zu weiteren wenig besuchten Ecken des Parks. Bei einem Bier und einem Abendessen im Ray's Waterfront lässt man den Trip ausklingen.

03

Sieben Tage

Los geht's mit dem Wesentlichen, anschließend heißt es in neues Terrain vorstoßen und improvisieren: Nachdem man an den Touren und Kajakfahrten im Park teilgenommen hat, gibt's in Seward und Umgebung noch jede Menge zu erleben. Der 11,3 km (7 Meilen) lange Anstieg auf dem Lost Lake Trail bietet einen spektakulären Ausblick auf die Resurrection Bay.

Wem das nicht reicht, der besteigt anschließend den anspruchsvollen Mt. Marathon. Tags darauf erkundet man mit einem geliehenen Mountainbike auf dicken Reifen den Iditarod National Historic Trail.

Nachmittags flitzt man mit Stoney Creek Canopy Adventures zwischen Sitkafichten hindurch. Mit einem Hundeschlitten umherzukurven ist nicht jedermanns Sache, aber wer es unbedingt erleben möchte, könnte mit Godwin Glacier Dog Sled Tours zu einem Gletscher hochfahren und am Nachmittag über das Eis gleiten. Zum krönenden Abschluss fängt man beim Hochseeangeln Heilbutte und Lachse.

3.6

CA

Kings Canyon National Park

Riesenmammutbäume, Granitfelsen und ein schwindelerregend tiefer Canyon – all das erwartet einen in diesem versteckten, wunderschönen Park in der Sierra Nevada.

Getty Images | Jens Karlsson

Der Dichter und Naturschützer John Muir bezeichnete Kings Canyon als „Konkurrenten von Yosemite". Man weiß gleich warum, wenn man die Serpentinen des Kings Canyon Scenic Byway hinunterfährt, der in die von Gletschern geformten und vom strömenden Wasser polierten steilen Canyonwände eingeschnitten ist. An Aussichtspunkten entlang der Straße wie dem Junction View muss man all seinen Mut zusammennehmen, um über die Felskante auf das tosende Wildwasser tief unten zu spähen. Zum Ende der Straße in Cedar Grove steigt man aus und wandert den reißenden Kings River entlang, wo Muir von einem gewaltigen Felsen aus spontane Vorträge hielt.

Nur ein Bruchteil der Massen, die sich in Yosemite drängeln, erreicht den Kings Canyon. Während man tief in den friedvollen Wald zu einem wilden Wasserfall geht, sind die einzigen Geräusche Vogelgesang, der leichte Wind im Canyon und die eigenen Schritte. Unten am Kings River kann man sich im Sommer in Badebuchten erfrischen und im Frühjahr auf Wildblumenwiesen grasende Schwarzbären entdecken. Im Winter sind Schneeschuhe nötig, um unter einigen der weltweit größten Bäume zu wandern, darunter der gewaltige General Grant Tree, der offizielle Weihnachtsbaum der USA.

Backpacker lieben die leicht von Cedar Grove zu erreichende High Sierra. Der Rae Lakes Loop folgt dem berühmten John Muir Trail und dem Pacific Crest Trail über Bergpässe und vorbei an Bergseen, die einem die Erhabenheit der Natur vor Auge führen. Geübte Kletterer finden im Hinterland echte Herausforderungen, und zwar ohne das Gedränge um Yosemites El Capitan. Für Kinder ist das Campen neben über 20 Stockwerke hohen Bäumen ein Kick, den sie nicht so schnell vergessen.

Anreisen

Wann?
Die Sommermonate ziehen besonders viele Besucher an. Im späten Frühjahr sind die Wasserfälle am beeindruckendsten. Der Herbstanfang ist noch warm genug zum Campen. Im Winter wird der Kings Canyon Scenic Byway gesperrt.

Wie?
Der Park liegt vier Autostunden östlich von San Francisco. Unterwegs passiert man Fresno in Kaliforniens Central Valley. Im Sommer halten dort Busse nach Grant Grove am Flughafen und am Zug- und Busbahnhof. Für den Kings Canyon Scenic Byway braucht man ein Auto.

Park in Zahlen

1870
Fläche (km²)

2499
Tiefste Stelle des Kings Canyon (m)

81,7
Höhe des größten Baumes General Grant (m)

Zelt oder Hotel?

 John Muir Lodge
In einer ruhigen Seitenstraße in Grant Grove Village liegt dieses Holzhaus, der ideale Ort, um im Park zu übernachten. Während der Sommermonate entspannt man auf der Veranda in Schaukelstühlen und im Winter macht man es sich vor dem Kamin bequem.

 Sheep Creek Campground
Auf dem Campingplatz am Canyon-Flussufer kann man sein Zelt aufschlagen, ohne den Nachbarn zu bedrängen. Bis zum Amphitheater, wo im Sommer Rangerprogramme angeboten werden, und bis zum Markt in Cedar Grove Village ist es nur ein kurzer Spaziergang.

 Azalea Campground
Der bewaldete familienfreundliche Campingplatz, der von General Grant Grove zu Fuß erreichbar ist, befindet sich in der Nähe von Riesenmammutbäumen. Mit dem Auto ist man schnell am Markt in Grant Grove Village, wo alles Nötige für ein Lagerfeuer verkauft wird.

Raus und los

 Schwimmen
Wenn im Hochsommer der Wasserstand des Kings River sinkt, bilden sich Schwimmlöcher. Zu finden sind sie bei Roads End in Cedar Grove, vor allem rund um den Muir Beach und unter der Red Bridge. Bevor man hineinspringt, sollte man bei den Rangern nachfragen, ob irgendwelche Gefahren bestehen.

Reiten
In Grant Grove lockt ein kurzer Ausritt zwischen Riesenmammutbäumen. Es geht tief in den Canyon hinein bis zur rustikalen Cedar Grove Pack Station und am Kings River entlang, wo mehrtägige Wildnistrips zu den Wiesen und Seen der High Sierra starten.

Skifahren und Schneeschuhwandern
Wenn im Winter der Kings Canyon Scenic Byway gesperrt ist, kann man in Grant Grove Village Schneeschuhe leihen und zwischen den Riesenmammutbäumen umherwandern. Im nahen Sequoia National Forest verleiht die familienfreundliche Montecito Sequoia Lodge Schneeschuhe und Langlaufski und präpariert viele Kilometer lange Loipen.

◄ In Grant Grove wachsen einige der weltweit höchsten Bäume – die Riesenmammutbäume. Vorherige Seite: Der Lakes Trail zum Pear Lake ist ein Highlight im Kings Canyon National Park.

Nicht verpassen

Im Kings Cayon findet sich die ganze Vielfalt der berühmteren Nationalparks der Sierra Nevada und noch einiges mehr. Schwarzbären, Maultierhirsche und Gelbbauchmurmeltiere tummeln sich in gemischten Nadelwäldern sowie auf Hochgebirgswiesen, Felsgipfeln und den Hängen der Canyons, ebenso wie weitere 150 seltene Arten wie der gefährdete Gebirgs-Gelbschenkelfrosch, der nur rund um die Bergseen der High Sierra überlebt hat. Außerdem bietet der Park über 200 Vogelarten eine Heimat.

SCHWARZBÄR
Der *Ursus americanus* ist der König der Wälder. Sein Name führt in die Irre, denn sein Fell kann schwarz, braun, goldfarben oder sogar zimtbraun sein.

RIESENMAMMUTBAUM Viele dieser ehrwürdigen Bäume stehen in Grant Grove sowie im falsch benannten Redwood Canyon, der nur von wenigen Parkbesuchern angesteuert wird.

KALIFORNISCHER FLECKENKAUZ
Wer diesen nachtaktiven Jäger mit dunklen Augen erspäht, kann sich glücklich schätzen: Der Kings Canyon ist einer seiner wenigen geschützten Habitate.

Wandern

O1 General Tree Trail
Auf dem 0,6 km (0,4 Meilen) langen Pfad schlendert man an Riesenmammutbäumen vorbei und stoppt beim Fallen Monarch, einem mächtigen Baum, der einst tatsächlich als Pferdestall diente.

O2 Zumwalt Meadow Loop
Es geht 2,4 km (1,5 Meilen) auf einem Plankenweg über eine Wildblumenwiese neben dem Kings River.

O3 Mist Falls
Ab dem Ende des Scenic Byway wandert man 14,5 km (9 Meilen) durch schattigen Wald zwischen Canyon- wänden bergauf zu einem Wasserfall, der im Frühjahr tosend über die Felsen hin- unterstürzt.

Tourentipps

Im Redwood Canyon zwischen Riesenmammutbäumen umherspazieren, den zweithöchsten Baum der Welt im General Grant Grove bestaunen oder die Boyden Cavern erkunden.

◄ Die Zumwalt Meadow. Der Gebirgs-Gelbschenkelfrosch ist am Seeufer heimisch.
► Pferde und Maultiere bei einer kurzen Ruhepause in der High Sierra.

01

Ein Tag

Vom Big-Stump-Parkeingang sind es wenige Kilometer bis nach Grant Grove Village. Hier befindet sich das Kings Canyon Visitor Center mit naturgeschichtlichen Schautafeln, Karten und Auskünften sowie einem Spielzimmer. Wer sich genügend umgesehen hat, fährt entweder selbst zum General Grant Grove oder nimmt in der Hauptsaison den kostenlosen Shuttlebus. Ein leichter Naturlehrpfad schlängelt sich dort an Riesenmammutbäumen vorbei, darunter der zweitgrößte Baum der Welt und der ausgehöhlte Fallen Monarch. Nach einem Picknick geht's weiter zu den Grant Grove Stables, von wo man einen Ausritt auf dem Pferd oder Maultier unternimmt. Möchte man die Riesenmammutbäume mit weniger Besuchern teilen, kann man zum Redwood Canyon im Süden mit seinem guten Wegenetz fahren. Vor Sonnenuntergang geht's zurück nach Grant Grove Village und die schmale, kurvenreiche Panoramic Point Road hinauf. Eine Wanderung führt auf einen Hügel mit tollem Blick über den Kings Canyon, besonders bei Abendsonne.

02

Zwei Tage

Mit Kiefernduft in der Nase wacht man auf dem Grant-Grove-Waldzeltplatz auf. Nach dem Frühstück geht's auf dem Kings Canyon Scenic Byway 56 km (35 Meilen) tief in den Canyon, durch das Giant Sequoia National Monument bis hinunter zum Cedar Grove. Ein Zwischenstopp am Junction View bietet einen unglaublichen Blick auf einen der tiefsten Canyons Nordamerikas. Außerdem lohnt hier ein Abstecher zu der Boyden Cavern, einer Marmorhöhle. In Cedar Grove Village gibt's kalte Getränke und Eis auf dem Markt oder ein Mittagessen im Grillrestaurant. Anschließend relaxt man auf der Flussterrasse. Weitere 9,6 km (6 Meilen) auf der Straße führen an den Roaring River Falls und der Zumwalt Meadow vorbei, einem Tummelplatz von Schwarzbären.

Vom treffend benannten Roads End führen Wanderwege zu Wasserfällen und Seen, aber man kann auch einfach am kleinen Strand beim Muir Rock faulenzen. Ein guter Platz zum Zelten am Fluss ist der Sheep Creek Campground westlich von Cedar Grove Village.

03

Drei Tage

Mit dem Zelt im Auto verlässt man den Canyon. Ein Schlenker führt zum waldreichen Hume Lake, wo man eine Runde im kühlen Wasser schwimmen oder ein Kanu oder Kajak mieten kann. Holprige Pisten verlaufen tiefer in den Sequoia National Forest und zum historischen Buck Rock Lookout. 172 Stufen führen hoch zu einem restaurierten, noch funktionsfähigen Feuerwachtturm mit Blick auf die Great Western Divide. Er ist im Sommer geöffnet (außer bei Gewitter und Brandgefahr). Auf dem Weg westwärts zum Generals Highway bietet sich ein Abstecher über eine Nebenstraße zum Redwood Canyon an. Der Name ist irreführend, weil hier zahlreiche Riesenmammutbäume stehen. Wanderwege winden sich durch den Canyon, in dem man die gewaltigen Bäumen fernab von den Massen bewundern kann. Mit einem Berechtigungsschein darf man hier zelten. Alternativ fährt man weiter nach Süden zum Sequoia National Park, wo es weitere Campingplätze und Unterkünfte gibt.

37

AK

Kobuk Valley National Park & Preserve

Sanddünen, riesige Herden umherziehender Karibus und herrliche Einsamkeit, so weit das Auge reicht – all das gilt es im Kobuk zu entdecken.

Jenseits des Polarkreises wird Alaskas Wildnis noch wilder. Das gilt besonders für den abgeschiedene Kobuk Valley National Park & Preserve: Seltsam angeordnete Sanddünen, der vielfach gewundene Kobuk River, Bergketten am Horizont, indigene Kultur und Traditionen prägen diesen Landstrich.

Die Baird and Waring Mountain Ranges rahmen den Park mit zahlreichen geologischen Besonderheiten ein, darunter die 64,8 km² großen Great Kobuk Sand Dunes. Durch eiszeitliche Gletscher ab- und kleingeschliffene Sandkörner wurden vom Wind ins Tal geweht und im Laufe von Jahrmillionen zu riesigen Dünen aufgehäuft. Entlang des 98 km (61 Meilen) langen Flusslaufs des Kobuk River gibt's bis zu 45 m hohe Steilufer, die Fossilien aus der Eiszeit enthalten. Die Little Kobuk and Hunt River Dunes fügen dieser Szenerie Farbe hinzu.

Zweimal im Jahr ziehen Hunderttausende Karibus quer durch den Park: im Frühling nach Norden und im Herbst Richtung Süden. Ihre Routen führen durch die Sanddünen und die angrenzenden Sumpfgebiete. Das Spektakel ist nur mit den großen Tierwanderungen in der Serengeti zu vergleichen, wobei hier natürlich um einiges kältere Temperaturen herrschen.

Seit über 9000 Jahren finden sich Alaskas Ureinwohner in Onion Portage ein, um die Herden zu jagen, während diese den Flusslauf durchqueren. Bis heute hilft die Karibujagd einheimischen Familien, über den langen Alaskawinter zu kommen.

Kobuk ist nur schwer erreichbar und sehr, sehr kalt – eine besondere Herausforderung für erfahrene Backpacker, Bootsfahrer und Tierbeobachter. Belohnt wird man mit herrlicher Stille, einer grenzenlosen Aussicht und 24 Stunden Tageslicht. Bei einem Besuch des Parks findet man sich in herrlich ursprünglicher Natur wieder und kann erleben, wie die Erde war, bevor der Mensch ihr Gesicht veränderte.

Anreisen

Wann?
Flugtouristen und Naturfreunde planen ihre Trips zur Zeit der Karibuwanderungen im Frühling und Herbst (wobei sich Zeit und Routen verändern). Für Bootsfahrten und Backpacking ist der Sommer ideal.

Wie?
Von Anchorage fliegt man nach Kotzebue, steigt in ein Kleinflugzeug um und landet bei den Siedlungen der Einheimischen außerhalb des Parks. Oder man chartert ein Wasserflugzeug, das einen an der gewünschten Stelle absetzt, um den Kobuk River und die Sanddünen zu erkunden.

Park in Zahlen

6879
Fläche (km²)

400
Pflanzenarten

119
Einzigartige Vogelarten

Zelt oder Hotel?

Bettles Lodge
Die altmodische 1952 erbaute Lodge ist zur National Historic Site erklärt worden. Sie verfügt über sechs einfache Zimmer, eine einladende Gaststube und eine Bar mit Elchgeweihen. Im Angebot sind auch einige abgeschiedene Sommerhütten, darunter die Aurora Viewing Cabin, 4,8 km (3 Meilen) von der Unterkunft entfernt.

Camping
Eine unvergessliche Erfahrung ist das Zelten in den Great Kobuk Sand Dunes, 3 km (2 Meilen) Fußweg vom Fluss entfernt, wo man vom Wasserflugzeug abgesetzt wird. Camper suchen sich einen geeigneten Platz im Sand und können nun die Landschaft frei erkunden.

Kobuk River Lodge
Nach mehreren Tagen auf dem Kobuk River geht nichts über eine heiße Dusche. Die Lodge mit Blick auf den Zusammenfluss von Kobuk und Ambler hat schlichte Zimmer, viele ausgestopfte Tiere (sogar ein Walross mit großen Stoßzähnen) und ausreichend Warmwasser. Möglich sind auch geführte Tagestrips nach Onion Portage und zu den Great Kobuk Sand Dunes.

◄ Eine Karibuherde durchquert im Herbst den Kobuk River.
➡ Luftaufnahme der Great Kobuk Sand Dunes.

Raus und los

Kajakfahren
Vom Walter Lake im Gates of the Arctic National Preserve kann man 185 km (115 Flussmeilen) flussabwärts nach Kobuk Village paddeln, wo man vom Flugzeug abgeholt wird. Zunächst gibt's einige Stromschnellen der Kategorie IV, im weiteren Verlauf wird's ruhiger und es gibt noch Schwellen der Klasse I. Im Park trifft man auf Fischer und Jäger sowie eine artenreiche Natur. Ein großartiges Abenteuer!

Panoramaflug
Auf einem halbtägigen Panoramaflug von Kotzebue oder Bettles sieht man den Park von oben – Gelegenheit, umherziehende Karibus und andere Tiere zu beobachten. Oder man wird vom Wasserflugzeug abgesetzt und wandert durch die Wildnis (entlang der Krete der Baird Mountains).

Tourentipps

Aus der Luft wandernde Karibus beobachten oder eine Tour zu den Great Kobuc Sand Dunes unternehmen.

01

Fünf Tage

Kobuk Valley wird selten besucht. Es gibt weder Straßen noch markierte Pfade noch offizielle Campingplätze. Eine gute Planung ist unerlässlich. Los geht's mit einem Flug von Anchorage nach Kotzebue, wo man im Nullaġvik Hotel absteigt und sich im Northwest Arctic Heritage Center, das auch als Parkverwaltung dient, umsieht. Hier startet man zu einem Panoramaflug, um wandernde Karibus zu beobachten. Am nächsten Tag erfolgt der Transferflug nach Kobuk. Von hier unternimmt man Tagestouren nach Onion Portage und zu den Great Kobuk Sand Dunes, wo man Karibus sehen, auf die Sanddünen klettern und nach Tieren Ausschau halten kann. Den letzten Tag verbringt man unweit von Kobuk beim Angeln von Dolly-Varden-Forellen, Weißlachsen, Lachsen, Äschen und Hechten.

38

A K

Lake Clark National Park

Meeresbuchten, Gletscher, Vulkane, Tundra, Süßwasserseen, Wildtiere und eine faszinierende indigene Kultur – dieser Park ist der Inbegriff von Alaska schlechthin.

Selbst für Alaska ist die Vielfalt in dem Park ungewöhnlich. Hier verschmelzen zwei große Bergketten: die Neacola und die Chigmit Range. Der Lake Clark Pass, der sie trennt, war einst von 24 Gletschern umgeben, allerdings sind diese fast alle verschwunden. Übrig blieben Gletscherseen und Flussläufe, so reich an Lachsen, dass der Park eine der weltweit höchsten Braunbärpopulationen aufweist.

Bereits seit 12 000 Jahren fangen Dena'ina-Athabasca-Indianer und ihre Nachkommen im 332 km² großen Lake Clark Lachse und Forellen. Qizhjeh Vena, der einheimische Name des Sees, bedeutet „Versammlungsplatz der Menschen". Anfang des 20. Jhs. gaben die Dena'ina ihr seit fast 1000 Jahren bewohntes Dorf Kijik auf. Heute ist dieser Geisterort die bedeutendste archäologische Athabasca-Stätte Alaskas. Die Nachfahren der Dena'ina leben in Nondalton, einer 164-Seelen-Gemeinde am Südwestufer des Sixmile Lake beim Südzipfel des Lake Clark.

Das nur per Wasser- oder Buschflugzeug erreichbare Schutzgebiet scheint ungeeignet für kurze Touren, liegt aber lediglich 161 km südwestlich von Anchorage gegenüber der Cook Inlet. Zudem befinden sich viele malerische Regionen in Reichweite von knapp 70-minütigen Flügen. Hauptattraktion ist die 209 km lange Küstenlinie entlang der Cook-Bucht, die jedes Jahr im Juni Bärinnen mit ihren Jungen auf Suche nach Riedgras, Scheidenmuscheln und Fisch anzieht.

Besucher können sich ebenfalls auf die Jagd nach Fischen begeben (allein im Sommer 2014 wanderten 730 000 Rotlachse zurück in den Lake Clark). Überdiess locken Aktivitäten wie Wanderungen in der hochalpinen Tundra der westlichen Hänge, Camping am Lake Clark und Kajakfahrten sowie Tagestrips entlang der Küste, um Bären zu beobachten.

Anreisen

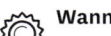

Wann?
Kein offizieller Eingang, aber das Besucherzentrum in Port Alsworth am Lake Clark öffnet von Ende Mai bis Mitte September. Nun kann man campen, sollte aber vorher planen: Der Juni eignet sich zum Bärenbeobachten rund um die Cook Inlet, der Juli und der August zum Lachsfischen.

Wie?
Der nicht an Alaskas Straßennetz angeschlossene Park liegt 160 km südwestlich von Anchorage. Man erreicht ihn per Wasserflugzeug von Homer, Kenai und Anchorage aus. Wenn es Wetter und Gezeiten erlauben, ist die Ostseite der Cook Inlet per Schiff zugänglich.

Park in Zahlen

16 309
Fläche (km²)

0
Anzahl der Straßen im Nationalpark

147 000
Anzahl der Roten Lachse, die jedes Jahr in den Lake Clark ziehen

Zelt oder Hotel?

Redoubt Mountain Lodge
Diese Lodge mit sechs Blockhütten auf einem 20 000 m²-Grundstück ist zum Schutz vor Braunbären von einem Elektrozaun umgeben. Es handelt sich um das einzige Haus am Crescent Lake, einem gletschergespeisten See im Schatten des 3108 m hohen Redoubt Volcano. In der Nähe gibt's einige der weltweit besten Fanggründe für Rot-, Silber- und Königslachse.

Zelten in der Wildnis
Die weglose Wildnis des Lake Clark bietet unendlich viele herrliche Plätze, um zu zelten. Einer der begehrtesten ist die 40 Flugminuten von Port Alsworth entfernte Landzunge im Turquoise Lake, der sich zwischen über 2400 m hohen Gipfeln im Osten und hochalpiner Tundra im Westen versteckt.

Silver Salmon Creek Lodge
Eine Oase in der Wildnis zwischen Vulkangipfeln und Gezeitensümpfen an der Cook Inlet mit einem Gemeinschaftsbereich sowie Zimmern samt Schlittenbetten. Das Zeltcamp, 16 km (10 Meilen) südlich, wird zur Zeit der Lachswanderung von Juli bis September betrieben.

Raus und los

Angeln
Ein Erlebnis für alle Sinne. Als wäre Fliegenfischen im Schatten von 3000 m hohen Gipfeln nicht genug, lauert womöglich ein Braunbär am Strand und wartet, bis der Fang eingeholt wird. Zum Glück gibt's Lachse im Überfluss, sodass für alle reichlich gesorgt ist.

Bärenbeobachtung
Es ist fast unmöglich, am Lake Clark im Juni keinen Braunbären zu sehen (das gilt auch für den Grizzly, den man allerdings an der Küste und nicht im Landesinneren findet). Nur einen Katzensprung von Anchorage, Kenai oder Homer entfernt, kann man am Strand der Cook Inlet das größte Landraubtier der Welt bei der Futtersuche, beim Kämpfen und Spielen beobachten.

Kajakfahren
Der 67,6 km (42 Meilen) lange See vor den Chigmit Mountains bietet eine preiswerte Möglichkeit, Alaskas Hinterland zu erleben. Camper fliegen nach Port Alsworth, mieten ein Kajak und lassen sich vom Wassertaxi zu einem geeigneten Platz mit Zelt, Brennholz und Plumpsklo – sowie einer tollen Aussicht – bringen. Man vereinbart einen Treffpunkt in zwei bis sieben Tagen und erkundet bis dahin den See.

◀ Der Glacier Creek sprudelt in Richtung Upper Twin Lake.
▶ Köstliche Blaubeeren.

Wandern

01 Tanalian Mountain
Wenn es auch bloß 6,6 km (4,1 Meilen) bis zum Gipfel sind, steigt der Pfad doch 1097 m von Port Alsworth zum 1189 m hohen Tanalian Mountain an. Hier genießt man einen traumhaften Blick auf den Lake Clark.

02 Von Turquoise zum Twin Lake
Die 40 km (25 Meilen) lange Route windet sich durch hochalpine Tundra. Es sind 2438 Höhenmeter zu meistern, aber als Belohnung bekommt man Bären, Schafe, Karibus, Adler oder Elche zu Gesicht.

03 Vom Silver Salmon Creek Beach zur Chinitna Bay
Der 40 km (25 Meilen) lange, größtenteils einfache Küstenweg umfasst auch einige Schwierigkeiten: Braunbären und Flussüberquerungen, von denen einige bei Hochwasser ungangbar werden.

Nicht verpassen

BRAUNBÄR Schwarz- und Braunbären ziehen zwar durch den ganzen Park, besonders viele finden sich aber im Juni entlang des Küstenstreifens ein. Dann sieht man Bärenmütter, die ihren Kleinen beibringen, nach Scheidenmuscheln zu graben, und kann männliche Tiere dabei beobachten, wie sie bis zu 30 Fische täglich fangen.

ROTLACHS In dieser unwirtlichen Region bildet der leuchtend rote Fisch die Lebensgrundlage für Braunbären, Meeressäuger und Menschen. Zweck des Parks ist es denn auch, die Laichgründe des Rotlachses zu schützen. Alljährlich wandern riesige Schwärme durch den Newhalen River flussaufwärts – ihre Zahl wird auf 1,5 bis 6 Mio. geschätzt.

ERLE Die silbergrünen Sträucher wachsen teilweise so dicht beieinander, dass es unmöglich ist, zwischen ihnen hindurchzugehen. Wanderer sollten sich an die Westhänge halten, dort ist das Erlengebüsch nicht so verbreitet.

Tourentipps

Im Lake Clarke geht's um Bären, Gletscher und schneebedeckte Vulkane. Anspruchsvolle Wanderungen kann man wunderbar mit Raftingtouren und entspannten Angeltrips verbinden.

 Im Lake Clar National Park leben Hornlunde.
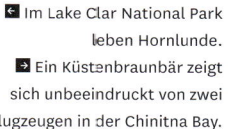 Ein Küstenbraunbär zeigt sich unbeeindruckt von zwei Flugzeugen in der Chinitna Bay.

01

Ein Tag

Dank der drei Nahrungsquellen – Scheidenmuscheln, Riedgras und Lachs – zieht Chinitna Bay, ein Salzwiesenhabitat an der Küste, Braunbären in großer Zahl an. Es gibt zwei Aussichtspunkte, von denen man beobachten und fotografieren kann, wie die Tiere nach Muscheln graben, Fische fangen oder einander über den Strand jagen. Sich ihnen zu nähern kostet zwar etwas Überwindung, doch sie sind so auf die Futtersuche konzentriert, dass sie die Fotografen in Frieden lassen, sofern diese nicht aufdringlich werden.

Bear Viewing ist der einzige Veranstalter im Park, der Chinitna Bay mit einem Boot ansteuern darf. Der Ausflug umfasst eine 1½-stündige und 64 km lange Fahrt von Homer über die Cook Inlet, mit Blick auf ins Meer kalbende Gletscher, schneebedeckte Vulkane, Seevögel und zahllose Meerestiere. Bei der Zehn-Stunden-Tour verbringt man fünf bis acht Stunden bei den Bären. Außerdem hat man die Möglichkeit, Heilbutt zu angeln oder nach Muscheln zu graben.

02

Fünf Tage

Wenn die rote Cessna des in Anchorage ansässigen Rust's Flying Service auf dem Crescent Lake aufsetzt, erblickt man am Nordwestende des türkisfarbenen Gletschersees den schneebedeckten Redoubt Volcano und im Südwesten den 3,2 km (2 Meilen) langen Lake Fork, ein Angelrevier von Weltrang für Rot- und Silberlachse. Dazwischen erstrecken sich steile, von Bergen gesäumte Küstenlinien, wo Braunbären auf der Suche nach leichter Beute sind. Die Tiere lassen sich bequem aus der Ferne vom Boot aus fotografieren,

man kann aber auch einfach die Angel nach Seeforellen auswerfen. Wandern ist hier wegen des dichten ufernahen Erlengestrüpps schwierig, aber es gibt sieben Pfade, die vom See wegführen und von denen einer an einem 18 m hohen Wasserfall endet. Abends treffen sich die Gäste in der rustikalen Redoubt Mountain Lodge, wo der Küchenchef den Fang des Tages serviert. Nach einem Absacker am Kamin geht man zeitig in einer der gemütlichen Blockhütten mit Blechdach schlafen.

03

Zehn Tage

16 187 km² Fläche – und fast überall darf man zelten. Da gibt's wahrlich viel zu entdecken! Wer mit Alaskas Wildnis unerfahren ist, sollte sich einem Guide anvertrauen. Dan Oberlatz, Inhaber von Alaska Alpine Adventures, erforscht den Park seit 1992. Eines seiner interessantesten Angebote ist eine zehntägige Wander- und Bootstour, die mit dem Absetzen auf dem Lower Twin Lake beginnt und dann den Wild and Scenic Chilikadrotna River hinunterführt. Vom Start bis zum Ziel ist man drei

Tage zu Fuß unterwegs und marschiert gut 40 km durch die hochalpine Tundra, die schneebedeckten Gipfel vor Augen. Anschließend folgen 130 Flusskilometer mit Wildwasser der Kategorien II und III und entspanntem Treibenlassen auf dem Mulchatna River. Bei schwacher Strömung wirft man die Angel nach Regenbogenforelle und Arktischem Saibling aus. Unterwegs erblickt man Wölfe, Bären und Karibus. Zur letzten Nacht gehören eine heiße Dusche und ein gemütliches Bett in einer Lodge am Lake Clark.

39

CA

Lassen Volcanic National Park

Ein geologischer Hotspot, den man keinesfalls verpassen sollte: Hier treffen die Bergketten der Sierra Nevada, die Cascade-Vulkane und die Great Basin Desert aufeinander.

Gedränge herrscht hier nicht – noch nicht einmal im Hochsommer, wenn die unberührten Seen in der Sonne funkeln und Wildblumen blühen. Lassen verzeichnet kaum eine halbe Million Besucher pro Jahr. Dies ist ein echter Geheimtipp abseits ausgetretener Pfade in Nordkalifornien. Fast drei Viertel des Parks liegen in unberührter Wildnis, in der es zahlreiche Wanderwege, Gewässer sowie die Überreste alter Lavaströme und Schlackekegel zu erkunden gilt. Nachts ist das Heulen wilder Kojoten das einzige Geräusch, das man zu hören bekommt.

Am nördlichen Rand der Sierra Nevada befindet sich der Lassen Peak, der südlichste aktive Vulkan der Cascade Range, die sich durch den ganzen Pazifischen Nordwesten zieht. Hier gibt's alle Vulkantypen der Welt – Schild- und Schichtvulkan, Lavadom, Schlackenkegel –, dazu kochende Schlammlöcher, dampfende Schlote und schwefelhaltige heiße Quellen. Alles begann vor 825 000 Jahren – und die geologische Entwicklung ist noch nicht zu Ende. Der Lassen Peak brach 1915 aus, genau ein Jahr bevor die Gegend zum Nationalpark erklärt wurde. Einmalig sind die hydrothermalen Bereiche des Schutzgebietes, in denen es heute noch zischt und sprudelt.

Der Park liegt an der Grenze von drei verschiedenen geografischen Großräu-men. Lange Zeit diente er als Treffpunkt von Indianerstämmen wie den Maidu, Yahi, Yana und Atsugewi, die im Sommer traditionell für die Jagd herkamen. Außerdem sammelten sie Pflanzen, mit denen sie Speisen und Medizin zubereiteten und die sie zu runden Körben mit typischen geometrischen Mustern flochten. Im 19. Jh. zogen Einwanderer mit ihren Planwagen durch das Gebiet, ihnen folgten Goldgräber, Holzfäller und Rancher. Mehr über die Kulturgeschichte des Nationalparks erfährt man im Loomis Museum und im Kohm Yah-mah-nee Visitor Center: Der Name bedeutet – zu Ehren des Lassen Peak – „Schneeberg".

Anreisen

 Wann?
Viele Einrichtungen sind nur im Sommer geöffnet. Nach dem ersten stärkeren Schneefall im Oktober wird die Hauptstraße gesperrt und erst wieder freigegeben, wenn der Schnee im nächsten Jahr schmilzt – meist im Juni.

 Wie?
Der Park liegt in den nordkalifornischen Bergen und ist in knapp vier Fahrstunden über die I-5 von San Francisco mit seinem großen internationalen Flughafen erreichbar. Für den Besuch braucht man ein Auto.

Park in Zahlen

431
Fläche (km²)

3189
Lassen Peak, der höchste Berg (m)

1915
Letzter Vulkanausbruch (22. Mai)

Zelt oder Hotel?

 Manzanita Lake Campground
Dieser familienfreundliche Campingplatz auf 1829 Metern Höhe beim Nordeingang des Parks ist vom Frühsommer bis zu den ersten Schneefällen geöffnet. Zeltstellplätze mit Seeblick und gemütliche moderne Blockhütten für bis zu sechs Personen sollten im Voraus gebucht werden.

 Drakesbad Guest Ranch
Versteckt im idyllischen Warner Valley bietet das altmodische Resort aus dem späten 19. Jh. rustikale Hütten und Lodgezimmer sowie drei ordentliche Mahlzeiten am Tag. Zu den Aktivitäten für Kinder zählen Schwimmen, Reiten, Singen am Lagerfeuer und Sternebeobachten durch Fernrohre.

 Summit Lake Campgrounds
In der Mitte des Parks befinden sich waldige Zeltplätze, herrlich für Familien. Sie liegen außerdem ideal für Tageswanderungen, zum Baden und Bergsteigen. Im nahen Amphitheater halten Ranger Vorträge am Lagerfeuer. Der nur im Sommer geöffnete Campingplatz erfreut sich großer Beliebtheit, deshalb empfiehlt sich eine Platzreservierung.

Raus und los

 Schwimmen & Bootfahren
Während der Sommermonate laden die höher gelegenen Seen zum Baden ein, vor allem all jene, die bereit sind, zu einsameren Stellen abseits der Hauptstraße zu wandern. Im Camperladen am Manzanita Lake können Paddler Kajaks, Kanus, „Catarafts" oder Stehpaddelausrüstung (SUP) mieten.

 Sterne beobachten
Fern von Ballungsräumen ist der Himmel hier frei von Lichtverschmutzung und somit einer von Kaliforniens besten Dark-Sky-Parks. Ranger bieten im Sommer kostenlose Astronomievorträge an. Zum jährlichen Meteoritenschauer der Perseiden Anfang August findet Lassens cooles Dark Sky Festival statt.

 Skilanglauf & Schneeschuhwandern
Auch wenn die Hauptstraße des Parks im Winter gesperrt ist, kann man Schneeschuhwandern und Langlauf betreiben, eine geeignete eigene Ausrüstung vorausgesetzt. Unpräparierte Pisten beginnen am Süd- und Nordeingang und führen zu zugefrorenen Seen sowie auf Berggipfel. Letzteres ist nur etwas für erfahrene Skitourengeher.

◄ Die Bumpass Hell ist das größte hydrothermale Gebiet im Park. Hier gibt's einige der heißesten Fumarolen (Dampfaustrittstellen) weltweit.

Wandern

○1 **Bumpass Hell**
Der 4,8 km (3 Meilen) lange Bohlenweg führt um eine Mondlandschaft mit grellfarbenen dampfenden Tümpeln und Schlammlöchern. Toller Ausblick auf den Brokeoff Mountain.

○2 **Lassen Peak**
Über 610 Höhenmeter sind zu bewältigen, um auf dem 8 km (5 Meilen) langen Pfad den Gipfel des höchsten und aktivsten Vulkans im Park zu erklimmen.

○3 **Echo Lake**
Vom Summit Lake Campground verläuft eine 7 km (4,4 Meilen) lange Route durch den Wald zu diesem blaugrünen Juwel, an dem man picknicken und baden kann.

→ Die Painted Dunes des Lassen Volcanic National Park sind vom anspruchsvollen Cinder Cone Trail aus zu sehen.

Nicht verpassen

Der Kontrast zwischen kühlen Wäldern und heißen Schlackenwüsten sowie der Mix aus schroffem vulkanischem Gelände und bergigen Regionen führt zu einem ungewöhnlichen Artenreichtum. Es gibt über 200 Vogelarten, darunter Zugvögel, die hier im Frühjahr und Herbst einen Zwischenstopp einlegen, sowie seltene Spezies wie Weißkopfseeadler, Wanderfalken und Kalifornische Fleckenkäuze. Der Nadelmischwald und die alpinen Gipfel bieten zudem einer Reihe von Wildblumen Lebensraum.

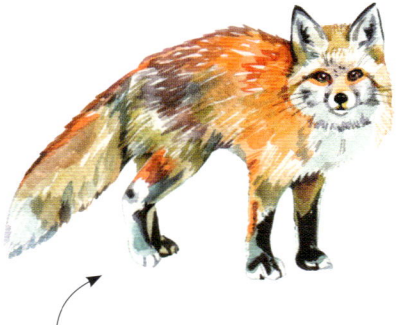

SIERRA-NEVADA-FUCHS Lassen ist einer von nur drei Orten in Kalifornien, wo man diesen stark gefährdeten kleinen Säuger antreffen kann.

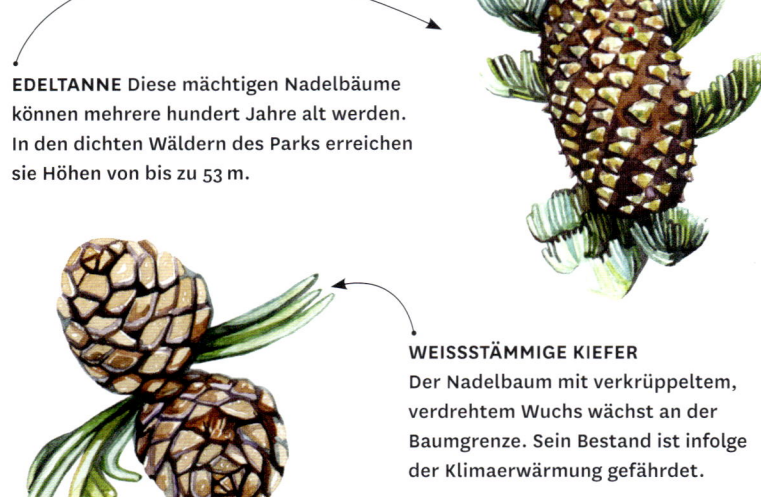

EDELTANNE Diese mächtigen Nadelbäume können mehrere hundert Jahre alt werden. In den dichten Wäldern des Parks erreichen sie Höhen von bis zu 53 m.

WEISSSTÄMMIGE KIEFER
Der Nadelbaum mit verkrüppeltem, verdrehtem Wuchs wächst an der Baumgrenze. Sein Bestand ist infolge der Klimaerwärmung gefährdet.

Getty Images | Witold Skrypczak; Danita Delimont

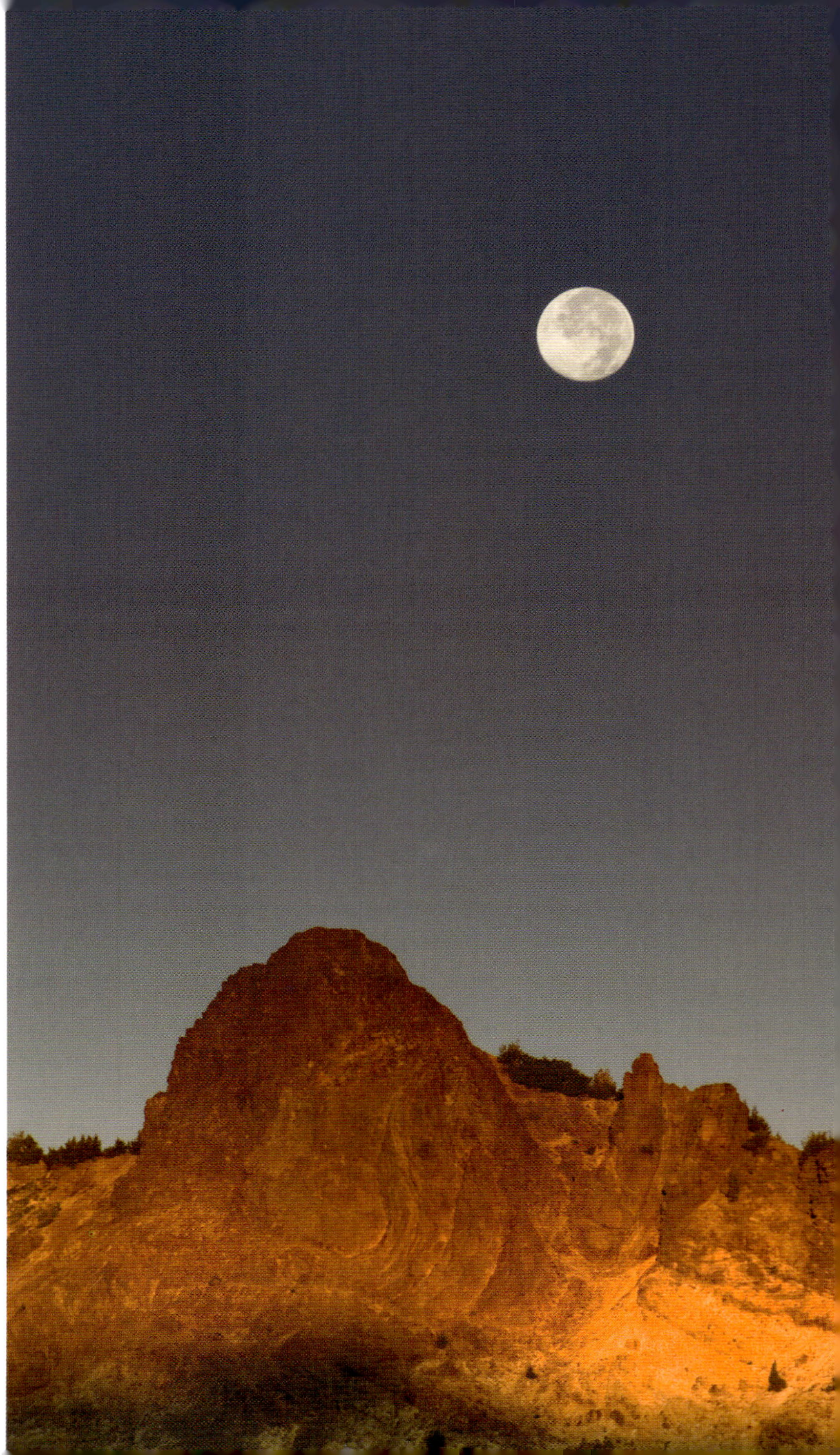

Tourentipps

Paddeln auf dem Manzanita Lake, den Vulkangipfel Lassen Peak erklimmen oder im Jeep zum türkisfarbenen Juniper Lake fahren und einen fantastischen Ausblick vom Mount Harkness genießen.

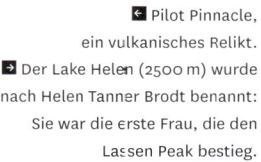

⬅ Pilot Pinnacle, ein vulkanisches Relikt.
➡ Der Lake Helen (2500 m) wurde nach Helen Tanner Brodt benannt: Sie war die erste Frau, die den Lassen Peak bestieg.

01

Ein Tag

Kommt man auf dem kurvenreichen Highway 89 in den Park, sollte der erste Halt beim Kohm Yah-mah-nee Visitor Center erfolgen. Hier kann man natur- und kulturgeschichtliche Exponate studieren, kostenlos einen Naturfilm ansehen und die Landschaft von einem mit LEED (Platin) zertifizierten grünen Gebäude aus überblicken. Dann geht's der Hauptstraße nach bergauf zu den Sulphur Works, wo stinkende Schlote Dampf in die Luft stoßen. Bei der Bumpass Hell steigt man aus und schlendert über den Plankenweg ins Herz des größten hydrothermalen Parkbereichs, eine unheimliche Landschaft. Das Ufer des Lake Helen am Fuß des Lassen Peak lädt zum Picknick ein. Die Straße führt weiter zum Nordeingang des Parks, vorbei an den Spuren des Vulkanausbruchs von 1915, wo ein Pfad um die Devastated Area und das Bergsturzgebiet der Chaos Crags and Jumbles verläuft. Den Rest des Nachmittags verbringt man am Manzanita Lake mit Baden oder Paddeln. Entweder schläft man in einer Campinghütte oder schlägt auf dem Platz am See sein Zelt auf.

02

Zwei Tage

An Tag eins folgt man der zuvor beschriebenen Tour. Am Morgen darauf geht's zeitig auf der Hauptstraße nach Süden zurück zum Ausgangspunkt des Weges Richtung Lassen Peak. Auf 2591 m startet dieser abenteuerliche Pfad zum 3187 m hohen Vulkangipfel, von dem man das Ergebnis der Eruptionen überblickt, die den Park im Laufe von 300 000 Jahren geformt haben. Zurück am Ausgangspunkt fährt man gen Norden für ein Picknick am Summit Lake und macht vielleicht ein Nickerchen in der Sonne. Wer Lust hat, unternimmt nun noch eine lockere Wanderung zu dem nur 3,2 km (2 Meilen) entfernten stillen Echo Lake. Wenn man nicht den Morgen am Lassen Peak vertrödelt hätte, könnte man auch den ganzen Tag von See zu See wandern, darunter die etwas größeren Upper und Lower Twin Lakes. Vor Sonnenuntergang schlägt man sein Zelt am Summit Lake auf und lässt sich am Lagerfeuer von einem Ranger durch das Abendprogramm führen.

03

Drei Tage

Zunächst folgt man den zuvor beschriebenen Touren, dann packt man sein Zeug am Summit Lake zusammen und fährt auf der Hauptstraße Richtung Süden. Nachdem man den Park verlassen hat, geht's in einem großen Bogen über die Highways 89 und 36 ins abgelegene Warner Valley im Schutzgebiet. Die Fahrt vom Kohm Yah-mah-nee Visitor Center dauert mindestens 90 Minuten. In einem vom Hot Springs Creek gespeisten Tal befinden sich die historische Drakesbad Guest Ranch und leichte Wanderwege zu reizvollen Seen, die weniger besucht sind als die an der Hauptstraße. Zu dem herzhaften Mittagsbüfett auf der Ranch sollte man sich telefonisch anmelden. Am späten Nachmittag geht's auf gleicher Route zurück, dann nimmt man die holprige Nebenstraße (Vierradantrieb nötig!) zum türkisgrünen Juniper Lake mit seinem schönen Strandcampingplatz. Vom See ist es nur 6,4 km (4 Meilen) lange Rundwanderung zum Feuerwachturm auf dem Mt. Harkness, der einen tollen Ausblick über die Landschaft bietet.

40
KY
Mammoth Cave National Park

Stalagmiten hoch wie Bäume, Hallen von der Größe einer Kathedrale, unterirdische Wasserläufe mit seltsamen blinden Lebewesen – die Mammoth Cave ist eine fremde Welt.

Klamm und feucht ist es auf dem Pfad, der durch einen langen, dunklen Korridor aus Fels in die unheimliche Unterwelt führt. Hier, zig Meter tief unter der Erdoberfläche, sind bizarre Felsformationen zu sehen: zarte Höhlenkorallen, gestreifter „Höhlenspeck", lange, geriffelte erstarrte Wasserfälle und Wände mit Streifen und Wirbeln wie Toffee. Mit 644 km erforschten Gängen ist Mammoth das längste bekannte Höhlensystem der Welt, entstanden durch Wasser, das über Jahrmillionen durch den porösen Kalkstein sickerte.

In der Höhle fand man Zeugnisse prähistorischer Menschen. Archäologen gehen davon aus, dass amerikanische Ureinwohner vor etwa 4000 Jahren hierhin vorstießen. Der Legende nach wurde Mammoth Ende des 18. Jhs. von Siedlern wiederentdeckt, als ein Jäger einen verwundeten Bären bis zum Höhleneingang verfolgte. Unternehmer merkten bald, dass Mammoth voller Salpeter war – woraus Schießpulver hergestellt wurde – und begannen während des Krieges von 1812 mit dem Abbau. Später kaufte ein Arzt die Höhle und verwandelte sie in eine Tuberkuloseklinik. Er glaubte fälschlicherweise, die Luft hier würde seine Patienten heilen. Seit 1883 besteht die Tradition, an Weihnachten in der Höhle gemeinsam zu singen, denn die Akustik ist fantastisch.

Ab dem frühen 19. Jh. wurde Mammoth ein Touristenziel, eines der ersten der USA.

Frühere Besitzer setzten ihre Sklaven als Guides ein, darunter Stephen Bishop, der als einer der Ersten die Höhle kartierte und ihre Besonderheiten benannte. Die Kalksteinhügel in der gesamten Region sind von Hohlräumen durchzogen und im frühen 20. Jh. versuchten örtliche Farmer, Touristen dorthin zu locken, indem sie falsche Wegweiser aufstellten oder behaupteten, Mammoth sei geschlossen. Dies führte zu Scharmützeln, die als „Höhlenkriege" bekannt wurden.

⬆ Ranger bieten in der Mammoth Cave das ganze Jahr über unterirdische Touren verschiedener Schwierigkeitsgrade an.
➡ Der Green River.

Anreisen

Wann?
Im Inneren der Mammoth Cave herrschen konstante 11 °C. Der Herbst ist die beste Zeit zum Wandern. Höhlenführungen sollte man im Voraus buchen, vor allem im Sommer.

Wie?
Der Park liegt in Kentucky. Große Flughäfen befinden sich in Louisville und Nashville, jeweils zwei Autostunden entfernt. Cave City, Zugangsort zur Mammoth Cave, wartet mit zahlreiche Motels und Restaurants auf. Besucher brauchen ein Auto.

Park in Zahlen

214
Fläche (km²)

1941
Eröffnungsjahr

32
Tiefe der „Bottomless Pit" (m)

Zelt oder Hotel?

Mammoth Cave Hotel
Das Hotel, ein Ziegelbau aus den 1960ern, ist nicht sehr ansehnlich, dafür aber der bequemste Ausgangspunkt zur Erkundung der Höhle und ihrer Umgebung. Es liegt gleich rechts vom Visitor Center und hat einfache, gemütliche Zimmer, einen Speisesaal und jede Menge Plätze zum Picknicken. In der Hauptsaison kann man auch Hütten mieten.

Rock Cabin Camping
Weniger als zehn Minuten vom Visitor Center stößt man auf die coolen historischen Hütten aus den 1920ern. Heute verfügen sie über eine moderne Ausstattung.

Raus und los

Höhlentour
Es gibt im Park ein Dutzend verschiedene einmalige Höhlentrips, die ganzjährig angeboten werden: die Historic Tour durch die einstige Tuberkulosestation; die Violet City Tour bei Laternenlicht stellt einen Besuch der Höhle im 19. Jh. nach; auf der Wild Cave Tour robbt man durch Engstellen.

Reiten
Nördlich vom Green River erstrecken sich 97 km (60 Meilen) Reitwege. Lokale Veranstalter unternehmen Ausritte in die umliegenden Hügel durch Grasland und helle Eichen- und Hickorywälder. Im Herbst, wenn sich das Laub golden und rostrot verfärbt, sind die Ausflüge besonders malerisch. Es gibt im Park sogar einen pferdefreundlichen Campingplatz.

Kinder (und Jugendliche) grillen gern im Mondschein Marshmellows auf offenem Feuer. Ein angeschlossener Campingplatz hat Stellplätze für Zelte und Wohnmobile sowie Duschen und Toiletten.

Wigwam Village Inn
Dieser Retro-Inn in Cave City ist einer der drei letzten Gasthöfe der Wigwam-Village-Kette. Luxus darf man nicht erwarten: Die Zimmer sind so schlicht wie 1937, als das Gebäude erbaut wurde. Und auch die Fernseher scheinen nicht viel neuer zu sein. Dafür bekommt man aber ein Stück „Great American Road Trip"-Kitsch und coole Fotomotive.

Kanu- & Kajakfahren
Green River und Nolin River laden zu Kajak- und Kanufahrten ein. Entweder mit eigener Ausrüstung oder per geführter Tour mit einem örtlichen Veranstalter. Es geht durch Hartholzwälder, vorbei an Sandbänken, Inseln und Steilufern. Im Wasser tummeln sich Barsche, Sonnenbarsche, Blaue Sonnenbarsche und Seewölfe. Wer will, kann also die Angel auswerfen. Zu sehen gibt's außerdem Weißkopfseeadler, Habichte, Eisvögel und Fischreiher.

Wandern

O1 River Styx Spring Trail
Schon der Name rechtfertigt diese 0,6 km (0,4 Meilen) kurze Wanderung durch dichten Wald zu der Stelle, wo der unterirdische River Styx die Höhle verlässt und in den Gren River mündet.

O2 Mammoth Cave Railroad Trail
Der flache 8 km (5 Meilen) lange Pfad folgt der alten Mammoth Cave Railroad durch Hartholzwald. Besonders reizvoll ist der Weg im Herbst mit seinem Farbenschauspiel.

O3 Cedar Sink Trail
Eine 3,2 km (2 Meilen) lange Rundroute zu einem hübschen von Felsbrocken eingefassten Kalksteinkrater und wieder zurück. Mit etwas Glück entdeckt man Fledermäuse.

Nicht verpassen

Selbst in den Tiefen der Mammoth Cave gibt's Leben. Weit unter der Erdoberfläche haben sich beispielsweise Kentucky-Höhlengarnelen, augenlose Höhlenfische und blinde Höhlenkäfer perfekt an ihre unterirdische Umgebung angepasst. Oben bieten die Kalksteinhügel, von Hemlocktannen bewachsene Schluchten und Sumpfwälder eine Heimat für Weißwedelhirsche, Opossums, Rotluchse, Kojoten und Fledermäuse. Auch eine Vielzahl von Vögeln und Fischen ist hier zu finden. Im Frühjahr sind die Täler und Hänge von Rauten, Glockenblumen, Schöllkrautmohn und Rittersporn bedeckt.

HÖHLENKREBS
Diese unheimlichen Krustentiere sehen wie kleine, fast durchsichtige Hummer aus. Sie leben in Höhlenbächen, können sich notfalls aber auch an Land fortbewegen.

KLEINE BRAUNE FLEDERMAUS
Einst gab es die kleinen fliegenden Säuger massenhaft im Park, aber in den vergangenen Jahren wurden sie durch eine epidemische Pilzkrankheit, das Weißnasensyndrom, getötet.

TULPENBAUM
Kentuckys Nationalgewächs, der Tulpenbaum, bringt im Frühjahr gelbe tulpenförmige Blüten hervor. Der Laubbaum gedeiht auf fetten, gut entwässernden Böden.

Tourentipps

Auf der Domes and Dripstones Tour mehr über die Geschichte der Höhle erfahren, dem Mammoth Cave Railroad Trail folgen oder die Wild Cave Tour überstehen.

01

Ein Tag

Viel Höhle in kurzer Zeit erlebt man durch die Kombination der Historic Tour und der Domes and Dripstones Tour (Tropfsteintour). Los geht's mit dem zweistündigen Geschichtstrip und einem zeitigen Abstieg in die Dunkelheit. Dabei sieht man die Mammoth Cave durch die Augen eines Besuchers aus dem 19. Jh., erfährt etwas über den Salpeterabbau und kommt an den Resten der alten Tuberkulosetation vorbei (gruselig!). Danach wird draußen unter den Eichen gepicknickt, bevor die Tropfsteintour folgt. Der zweistündige Rundgang führt durch die am üppigsten ausgeschmückten Teile der Höhle mit Stalaktiten wie Eiszapfen, stacheligen Stalagmiten, bunten Säulen und starren Wasserfällen. Wenn man blinzelnd in der Nachmittagssonne wieder auftaucht, ist noch Zeit für den kurzen Weg hinunter zur Stelle, wo der River Styx aus der Höhle tritt. Sein milchig grünes Wasser fließt in den Green River. Scharfe Enchiladas und eine Margarita im El Mazatlan in Cave City runden den Tag ab.

02

Zwei Tage

Am ersten Tag macht man sich auf der 75-minütigen Frozen Niagara Tour mit der Höhle vertraut. Die Guides vorsorgen einen dabei mit allen wichtigen Fakten, z. B., dass Mammoth bis ins frühe 20. Jh. als unterirdisches Amphitheater für Streich- und Blasmusik genutzt wurde. Nach einem Picknick steht die 8 km (5 Meilen) lange Wanderung auf dem Mammoth Cave Railroad Trail an – die Strecke, auf der Besucher früher in den Park fuhren. Unterwegs erblickt man eine der damaligen Lokomotiven (Engine Number 4). Übernachtet wird in einer Steinhütte auf dem Rock Cabin Camping direkt vor dem Park. Am nächsten Morgen macht man sich bereit für die sechsstündige Wild Cave Tour. Es geht 90 m tief hinab durch enge Gänge und durch Schlamm (bei der Parkverwaltung gibt's Overalls). Wieder im Tageslicht steuert man das Travertine Restaurant im Park an, das ein Südstaatenbüfett anbietet.

Getty Images | Glenn Oakley

41

Mesa Verde National Park

In einer trockenen Gegend in Südcolorado erheben sich grüne Tafelberge mit uralten Felsbehausungen über dem Tal.

Mesa Verde

Mesa Verde ist kein typischer Nationalpark. Obwohl er die Besucher in Staunen versetzt, kommen sie nicht wegen der schönen Natur, der Artenvielfalt oder der seltenen Tiere. Vielmehr wollen sie die verblüffenden Relikte des antiken Amerikas sehen: Bis ca. 1300 lebten hier 700 Jahre die Puebloindianer, die vor keinem Abenteuer zurückschreckten, und errichteten 600 Felsbehausungen, darunter Wohnstätten, *kivas* (Kultstätten) sowie Lagerplätze, die in Felsnischen geschlagen wurden und hoch über dem Talboden lagen.

Die Reise in die Vergangenheit ist jedoch nicht immer einfach, denn um die alten Behausungen zu erreichen, muss man Leitern hochklettern, Anhöhen erklimmen und durch Tunnel kriechen. Eine große Hilfe sind dabei Geländer zum Festhalten und Ranger, die Führungen anbieten. Bis heute weiß man nicht, warum die Puebloindianer diesen Ort vor etwa sieben Jahrhunderten verließen. Um sich in ihr damaliges Leben hineinzuversetzen, kann man durch die Wohnräume streifen, ihre Überbleibsel bestaunen und die Aussicht genießen.

Von 1849 bis 1850 dokumentierte ein US-Leutnant die spektakulären Ruinen. 25 Jahre später stießen Cowboys mit ihrer Viehherde auf den Cliff Palace und entdeckten Hunderte Zimmer. Bald darauf versuchten sie sich als Guides und brachten Archäologen hierher, bis sich ein Bewohner Colorados für den Erhalt der Stätte einsetzte. Daraufhin verabschiedete der Kongress 1906 den *Antiquities Act*.

Die Klippenbehausungen liegen in den Schluchten und an den Tafelbergen auf einer Hochebene südlich von Cortez und Mancos. Weite Teile des Parks kann man auf eigene Faust erkunden, doch manche Attraktionen sind nur begrenzt, andere gar nicht zugänglich. Lohnenswert sind auch Wanderungen – und sei es nur, um dem Getümmel zu entkommen. Viel Spaß macht zudem die Suche nach in Fels gearbeiteten Petroglyphen.

⬆ Mesa Verde ist eine Welterbestätte. Vorherige Seite: Der Cliff Palace könnte als wichtiges zeremonielles Gebäude gedient haben.

Anreisen

⚙ Wann?
Der Park ist ganzjährig geöffnet, doch von Mitte September bis Mitte Mai sind Rangerstationen eventuell geschlossen. Campingplätze stehen von Mai bis Mitte Oktober, Unterkünfte von April bis Oktober zur Verfügung. Heiße Sommer. Im Winter kann man Schneeschuhwandern und Langlauf betreiben.

🧭 Wie?
Es gibt internationale Flüge ins 595 km (370 Meilen) entfernte Denver, Colorado, von wo Verbindungen nach Durango, 58 km (36 Meilen) vom Park, bestehen. Dann geht's per Mietwagen weiter, der in beiden Städten gebucht werden kann. Keine öffentlichen Verkehrsmittel.

Park in Zahlen

210
Fläche (km²)

2612
Höchster Punkt: Park Point (m)

300–400
Menschen haben einst im Cliff Palace gelebt

Wandern

O1 Petroglyph Loop Trail
Auf dem 4,5 km (2,8 Meilen) langen Familienrundweg kommt man an mystischen Bildern vorbei. Dies ist die einzige Parkroute mit direktem Blick auf die Felsenkunst.

O2 Spring House
Fitte Wanderer können die geführte 12,9-km-(8-Meilen-) Tagestour zum Spring House, der größten nicht ausgegrabenen Parkbehausung, unternehmen. Gegen Gebühr.

O3 Spruce Canyon Loop Trail
Den Grund des Canyons erkundet man auf diesem 3,4 km (2,1 Meilen) langen Rundweg. Los geht's am Spruce Tree House.

⬆ Acht Jahrhunderte alte Felsbilder zieren die Klippenbehausungen.
➡ Abstieg zum Balcony House auf der Chapin Mesa, abseits der Cliff Palace Loop Road.

Zelt oder Hotel?

Willowtail Springs
Beim Anblick des Forellenbarschteichs kann man wunderbar relaxen. Im Gelbkiefernwald stehen Hütten mit exotischem Dekor. Zu den Highlights gehören Badewannen mit Löwenfüßen, Originalkunst vom Besitzer, ein Whirlpool und ein Kanu am Bootsanleger. Dies ist ein geschützter Lebensraum für Greifvögel und ein Paradies für Wanderer in Mancos.

Morefield Campground
Der einzige Campingplatz im Nationalpark liegt oben auf dem Tafelberg und verfügt über geräumige Rasenplätze mit Grillstellen und Picknicktischen. Im nahen Morefield Village befinden sich u.a. ein Café und ein Lebensmittelgeschäft.

Jersey Jim Lookout Tower
US-Schriftsteller wie Jack Kerouac und Edward Abbey hausten in Feuerwachtürmen – warum probiert man es also nicht einfach mal selbst aus? Der 17 m hohe Jersey Jim Lookout Tower steht außerhalb von Mancos auf einer Wiese in 2987 m Höhe und ist von Mitte Mai bis Mitte Oktober geöffnet. Bis zu vier Erwachsene können hier übernachten. Lange vorab reservieren.

Raus und los

Cliff Palace erkunden
Dieses Glanzstück antiker Baukunst mit Hunderten Zimmern und Dutzenden *kivas* ist nur im Rahmen der lohnenswerten einstündigen Tour (gegen Gebühr) zu sehen. Ranger informieren über den Alltag der Puebloindianer, auf deren Spuren sich die Besucher 700 Jahre später begeben.

Balcony House erkunden
Indiana Jones kann einpacken! Um die 40 Räume des Balcony House zu besichtigen (1 Std., gegen Gebühr), geht's eine 30-Meter-Leiter hinunter, durch einen Tunnel und über weitere Leitern und Steintreppen. Von der großen Sandsteinnische des Balcony House genießt man einen tollen Blick auf den Soda Canyon. Touren werden nur von Ende April bis Mitte Oktober angeboten.

Langlauf & Schneeschuhwandern
Im Winter nimmt das Getümmel ab. Nun hat man die eingeschneiten Felsbehausungen, die im Sonnenschein herrlich glitzern, ganz für sich. Da die Cliff Palace Loop Road für den Verkehr gesperrt ist, kann man mit Schneeschuhen oder Langlaufski den 9,6 km (6 Meilen) langen Rundweg erkunden und unterwegs nach Kaninchenspuren Ausschau halten.

Nicht verpassen

Dank seiner großen Höhenunterschiede bietet der Nationalpark einzigartige Landschaften mit vielfältiger Tier- und Pflanzenwelt. Schon die Puebloindianer wussten die hiesigen Gegebenheiten zu nutzen. Es gibt 640 Pflanzenarten, z. B. Gambeleichen, Wacholder, Wüstenbeifuß und essbare Felsenbirnen. In der trockensten Gegend des Schutzgebiets erstreckt sich der Mancos River mit seiner üppigen Vegetation. Während der Beerenzeit lockt er Vögel und Schwarzbären an. Auf dem Campingplatz begegnet man Elchen, Maultierhirschen und wilden Truthühnern.

MEXIKANISCHER FLECKENKAUZ
Zum Nisten bevorzugen die Eulen unberührte Wälder mit hohem Laubdach. Sie sind leicht an ihren auffälligen dunklen Augen zu erkennen.

STACHELSCHWEIN Die nachtaktiven Pflanzenfresser mit 30 000 Stacheln leben auf Amerikanischen Pappeln. Tagsüber ruhen sie in hohlen Bäumen und Stämmen.

ALBERTHÖRNCHEN Das kleine Alberthörnchen mit weißem Schwanz und großen Puschelohren ernährt sich von Gelbkieferzapfen. Über die Reste freut sich der Maultierhirsch.

Tourentipps

Den herrlichen Panoramablick auf dem Petroglyph Loop Trail genießen, den Cliff Palace besichtigen oder auf dem Phil's World eine Mountainbike-tour unternehmen.

➜ Laut den Behörden sind Wildpferde im Nationalpark unerwünscht.

01

Ein Tag

Der Ausflug zu den Stätten der Puebloindianer in den Canyons und an den Mesas nimmt einen vollen Tag in Anspruch, deshalb sollte man früh aufstehen. Los geht's am Chapin Mesa Museum, in dem prähistorische Artefakte über die 700-jährige Besiedlung von Mesa Verde informieren. Danach folgt man dem 800 m (0,5 Meilen) langen abfallenden Weg zum Spruce Tree House, einer Felsnischenstätte aus dem Jahr 1210 und der einzigen Behausung, die Besucher ohne Ranger betreten können. Sehr lohnenswert!

Mittags gibt's im eleganten, preisgekrönten Metate Room innovative Gerichte, die von der Küche der Ureinwohner Amerikas inspiriert sind. Am Nachmittag kann man dem Petroglyph Loop Trail folgen oder in den vielen Stätten der Chapin Mesa nach interessanten Felsnischen suchen. Zum Schluss steuert man den Feuerwachturm am Park Point auf 2612 m, der höchsten Stelle im Park, an. Hier öffnet sich ein Panoramablick auf die San-Juan-Bergkette, die La-Plata-Hochebene und den Shiprock-Vulkanpfropfen.

02

Ein Wochenende

Am ersten Morgen steht das Mesa Verde Visitor and Research Center auf dem Programm, wo die begehrten Tickets für Touren zu den Felsbehausungen verkauft werden. Der Ausflug ist für den nächsten Tag einzuplanen. Weiter geht's zum Chapin Mesa Museum, um der eintägigen Reiseroute zu folgen. Die Nacht verbringt man auf dem Morefield Campground. Der zweite Tag beginnt mit dem Ausflug zum Cliff Palace oder zum Balcony House. Ersterer ist an Pracht nicht zu überbieten, doch dafür

ist das Balcony House ein Paradies für Wagemutige (Leute mit Platzangst sollten verzichten). Mittags kann man sich im Far View Terrace Café mit einer üppigen Navajo-Tacos-Portion stärken. Hinterher erholt man sich auf der Wetherill Mesa, dem weniger besuchten westlichen Teil von Mesa Verde. Wer oben die Badger House Community und weiter unten das Step House besucht, gewinnt an diesen Stätten aus verschiedenen Epochen einen Einblick in die Entwicklung der indigenen Kultur.

03

Vier Tage

Vier Tage bieten ausreichend Zeit, um den Park und seine Umgebung zu erkunden. An den ersten beiden Tagen folgt man der Wochenendreiseroute. Danach kann man in Cortez oder Mancos eine Pause vom Camping einlegen. Cortez liegt nahe dem Ute Mountain Tribal Park und lockt mit faszinierenden Stätten der Ute und Puebloindianer. Stammesangehörige der Ute veranstalten Kleingruppentouren mit Allradwagen. Wer sich für einen halbtägigen Ausflug entscheidet, besucht danach das kleine familiengeführte

Guy Drew Vineyard. Am letzten Tag geht's zurück nach Mesa Verde für eine geführte Tageswanderung zum Spring House (vorab buchen). Unterwegs kommt man an abgelegenen Stätten vorbei. Für den Adrenalinkick sorgt die 51,5 km (32 Meilen) lange Mountainbikestrecke ab Phil's World durch einen Pinyonkieferwald in der Region Cortez. Anschließend laden im Zentrum von Cortez Restaurants zu einem Besuch ein. Wir empfehlen die Burger mit Fleisch von Tieren aus Weidehaltung und mit Tomatensoße im Farm Bistro.

42

WA

Mt. Rainier National Park

Der mit Gletschern bedeckte und von Wasserfällen und Wiesen umgebene Mt. Rainier gehört zu den schneereichsten und außergewöhnlichsten Orten der Welt.

Da biegt man auf einer abgelegenen alpinen Route um eine Kurve und sieht plötzlich braunes Fell im Gebüsch. Man erstarrt. Versteckt sich dort ein Bär? Puh, es scheint nur ein Murmeltier zu sein. Wer im Mt. Rainier National Park eine Wanderung unternimmt, wird unterwegs wahrscheinlich auf mehr als nur ein Wildtier treffen.

Der Name des Bergs hat übrigens nichts mit dem Wetter zu tun („*rainier*" heißt „regenreicher"): 1792 benannte Kommandant George Vancouver von der britischen Marine ihn nach seinem Freund, Konteradmiral Peter Rainier. Die erste dokumentierte Besteigung erfolgte 1870. Zum Nationalpark wurde das Gebiet 1899 erklärt. 15 Jahre später befuhren die ersten Autos die Straße zwischen Paradise und Longmire. Dem Rainier kam die Arbeit des Civilian Conservation Corps zugute, dessen Mitglieder in den 1930ern zahlreiche Anlagen bauten und reparierten.

Dank des 418,4 km (260 Meilen) langen Wegenetzes eignet sich die Gegend hervorragend zum Wandern. Der Rainier ist der höchste Gipfel der Kaskadenkette. Seit den 1960ern wird er von Bergsteigern besonders zur Vorbereitung auf den Mt. Everest genutzt. Der aktive Vulkan entstand vor 500 000 Jahren und verlor bei einer Eruption vor 5700 Jahren Hunderte Höhenmeter. Seit dem 19. Jh. ist er jedoch vergleichsweise ruhig. Rund um den Gipfel erstreckt sich eine 90,6 km² große Gletscherfläche. Diese bewegt sich bis zu 0,9 m am Tag. Einen herrlichen Blick auf den Emmons Glacier hat man vom Sunrise-Aussichtspunkt, der höchsten befahrbaren Stelle im Park. Noch besser zu erreichen sind der Nisqually Glacier und der Nisqually Icefall. Wer sie sehen möchte, sollte den Glacier-View-Aussichtspunkt auf der Straße von Nisqually nach Paradise ansteuern.

Anreisen

Wann?

Im Winter sind die Parkstraßen gesperrt, mit Ausnahme der Strecke zwischen dem Nisqually-Eingang und Paradise. Bei starkem Schneefall bleiben die Eingänge manchmal geschlossen. Aktuelles dazu siehe unter www.nps.gov/mora. Selbst im Sommer bei einer Durchschnittstemperatur von 21°C sollte man mehrere Schichten tragen und Regenkleidung dabeihaben.

Wie?

Der Mt. Rainier liegt im zentralen Westen von Washington, 140 km (87 Meilen) von Seattle und 219 km (136 Meilen) von Portland, Oregon, entfernt. Am besten reist man mit dem Auto an, da es keine öffentlichen Verkehrsmittel zum Park gibt.

Park in Zahlen

956

Fläche (km²)

213

Dicke des Carbon Glacier (m)

4392

Höhe des Mt. Rainier (m)

Zelt oder Hotel?

Wer ein Sommerwochenende in einer der historischen Lodges oder auf einem der Campingplätze des Parks verbringen möchte, muss lange im Voraus reservieren.

Paradise Inn

Das 1917 errichtete imposante Gebäude steht unter Denkmalschutz. Alle Zimmer sind schlicht (ohne Telefon und TV, zumeist mit Gemeinschaftsbad), doch die riesige Lobby und der gemütliche Speisesaal warten je mit einem massiven Kamin und einer fantastischen Aussicht auf. Geöffnet von Mitte Mai bis Anfang Oktober.

Raus und los

Bergsteigen

Der Aufstieg auf den Mt. Rainier ist ein einmaliges Erlebnis, das eine gewisse Vorbereitung erfordert: Neben dem richtigen Training und einer soliden Ausrüstung benötigt man eine Genehmigung für das Klettern auf über 3048 m Höhe. Wer nicht allein losziehen möchte, dem stehen mehrere Führungen zur Auswahl, z.T. mit Trainingskursen.

Radfahren

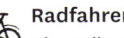

Die steilen, gewundenen Parkstraßen rund um den Mt. Rainier sind aufregende und anstrengende Radstrecken. Dank der Herbstfarben und der Verkehrsbeschränkung eignen sich der September und Anfang

National Park Inn

In Longmire bietet das historische, ganzjährig betriebene Gasthaus mit 25 Zimmern, einem Restaurant und einer Lounge ein skilodgeähnliches Ambiente (man kann Langlaufski und Schneeschuhe leihen).

Cougar Rock Campground

Viele Zeltstellplätze des hübschen, bewaldeten Cougar Rock Campground bestechen durch Bergblick. Im Amphitheater führen Ranger durch das Abendprogramm. Die Hälfte der Plätze kann nicht vorab reserviert werden. Im Winter geschlossen.

Oktober am besten für Touren. Eine besondere Herausforderung ist der RAMROD (Ride Around Mt. Rainier in One Day), der jeden Juli vom Redmond Cycling Club organisiert wird.

Langlauf

Im Winter ist das Örtchen Paradise eine Anlaufstelle für Schneesport, insbesondere für Skianglauf und Schneeschuhwanderungen. Es gibt auch Rodel- und Tuningbahnen. Routenkarten und Leihausrüstung bekommt man in Longmire.

◀ Wildblumen auf dem Mt. Rainier.
➡ Vom Skyline Trail können Wanderer gelegentlich bis zum Mt. Hood in Oregon blicken.

Wandern

01 Trail of Shadows

Auf der familienfreundlichen Route sind viele Highlights zu sehen. Los geht's nahe dem National Park Inn. Unterwegs passiert man die ursprüngliche Siedlung Longmire.

02 Nisqually Vista Trail

Die knapp einstündige Wanderung ab Paradise bietet einen Blick auf den Mt. Rainier und den Nisqually Glacier.

03 Skyline Trail

Der anspruchsvolle 8 km (5 Meilen) lange Skyline Trail führt von Paradise über einen hohen Bergrücken mit Blick auf den Mt. Adams und den Mt. St. Helens. Wer ihm folgt, überwindet eine Steigung von insgesamt 457 Höhenmetern.

Getty Images | Rick Saez; Wolfgang Kaehler

Nicht verpassen

Auf dem Mt. Rainier und in der Umgebung gibt's eine große Vielfalt an Wildtieren, darunter süße, kaum zu übersehene Murmeltiere sowie Schwarzbären, Füchse, Kaninchen, Schneehühner und Schneeschuhhasen (die beiden Letzteren sind im Winter am aktivsten). Zur Pflanzenwelt gehören wilde Alpenblumen, Zedern, Tannen, Schierlinge, Kiefern, Pilze, Heidekraut, Heidelbeersträucher und Federgräser. Wegen der Höhenunterschiede besitzt der Park verschiedene Ökosysteme mit ungewöhnlich abwechslungsreicher Flora und Fauna.

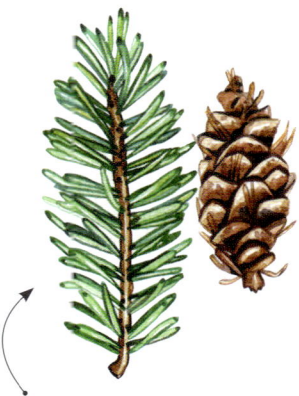

DOUGLASTANNE Überall im Pazifischen Nordwesten wachsen diese herrlichen Nadelbäume (der Staatsbaum von Oregon), bei denen es sich streng genommen nicht um Tannen handelt: Ihr wissenschaftlicher Name bedeutet „falsche Schierlingstanne".

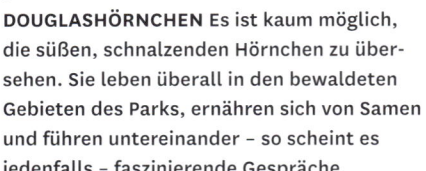

DOUGLASHÖRNCHEN Es ist kaum möglich, die süßen, schnalzenden Hörnchen zu übersehen. Sie leben überall in den bewaldeten Gebieten des Parks, ernähren sich von Samen und führen untereinander – so scheint es jedenfalls – faszinierende Gespräche.

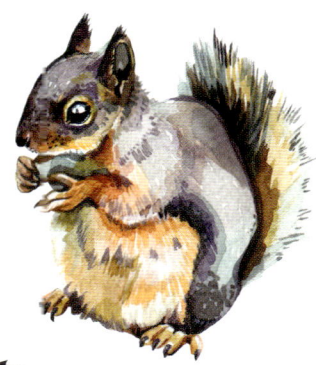

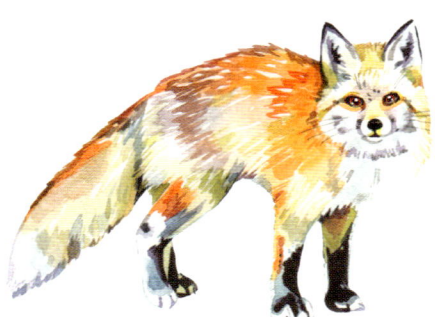

KASKADENGEBIRGS-ROTFUCHS Auf den höchsten Erhebungen der Kaskadenkette ist diese kleine, seltene Unterart des Rotfuchses mit buschigem Schwanz zu Hause.

Getty Images | Danny Warren; Heath Korvola

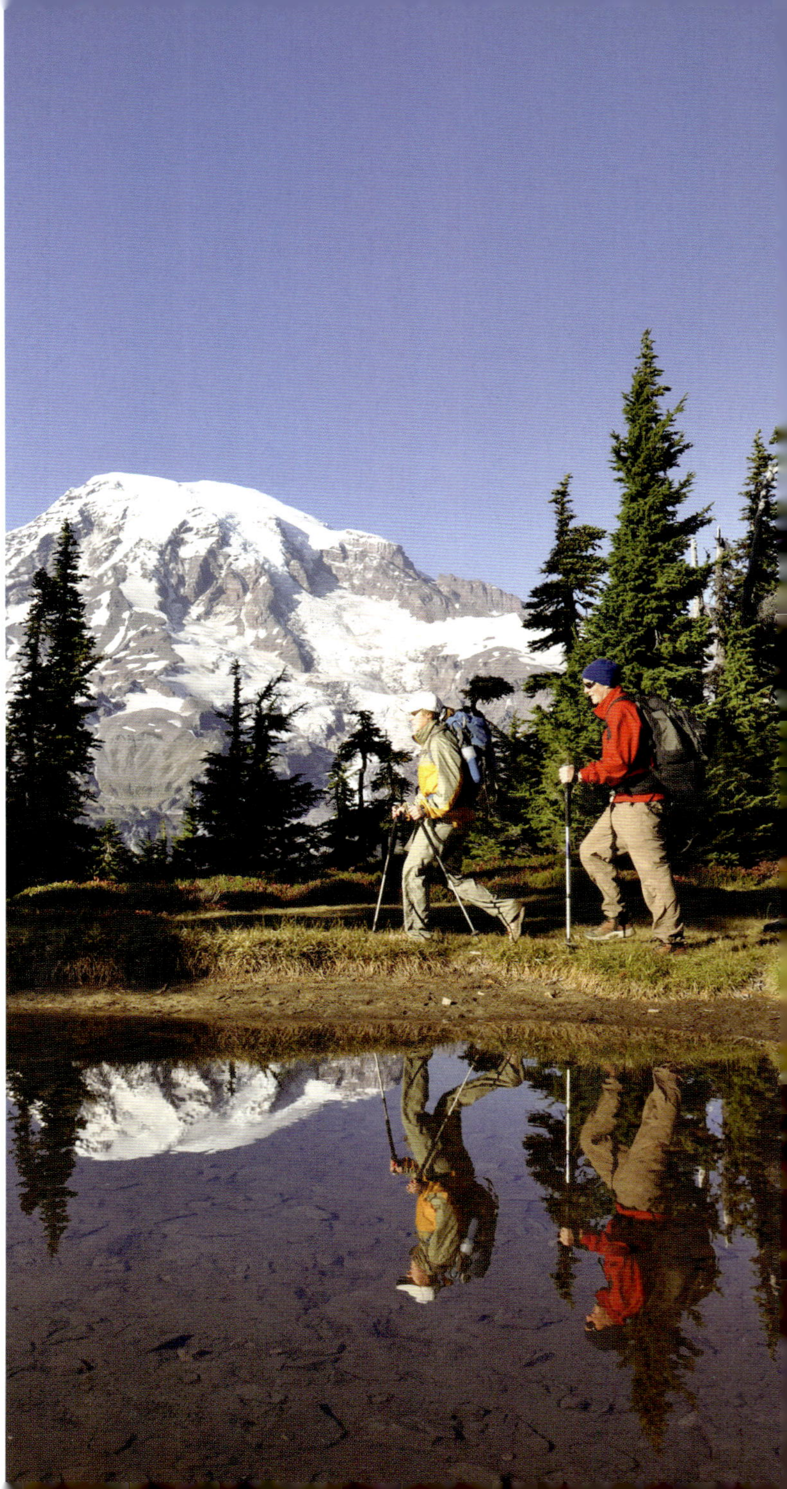

Tourentipps

Egal ob man dem kurzen Trail of the Shadows oder dem anspruchsvollen Wonderland Trail folgt – der Blick auf den Mt. Rainier und seine Gletscher ist auf jeden Fall beeindruckend.

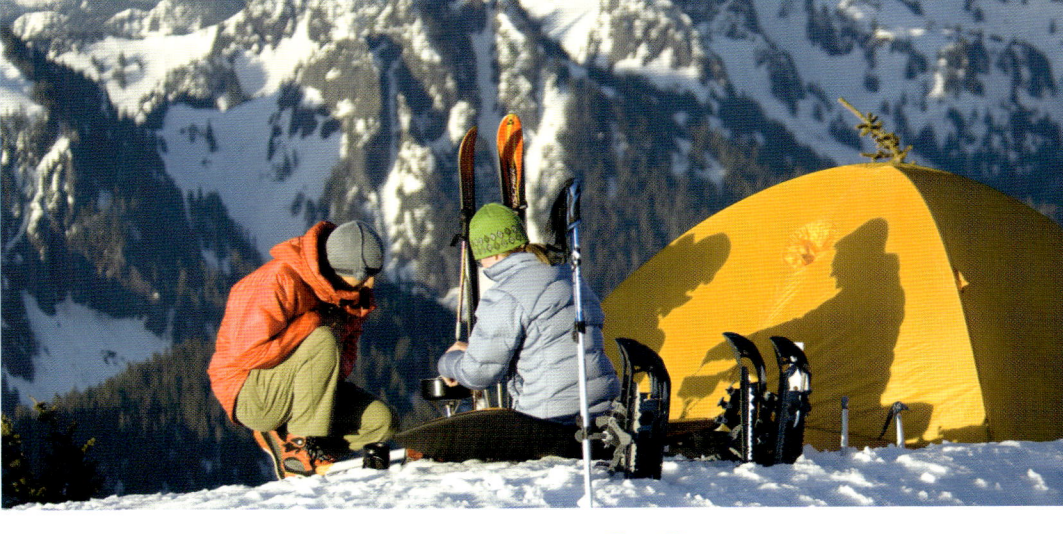

➜ Für Tageswanderungen sind keine Genehmigungen nötig. Wer wild campen möchte, muss die Erlaubnis dafür lange im Voraus einholen.

01

Ein Tag

Für einen ersten Halt bieten sich die Besucherzentren an den Parkeingängen an. Dort hängt das Tagesprogramm mit Wanderungen und Filmen aus. Außerdem gibt's Infos über das Wetter, die Wanderbedingungen und Wildtiere (wurden kürzlich Bären gesichtet?) und man bekommt eine Karte. Ein guter Startpunkt ist das Longmire Museum. Das einstige Hauptquartier des Parks dient nach wie vor als Besucherzentrum und zeigt Ausstellungen über die Naturgeschichte des Schutzgebiets. Von dort folgt man dem kurzen, einfachen Rundweg Trail of Shadows mit Blick auf den Mt. Rainier und die Mineralquellen, die zur ersten Erschließung des Longmire-Bezirks führten. Nicht den Longmire Historic District verpassen! Weiter geht's nach Paradise, wo man bei Erfrischungen den Blick auf die wunderschöne Lodge genießt. Wer nun noch Zeit hat, kann dem 1,9 km (1,2 Meilen) langen Nisqually Vista Trail folgen (Dauer etwa 45 Min.). Er beginnt am unteren Parkplatz in Paradise und führt am Nisqually Glacier sowie am sich langsam bewegenden Nisqually Icefall vorbei.

02

Ein Wochenende

Um einen ersten Eindruck von der Gegend zu bekommen, folgt man am ersten Tag der zuvor beschriebenen Reiseroute und verbringt die Nacht im historischen Paradise Inn mit seinem riesigen Kamin und dem rauen Charme (lange vorab reservieren). Morgens nimmt man ein Lunchpaket mit und begibt sich zum Skyline Trail am oberen Parkplatz in Paradise. Die recht anstrengende vierstündige Wanderung über 8 km (5 Meilen) führt zum Alta Vista Ridge mit tollem Blick auf die umliegenden Gletscher und Gipfel wie den Mt. Adams oder den Mt. St. Helens. Vorher sollte man sich unbedingt im Besucherzentrum über die Strecke informieren: Flexibilität zahlt sich aus, da manche Wege je nach Jahreszeit gesperrt und andere überlaufen sind. Anschließend geht's für das Abendessen und die zweite Übernachtung ins National Park Inn, der anderen historischen Lodge im Rainier (ebenfalls lange vorab buchen). Dank der günstigen Lage in Longmire kann man den Park am nächsten Morgen bequem über Nisqually verlassen.

03

10 bis 14 Tage

Backpacker ohne Zeitdruck sollten dem 150 km (93 Meilen) langen Wonderland Trail rund um den Mt. Rainier folgen. Vorab sind Genehmigungen einzuholen und die üblichen Vorbereitungen zu treffen: die Routenabschnitte mithilfe einer topografischen Karte festlegen, mit Rangern sprechen und sichergehen, dass alle Begleiter mental und körperlich auf die Dauer und Schwierigkeit der Wanderung eingestellt sind. Der komplette Rundweg erfordert eine sorgfältige Planung und eine gute Sachkenntnis, besonders bezüglich der ausgewählten Entfernung zwischen den Campingplätzen. Bei Redaktionsschluss war das Zelten nur auf ausgewiesenen Plätzen erlaubt (Ranger haben Infos dazu). Die schwierige Route eignet sich nicht für unerfahrene Wanderer, denn sie umfasst recht extreme Höhenschwankungen von 701 bis 1951 m. Von Oktober bis mindestens Juni sind Teile der Strecke schneebedeckt. Im Juli und August, der Zeit mit den meisten Besuchern, gibt's vor allem am Wochenende einen wahren Ansturm auf die Campingplätze.

43

WA

North Cascades National Park

Dramatisch und gewaltig, abgelegen und herausfordernd – diese unheimliche Wildnis im Nordwesten sorgt wie keine andere für einen Adrenalinkick.

Getty Images | Mike Tittel

In den North Cascades überkommt einen häufig das Gefühl, ganz allein auf der Welt zu sein. Riesige Landstriche erscheinen vollkommen unberührt, obwohl Ureinwohner Tausende Jahre in diesem Gebiet lebten. Fast wirkt es so, als wäre die Region gerade erst entstanden. Aus den Gletschern der zerklüfteten Gipfel entspringen Bäche und Flüsse und in den tief eingeschnittenen Tälern glitzern türkisfarbene Seen. Wer der Natur mit neuer Ehrfurcht und Wertschätzung begegnen möchte, ist hier genau richtig.

Der 1968 gegründete Park wird von der Ross Lake National Recreation Area in zwei Hälften geteilt. Am südlichen Zipfel liegt der größtenteils nur zu Fuß oder mit dem Boot erreichbare 80,5 km lange Lake Chelan. Einschließlich der Schutzgebiete Ross und Chelan erstreckt sich der gesamte Park auf 8094 km² und bietet zahllosen Pflanzen und Tieren eine Heimat.

Die North Cascades beherbergen 312 Gletscher – das sind ein Drittel aller Gletscher in den Continental United States. Diese speisen ebenso wie die Seen kilometerlange Flüsse mit hervorragenden Möglichkeiten zum Angeln und teilweise gewaltigen Wasserfällen.

Einst gab es in der subalpinen Region des Parks viele Siedlungen der Nordwestküstenindianer. Bei archäologischen Ausgrabungen wurden 260 prähistorische Stätten entdeckt, darunter Wohnhäuser, Minen und Schaffarmen, und an den Klippen rund um den Lake Chelan sind antike, mit rotem Ocker angefertigte Piktogramme zu sehen (das Besucherzentrum in Newhalem zeigt Nachbildungen). Die Erforschung der hiesigen Stätten hat zu einem neuen Verständnis für die Entwicklung menschlicher Tätigkeitsbereiche im Laufe der Jahrhunderte geführt.

Anreisen

Wann?
Der Park ist wie das Park and Forest Information Center in Sedro-Woolley ganzjährig geöffnet, allerdings sind im Winter (Mitte Nov.–Mitte April) Abschnitte des North Cascades Highway gesperrt. Im Juli und August muss man wegen Bränden mit unzugänglichen Straßen und Wegen rechnen (in Rangerstationen nachfragen).

Wie?
Der State Highway 20 (North Cascades Highway) führt in das Schutzgebiet in Nordwashington. Das Golden West Visitor Center im Norden des Lake Chelan ist per Fähre oder Wasserflugzeug zu erreichen. Ansonsten ist das Auto die beste Wahl für eine Erkundung.

Park in Zahlen

2766
Fläche (km²)

2806
Höchster Punkt:
Goode Mountain (m)

122
Tiefster Punkt:
Skagit River (m)

Zelt oder Hotel?

 Ross Lake Resort
Schon die Anreise ist ein großes Vergnügen: Wer in diesem ruhigen, abgelegenen Resort übernachten will, muss vom Highway 20 einem steilen 3,2 km (2 Meilen) langen Wanderweg hinunter zu einem Fähranleger folgen. Dort bestellt man über ein merkwürdiges Telefon ein Wassertaxi zu den schwimmenden Holzhütten des Resorts. Für weitere Erkundungstouren steht ein Kajak- und Ruderbootverleih zur Verfügung.

 Stehekin Valley Ranch
Hier erlebt man einen sorgenfreien Aufenthalt. Die Betreiber der Ranch kümmern sich um alles von der Verpflegung bis zum Transfer über den 80,5 km langen Lake Chelan. Nach der Ankunft macht man es sich in einer Ranch Cabin mit eigenem Bad oder in einer rustikalen Tent Cabin gemütlich. Außerdem kann man Ausritte und geführte Kajaktouren buchen.

 Colonial Creek Campground
In einem unberührten Wald am Ufer des Diablo Lake liegt ein fantastischer Campingplatz. Die von Rangern geleiteten Abendprogramme sind sowohl für Kinder als auch Erwachsene lehrreich und unterhaltsam. Tagsüber spaziert man um den See oder folgt einem der anderen Wanderwege zu den Naturwundern des Gebiets.

Raus und los

 Bootfahren
Mit der Lady of the Lake geht's zum historischen Örtchen Stehekin an der Nordspitze des Lake Chelan. Die Stadt Chelan dient als Ausgangspunkt für einen Tagesausflug oder einen mehrtägigen Backpackertrip. Da das winzige, abgelegene Stehekin nur mit dem Boot, zu Fuß oder per Wasserflugzeug zu erreichen ist, sollte man sich gut vorbereiten.

 Angeln
Im Skagit River tummeln sich Forellen, Lachse und Saiblinge, im Lake Chelan Forellen, Rotlachse und Süßwasserdorsche und im Stehekin River Regenbogen- und Cutthroat-Forellen. Angler brauchen eine Lizenz des Bundesstaats Washington.

Mehr erfahren
Wunderbar für Kinder ist das unterhaltsame, lehrreiche Programm des Environmental Learning Center, das zum umweltfreundlichen North Cascades Institute am Diablo Lake gehört – ideal für einen Tagesausflug, ein verlängertes Wochenende oder einen Naturtrip mit der Familie.

◄ Die Wanderung zum Blue Lake ist relativ kurz. Vorherige Seite: Wandern auf dem Sahale Arm.

Nicht verpassen

Das unglaublich abwechslungsreiche Terrain der North Cascades umfasst Wälder im Tiefland und gletscherbedeckte Gipfel und wartet mit einer riesigen Artenvielfalt auf. Hier leben 75 Säugetier- und 200 Vogelarten sowie jede Menge Fische. In Bezug auf die Pflanzenwelt sticht der Park erst recht heraus, denn er verfügt über ein 809 km² großes unberührtes Waldgebiet und beherbergt mehr als 1600 Gefäßpflanzenarten (all die Pilze wurden anscheinend noch gar nicht gezählt).

WEISSKOPFSEEADLER Es ist immer aufregend, den Nationalvogel der USA und das heilige Tier vieler Indianerstämme Amerikas zu sehen – selbst an Orten, wo der Weißkopfseeadler vergleichsweise häufig vorkommt.

SCHWARZWEDELHIRSCH Die am weitesten verbreiteten im Park beheimateten Huftiere.

KÖNIGSLACHS Im Herbst kämpfen sich die Fische neben anderen Lachsarten den Skagit River hoch, um zu laichen. Dies ist auch die beste Jahreszeit, um den Weißkopfseeadler zu sehen.

Wandern

01 River Loop Trail
Am Besucherzentrum be-
ginnt dieser einfache, 2,9 km
(1,8 Meilen) lange Rundweg,
eine von mehreren Wan-
derrouten nahe Newhalem.
Er ist mit dem „To Know a
Tree"-Lehrpfad verbunden.

02 Thornton Lake Trail
Auf dem recht steilen,
8 km (5 Meilen) langen Weg
hinauf zu einem subalpinen
See kommt man durch
alte Wälder und an alpinen
Heidelandschaften sowie
Heidelbeerfeldern vorbei,
bevor es auf einen Höhenrücken geht.

03 Bridge Creek Trail
Der 19,3 km (12 Meilen) lange
Abschnitt des Pacific Crest
Trail gilt als einfachste Wan-
derroute nach Stehekin.

Tourentipps

Dem Diablo Lake Trail folgen und unterwegs das herrliche Wasserfall- und Seepanorama bewundern, den Lake Chelan mit dem Boot erkunden oder beim Angeln in der Abenddämmerung größtmögliche Entspannung erleben.

◄ Wandermöglichkeiten im Park reichen von Waldspaziergängen bis zu Bergbesteigungen.
▶ Überquerung des herausfordernden North Ridge am Forbidden Peak.

01

Ein Tag

Ab Marblemount am Skagit River folgt man dem North Cascades Highway (State Highway 20) durch den Park. Infos über das Gebiet sind im North Cascades National Park Visitor Center in Newhalem erhältlich. Mit etwas Glück kommt man rechtzeitig für einen Ranger-Naturspaziergang oder -vortrag an. Alternativ erkundet man einen der kurzen Wanderwege (bei allen handelt es sich um malerische Waldspaziergänge) ab Newhalem auf eigene Faust. Anschließend geht's über den Highway 20 zum Diablo Lake mit hervorragenden Picknickplätzen und weiteren Wanderrouten. Wenn es die Zeit erlaubt, folgt man dem Diablo Lake Trail, einem 11,3 km (7 Meilen) langen Rundweg durch unberührten Wald und an ausgetrockneten Bachbetten vorbei zu einem beeindruckenden Wasserfall. Den türkisfarbenen See weiter unten hat man dabei die ganze Zeit im Blick. Wer genug gewandert ist, kann am See angeln oder im Environmental Learning Center vorbeischauen. Dort werden Programme und Kurse zum Ökosystem der North Cascades angeboten.

02

Ein Wochenende

Das Wochenende beginnt südlich des Parks in der Stadt Chelan. Vor Ort stattet man sich als Erstes mit Proviant aus, stellt dann den Wagen am Fähranleger ab und geht an Bord der Lady of the Lake, um über den wunderschönen Lake Chelan zu schippern. Die Bootsfahrt über 80,5 km (50 Meilen) zu der winzigen historischen Siedlung Stehekin (mit nur rund 80 Einwohnern) ist ein Erlebnis für sich.

Die Nacht verbringt man in Stehekin (Unterkünfte müssen lange vorab gebucht werden!), wo die Abgeschiedenheit und Erhabenheit der Landschaft für eine unvergessliche Atmosphäre sorgen. In der Abenddämmerung kann man angeln oder einfach die herrliche Ruhe genießen. Am nächsten Tag unternimmt man eine Rundwanderung, die aus Stehekin hinausführt (vorher Infos im Golden West Visitor Center einholen; zur Flora und Fauna gehören Spechte und Riesenlebensbäume), bevor es am Abend mit dem Boot zurück nach Chelan geht.

03

Eine Woche

In einer ganzen Woche hat man genügend Zeit für die beiden zuvor beschriebenen Reiserouten und mehr. Los geht's mit dem Trip mit Übernachtung in Stehekin, bevor man über den Highway 20 zum Washington Pass Overlook fährt. Von dort ist es nicht weit bis zum Bridge Creek Trail, einem Abschnitt des berühmten Pacific Crest Trail. Der Weg führt zurück nach Stehekin, doch es gibt auch viele andere Rundstrecken mit unterschiedlichen Schwierigkeitsgraden und für jedes Zeitfenster (in Rangerstationen nachfragen). Für eine Übernachtung bietet sich der Naturcampingplatz in Bridge Creek an. Am besten bleibt man gleich mehrere Nächte und wandert tagsüber in verschiedene Richtungen, um ein Gefühl für die abwechslungsreiche Landschaft zu bekommen. Anschließend geht's über den Highway 20 und den Nordwesten zum Diablo Lake und nach Newhalem. Am letzten Tag lohnt sich eine kurze, steile Wanderung hoch zum Thornton Lake, wo man in luftigen Höhen mit Seeblick picknickt, bevor man den Park verlässt.

44

W A

Olympic National Park

Es klingt abgedroschen, aber dieser Ort ist wie aus einer anderen Welt – oder besser gesagt drei Welten: eine aus moosigem Regenwald, eine aus einsamen Küsten und eine aus zerklüfteten Gipfeln.

Die Lebensräume des Parks sind so unterschiedlich, dass man sich den Highway 101, der sie miteinander verbindet, gut als eine Art interplanetare Fahrbahn vorstellen kann. Doch tatsächlich findet man die überirdisch schönen Landschaften ganz ohne Raumschiff.

Im Zentrum des Schutzgebietes erheben sich der Mt. Olympus und die Olympic Mountains. Westlich davon bahnt sich der Hoh River seinen Weg durch einen tiefen grünen Regenwald mit riesigen moosbedeckten Bäumen bis zum Pazifik. Nordwestlich der Flussmündung erstreckt sich auf einer Länge von 99,8 km das unberührteste Küstenbiotop der Welt.

Der Olympic National Park liegt in der Mitte der abgeschiedenen, leicht dreieckigen Olympic Peninsula und neben den Reservaten mehrerer amerikanischer Indianerstämme: Die Skokomish, die Makah, die Hoh, die Quinault, die Quileute, die Jamestown S'Klallam, die Port Gamble S'Klallam und die Lower Elwha Klallam sind kulturell eng mit dem Land verbunden. Zu ihren Traditionen gehört das Potlatch, ein großes geselliges Festmahl. In den meisten Besucherzentren des Parks hängen Pläne mit den Veranstaltungen und Programmen der Küstenstämme aus.

Die Spanier erkundeten das Gebiet in den 1770er-Jahren und errichteten 1792 in Neah Bay einen Landekopf, der allerdings schon nach wenigen Monaten aufgegeben wurde. Im 19. Jh. folgten ihnen zahlreiche Pioniere. Die erste dauerhaft errichtete Siedlung auf der Halbinsel war Townsend im Jahr 1851.

Der Park wurde von zwei Präsidenten gegründet: Theodore Roosevelt ernannte den Mt. Olympus 1909 zum National Monument und 1938 machte Franklin D. Roosevelt das

Gebiet zum Olympic National Park. Erst 1953 kam die unberührte Küste hinzu. Der Park besteht zu 95 % aus Wildnis und wird vom Staat vor Erschließungsmaßnahmen wie Bebauung, Holzschlag, Bergbau und Jagd geschützt.

Anreisen

Wann?

Im Winter sind viele Parkgebiete trotz ganzjährig geöffneter Eingänge unzugänglich, da je nach Wetterlage Straßen gesperrt sein können. Zudem kann es hoch oben jederzeit schneien. Im Sommer ist es warm und trocken, aber man muss mit Regen und Temperaturen unter 21° C rechnen. Am meisten Niederschlag gibt's im Dezember und Januar.

Wie?

Der Park liegt im Nordwesten Washingtons, 145 km (90 Meilen) westlich von Seattle, und ist über den US Highway 101 zu erreichen. Clallam Transit (www.clallamtransit.com) bietet Shuttlebusfahrten zwischen Port Angeles, Clallam Bay, Forks, Neah Bay und La Push an.

Park in Zahlen

3735
Fläche (km²)

117
Länge der unberührten Küstenlinie (km)

300
Vogelarten

Zelt oder Hotel?

Lake Quinault Lodge

Am Ufer des Lake Quinault verbindet diese prachtvolle Lodge das 1920er-Jahre-Feeling des Parks mit einer Dekoration im Stil amerikanischer Ureinwohner. Der Speisesaal ist nach Franklin D. Roosevelt benannt, der hier 1937 übernachtete. Es gibt Rangervorträge, geführte Wanderungen, ein Abendprogramm im Sommer, Bootstouren und Leihboote.

Kalaloch Lodge

Die imposante Küstenlodge 58 km südlich von Forks am US Highway 101 verfügt über Zimmer und Hütten mit Küchenzeilen (alle mit einem eigenen Bad) sowie über ein Restaurant mit Bar und einer grandiosen Aussicht. Weil man direkt am Rande eines Meeresschutzgebietes wohnt, sollte man nach Ottern und Tieren in Gezeitentümpeln Ausschau halten.

Kalaloch Campground

Auf einer Klippe hoch über dem Meer befindet sich der einzige der 16 Campingplätze im Park, der Reservierungen annimmt. Der ganzjährig geöffnete Kalaloch Campground liegt in einem Waldgebiet mit Meerblick, nicht weit von den Küstenwanderwegen entfernt.

Raus und los

Wandern

Vom Hoh Visitor Center kann man viele Wanderungen durch den Hoh Rain Forest auf eigene Faust unternehmen. Außerdem bieten Ranger Naturspaziergänge an und erzählen dabei Interessantes über die Gegend. Regenkleidung mitbringen.

Mehr erfahren

Das Makah Museum in Neah Bay zeigt Hunderte Artefakte einer Ausgrabung in einem Makah-Dorf nahe Ozette, das 1750 unter einer Schlammlawine begraben wurde. Besucher können an einer Führung teilnehmen und mehr über die traditionellen Web- und Schnitztechniken der Ureinwohner erfahren.

Baden in Thermalquellen

Nach einer Wanderung oder einer langen Fahrt sorgen drei von Thermalquellen gespeiste Mineralwasserpools und eine Massage für Entspannung. Vom Thermalbad führt ein einfacher 4,8 km (3 Meilen) langer Wanderweg zu den Sol Duc Falls (alternativ legt man zwei Drittel der Strecke mit dem Auto zurück und geht nur das letzte Stück zu Fuß).

◄ Aufgrund des vielen Regens gehört der Olympic National Park zu den feuchtesten Gebieten der USA. Vorherige Seite: Wanderer auf dem Hall of Mosses Trail staunen über die Ahornbäume im Hoh Rain Forest.

Nicht verpassen

In den sehr unterschiedlichen Lebensräumen des Olympic National Park – Gebirge, Küste, gemäßigter Regenwald – ist eine abwechslungsreiche Flora und Fauna zu finden. Weite Teile der Küstenlinie gehören zu einem Meeresschutzgebiet mit artenreichen Gezeitentümpeln. Bären, Rehe und Wapitis ziehen vom Flachland zu den alpinen Wiesen der Olympic Mountains. Im Regenwald zwischen Gebirge und Küste tummeln sich etliche Tiere und es gibt zahlreiche Pflanzen zu entdecken.

OLYMPISCHES MURMELTIER
Diese katzenähnlichen, vertraulichen und geselligen Tiere kommen nur auf der Olympic Peninsula vor. Ihre Hauptnahrungsquelle sind Pflanzen und sie halten Winterschlaf.

SITKAFICHTE Die altehrwürdigen, für gewöhnlich mit Moos bedeckten Bäume dominieren den gemäßigten Regenwald. Sie können Hunderte Jahre alt und bis zu 18 m hoch werden.

ROOSEVELT-WAPITI
Im Park lebt die größte in wilder Natur anzutreffende Roosevelt-Wapitiherde der USA. Oft entdeckt man die Tiere beim Grasen im gemäßigten Regenwald.

Wandern

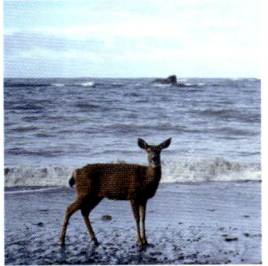

01 Hall of Mosses
Der 1,3 km (0,8 Meilen) lange, familienfreundliche Weg führt vom Hoh Visitor Center durch Regenwald mit moosbedeckten Bäumen und zahlreichen Farnpflanzen. Nach Wapitis Ausschau halten!

02 Vom Ozette Lake zum Sand Point
Vom Ozette Visitor Center (abseits des US 112) verläuft eine 4,8 km (3 Meilen) lange Promenade zum Cape Alava. Wer anschließend noch eine 15 km (9,3 Meilen) lange Rundwanderung unternehmen möchte, folgt der Küste bis zum Sand Point.

03 North Wilderness Beach Hike
Teile der unberührten Küste sind nur über diesen 32 km (20 Meilen) langen Wanderweg vom Ozette Trailhead zum Rialto Beach zu erreichen, für den man zwei bis drei Tage einplanen muss.

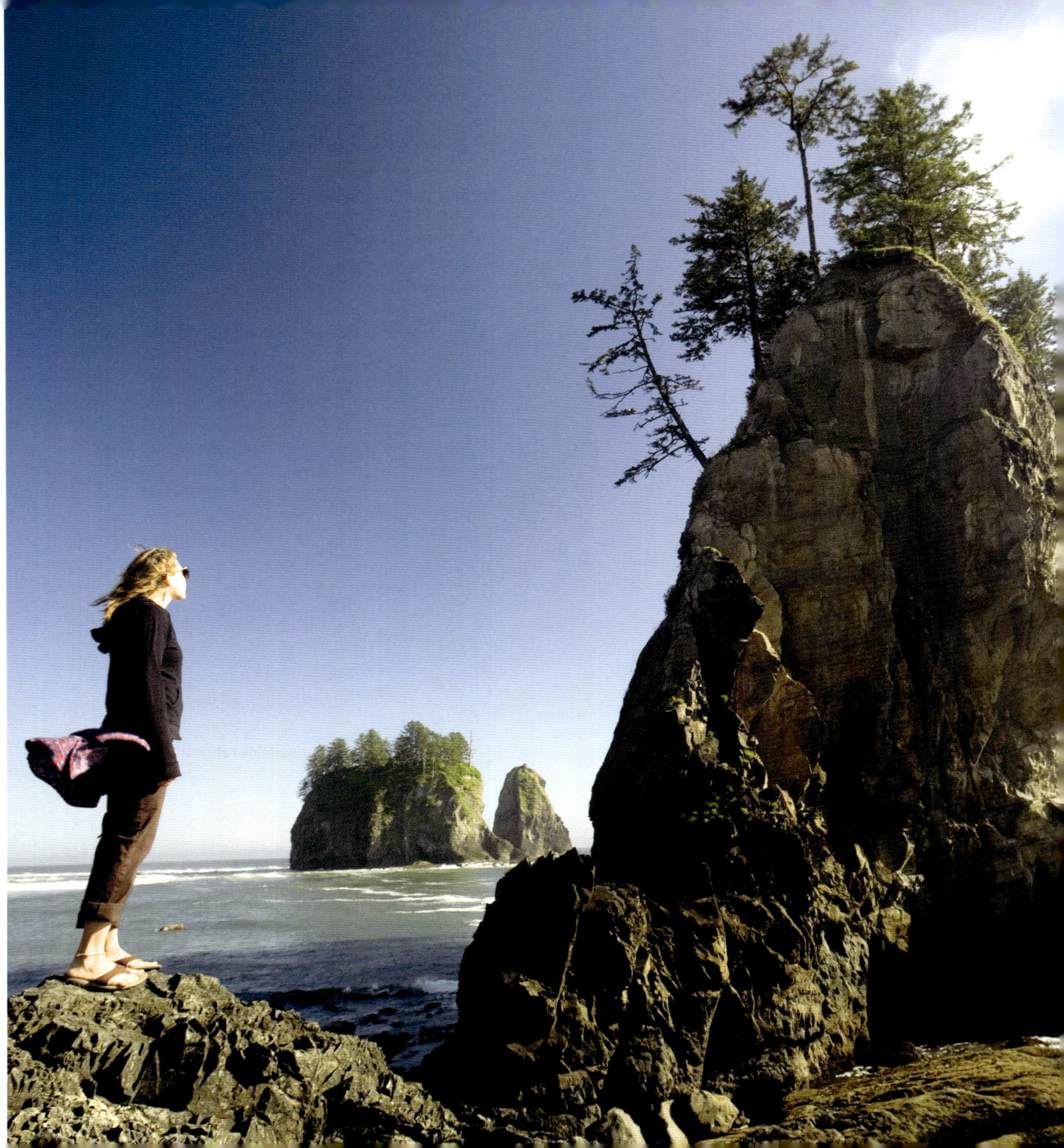

Getty Images | Colin Brynn; Danita Delimont, Alamy | Steven J. Kazlowski

Tourentipps

Twilight-Fans fahren nach Forks, doch auch die Aussicht vom Hurricane Ridge lässt das Herz höher schlagen. Außerdem kann man den Hoh River Trails folgen oder in den Sol Duc Hot Springs baden.

← Eine Schwarzwedelhirschkuh am Cape Alava. Die Schönheit des Second Beach bewundern.
→ Im Sommer sprießen hier Indianerpinsel und Lupinen.

01
Ein Tag

Der Tag beginnt im Olympic National Park Visitor Center in Port Angeles. Hinter dem Besucherzentrum liefert ein Lehrpfad einen Vorgeschmack auf den Park. Von hier nimmt man die Abzweigung zum Hurricane Ridge (abseits des Highways 101) mit atemberaubender Aussicht. Im Frühjahr und Sommer erstreckt sich vom Gipfel ein wunderschönes Wildblumenfeld den Hügel hinunter. Während der Wintermonate kann man an von Rangern geführten Schneeschuhwanderungen und Langlauftouren ab dem Hurricane Ridge Visitor Center teilnehmen. Das im Winter von Freitag bis Sonntag geöffnete Besucherzentrum bietet auch Snowboarden und Tubing an.

Eine weitere Möglichkeit im Sommer ist eine Spritztour auf der schwindelerregenden, 12,9 km (8 Meilen) langen geschotterten Obstruction Point Road östlich des Hurricane Ridge mit tollem Blick auf den Mt. Olympus. Zu den Wanderwegen in diesem subalpinen Gebiet gehört der schwierige, aber lohnenswerte Grand Valley Loop über 22 km (14 Meilen), für den man mehr als einen Tag einplanen muss.

02
Zwei Tage

Tag eins beginnt wie zuvor beschrieben, aber bei der Rückkehr zum Fuß des Hurricane Ridge folgt man dem US Highway 101 in Richtung Westen. Am Lake Crescent gibt's eine Picknickpause. Anschließend geht's nach Sol Duc, das hinter dem See an einer Abzweigung gen Süden liegt. Im Sol-Duc-Hot-Springs-Resort übernachtet man in einer Hütte und relaxt in taubenblauen Thermalquellbecken. Am nächsten Morgen bietet sich eine kurze Wanderung durch das unberührte Waldgebiet zu den Sol Duc Falls an.

03
Eine Woche

Zuerst folgt man der Zwei-Tages-Reiseroute und nimmt nach der Wanderung in Sol Duc den Highway 101 gen Westen zum Lake Ozette (eine Fahrt von A nach B dauert auf der Olympic-Halbinsel oft länger, als man denkt – daher sollte man jede Tankmöglichkeit nutzen). Nach der Übernachtung in einer Lodge oder auf einem Campingplatz am See bietet sich am nächsten Morgen eine Wanderung zum Sand Point an. Entweder man kehrt über Nacht nach Ozette zurück oder fährt weiter gen Norden nach Neah Bay, wo das Makah Museum tags darauf zu einem Besuch einlädt. Anschließend geht's nach Forks, das über ein paar Restaurants und Unterkünfte verfügt und Schauplatz der Buch- und Filmreihe *Twilight* war. Als Nächstes reist man weiter landeinwärts zum Hoh Rain Forest Visitor Center. Der dunkle, mysteriöse Wald entlang des Hall of Mosses Trail kann auf einer Rangertour oder auf eigene Faust erkundet werden. Wer noch Zeit hat, folgt dem mit Wasserfällen gespickten 29 km (18 Meilen) langen Hoh River Trail.

Die Nacht verbringt man auf dem Hoh Campground, dann geht's zurück ans Meer. Die Kalaloch Lodge mit Campingplatz dient als idealer Ausgangspunkt zur Küste, von der weite Teile nur zu Fuß oder mit dem Boot erreichbar sind. In der Kalaloch Ranger Station gibt's Infos und Programmpläne zu Wanderungen und Vorträge; alternativ geht man alleine los. Außerdem stehen Bootsverleihe und Führungen zur Verfügung. Nach einer Übernachtung in der Lodge oder auf dem Campingplatz steuert man wieder den Parkeingang an.

45

AZ

Petrified Forest National Park

Als Zeitreisende aus der Trias liegen versteinerte Baumstämme auf windgepeitschten Wiesen, umgeben von einem herrlichen Ödland mit komplexen Petroglyphen.

Es dauert eine Weile, bis man einen umfassenden Eindruck vom Crystal Forest gewonnen hat. Auf den ersten Blick sehen die versteinerten, in der Landschaft verteilten Baumstämme wie verkohlte Heuballen oder die Glut eines riesigen im Sand entzündeten Lagerfeuers aus. Doch schon nach einem kurzen Spaziergang auf dem Crystal Forest Trail wird der wahre Zauber der namensgebenden Schätze des Parks offenbar: Jeder antike Baum verbirgt einen kaleidoskopischen Kern aus Feuerrot, Orange und Lila und in manchen glitzern sogar Kristalle.

Vor 225 Mio. Jahren gelangten die Bäume über Flüsse auf die Überschwemmungs-

ebene. Bevor sie verwesen konnten, wurden sie unter Vulkanasche mit Siliziumdioxid begraben. Durch das Grundwasser löste sich das Siliziumdioxid, sickerte in die Stämme und wurde mit der Zeit durch Kristallisation zu Quarz. Eisen, Mangan und andere bunte Mineralien kamen hinzu. Was heute im Süden des Parks als „Wald" zu sehen ist, begann vor Millionen Jahren als Verklausung. Ein Highlight des Parks liegt hinter dem Rainbow Forest Museum, der 3 m breite Old Faithful.

Auch der Rest des Schutzgebietes bringt Besucher zum Staunen. Die malerische Aussicht und die Abzweigungen auf der 45 km (28 Meilen) langen Panoramastrecke bezeugen einen großen Abwechslungsreichtum.

Bei Sonnenuntergang erstrahlt die Painted Desert im Norden des Parks in vielen Farben. Das Painted Desert Inn atmet Geschichte. Weiter südlich erinnert eine alte Blechkiste an die Route 66, die Mitte des 20. Jhs. durch dieses Ödland führte. Zwischen 650 n. Chr. und dem frühen 15. Jh. lebten hier Puebloindianer. Ihre auffälligen Petroglyphen am Newspaper Rock sprechen dafür, dass Social Media keine moderne Erfindung ist.

Gemäß dem Antiquities Act zum Schutz von Stätten der Ureinwohner Amerikas im Südwesten begründete Theodore Roosevelt im Dezember 1906 das Petrified Forest National Monument. 1962 wurde das Gebiet zum Nationalpark erklärt.

Anreisen

Wann?
Im April und Mai blühen Wildblumen, doch es kann im Frühling windig sein. Während des Sommers ist viel los. Angenehmes Wetter und gute Reisebedingungen im Herbst.

Wie?
Durch den Park im Nordosten Arizonas führt die I-40. Flagstaff, Arizona, liegt 185 km (115 Meilen) westlich, Albuquerque, New Mexico, 328 km (204 Meilen) östlich. Den Sky Harbor Airport in Phoenix, 418 km (260 Meilen) weiter südwestlich, erreicht man über die I-40 und die I-17. Reisende nach Westen nehmen die Ausfahrt 311 auf der I-40, Reisende nach Osten die Ausfahrt 285 auf dem Highway 180 South.

Park in Zahlen

896
Fläche (km²)

650
Anzahl der Felsen mit Petroglyphen

1250–1400
Menschliche Besiedlung in Puerco Pueblo (v. Chr.)

Zelt oder Hotel?

Homolovi State Park Campground
Von hier aus hat man es nicht weit bis zur 1993 eröffneten Ruinenanlage der Hopi-Indianer. Die Umgebung besteht aus Wiesen und bietet einen Blick auf den weiten Himmel. Der Homolovi State Park Campground liegt 80 km (50 Meilen) westlich des Nationalparks, in dem es keine Campingplätze gibt.

Wigwam Motel
Das beliebte Wigwam Motel in Holbrook an der Route 66 verfügt über Betontipis mit 1950er-Möbeln und kleinen Duschbädern. Oldtimer auf dem Parkplatz tragen zum historischen Flair bei.

La Posada Hotel & Gardens
Kunst, Geschichte und Architektur kommen in der 1930 eröffneten großen Hazienda in Winslow zusammen. Das von Mary Jane Colter entworfene Gebäude war das letzte der prachtvollen Hotels, die von der Fred Harvey Company an der Eisenbahnstrecke nach Santa Fe in Auftrag gegeben wurden.

Raus und los

Mehr erfahren
Wirbel. Fußabdrücke. Wildtiere. Hinterließen die Puebloindianer Botschaften über die regionalen Wildtiere? Hielten Schamanen ihre Visionen fest? Vielleicht sind die Petroglyphen aber auch nur die Kritzeleien eines Tagträumers. Über all diese Dinge kann man auf dem Steg mit Blick auf die Felsen des Newspaper Rock nachdenken. Wer dem Puerco Pueblo Trail folgt, sieht die Bilder von Nahem.

Geschichte erleben
Das Painted Desert Inn bietet keine Übernachtungsmöglichkeiten mehr, steht jedoch allen offen, die mehr über die Geschichte und Architektur des Gebäudes erfahren möchten. Zu den Highlights gehören Hopi-Wandbilder sowie Ausstellungsstücke zum Civilian Conservation Corps und zur Route 66. Entweder erkundet man das Haus aus den 1920ern auf eigene Faust oder nimmt an einer Führung teil.

Radfahren
Die 45 km (28 Meilen) lange Scenic Road führt an der Painted Desert vorbei zu halbtrockenen Wiesen, versteinerten Wäldern, Ruinen von Puebloindianern und felsigem Ödland. Im Frühjahr oder Herbst herrscht weniger Verkehr. Leihräder bekommt man in Flagstaff.

← Ein Halsbandleguan wärmt sich auf einem versteinerten Holzklotz.
→ Felsbildkunst von Puebloindianern am Newspaper Rock.

Wandern

01 Blue Mesa
Dieser steile 1,6 km (1 Meile) lange Rundweg führt hinab in schönes Ödland. Durch das Vorkommen von Bentonit erscheint die Landschaft in unwirklich blauen Farbtönen.

02 Long Logs & Agate House
Wer dem 4,2 km (2,6 Meilen) langen Rundweg folgt, gelangt zu der größten Ansammlung versteinerter Bäume im Park, gleich gegenüber von einem teilweise wiederaufgebauten prähistorischen Dorf.

03 Painted Desert Rim
Beim Sonnenuntergang erstrahlen die geschichteten Ton- und Sandsteinablagerungen der Painted Desert in leuchtenden Farben. Der einfache 0,8 km (0,5 Meilen) lange Weg zwischen Tawa Point und Kachina Point bietet eine grandiose Aussicht.

Nicht verpassen

Das erhabene Colorado Plateau liegt in einer als „Four Corners" bekannten Region im Norden Arizonas und in Teilen New Mexicos, Colorados und Utahs. Eine halbtrockene Grasebene bedeckt den Nationalpark, in dem sich stellenweise auch Tafelberge erheben und Ödland erstreckt. Die robusten Pflanzen und Tiere sind an die extremen Temperaturschwankungen angepasst. Wildtiere kann man am besten am frühen Morgen und in der Dämmerung beobachten.

ESELHASE Die auffälligen 15 cm langen Ohren der athletischen Tiere mit den schwarzen Enden dienen der Wärmeabgabe. Eselhasen können bis zu 64 km/h schnell rennen und 6 m weit springen.

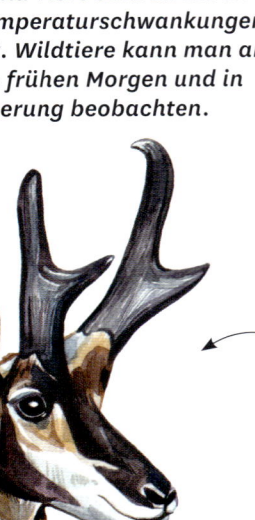

GABELBOCK Als schnellste Landtiere der USA erreichen diese anmutigen Antilopen eine Geschwindigkeit von etwa 97 km/h. Die nach hinten gerichteten Hörner männlicher Gabelböcke werden bis zu 30 cm lang.

KURZHORNKRÖTENECHSE Diese flachen, gedrungenen Echsen haben ein Gesicht, das wohl nur eine Mutter lieben kann, sowie stachelige Hörner und spitze Schuppen. Bei Gefahr lassen sie Blut aus ihren Augen spritzen oder setzen ihre Hörner gegen den Angreifer ein.

Tourentipps

„Take it easy" am Eagles-Denkmal in Winslow. Außerdem kann man Hopi-Wandbilder und den Sonnenuntergang in der Painted Desert bestaunen und eine Panoramafahrt zum Crystal Forest unternehmen.

◄ Die Blue Mesa.
➜ Versteinerte Holzfragmente aus der späten Trias am Long Logs Loop Trail.

01

Ein Tag

Sobald man die Rangerhütte am Südeingang passiert hat, scheint es, als fahre man in *Die fast vergessene Welt* aus vorgeschichtlicher Zeit. Es laufen zwar keine Dinosaurier herum, doch die gewaltigen versteinerten Stämme und das trockene Grasland beschwören ein nicht minder gefährliches Zeitalter herauf. Zum unheilvollen Ambiente tragen auch die Skelette riesiger Echsen im Rainbow Forest Museum bei. Nachdem man an dem von einem Ranger geführten Triassic Talk teilgenommen hat, folgt man dem Giant Logs Trail.

Die 45 km (28 Meilen) lange Panoramastraße mit Abzweigungen verläuft nördlich des Museums. Einst bildeten die versteinerten Bäume im Crystal Forest eine historische Verklausung. Weiter nördlich auf dem Blue Mesa Loop Trail versorgt das blaue Ödland Instagram-Fans mit neuen Motiven. Auf dem Puerco Pueblo Trail fällt zur Sommersonnwende am 21. Juni ein Sonnenstrahl auf ein spiralförmiges Piktogramm.

Weiter nördlich lässt man auf der Panoramastraße die I-40 hinter sich und fährt im Norden des Parks in das Ödland der Painted Desert. Direkt hinter dem Highway erinnern ein verrosteter Oldtimer und eine Infotafel an die Route 66 (dies ist der einzige Nationalpark, durch den ein Abschnitt der Mother Road verlief). Am Chinde Point Overlook genießt man bei einem Picknick den Blick auf die Painted Desert.

Hopi-Wandbilder sind ein Highlight im historischen Painted Desert Inn. Von hier geht's zu verschiedenen Aussichtspunkten mit herrlichem Blick auf den farbenprächtigen Sonnenuntergang in der Painted Desert.

02

Zwei Tage

Zuerst gibt's ein dekadentes Frühstück im Turquoise Room des La Posada Hotel in Winslow. Danach bietet sich der Standin' on the Corner Park zu Ehren des Eagles-Klassikers *„Take it Easy"* für Schnappschüsse an.

Es folgt eine 80,5 km (50 Meilen) lange Fahrt zum Südeingang des Parks. Das Rainbow Forest Museum präsentiert Fossilien und Phytosauriadioramen. Auf dem nahen Giant Logs Trail liegt der größte versteinerte Stamm des Schutzgebietes, der Old Faithful. Weiter geht's auf der Panoramastraße in den Norden des Crystal Forest. Die Felsebene des Waldes ist mit weiteren versteinerten Stämmen übersät, in denen teilweise Kristalle glitzern. Weiter nördlich auf dem Blue Mesa Trail sind Fossilien in das Ödland eingebettet.

Vor bis zu 2000 Jahren ritzten Puebloindianer Petroglyphen in die Felsen des Newspaper Rock (Fernglas mitbringen). Am Chinde Point macht man eine Picknickpause, bevor es für eine Wanderung zum Kachina Point geht. Dort kann man wild campen und die abgeschiedene Natur genießen (das Zelt mindestens 1,6 km vom Ausgangspunkt des Wanderweges aufstellen).

Am zweiten Tag betrachtet man den Sonnenaufgang und wandert zurück zum Kachina Point. Nach einer Fahrt gen Süden erwarten einen auf dem Puerco Pueblo Trail die Reste einer Pueblosiedlung mit 100 Räumen. Einen letzten Blick auf versteinerte Bäume erhascht man auf dem Long Logs Trail. Souvenirs werden in Jim Gray's Petrified Wood Company, 1,6 km (1 Meile) südlich von Holbrook, verkauft.

46

Pinnacles National Park

In dem jüngsten National-park der USA, der fast wie ein Geheimnis anmutet, erwarten Besucher zerklüftete Vulkan-gipfel, um die bedrohte Kalifornische Kondore fliegen.

Dieser Park mit in den Himmel ragenden Gipfeln, Canyons und Höhlen ist das Überbleibsel eines antiken Vulkans, der vor 20 Mio. Jahren unweit der heutigen Stadt Los Angeles entstand und sich aufgrund von plattentektonischen Bewegungen an der erdbebengefährdeten San-Andreas-Verwerfung in Kalifornien 322 km nördlich von seinem ursprünglichen Standort entfernte. Noch heute bewegt sich der Vulkan jährlich um 2,5 cm. Er wird seit Äonen durch Wind und Wasser erodiert – das Ergebnis ist ein außergewöhnliches Terrain.

In dem kleinen Schutzgebiet gibt's eine überraschend abwechslungsreiche Flora und Fauna. Über den mit Chaparral (Gebüschvegetation) bedeckten Talebenen und Hügeln ragen steile Klippen und Felsnadeln empor, die aus dem Pinnacles eine ökologische Oase machen. Bei einer Wanderung über die zerklüfteten Hochgipfel, die früher Bären und Wölfen eine Heimat boten, entdeckt man mit etwas Glück Kalifornische Kondore. Der Park gehört zu den wenigen Orten in den USA, wo die in Gefangenschaft aufgezogenen Vögel freigelassen werden. Dies ist sowohl für die Arterhaltung als auch für die Wiederansiedelung der Kondore unerlässlich. Weiter unten beherbergen die außergewöhnlichen Talushöhlen über ein Dutzend Fledermausarten.

Mehr als ein Jahrhundert nachdem Theodore Roosevelt Pinnacles zum National Monument erklärte, wurde er 2013 zum jüngsten US-Nationalpark. Als eines der kleinsten Schutzgebiete wird er häufig übersehen. Es ist jedoch ein echtes Vergnügen, das versteckte Juwel östlich des landwirtschaftlichen Salinas Valley im ländlichen Zentrum Kaliforniens zu erkunden. Man erreicht den Park nach einer langsamen Fahrt über den US Highway 101, der dem Verlauf des El Camino Real aus dem 18. Jh. folgt. Spanische Kolonisten bauten die Straße zwischen ihren katholischen Missionsstationen, den ersten europäischen Siedlungen, die später zu einer Provinz Mexikos wurden.

Anreisen

Wann?
Dank des mediterranen Klimas sind der Frühling und Herbst ideal für einen Besuch. Im Sommer wird es sehr heiß und schwül mit Tagestemperaturen von über 38 °C, während in Winternächten mit Minusgraden zu rechnen ist.

Wie?
Der Park liegt zwei Autostunden südöstlich von San Francisco und dem internationalen Flughafen SFO. Sein Ost- und Westeingang sind über keine Straße miteinander verbunden. Die Strecke dazwischen kann nur zu Fuß zurückgelegt werden. Im Osten befinden sich die wichtigsten Besuchereinrichtungen.

Park in Zahlen

108
Fläche (km²)

1007
Höchste Erhebung: Chalone Peak (m)

238
Weltweiter Bestand der Kalifornischen Kondore

Zelt oder Hotel?

Pinnacles Campground
Der Familiencampingplatz nahe dem Osteingang wartet mit einem saisonal geöffneten Außenpool und großen Stellplätzen auf, von denen viele im Schatten von Eichen liegen. Ein Geschäft für Camper ist nur einen kurzen Spaziergang entfernt. Morgens sollte man nach wilden Truthähnen Ausschau halten!

Inn at the Pinnacles
Inmitten von Weinbergen im Monterey County, nur eine zehnminütige Fahrt vom Park entfernt, punktet dieses B&B mit einem Außenpool, großen Badewannen in den Suiten und einem Grill auf der hinten gelegenen Terrasse. Von manchen der schlicht eingerichteten Zimmer genießt man einen herrlichen Blick auf die umliegende Landschaft.

Joshua Inn Bed & Breakfast
In der Stadt Hollister, 48 km (30 Meilen) nordwestlich des Parks, bietet die altmodische Unterkunft mit Turm im viktorianischen Queen-Anne-Stil aus dem Jahr 1902 einen Krocket-Rasenplatz, Süßwaren, Themenzimmer und ein reichhaltiges Gourmetfrühstück.

Raus und los

Klettern
Entlang der Wanderwege können Felswände und -blöcke erklommen werden. Die Auswahl reicht von Toprope-Klettern für Anfänger bis zu schwierigen Strecken mit Sicherungspunkten (der Name unserer Lieblingsroute lautet „Tourist Trap" – „Touristenfalle"). In der Nistzeit der Raubvögel von Januar bis Juni sind eventuell einige Gebiete gesperrt.

Höhlenwandern
Die leicht zugänglichen Talushöhlen eignen sich ideal für unerfahrene Höhlenforscher (Taschenlampe mitbringen). Wenn im Spätfrühling und Sommer die Fledermäuse rasten, werden manche Höhlen für Besucher geschlossen. Ansonsten erreicht man sie über leichte, kinderfreundliche Wanderwege.

Nachtwandern
Im Onlinekalender des Parks findet man die Termine für nächtliche Wanderungen und Höhlenerkundungen sowie zur Beobachtung des Sternenhimmels mit Teleskopen, die auf die Milchstraße ausgerichtet sind. Normalerweise finden die von einem Ranger angebotenen Sonderprogramme am Wochenende statt. Vorab reservieren.

 Blick über den Pinnacles National Park zu den High Peaks.
➡ Der untere Eingang zur Bear Gulch Cave.

Wandern

O1 High Peaks Trail
Der steile, schmale Weg mit hilfreichen Stufen und Geländern führt 8,5 km (5,3 Meilen) hinauf zu den berühmten Felsformationen des Parks.

O2 Moses Spring & Rim Trail Loop
Durch felsige Landschaften verläuft dieser leichte familienfreundliche 3,5 km (2,2 Meilen) lange Pfad zur Bear Gulch Cave.

O3 Chalone Peak Trail
Für eine atemberaubende Aussicht folgt man der anstrengenden 14,5 km (9 Meilen) langen Route zum höchsten Gipfel des Parks. Dabei legt man 610 Höhenmeter zurück.

Nicht verpassen

Von winzigen Marienkäfern bis zu riesigen Kondoren: In diesem isolierten Park sind etliche Wildtiere zu Hause. Zahlreiche Vogelarten findet man in Ufer-, Wald- und Chaparral-Gebieten. Raubvögel wie Goldadler oder Buntfalken kann man während ihrer Flüge rund um die hohen Felsen des Pinnacles entdecken. Die Balconies Cave und die Bear Gulch Cave beherbergen mehr als die Hälfte aller kalifornischen Fledermausarten.

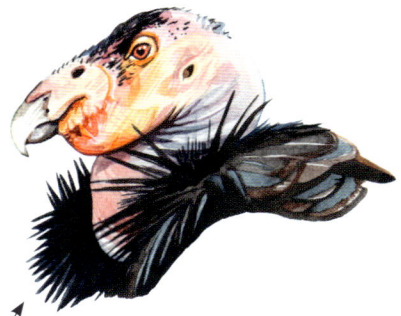

KALIFORNISCHER KONDOR
Der vor dem Aussterben gerettete größte Landvogel Nordamerikas hat eine Flügelbreite von 3 m und legt für die Nahrungssuche bis zu 241 km zurück.

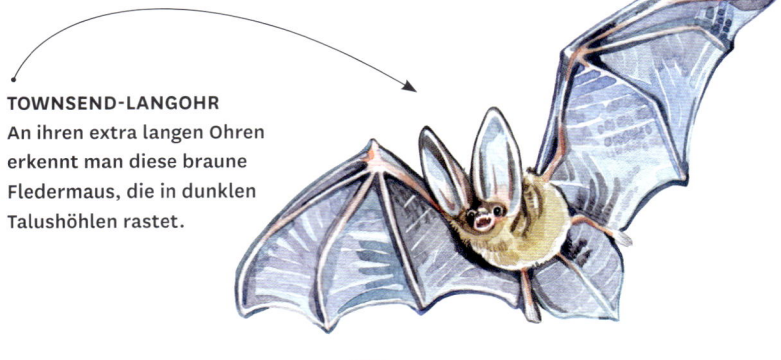

TOWNSEND-LANGOHR
An ihren extra langen Ohren erkennt man diese braune Fledermaus, die in dunklen Talushöhlen rastet.

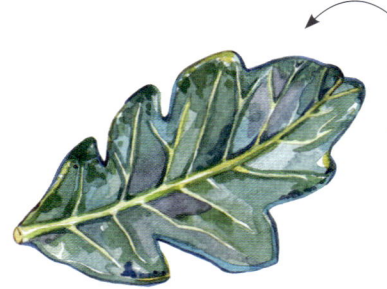

BLAUEICHE Tieren schenkt der Baum Schutz und Eicheln, Menschen bietet er schattige Zeltplätze. Er ist eine von 20 majestätischen einheimischen Eichenarten in Kalifornien.

Getty Images | Wade Eakle, Danita Delimont

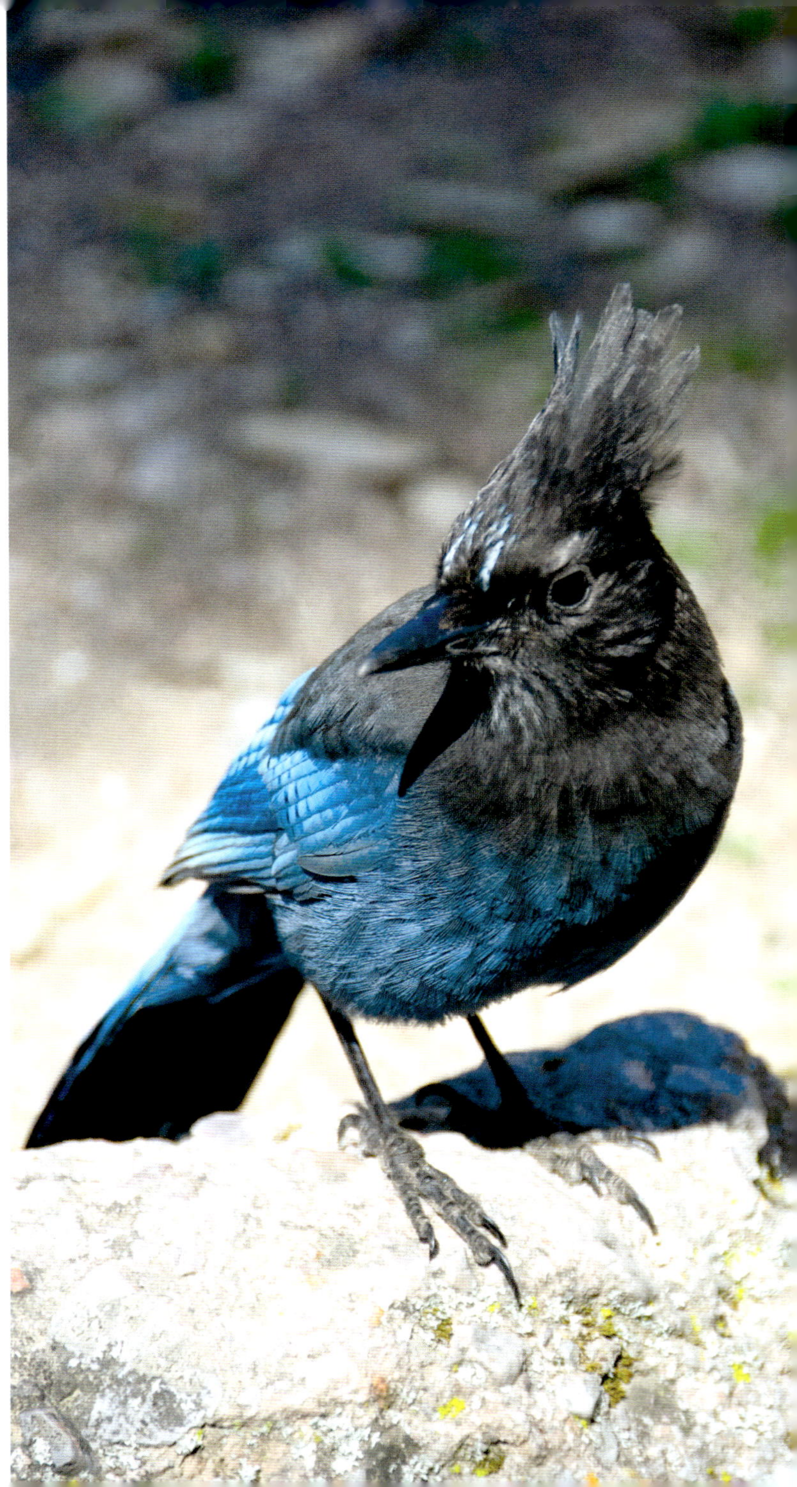

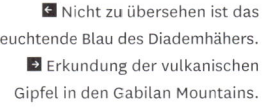

Tourentipps

Dem High Peaks Loop folgen, nach Kalifornischen Kondoren Ausschau halten oder in der Bear Gulch Cave Fledermäuse beobachten.

◄ Nicht zu übersehen ist das leuchtende Blau des Diademhähers.
► Erkundung der vulkanischen Gipfel in den Gabilan Mountains.

01

Ein Nachmittag

Auf der Fahrt zwischen den Wüstenparks von Südkalifornien und den Redwoods im Norden Kaliforniens folgt man nicht dem I-5 Freeway, sondern dem Highway 101 entlang der kalifornischen Central Coast. Der Streckenabschnitt ist idyllisch und ermöglicht einen kurzen Abstecher zum ruhigen Pinnacles-Park. Bear Gulch im Westen bietet sich für eine Mittagspause im Schatten von Eichen an.

Im Besucherzentrum bekommt man eine Wanderkarte und unternimmt eine Tour auf dem High-Peaks-Rundweg. Der immer schmaler werdende Pfad führt über in Stein gehauene Stufen bergauf. Unterwegs kann man unzählige Vögel beobachten und Panoramafotos der Felsnadeln mit dem Kalifornischen Küstengebirge im Hintergrund schießen. Echte Glückspilze bekommen einen der seltenen Kalifornischen Kondore zu Gesicht, die auf der Unterseite ihrer schwarzen Flügel je einen weißen Fleck haben. Beim Abstieg zurück nach Bear Gulch lohnt sich ein Besuch der Bear Gulch Cave, in der Fledermäuse rasten.

02

Ein Tag

An nur einem Tag gibt's in dem überraschend kleinen Park jede Menge zu sehen und zu erleben. Durch die Talebene gelangt man zum Osteingang, wo man sich im Campinggeschäft mit Proviant ausstatten kann. Weiter geht's zum Besucherzentrum bei Bear Gulch. Hier liegen kostenfreie Karten aus und Ranger informieren über Wandermöglichkeiten. Tagesausflügler folgen am besten dem 8 km (5 Meilen) langen High Peaks Loop zum höchsten Gipfel der Felshänge und kehren anschließend zurück zum Ausgangspunkt.

Nach einem entspannten Mittagessen und einer kurzen Verschnaufpause im Schatten führt ein weitaus einfacherer Rundweg zur begehbaren Bear Gulch Cave. Alternativ nimmt man sich eine der berühmten Kletterrouten des Parks vor (falls nötig mit fachmännischer Hilfe) und stellt die eigene Kraft und Geschicklichkeit an den Steilwänden und seltsam geformten Felsen dieses erodierten antiken Vulkans unter Beweis.

03

Zwei Tage

Zunächst geht's vom Highway 101 in den Osten des Parks. Auf dem Pinnacles Campground schlägt man sein Zelt auf und dreht bei warmem Wetter eine Runde im Außenpool. Anschließend wandert man von Bear Gulch im Westen zur berühmten gleichnamigen Höhle. Wer dem High Peaks Trail folgt, kann oben eine Pause einlegen und Fotos vom Sonnenuntergang über dem Tal schießen. Zurück auf dem Campingplatz gibt's Snacks am Lagerfeuer und Geschichten unter dem Sternenhimmel. An manchen Wochenenden, vor allem im Frühjahr und Sommer, bieten Ranger nach Einbruch der Dunkelheit Gespräche für Astronomieinteressierte und Nachtwanderungen an.

Den zweiten Tag widmet man der anstrengenden Besteigung des Chalone Peak, der höchsten Stelle im Park mit einem grandiosen Panoramablick. Alternativ packt man sein Zelt ein und fährt in den Westen des Parks. Nach einem kurzen Spaziergang zur Balconies Cave stehen die Chancen nicht schlecht, einheimische Fledermauskolonien zu beobachten.

47

CA

Redwood National & State Parks

Seit 2000 Jahren ragen einige der höchsten Bäume der Welt in den Nebelwäldern dieser Parks über smaragdgrünem Farn in den Himmel.

Was für ein friedliches Gefühl, durch einen Wald von stillen Wächtern zu streifen, mit Küstenmammutbäumen (auf Englisch „coast redwood") 60-mal größer und Hunderte Jahre älter als man selbst! Vom grünen Laubdach hoch oben senkt sich eine ewige Stille herab, die den Herzschlag verlangsamt, den Schritt entschleunigt und den Geist befreit. Doch hier stehen nicht nur Bäume unter Schutz, sondern auch bedrohte Arte wie Königslachse, die in Süßwasserbächen laichen, Stellersche Seelöwen, die sich auf Küstenfelsen aalen, und kalifornische Fleckenkäuze, hervorragende Jäger, die auf den Ästen alter Nadelbäume lauern.

Tragischerweise wurden nur 4 % des ursprünglichen kalifornischen Mammutbaumbestandes nicht abgeholzt. Beinahe die Hälfte davon liegt in diesem Zusammenschluss von Federal und State Parks, der sich von der Pazifikküste bis ins Landesinnere erstreckt. Er umfasst Wälder und Prärien mit grasenden Elchen sowie unberührte Flüsse, die amerikanischen Ureinwohnern als Jagd- und Angelgebiet dienten. 1918 schlossen sich Bürger in der *Save the Redwoods League* zusammen, um den Urwald vor der Zerstörung durch Abholzung zu retten. Ihr Engagement zahlte sich aus, als 50 Jahre später der Redwood National Park gegründet wurde und die UNESCO die Region 1980 zum Weltkulturerbe sowie zu einem Teil des California Coast Ranges Biosphere Reserve erklärte.

Mit dem Nationalpark und seinen drei angrenzenden State Parks – Prairie Creek Redwoods, Del Norte Coast Redwoods und Jedediah Smith Redwoods – sind 518 km² Landfläche und 64 km raue, unberührte Pazifikküste geschützt. In den Schutzgebieten herrscht ein gemäßigtes Regenwaldkli-

ma mit bis zu 356 cm Regen jährlich. Dank der kühlen Feuchtigkeit, des reichhaltigen Waldbodens und der Fähigkeit der Bäume, neue Knospen in Maserknollen zu bilden, können die Küstenmammutbäume beeindruckend hoch und alt werden.

Anreisen

Wann?
Von Mai bis Oktober herrscht in den vier ganzjährig zugänglichen Schutzgebieten das sonnigste Wetter. Dann sind auch die meisten Besuchereinrichtungen geöffnet. Im Winter kann es kalt und verregnet sein.

Wie?
In San Francisco befindet sich der nächste große internationale Flughafen. Von dort sind es fünf Stunden auf dem Highway 101 nach Norden zum Besucherzentrum des Nationalparks. Auf den nächsten 80,5 km (50 Meilen) weiter Richtung Norden und Oregon-Grenze passiert man Crescent City und drei State Parks.

Park in Zahlen

562
Fläche (km²)

116
Höhe von Hyperion (m)

45
Prozent aller in Kalifornien verbliebenen Mammutbäume werden in diesem Park geschützt

Zelt oder Hotel?

Gold Bluffs Beach Campground

Am Ende einer Schotterstraße im Prairie Creek Redwoods State Park befinden sich zwei Dutzend Stellplätze. Das Küstenschutzgebiet bietet Einsamkeit, Meerblick und Wanderwege. Bis zum Strand sind es wenige Schritte. Im Sommer vorab buchen.

Jedediah Smith Campground

Gut mit dem Auto zu erreichen ist dieser bei Familien beliebte Campingplatz in dem am nördlichsten gelegenen State Park. Der Smith River lädt zum Picknicken und Baden ein. Zelte werden im Schatten wohlriechender Fichten, Kriechwacholder und Tannen aufgeschlagen. Im Sommer vorab buchen.

Historic Requa Inn

Das 1914 eröffnete Hotel am Ufer des Klamath River nahe dem Meer besticht durch seine nächtliche Beleuchtung und ein Restaurant mit Chefkoch. Die altmodischen, technologiefreien Zimmer (sorry, es gibt weder Fernseher noch Telefon) verfügen über antike Möbel wie Badewannen mit Löwenfüßen. Ein wunderbarer Ort für ein romantisches Wochenende vor dem Kamin.

Raus und los

Panoramafahrt

Wer vom Panorama auf dem Highway 101 beeindruckt ist, sollte erst recht nicht den von Bäumen umstandenen Newton B Drury Scenic Parkway verpassen. Alternativ folgt man der holprigen Davison Road bis zum Gold Bluffs Beach und der Howland Hill Road zu den Mammutbäumen des Stout Grove.

Radfahren

Im Gegensatz zu den meisten anderen National und State Parks ist das Mountainbiken hier auf mehreren ehemaligen Holzfällerstraßen und speziell ausgewiesenen Wegen gestattet. Zwischen alten Bäumen hindurch geht's bis zu den Klippen an der Küste sowie zu Grassteppen. Dank der Mischung aus leichten, ebenen Rundwegen und steilen Routen kommt keine Langeweile auf.

Kajakfahren

Während der Sommermonate kann man auf dem ruhigen Smith River herumpaddeln. Kajakverleihsteller gibt's in Orick. Rangertouren müssen vorab persönlich im Hiouchi Information Center gebucht werden. Das Besucherzentrum liegt im Jedediah Smith Redwoods State Park, abseits des Highway 199.

 Giganten aus dem Jura: Die Mammutbäume gediehen hier schon im kühlen, feuchten Klima des Dinosaurierzeitalters vor 160 Mio. Jahren.

Nicht verpassen

An der Küste erstrecken sich Gezeitentümpel mit vielen Meereslebewesen wie der Grünen Riesenanemone und Strände, an denen sich Robben in der Sonne aalen. In Nebelwäldern mit den höchsten Bäumen lauscht man dem Ruf der Eulen und begibt sich anschließend in den nahegelegenen Prärien auf die Spuren der Roosevelt-Wapitis. Beim Wandern sollte man nicht auf eine der gelben Bananenschnecken treten, die auf Nahrungssuche über den reichhaltigen Waldboden kriechen.

KÜSTENMAMMUTBAUM Zwar ist der *Sequoia sempervirens* weder der mächtigste noch der älteste Baum in Kalifornien, jedoch unbestreitbar der höchste. Hier wurden Fossilien von Mammutbäumen entdeckt, die aus dem Jura stammen.

ROOSEVELT-WAPITI Der größte Wapiti Nordamerikas ernährt sich von Gräsern, Pflanzen und Beeren. Im Herbst kämpfen die Geweih tragenden Männchen um paarungsbereite Weibchen.

MARMELALK Ungewöhnlicherweise fliegt dieser nordpazifische Meeresvogel mit schwarz-weißem Gefieder ins Landesinnere, um hoch in den Ästen alter Nadelbäume zu brüten.

Wandern

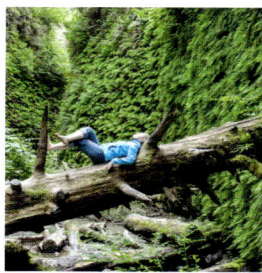

01 Lady Bird Johnson Grove Trail
Jüngere Kinder lieben diesen 1,6 km (1 Meile) langen Naturpfad mit Lehrtafeln über die Ökologie der hohen Bäume.

02 Fern Canyon Loop Trail
Vogelgezwitscher begleitet einen auf dem 1,1 km (0,7 Meilen) langen Weg nahe dem Gold Bluffs Beach im Prairie Creek Redwoods State Park. Die Route verläuft zwischen moos- und farnbedeckten Canyonwänden.

03 Damnation Creek Trail
Im Del Norte Coast Redwoods State Park geht's 305 m zu einem windgepeitschten Strand hinab, wo sich Wellen an den Felsen brechen. Der Pfad ist 7 km (4,4 Meilen) lang.

Getty Images | James + Courtney Forte; Woods Wheatcroft; Inga Spence

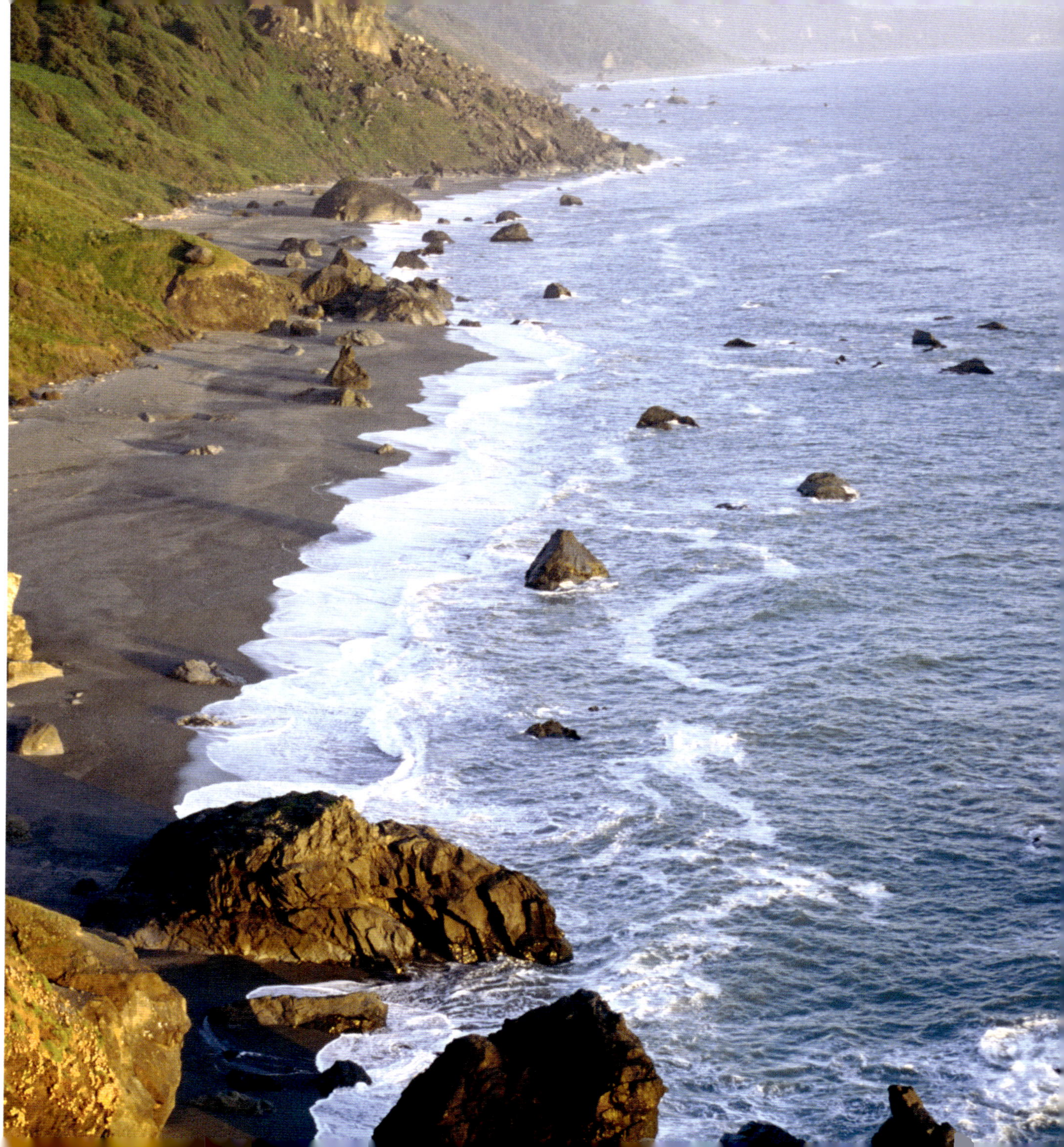

Tourentipps

Die Mammutbäume des Tall Trees Grove bestaunen, durch den grünen, an Jurassic Park erinnernden Fern Canyon wandern oder den Newton B Drury Scenic Byway entlangfahren.

 Der Fern Canyon im Prairie Creek Redwoods State Park. Zu den vier Schutzgebieten gehört auch die Prairie-Creek-Küste.

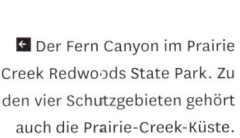

01

Ein Tag

Vom Fischerort Trinidad führt der Highway 101 gen Norden zum Meer und an Lagunen vorbei. Am Thomas H. Kuchel Visitor Center des Nationalparks, das auf der Strecke liegt, gibt's neben Infos Genehmigungen für den Tall Trees Grove. Zudem kann man am unberührten, windigen Strand entlangspazieren. Nördlich der kleinen Stadt Orick gelangt man über die ausgeschilderte Abzweigung zum Lady Bird Johnson Grove und wandert auf einem idyllischen Naturpfad zu alten Mammutbäumen. Über die gleiche Nebenstraße erreicht man den Ausgangspunkt der Wanderroute zum Tall Trees Grove. Der unvergessliche 8 km (5 Meilen) lange Rundweg führt an einigen der höchsten Bäume der Erde vorbei, die am Ufer des Redwood Creek wachsen. Nach der Wanderung geht's zurück zum Highway 101 und ein paar Meilen gen Norden bis zum Prairie Creek Redwoods State Park. In der Elk Prairie beobachtet man während der Dämmerung Roosevelt-Wapitis und stellt dann sein Zelt auf dem bewaldeten Campingplatz des Schutzgebietes auf.

02

Zwei Tage

Bei einem Frühstück am Lagerfeuer schüttelt man die feuchte Kälte der Nacht ab und fragt danach im Besucherzentrum des Prairie Creek Redwoods State Park Ranger nach aktuellen Wanderbedingungen. Die Routen beginnen direkt vor der Tür und reichen von leichten Naturpfaden bis zu schwierigen Strecken zur Küste. Nicht versäumen sollte man eine Fahrt auf dem Newton B Drury Scenic Byway, der sich 16 km (10 Meilen) durch einen Mammutbaumwald schlängelt. Die Bäume erheben sich wie antike Götter zu jeder Seite des schmalen Asphaltstreifens. Anschließend geht's zurück gen Süden auf dem Highway 101 und über die holprige, teils asphaltierte Davison Road zum schönen Gold Bluffs Beach. Der unglaublich grüne Fern Canyon, in dem Filmszenen für *Vergessene Welt: Jurassic Park* gedreht wurden, bietet sich für einen kurzen Spaziergang an. Wer angesichts dieser Naturpracht den Park noch nicht verlassen möchte, steuert am besten den wunderbaren Campingplatz am Gold Bluffs Beach an.

03

Drei Tage

Nach einer erholsamen Nacht mit Wellenrauschen geht's zurück auf den Highway 101 Richtung Norden, vorbei am Klamath River, der zum Fliegenfischen einlädt, und an verschiedenen Küstenaussichtspunkten – hier kann man im Winter Grauwale auf ihrer Reise entdecken. An einem leicht zu übersehenen Parkplatz am Straßenrand beginnt der Damnation Creek Trail, der durch unberührten Mammutbaumwald hinunter in den Del Norte Redwoods State Park führt. Der Weg flacht an einem oft einsamen Felsstrand ab (Achtung: bei Flut ist alles überschwemmt). Zurück im Auto fährt man weiter nördlich nach Crescent City mit seinem Leuchtturm aus der Mitte des 19. Jhs. und einem reizenden, für Besucher geöffneten Meeressäugerkrankenhaus. Außerhalb der Stadt folgt man der geschotterten Howland Hill Road zum eindrucksvollen Stout Grove mit alten Mammutbäumen im Jedediah Smith Redwoods State Park (ein Allradwagen ist nicht nötig). Spaß für die ganze Familie verspricht der bewaldete Campingplatz des Parks am Smith River.

48

CO

Rocky Mountain National Park

Zerklüftete, von ewigem Schnee bedeckte Gipfel prägen das Antlitz des alpinen Parks, der Tausende Hektar tiefen, grünen und unberührten Wald umfasst.

Alamy | nagelestock.com

Wenn im Winter die Massen ausbleiben und die hohe, frisch gefallene Schneedecke alle Geräusche dämpft, kann man auf Langlaufski über die Felder gleiten und sich den eisigen Wind um die Nase wehen lassen. In diesem magischen Land in luftiger Höhe gibt's nur einen selbst und ein paar Elche. Zweifellos ist der Park im Herzen Amerikas eine Welt für sich.

Die Namen der Berge, Seen und Regionen des Schutzgebietes stehen für seine wilde Natur: Never Summer Mountains, Mummy Range, Wild Basin, Loch Vale. Auf Tagesausflügen oder mehrtägigen Trips kann man sie zu Fuß oder hoch zu Ross erkunden und im kristallklaren Wasser Bergforellen angeln. Belohnt wird man mit einem atemberaubenden Ausblick bis nach Wyoming, friedvollen Momenten im Tannen- und Fichtenwald und aufregenden Begegnungen mit Elchen und Dickhornschafen in der Tundra. Im Winter ist der Park von einer Schneeschicht bedeckt, im Frühjahr blühen Wildblumen, im Sommer tummeln sich hier Tiere und im Herbst erstrahlt alles bernsteinfarben.

Seit mehr als 12 000 Jahren sind die Paläoindianer in der Region ansässig. Erst später zogen die Ute und Arapaho hierher. Ab Mitte des 19. Jhs. nutzten Siedler das Land zur Bewirtschaftung und Rinderzucht und schon bald folgten die ersten Touristen. Der irische Aristokrat Lord Dunraven versuchte mithilfe des Homestead Act einen Großteil des Landes für sich zu beanspruchen. Aufgebrachte Siedler setzten seinem Treiben jedoch ein Ende. 1915 wurde der Nationalpark von Woodrow Wilson gegründet.

Der 4346 m hohe Longs Peak, höchster Berg des Schutzgebietes, hat es als Wahrzeichen bis auf Colorados 25-Cent-Münze geschafft und ist nach dem Erforscher Stephen

Harriman Long aus dem 19. Jh. benannt. Ein steinerner Unterschlupf an der Keyhole Route bezeugt die Gefährlichkeit der Gegend: Er heißt nach der Kletterin Agnes Vaille aus den 1920ern, die mit einem Helfer beim Absturz von der North Face ums Leben kam.

⬆ Im Sommer erfordert der Aufstieg zum Longs Peak über die Keyhole Route technisches Know-how und im Winter eine spezielle Ausrüstung. Vorherige Seite: Der Bierstadt Lake mit einem idealen Wanderweg für Familien.

Anreisen

Wann?
Im Juli und August, wenn die Wildblumen blühen und angenehme Temperaturen herrschen, zieht der Park die meisten Besucher an. Er ist ganzjährig geöffnet, doch wegen Schneefalls sind die Straßen oft ab Mitte Herbst gesperrt.

Wie?
Der nächste große Flughafen liegt in Denver, 90 Autominuten entfernt. Zugang zum Park bieten die Orte Grand Lake im Westen und Estes Park im Osten, in denen es Unterkünfte und Restaurants gibt. Von Mai bis Oktober bedient ein Shuttlebus Teile des Schutzgebietes.

Park in Zahlen

1075
Fläche (km²)

72
Gipfel, die höher als 3658 m sind

571
Kilometer Wanderrouten

Zelt oder Hotel?

 **Longs Peak Campground**
Im Park gibt's nur Camping-plätze. Wer gern ein Dach über dem Kopf hat, sollte Estes Park oder Grand Lake ansteuern. Der Longs Peak Campground verfügt über 26 Zeltplät-ze (wer zuerst kommt, mahlt zuerst). Bergsteiger brechen hier frühmorgens zum Longs Peak auf. Das Panorama ist herrlich, doch auf 2865 m Höhe fällt das Atmen schwer.

 Stanley Hotel
Eine Nacht in dem prachtvol-len, neokolonialen Gebäude lieferte Stephen King die Inspiration für sein Overlook Hotel in *Shining*. Das Stan-ley nimmt das schauriges Erbe an:

So ertönt nachts ein von Geisterhand gespieltes Klavier und es werden täglich Geistertouren angeboten. Zudem gibt's ein Frühstück mit Blick auf die Rockies und eine gemütliche Whiskeybar aus Holz und Bronze.

Mary's Lake Lodge
Westlicher Charme trifft mo-dernen Komfort in dieser Lodge aus Pinienholz am Fuße des Rams Horn Mountain mit Seeblick sowie Zim-mern und privaten Hütten, manche samt eigenem Whirlpool. Nach einer langen Wanderung genießt man in der hauseigenen Taverne ein Bighorn Brown Ale. Im Sommer kann man am Pool entspannen.

Raus und los

 Panoramafahrt
Amerikas höchste durchgehend asphaltierte Straße, die 77 km (48 Meilen) lange Trail Ridge Road, führt durch Espen- und Pinienwälder und über alpine Wiesen mit Weidenröschen und Indianerpinseln. Sie bietet einen Blick auf schneebedeckte Gipfel und ihre höchste Stelle liegt über der Baumgrenze in 3713 m Höhe. Auf der Fahrt zwischen Estes Park und Grand Lake nach Wapitis, Elchen und Dickhornschafen Ausschau halten!

Schneeschuhwandern
Im Winter verwandelt sich der Nationalpark in ein weißes Paradies

– also rein in die Schneeschuhe! Die beliebtesten Pfade verlaufen entlang der sommerlichen Wanderwege. Dank des Schnees sind Wapitis und Maul-tierhirsche leichter zu entdecken.

Bergsteigen
Unter einem „14er" verstehen Alpinisten einen 14 000 Fuß (4267 m) hohen Berg. Es gibt 53 davon in Colorado, aber nur einen in diesem Park, den Longs Peak. Seinen Gipfel zu erklimmen ist der Lebenstraum vieler Kletterer. Für den Aufstieg braucht man (zumindest im Sommer) keine spezielle Ausrüstung, doch die Felsvorsprünge und die dünne Luft sind eine Herausforderung.

Nicht verpassen

In weiten Teilen des Parks wachsen neben den berühmten Espen im-mergrüne Pflanzen wie die Gelbkiefer und die Gewöhnliche Douglasie (Douglastanne). Der dunkle Waldboden ist moosbedeckt und es gibt weite Wiesen mit hellgrünem Gras. Große Säugetiere wie Schwarzbä-ren, Wapitis und Elche streifen zwischen Bäumen umher. An Felshän-gen begegnet man Murmeltieren und Pfeifhasen. Die kristallklaren Flüsse sind für ihren reichen Forellenbestand bekannt und am blauen Himmel kreisen Raubvögel wie Adler, Habichte und Turmfalken.

DICKHORNSCHAF
Diese stattlichen Geschöpfe sind das Wahrzeichen des Parks. Im Frühjahr und Spätsommer findet man sie am Sheep Lake und im Winter im östli-chen Teil des Schutzgebietes.

AMERIKANISCHE ZITTERPAPPEL
Auf einer Höhe von bis zu 3353 m wach-sen diese dünnen Bäume mit weißer Rinde. Im Herbst nimmt das raschelnde Laub (daher der Name) einen außerge-wöhnlichen Goldton an.

BLAUE AKELEI COLORADO
Meistens ist die zarte Staatsblume von Colorado blau-weiß, doch es gibt auch gelbe oder pinkfarbene Varian-ten. Sie blüht von Juni bis August.

Wandern

01 Lily Mountain
Nicht mal ansatzweise fit genug für einen „14er"? Dieser einfache 2,4 km (1,5 Meilen) lange Wanderweg bietet einen Panoramablick auf den Longs Peak sowie auf Estes Park und die Mummy Range.

02 Bear Lake
Familien mit Kindern können dem leichten, asphaltierten und 1 km (0,6 Meilen) langen Naturpfad durch schattigen Tannenwald und rund um den Bear Lake folgen, in dem sich die Berge widerspiegeln.

03 Twin Sister's Peak
Etwas weniger anstrengend als der Longs ist dieser 3483 m hohe Gipfel. Es gibt kein besseres Oberschenkeltraining als den Aufstieg über Felshänge und Wildblumenwiesen.

Tourentipps

Durch das Wild Basin wandern, in einem Hotel übernachten, das Stephen King als Inspiration für Shining diente oder im Alpine Visitor Center Wapitis und Elchen begegnen.

◄ Überquerung des wilden Big Thompson River.

► Cutthroat-Forellen kommen in vielen Flüssen des Parks vor.

01

Ein Tag

Bergluft schnuppert man auf der Fahrt über die schwindelerregende Trail Ridge Road durch den Park. Der Tag beginnt mit einem Frühstück im Restaurant Big Horn in Estes Park. Anwohner schwören auf die Speck- und Eiergerichte. Ein erster Stopp erfolgt am 3301 m hohen Rainbow Curve Overlook mit Talblick. Ein Stück die Straße runter am Rock Cut Overlook auf 3691 m über dem Meeresspiegel hat man das Gefühl, die Wolken berühren zu können. Die karge braun-graue Landschaft fühlt sich fremdartig an und es ist kalt! Nicht versäumen sollte man das Alpine Visitor Center, wo Wapitis und Elche auf alpinen Wiesen über der Baumgrenze grasen. Das gemütliche Café bietet sich fürs Mittagessen an. Am Milner Pass kreuzt die Straße die kontinentale Wasserscheide. Nach einer kurzen Wanderung gelangt man zum tiefen blauen Poudre Lake inmitten vor Douglastannen. Nun bewundert man noch kurz die restaurierte Ranch Holzwarth Historic Site aus den 1920ern, bevor es hinunter zur Shadowcliff Lodge am Grand Lake geht, die mit weichen Betten aufwartet.

02

Zwei Tage

Abseits des Getümmels führt diese Tour durch den etwas ruhigeren Teil des Parks. Statt ab Estes Park der beliebten Trail Ridge Road zu folgen, nimmt man die weniger befahrene (und schwindelerregendere) Old Fall River Road. Das Tempolimit von 24 km/h erklärt sich von selbst: Es wäre ein tiefer Fall von der schmalen Straße in die Granitabgründe. Am Alpine Visitor Center beobachtet man bei einem etwas frostigen Picknick Pfeifhasen und Murmeltiere. Danach geht's runter zum Twin Sister's Peak für einen schweißtreibenden Aufstieg auf 3483 m. Oben eröffnet sich ein weiter Blick auf den schneebedeckten Longs. Zurück in Estes Park lässt man sich im schaurig-schönen Stanley Hotel – der Inspiration für *Shining* – auf sein gemütliches Bett fallen. Tags darauf steht das Wild Basin auf dem Programm, wo einen statt Getümmel ruhige Wanderwege zu Heidi-Almwiesen, eisblauen Seen und glitzernden Wasserfällen erwarten. Wieder in Estes Park gibt's im Smokin' Dave's BBQ zum wohlverdienten Abendessen saftige Buffalo Ribs und regional gebrautes Bier.

03

Eine Woche

Den ersten Tag nutzt man zur Akklimatisierung in Estes Park, das als Hauptzugang zum Park dient und viele hübsche Geschäfte sowie Restaurants beherbergt. Tags darauf folgt man der Trail Ridge Road bis zum Alpine Visitor Center und hält unterwegs an Aussichtspunkten mit Blick auf die weißen Gipfel der Mummy Range. An Tag drei steht eine kurze Wanderung auf den Lily Mountain mit Blick auf den schneebedeckten Longs Peak und Estes Park an. Anschließend gibt's im Ed's Cantina and Grill einen gut gefüllten Burrito und einen Margarita (oder auch mehr). Für Tag vier kann man im Kirks Flyshop einen Fliegenfischtrip buchen. Die erfahrenen Guides kennen die eindrucksvollsten Bergbäche. Am fünften Tag lockt ein halbtägiger Ausritt: Vom Pferderücken aus sehen die eisigen Felsnadeln und kargen Hänge noch besser aus. An Tag sechs folgt man der Trail Ridge Road bis zur kontinentalen Wasserscheide am Milner Pass mit Blick auf den grünen Colorado River. Tag sieben steht im Zeichen der Erkundung der reizenden Ortschaft Grand Lake im Westen des Parks.

49

AZ

Saguaro National Park

Etliche Saguaro-Kakteen wachsen in dem gleichnamigen Park, einem magischen Wüstenland voll ausgedörrter Pfade und Wildtiere.

Wer im späten Frühjahr den Cactus Forest Loop Drive entlangradelt, sollte nach den seltenen weißen Blüten auf dem oberen Stamm und den Zweigen des Saguaro-Kaktus Ausschau halten. Sie erblühen nur knapp 24 Stunden – gerade genug Zeit für die Bestäubung und ein paar glückliche Fotografen.

Mit der Gründung des Saguaro National Monument 1933 wurde erstmals eine spezifische Pflanze in einem staatlichen Naturschutzgebiet unter Schutz gestellt. 1994 ratifizierte Bill Clinton einen Gesetzesentwurf des Kongresses und rief so den Saguaro National Park ins Leben. Doch was ist an dem Kaktus so besonders? Ganz einfach: Sein Lebensraum begrenzt sich auf die Sonoran Desert in Südarizona, Südostkalifornien und Nordmexiko. Zudem brauchen die langsam wachsenden Pflanzen 50 bis 80 Jahre, um 3 m hoch zu werden. Und zu guter Letzt sind sie ein Wahrzeichen des Wilden Westens.

Neben all den Zahlen und Geschichten haftet den Kakteen etwas Menschliches an, denn mit ihren kräftigen Stämmen und den dicken Zweigen sehen sie wie alte Wächter aus. Ihre Konkurrenten? Der stachelige Feigenkaktus, der Fasskaktus und die täuschend flauschigen Opuntien, die man besser nicht anfassen sollte. Zu den Wildtieren des Parks zählen Rennkuckucke, Gilakrustenechsen und Nabelschweine. Felsenkunst, Felsnischen und Minenstätten erinnern an die Hohokam, die das Gebiet vor 500 Jahren verließen. Weitere historische Highlights sind neben einer Farm aus dem 19. Jh. vom Civilian Conservation Corps errichtete Anlagen aus den 1930ern.

Der Park besteht aus zwei Bereichen. Im Tucson Mountain District westlich von Tucson dreht sich alles um Naturwege, Petroglyphen und Saguarohaine. 48 km (30 Meilen) weiter nördlich erstreckt sich der Rincon Mountain District über sechs Umweltzonen – von tief liegender Wüste bis zu hohen Bergketten, die „Sky Islands" („Himmelsinseln") genannt werden und für ihre abwechslungsreiche Flora und Fauna bekannt sind. Sie erheben sich steil vom Wüstenboden in den Himmel und sind ein wunderbares Fotomotiv.

Anreisen

Wann?
Besonders einladend ist der Park zwischen Oktober und April mit Temperaturen von 16 bis 26 °C. Je nach Lage und Niederschlag blühen die Wildblumen von Ende Februar bis Anfang April und die Kakteen von Mai bis Juni. Von Mai bis September kann es über 38 °C heiß werden.

Wie?
Beide Teile des Parks grenzen an Tucson in Südarizona. Am bequemsten gelangt man über den Speedway Boulevard vom westlichen Tucson Mountain District zum östlichen Rincon Mountain District. Die nächstgelegene Interstate ist die I-10. Ohne Auto kommt man hier nicht weit.

Park in Zahlen

370
Fläche (km²)

78
Prozent des Parks bestehen aus Wildnisgebieten

2641
Höchster Punkt (m)

Zelt oder Hotel?

Gilbert Ray Campground
In dem Campingplatz, der nur eine kurze Fahrt vom Tucson Mountain District, dem Arizona-Sonora Desert Museum und den Old Tucson Studios entfernt liegt, kann man neben Saguaro-Kakteen ein Nickerchen halten.

Hotel Congress
Geschichte, Rock 'n' Roll und gute Laune bietet das Hotel, das als die Seele Tucsons gilt. Es ist ein bisschen retro und ein bisschen verwegen und diente in den 1930ern dem Ganoven John Dillinger als letzte Zuflucht. Heute begrüßt die Unterkunft im Stadtzentrum Ankömmlinge mit drei Bars, einem Restaurant, Livemusik und Zimmern ohne Fernseher.

Arizona Inn
Der beliebte 1930 eröffnete Gasthof steht für das schöne Leben und stilvolles Vergnügen. Besucher können auf dem gepflegten Rasen Krocket spielen, vor der eigenen *casita* Zeitung lesen oder in der Audubon Bar zu Klaviermusik mitsingen. Beim Nachmittagstee mit Sandwiches und Tee in der Bibliothek geht's gediegen zu.

Raus und los

Reiten
Wenn man hoch zu Ross an Opuntien vorbeitrappelt, Staub aufwirbelt und Rennkuckucke aufscheucht, fühlt man sich wie im Wilden Westen. Im und rund um den Rincon Mountain District bieten Geschäfte und Ranches Reitausflüge an.

Radfahren
Beim Radfahren kann man sich den Wind durchs Haar wehen lassen und über glatten Asphalt an Kakteen hinwegsausen, den Blick stets auf die Sky Islands gerichtet. Auf dem 13 km (8 Meilen) langen Cactus Forest Loop Drive, der viele Aussichtspunkte passiert, erhält man einen guten Eindruck vom Park. Für ein Offroad-Erlebnis gibt's einen gesonderten Abschnitt vorbei an historischen Kalköfen.

Backpackertrip
Sechs abgeschiedene Campingplätze liegen in der Saguaro Wilderness Area im Rincon Mountain District. Es sind keine Fahrzeuge erlaubt und jeder Platz ist mindestens 9,7 km (6 Meilen) vom Ausgangspunkt der Wanderwege entfernt. Dafür kann man den Sternenhimmel und die Kakteen fernab der Massen bewundern. Vorab eine Genehmigung besorgen.

⬅ Der langsam wachsende Saguaro-Kaktus kann bis zu 200 Jahre alt werden.
➡ Nahaufnahme eines Feigenkaktusses der Art Opuntia engelmannii.

Wandern

O1 Desert Discovery Trail
Im westlichen Parkgebiet informiert der 0,8 km (0,5 Meilen) lange, asphaltierte, für Rollstuhlfahrer geeignete Lehrpfad über Flora, Fauna und Ökologie der Sonoran Desert.

O2 Douglas Spring Trail
Der 8,4 km (5,2 Meilen) lange Rundweg führt an Saguaro-Kakteen vorbei hinauf zum Wüstengrasland in den Ausläufern des Rincon Mountain mit Blick auf die Santa Catalina Mountains und einen saisonalen Wasserfall.

O3 Tanque Verde Ridge Trail
Eine gute Hilfe für den felsigen, steilen, 29 km (18 Meilen) langen Rundweg im östlichen Teil des Parks ist ein Wanderstock. Der Pfad bietet einen Blick auf das Tucson Basin und verläuft über den Tanque Verde Peak in 2146 m Höhe.

Nicht verpassen

Im Tucson Mountain District sind Wüstenbüsche und -gräser, dicht bewachsene Saguaro-Haine und Wüstenbewohner wie die Kalifornische Gopherschildkröte und die Helmwachtel zu sehen. Der höher gelegene Rincon Mountain District besteht aus sechs Ökosystemen: Wüstenbüsche und -gräser sowie Eichen-, Kiefer-, Pinien- und gemischte Nadelbaumwälder. Großen Säugetieren wie Schwarzbären und Weißwedelhirschen begegnet man in den luftigeren Sky Islands.

SAGUARO-KAKTUS Ein mit Wasser gefüllter Saguaro kann im Durchschnitt 150 bis 175 Jahre alt, 5443 kg schwer und 15 m hoch werden. Die Kakteen zu beschädigen ist nicht nur gesetzeswidrig, sondern auch gefährlich: 1993 kam ein Schütze ums Leben, als er auf den Zweig eines Saguaros schoss und von diesem erschlagen wurde.

TEXASKLAPPERSCHLANGE
Die giftige Grubenotter mit rautenförmigem Muster und schwarz-weißen Bändern vor der Schwanzrassel ist eine von sechs Klapperschlangenarten im Park.

NABELSCHWEIN Es sieht aus wie ein Schwein und wälzt sich im Schlamm, ist aber ein Pekari. Diese in Herden lebenden, nicht mit Wildschweinen zu verwechselnden Wüstenbewohner gehören zur Nabelschweinfamilie. Sie sind an ihrem dunklen Fell erkennbar und verfügen über ein schlechtes Sehvermögen sowie einen ausgeprägten Geruchssinn.

Getty Images | Danita Delimont

Tourentipps

Saguaros und Wildtiere im Arizona-Sonora Desert Museum von Nahem sehen, dem King Canyon Trail auf den Wasson Peak folgen und bei Sonnenuntergang am Gates Pass Overlook picknicken.

◼ Ein Eselhase mit schwarzem Schwanz.
▶ Der Saguaro-Kaktus blüht im Mai.

01

Zwei Tage

Mit ihren erhobenen Zweigen sehen die Saguaro-Kakteen am Eingang des Tucson Mountain District so aus, als wollten sie zum *high-five* einschlagen. Sie können auf dem kurzen Cactus Garden Trail am Red Hills Visitor Center näher betrachtet werden, der auch an Cylindropuntia und Opuntien vorbeiführt.

Während der Fahrt zum Saguaro-gesäumten Bajada Loop Drive flitzen Rennkuckucke vorbei. Für ein Picknick bietet sich der Signal Hill Trailhead an, danach bestaunt man antike Petroglyphen. Der Hugh Norris Trail verläuft zu einem Höhenrücken mit Blick auf den Kakteenwald. Weiter östlich am Gates Pass Overlook erlebt man einen schönen Sonnenuntergang über der Sonoran Desert.

Am nächsten Tag lässt man Tucson hinter sich und fährt östlich in Richtung Rincon Mountain District, weiter in den Wilden Westen: Die Berge werden höher und staubige Pferdeanhänger ziehen vorbei. Schon die Straße in den Park, der Old Spanish Trail, klingt nach Abenteuer.

Das Rincon Mountain Visitor Center stellt im Film *A Home in the Desert* Tiere der Gegend vor und wartet mit interaktiven Ausstellungsstücken auf. Anschließend geht's auf dem 13 km (8 Meilen) langen Cactus Forest Loop Drive durch Kakteenland. Wer die Pflanzen aus der Nähe sehen will, folgt dem Mica View Loop Trail und legt im Picknickbereich eine Pause ein. Nachmittags stehen das Rangerprogramm und eine letzte Wanderung an. Mehr über die Siedlergeschichte erfährt man auf dem Freeman Homestead Trail. Den Sonnenuntergang über der Wüste erlebt man auf dem Tanque Verde Ridge Trail.

02

Vier Tage

Am ersten Morgen informiert das hervorragende Arizona-Sonora Desert Museum über die Sonoran Desert. Anschließend schießt man von der Gegend ein paar Fotos und entdeckt vielleicht sogar Nabelschweine im Gestrüpp oder umherstreifende Kojoten. Weiter geht's über die Kinney Road gen Süden zum Tiny's Saloon & Steakhouse, bekannt für seine Burger. Gut gesättigt sieht man sich im Red Hills Visitor Center im Tucson Mountain District einen Film an und lauscht einem Rangervortrag, bevor man dem malerischen Bajada Loop Drive folgt.

Früh am nächsten Morgen gibt's auf dem Saguaro-bestandenen Gilbert Ray Campground einen Kaffee, dann geht's zurück in den westlichen Parkteil für eine 11,2 km (7 Meilen) lange Rundwanderung auf dem King Canyon Trail zum Hugh Norris Trail und auf den 1429 m hohen Wasson Peak. Im Besucherzentrum wird nachmittags ein Rangervortrag angeboten. Den Tag lässt man mit einem Picknick bei Sonnenuntergang am Gates Pass Overlook ausklingen.

Am dritten Tag steht ein Ausritt zu den Ausläufern der zerklüfteten Rincon Mountains auf dem Programm. Nachmittags lohnt eine Radtour auf dem 13 km (8 Meilen) langen Cactus Forest Loop Drive. Der vierte Tag hat es in sich, denn der anspruchsvolle 29 km (18 Meilen) lange Rundweg Tanque Verde Ridge Trail führt durch mehrere Ökosysteme hinauf zum Tanque Verde Peak. Die Nacht verbringt man auf dem Campingplatz Juniper Basin.

50

Sequoia National Park

Sich im Giant Forest verlieren, eine unterirdische Marmorhöhle erkunden oder den höchsten Gipfel der USA außerhalb Alaskas erklimmen.

Sequoia

Der großartige Park im Süden der Sierra Nevada präsentiert sich recht zurückhaltend, doch seine Naturhighlights brechen jegliche Rekorde. Der höchste Gipfel der Continental United States? Der wolkenverhangene Mount Whitney im östlichen Teil der Bergkette. Der größte Baum der Welt? Der General Sherman Tree im Giant Forest mit einer Höhe von knapp 84 m und einem Stamm von 30 m Breite. Die längste Höhle Kaliforniens? Auch sie ist hier im Sequoia National Park zu finden – ebenso wie alpine Seen, die wie kostbare Edelsteine glitzern, reißende Flüsse mit gewaltigen Wasserfällen und Wildblumenwiesen, an denen Wanderer die Rufe von Gelbbauchmurmeltieren vernehmen können.

1890 wurde neben dem Yosemite auch der Sequoia National Park vom US-Kongress gegründet, um eine weitere Abholzung der seltenen Riesenmammutbäume zu verhindern. Als größte Lebewesen der Erde wachsen diese Bäume nur an den westlichen Hängen des Sierra-Nevada-Gebirges, wo sie mehr als 2000 Jahre alt werden können. Als erste Ranger des Nationalparks beschützten die „Buffalo Soldiers", afroamerikanische Einheiten der US-Kavallerie, diese sanften Riesen. Die ersten Besucherwellen kamen erst ab 1927, nach der Eröffnung des malerischen Generals Highway, der sich heute noch von den Ausläufern hoch zum Giant Forest schlängelt.

Wenn im Frühjahr die tiefer gelegenen Hügel im Park mit Wildblumen bedeckt sind, kann man zu Wasserfällen in Flusscanyons wandern. Im Sommer führen höher gelegene Wege zum Giant Forest und auf den Gipfel des Moro Rock mit Panoramablick auf die zerklüfteten Gipfel des Great Western Divide. Wen der Ehrgeiz packt, der begibt sich vom abgelegenen Mineral King Valley auf einen Backpackertrip ins Hochland, das über eine Straße mit 700 halsbrecherischen Kurven erreichbar ist (die Fahrt hat es in sich!).

⬆ Der Riesenmammutbaum kann so hoch wie ein 26-stöckiges Gebäude und 2000 Jahre alt werden.
➡ Bullfrog Lake und die Gebirgskette der Sierra Nevada.

Anreisen

Wann?
Beste Besuchszeit ist der Sommer. Im Frühjahr gibt's Wildblumen und Wasserfälle. Weniger Getümmel herrscht im meist milden Herbst. Im Winter kann man im Schnee spielen. Das Mineral King Valley ist nur im Sommer und Frühherbst zugänglich.

Wie?
Der Park liegt 3½ Stunden Fahrt nördlich von Los Angeles (internationaler Flughafen). Nur im Sommer fahren Busse von Visalia im kalifornischen Central Valley zum Giant Forest. Im Park stehen saisonale Shuttlebusse kostenfrei zur Verfügung.

Park in Zahlen

1634
Fläche (km²)

1487
Volumen des „General Sherman Tree" (m³)

4421
Höhe des Mt. Whitney (m), der höchste Berg im Nationalpark

Zelt oder Hotel?

 **Lodgepole Campground**
Wer auf dem beliebtesten Campingplatz des Parks übernachten will, muss lange im Voraus buchen – insbesondere wenn man eine Toplage am Fluss ergattern will. Mit dem saisonalen Shuttlebus des Parks kann man bequem zum Giant Forest oder der Crescent Meadow fahren, um zu wandern oder Wildtiere zu beobachten.

Bearpaw High Sierra Camp
Für den unvergesslichen Ausflug mit Übernachtung in Zelthütten folgt man einem 17,7 km (11 Meilen)

langen Weg in die Wildnis. Im Preis enthalten sind ein warmes Frühstück und Abendessen sowie ein Lunchpaket für die Wanderung am nächsten Tag.

Wuksachi Lodge
Die Unterkunft am oberen Ende des Parks ist im Grunde ein etwas überbewertetes mehrstöckiges Motel, doch die Waldlage nahe dem Giant Forest ist spektakulär. Pluspunkte gibt's auch für das hervorragende Restaurant, die vielen Familienaktivitäten und die stark ermäßigten Zimmerpreise in der Nebensaison.

Raus und los

Höhlenwandern
Vor 10 000 Jahren von einem unteririschen Fluss in den Fels geschnitten, wartet die Crystal Cave mit Tropfsteinen und bizarr-schönen Formationen auf – zu entdecken auf einer familienfreundlichen Führung. Nach Fledermäusen und Spinnen Ausschau halten! Eingefleischte Höhlenwanderer können an einem ganztägigen Höhlenabenteuer teilnehmen.

Schwimmen
Wenn es im Hochsommer am Fuß der Berge extrem heiß wird, zieht es Familien zu den Schwimmgelegenheiten bei Potwisha und Hospital Rock. Im Spätsommer nimmt man auf dem Lodgepole Campground ein

erfrischendes Bad, allerdings muss die Wasserhöhe der Flüsse im Park niedrig sein (einen Ranger fragen!).

Skifahren & Schneeschuhwandern
Von der mit einem Schneeschuh- und Langlaufskiverleih ausgestatteten Wuksachi Lodge bieten Ranger geführte Schneeschuhwanderungen zum Giant Forest. Wer in luftigen Höhen freereiden möchte, fährt zur rustikalen Skihütte am Pear Lake mit Übernachtungsmöglichkeit in der Wildnis.

◄ Im Winter kann es zu Schneefall und von November bis April zu gesperrten Straßen kommen. Manche tiefer gelegene Campingplätze bleiben geöffnet.

Nicht verpassen

Mit seiner unglaublichen Vielfalt an Lebensräumen – von tief gelegenen Ausläufern der Sierra Nevada bis zum hoch aufragenden Gipfel des Mount Whitney – bietet dieser Park eine überaus abwechslungsreiche Flora und Fauna, die man über Tage, Wochen und Jahre mit dem Fernglas erkunden kann. Vor Kurzem wurde das vom Aussterben bedrohte Sierra-Nevada-Dickhornschaf wieder in seinem historischem Gebirge angesiedelt. So viel Glück war dem Grizzlybär nicht beschieden: In den 1920er-Jahren wurde er im Park ausgerottet.

SCHWARZBÄR Dieser schwerfällige Bär mit einem Durchschnittsgewicht von 136 kg frisst mit Heißhunger, wenn er nicht gerade in den kälteren, verschneiten Monaten Winterschlaf hält.

RIESENMAMMUTBAUM Die dunkelrote Borke dieser hohen Bäume enthält Tannin, was sie vor Lauffeuern schützt. Damit die Samen keimen, sind die Bäume erstaunlicherweise auf Feuer angewiesen.

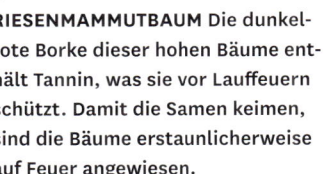

GELBBAUCHMURMELTIERE An hochgelegenen Bergwiesen rastet dieses pelzige Nagetier auf Felszungen, wo es sich schnell vor Raubtieren verstecken kann.

Wandern

O1 General Sherman Tree
Auf dieser einfachen Wanderung über 1,6 km (1 Meile) durch den Giant Forest kann man dem größten Lebewesen der Erde seine Aufwartung machen.

O2 Tokopah Falls Trail
Der angenehme 5,6 km (3,5 Meilen) lange Weg führt am Flussufer entlang durch einen Canyon bis zu einem 366 m hohen Wasserfall. Für Kinder geeignet.

O3 Lakes Trail
Auf der abenteuerlichen 20 km (12,5 Meilen) langen Tageswanderung – oder alternativ Backpackertrip mit Übernachtung – geht's zu mehreren hochgelegenen Seen mit fantastischen Farben.

Tourentipps

Den größten Baum der Welt, den General Sherman Tree bestaunen, die Crystal Cave erkunden oder die tollkühne Fahrt zum Mineral King Valley wagen.

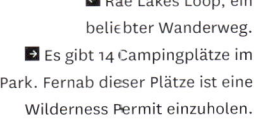

Ein Tag

Wer nur einen Tag zur Verfügung hat, stößt direkt ins Herz des Parks vor, den bezaubernden Giant Forest. Dorthin gelangt man über den Generals Highway, eine schmale, steile 25,7 km (16 Meilen) lange Straße mit über 100 Kurven zwischen den Orientierungspunkten Foothills Visitor Center und dem Giant Forest Museum. Am Museum nimmt man den kostenfreien saisonalen Shuttlebus zum General-Sherman-Tree-Wanderweg. Nach der Bekanntschaft mit dem größten Baum der Welt geht's mit dem Shuttle zurück zum Museum und von dort mit einem anderen Bus zum Moro Rock. Oben auf dem Gipfel genießt man das Panorama. Mit demselben Shuttle fährt man weiter zur Crescent Meadow, wo im Frühsommer Wildblumen blühen und häufig Schwarzbären umherstreifen. Bei Sonnenuntergang geht's mit dem Bus zur Wuksachi Lodge, die zum Abendessen oder einfach zu einem Bier und einer Fladenbrotpizza in der Lounge einlädt. Übernachtet wird auf dem bewaldeten Campingplatz am Kaweah River im Lodgepole Village.

Zwei Tage

Nach dem ersten Tag geht's für ein schnelles Frühstück per Shuttlebus oder zu Fuß zum Markt im Lodgepole Village. Danach kauft man im Besucherzentrum Tickets für eine Nachmittagstour durch die Crystal Cave. Zurück am Lodgepole Campground begibt man sich auf den leicht ansteigenden Tokopah Falls Trail, der durch einen Wald zu einem Wasserfall an Granitklippen führt. Hoch über dem Grund des Canyons ragt die gewaltige Felsformation Watchtower empor. Am Wasserfall kann man picknicken, bevor es wieder zum Campingplatz geht. Mit dem Auto folgt man der kurvigen Straße hinunter zur Crystal Cave, wo die Tourguides einen zu magisch anmutenden Tropfsteinen und geologischen Formationen mitnehmen. Anschließend folgt man dem Generals Highway hinunter zum Parkgebiet Foothills, wo im Sommer der Kaweah River für Abkühlung sorgt. In der Stadt Three Rivers außerhalb des Parks kann man eine Unterkunft finden und ein herzhaftes Abendessen genießen.

Drei Tage

Zuerst folgt man der Reiseroute für zwei Tage, bevor man sich mit Essen, Getränken und Benzin für die malerische Fahrt zum Mineral King Valley ausstattet. Die 40 km (25 Meilen) lange Strecke kann zwei Stunden dauern, da die Straße mit mehr als 700 halsbrecherischen Kurven 2286 Höhenmeter überwindet. Vorbei an Wasserfällen, Picknickbereichen und altmodischen Hütten führt sie zu einem gletscherbedeckten Tal, wo einst Silber abgebaut wurde. Hier findet man sich inmitten von himmelhohen Bergen wieder, darunter der 3762 m hohe Sawtooth Peak. Es empfiehlt sich, das Auto mit einer Plastikplane abzudecken, damit es nicht von hungrigen Murmeltieren angeknabbert wird. Anschließend geht's auf einen der steilen Wanderwege, die vom Tal zu den alpinen Seen führen. Im Anschluss bietet sich eine Übernachtung auf dem Cold Springs Campground an. Zumindest sollte man bis Sonnenuntergang im Tal bleiben, um zu erleben, wie die Gipfel im Abendlicht erstrahlen.

51

VA

Shenandoah National Park

Es gibt Panoramarouten und es gibt den Skyline Drive – eine 169 km (105 Meilen) lange Straße, die über den Gebirgsrücken der historischen Blue Ridge Mountains verläuft.

Getty Images | OGphoto

Westlich des Skyline Drive fließt der silberne Shenandoah River durch das üppige tiefer liegende Tal weiter. Im Osten reichen die grünen Höhenzüge von Virginia Piedmont bis zum Horizont. Die mit Rhododendren und Berglorbeeren bedeckten Hügel erstrahlen in rosa Farbtönen und am Straßenrand wachsen blau-lila-farbene Akeleien und Magerwiesenmargeriten. Wer genau hinsieht, entdeckt vielleicht einen Falken am Himmel.

Die Herkunft des Namens „Shenandoah" ist unklar. Man vermutet, dass er auf die Ureinwohner Amerikas zurückgeht. Manche behaupten, er würde „Fluss der hohen Berge", „Silberwasser" oder – ganz romantisch – „Sternentochter" bedeuten. Einer Legende nach benannte George Washington den Fluss und das Tal nach einem Oneida-Oberhaupt, das die Kolonisten im Unabhängigkeitskrieg unterstützte.

Das je nach Jahreszeit von Indianerstämmen bewohnte Shenandoah wurde im 18. Jh. von Europäern besiedelt. Sie errichteten Bauernhöfe und Mühlen, pflanzten Apfelgärten an den Hängen und holzten den Urwald ab. Für die Parkgründung in den 1930ern musste die US-Regierung fast 500 Familien umsiedeln. Anschließend überließ man das Ackerland und die abgeholzten Flächen der Natur und ließ sie zuwachsen – ein damals neuartiges Vorhaben. Heute zeugen nur noch ein paar zerfallene Fundamente und moosbewachsene Friedhöfe von diesen historischen Berggemeinden.

Shenandoah erstreckt sich von Nord nach Süd auf einem schmalen Streifen der Blue Ridge Mountains und wird durch sanfte Gipfel geprägt; ambitioniertere Bergwanderer kommen jedoch auch auf ihre Kosten. Aus dem ehemaligen Ackerland ist eine bewalde-

te Tiefebene geworden, auf der Weißwedelhirsche grasen und dunkle, farnbewachsene Wälder wuchern. Das nur etwa zwei Stunden von Washington, D.C. entfernte Shenandoah ist heute ein beliebtes Erholungsgebiet.

⬆ Reiter vom Skyland Resort auf dem Limberlost Trail. Vorherige Seite: Der Shenandoah National Park.

Anreisen

⚙ Wann?
Obwohl der Park ganzjährig geöffnet ist, schließen manche Anlagen im Winter. Im rot-goldenen Herbst strömen die meisten Besucher hierher.

🧭 Wie?
Der Park im Bundesstaat Virginia verläuft entlang der Blue Ridge Mountains. Man erreicht ihn von Norden über Front Royal, zwei Autostunden von den Flughäfen in Washington, D. C. entfernt. Die Anfahrt aus dem Süden erfolgt über Rockfish Gap (etwa eine Stunde von der Collegestadt Charlottesville).

Park in Zahlen

805
Fläche (km²)

24
Breiteste Stelle des Parks (km)

1,6
Schmalste Stelle des Parks (km)

Zelt oder Hotel?

Big Meadows Lodge
Die geräumige Stein- und Holzlodge verfügt über einen gemütlichen Great Room mit Sofas und Schaukelstühlen. An kühlen Abenden kann man sich bei Brettspielen am Steinkamin vergnügen. Die Zimmer sind spartanisch, aber bequem eingerichtet: Der Aufpreis für die privaten Hütten, insbesondere die mit Kamin, lohnt sich. Auf dem Anwesen leben Hunderte Rehe.

Lewis Mountain Cabins
Die rustikalen, schlichten Unterkünfte haben ein oder zwei Schlafzimmer und ein eigenes Bad. Über Feuerstellen im Freien kann man Hotdogs oder Marshmallows rösten. Alternativ speist man im nahe gelegenen Big Meadows. Eine gute Wahl für Familien und Reisende mit Tieren.

Big Meadows Campground
Auf dem Campingplatz im artenreichen Big Meadows trifft man auf Rehe, Truthühner und gelegentlich Bären. Die 221 Plätze liegen im Schatten von Bäumen und nahe den besten Wanderwegen des Parks, die auch zu drei Wasserfällen führen. Manche bieten einen Blick auf die von Brombeersträuchern gesäumten Wiesen. Mit etwas Glück kommt man den Bären zuvor. Dank der zentralen Lage abseits des Skyline Drive eine tolle Option!

Raus und los

Panoramafahrt
Als einzige Straße durch den Park schlängelt sich der 169 km (105 Meilen) lange Skyline Drive um die Gipfel des Blue Ridge. Es gibt 75 (!) Aussichtspunkte. Im Westen liegt das abwechslungsreiche Shenandoah Valley; im Osten erstrecken sich die grünen Hügel von Virginia Piedmont. Auf den Hängen blühen im Frühling Waldlilien, Veilchen und Kanadische Blutwurz, im Sommer Rhododendren und Berglorbeeren.

Wildtiere beobachten
Mitten im Park bietet der von Bäumen gesäumte Höhenrücken einen Blick auf eine weite silbergraue Wiese mit Weißwedelhirschen, Schwarzbären sowie Streifen- und Eichhörnchen. Idealer Picknickplatz mit Blick in die Natur (aber nicht die Bären füttern!).

Panoramablick genießen
Die höchste Stelle in Shenandoah ist der 1234 m hohe und mit Balsamtannen bedeckte Hawksbill. Vom Parkplatz folgt man dem Weg zum Gipfel und zum steinernen Aussichtspunkt. Dort kann man Ausschau nach Wanderfalken halten oder einfach den Blick auf die smaragdgrünen Hänge des wolkenverhangenen Tals weiter unten genießen. Besonders schön ist es hier bei Sonnenuntergang.

Nicht verpassen

Als bewaldete Oase ist Shenandoah ein wichtiger Rastplatz für Zugvögel. Zudem leben hier das ganze Jahr über Vogelarten wie Rotschwanzbussarde, Carolina-Meisen und Streifenkäuze. Etwa 50 Säugetierarten streifen durch die Pinien-, Eichen-, Hickory- und Pappelwälder, insbesondere der Schwarzbär und der Weißwedelhirsch. Raue Felsvorsprünge, geschützte Täler und tiefe Wälder bieten Lebensraum für über 1400 Pflanzenarten – von Wildblumen über Farnkräuter bis zu Moospflanzen.

CAROLINA-MEISE Mit ihrem grauen Körper, dem schwarzen Kopf und den schwarzen Kulleraugen könnten diese süßen winzigen Vögel einem Comic entsprungen sein. Man kann ihrem Gezwitscher lauschen oder sie beim Nisten in Baumhöhlen beobachten.

WEISSWEDELHIRSCH Diese zutraulichen Säugetiere, die auf Wiesen grasen, über Campingplätze laufen und vor Autos davonflitzen, sind häufig zu sehen.

BERGLORBEER Im Sommer zieren große weiß-rosafarbene Blüten die glänzend grünen Büsche, die an steilen Felshängen und am Skyline Drive wachsen.

Wandern

O1 Dark Hollow Falls
Der nur 2,3 km (1,4 Meilen) lange Rundweg ist überraschend schwierig. Belohnt wird man mit einem Blick auf die Wasserfälle, die 21 m hoch über Lavagestein stürzen.

O2 Fox Hollow
Vorbei an Ruinen ehemaliger Bergdörfer führt dieser 1,9 km (1,2 Meilen) lange Rundweg. Er eignet sich für Familien und zur Vogelbeobachtung – mit etwas Glück bekommt man einen Haarspecht oder eine Carolina-Meise zu Gesicht.

O3 Old Rag Mountain
Der anspruchsvollste Wanderpfad des Parks ist 14,5 km (9 Meilen) lang. Ein fantastischer Panoramablick entschädigt für mehrere brenzlige Kletterpassagen.

Tourentipps

Mit dem Fernglas die Wildtiere in Big Meadows oder die Wanderfalken am Hawksbill Mountain beobachten und hoch zu Ross auf dem höchsten Punkt des Skyline Drive eine tolle Aussicht genießen.

◄ Zu den Wildtieren im Park gehören Rehe und Carolina-Meisen.
► Panorama im Shenandoah National Park.

01

Ein Tag

Morgens ist die beste Zeit zur Tierbeobachtung. Den Wagen stellt man am Besucherzentrum in Big Meadows ab und hält sich für ein oder zwei Stunden mit der Kamera bereit: Es fühlt sich an wie eine Minisafari in Südamerika. Weiter geht's über einen kurzen, steilen Weg zu den Dark Hollow Falls, wo Wasserkaskaden über moosbedeckten schwarzen Vulkanfels in klare Becken stürzen. Es lohnt sich weiterzuwandern, um die kleineren Fälle am Hogcamp Branch zu erkunden. In der Big Meadows Lodge stärkt man sich mittags mit einem herzhaften Sandwich oder Brathähnchen. Der Great Room beeindruckt mit großen Fenstern und Talblick. Anschließend begibt man sich auf den Gipfel des Hawksbill Mountain – das Fernglas griffbereit, falls man einen der seltenen Wanderfalken erspäht. Auf der Fahrt gen Norden genießt man vom Crescent Rock und den Aussichtspunkten am Pinnacle Peak einen herrlichen Blick auf das Shenandoah Valley, bevor man den Park über Thornton Gap verlässt.

02

Zwei Tage

Am ersten Tag erkundet man – von Norden aus Front Royal kommend – den kompletten Skyline Drive. Im Dickey Ridge Visitor Center Karten besorgen, bevor man gen Süden fährt. Der erste Aussichtspunkt ist der nach den Stromschnellen im Tal benannte Gooney Run. Weiter geht's zum Range View Overlook mit Blick auf den zerklüfteten Stony Man Mountain und hinauf auf die bläulichen Gipfel der Alleghenies. Am Elkwallow Wayside versorgt man sich mit Obst und Trockenfleisch, um am Aussichtspunkt Pinnacle Peak wenige Meilen weiter zu picknicken. Den Tag lässt man in der Big Meadows Lodge bei einem Brettspiel im Great Room mit Blick auf die Dämmerung ausklingen. Am zweiten Tag können Frühaufsteher Wildtiere auf der Wiese beobachten. Dann geht's weiter nach Süden bis zum Ausgangspunkt des Weges zum Blackrock Summit, den man in voller Länge erkunden sollte – auch den Pfad zum riesigen Blockfeld auf dem Gipfel. Bevor man den Park verlässt, hält man am Rockfish Gap noch nach Falken Ausschau.

03

Vier Tage

Tag eins verbringt man im hübschen Front Royal mit den besten Antiquitätenläden, die wir kennen. Für die nächsten Wandertage stärkt man sich im Restaurant Spelunker's mit *frozen custard* (Cremeeis) und einem Burger. An Tag zwei fährt man nach Norden in den Park und nimmt die herrlichen Aussichtspunkte auf das hellgrün-gelbe Shenandoah Valley und die sanften Hügel von Virginia Piedmont mit. Am Nachmittag bucht man einen Ausritt in der Skyland Lodge am höchsten Punkt des Skyline Drive. Nach dem Ritt durch Eichen- und Pappelwäl- der genießt man im Pollock Dining Room Flussforelle oder ein anderes herzhaftes Gericht, bevor man sich auf sein Zimmer zurückzieht. Am Morgen des dritten Tages verlässt man den Park nach Westen, um die Tropfsteinhöhle Luray Caverns zu besuchen. Bekannt ist sie für die „Great Stalacpipe Organ": Indem man mit Gummihämmern Tropfsteine anschlägt, entstehen Melodien. Zurück im Park übernachtet man in Big Meadows, um am nächsten Tag im südlichen Abschnitt des Skyline Drive Wasserfälle zu erkunden und Wildtiere zu beobachten.

52

Theodore Roosevelt National Park

Für Roosevelt war dies „das Land der stillen Weiten, der abgeschiedenen Flüsse und der Ebenen, auf denen Wildtiere auf vorbeiziehende Reiter starren". Viel hat sich nicht verändert.

Tausende Tiere – und sehr wenige Menschen – leben im Theodore Roosevelt National Park, der sich über drei Abschnitte in der unerbittlichen Wildnis des Ödlandes von North Dakota erstreckt. Die South Unit, die North Unit und die Elkhorn Lodge haben drei Dinge gemeinsam: den Little Missouri River, den Maah Daah Hey Trail und die Erinnerung an einen Mann, der das gesamte Nationalparksystem nachhaltig prägte.

Sieben Jahre nachdem Oberstleutnant Custer auf dem Weg zum legendären Gefecht mit den Siouxkriegern von Sitting Bull durch den Park fuhr, kam der junge Theodore Roosevelt 1883 zur Jagd ins Öd-

land von North Dakota und entdeckte seine große Liebe für die Gegend. Diese Leidenschaft begründete die Einstellung des späteren US-Präsidenten zum Umweltschutz. In seiner Amtszeit stellte er 930 777 km² an amerikanischer Wildnis unter Schutz. Unter Roosevelt wurden fünf Nationalparks gegründet und der Antiquities Act verabschiedet, der den Schutz von Naturlandschaften und ihre spätere Umwandlung in Nationalparks sicherstellte.

Im Weißen Haus leistete Roosevelt hervorragende Arbeit, doch wahrhaft zu Hause fühlte er sich auf seinen beiden Ranches im wilden Ödland. Vom Jagd- zum Heilgebiet wurde die Region für ihn, nachdem am Va-

lentinstag 1884 seine Frau und seine Mutter starben und er Zuflucht in der unberührten Natur suchte.

1919, drei Jahre nach Roosevelts Tod, wurde der National Park Service gegründet und die Region auf ihren möglichen Nationalparkstatus hin erforscht. Bereits 1935 rief man die Roosevelt Recreation Demonstration Area ins Leben, elf Jahre später das Theodore Roosevelt National Wildlife Refuge. 1947 gründete US-Präsident Truman den Theodore Roosevelt National Memorial Park, den einzigen National Memorial Park der Geschichte, und 1978 ernannte man ihn schließlich zum Theodore Roosevelt National Park.

Anreisen

 Wann?
Der Park ist ganzjährig geöffnet, doch die meisten Wanderer und Camper kommen im Sommer. Im Winter sind viele Straßen gesperrt. Ende Frühling und Anfang Herbst blühen Wildblumen.

 Wie?
Über drei Regionen erstreckt sich der Park im Westen von North Dakota. Der Eingang zur South Unit liegt nahe Medora und ist über die I-94 erreichbar. Zur 113 km (70 Meilen) entfernten North Unit gelangt man über die I-85 auf dem Weg nach Watfort City. Die Elkhorn Ranch befindet sich dazwischen und ist über die South Unit zu erreichen.

Park in Zahlen

285
Fläche (km²)

870
Höchster Punkt: Buck Hill (m)

70
Optimale Größe der Wildpferdpopulation

Zelt oder Hotel?

 Cottonwood Campground & Juniper Campground
Auf den Campingplätzen des Parks – dem Cottonwood Campground in der South Unit und dem Juniper Campground in der North Unit – ist es durchaus möglich, dass man von Vogelgezwitscher aufwacht und bei einem Blick durch die Zelttür gleich ein paar Bisons in die Augen sieht. Da fühlt man sich doch glatt wie Teddy Roosevelt persönlich. Beide Plätze befinden sich am Little Missouri River und bieten Grillmöglichkeiten sowie Picknicktische. Auf dem Juniper Campground geht's ruhiger zu, da es in der North Unit weniger Besucher und keinen Verkehrslärm gibt.

 Wild campen
Mit einer Backcountry Permit darf man kostenlos in der Natur zelten. Reiter können wild campen oder auf dem Roundup Group Horse Campground in der South Unit übernachten.

Unterkünfte
Passend zu seinem Abenteuerimage gibt's im Theodore Roosevelt National Park keine Dauerunterkünfte. Gasthöfe und Motels findet man im nahen Medora.

Raus und los

Tierbeobachtung
Wie einst Roosevelt kommen Besucher noch immer hierher, um Tiere zu jagen – allerdings wurden die Gewehre gegen Kameras eingetauscht. Im Park leben Säugetiere wie Pumas, Bisons, Wildpferde, Wapitis, Dickhornschafe, Weißwedel- und Maultierhirsche sowie Präriehunde.

Maah Daah Hey Trail
Dieser 225 km (140 Meilen) lange Wanderweg verbindet die drei Parkabschnitte. Man kann ihn zu Fuß oder hoch zu Ross erkunden (leider gibt's keine geführten Ausritte). Zwischen den Parkabschnitten und an Elkhorn vorbei erstreckt sich eine der besten Mountainbikerouten des Landes (innerhalb der South und North Unit sind aber keine Räder erlaubt).

Kanu- & Kajakfahren
Wer im Sommer auf Abenteuer aus ist und alle drei Parkabschnitte erkunden will, unternimmt eine Bootsfahrt auf dem Little Missouri River. Von Medora (nahe der South Unit) bis zur Long X Bridge auf dem US Highway 85 (nahe der North Unit) sind es 173 km (107,5 Meilen). Langsame Paddler benötigen fünf Tage. Bei niedrigem Wasserstand mehr Zeit einplanen und eventuell auf Landwege ausweichen.

◀ Wildpferde im Theodore Roosevelt National Park.
▶ Der River Bend Overlook in der North Unit.

Wandern

01 Wind Canyon Trail
Nach einer halbstündigen Wanderung über 0,6 km (0,4 Meilen) durch einen vom Wind geformten Canyon in der South Unit wird man mit einem fantastischen Blick auf den Little Missouri River belohnt. Dies ist auch eine tolle Stelle, um den Sonnenuntergang zu beobachten.

02 Buckhorn
Die ganztägige, 18,3 km (11,4 Meilen) lange Wanderung führt durch tiefe Canyons und hohe, weite, tierreiche Prärien, einschließlich einer Präriehundestadt.

03 Jones/Talkington/ Paddock Loop
Ein Abenteuer mit Übernachtung im Ödland verspricht dieser 37,7 km (23,4 Meilen) lange legendäre Weg in der South Unit. Er verbindet den oberen und unteren Talkington Trail mit dem Paddock Trail.

Nicht verpassen

Die große Vielfalt des Ökosystems ist ein wichtiger Anziehungspunkt des Parks. Neben Publikumslieblingen wie Pumas und Bisons wartet das Schutzgebiet mit 186 Vogelarten auf, darunter Steinadler, Rubinkehlkolibris, Schweifhühner, wilde Truthühner, Gürtelfischer und mehrere Eulenarten. Manche sind hier ansässig, andere ziehen weiter. Vorsicht bei Begegnungen mit Bisons und Wildpferden: Sie können gefährlich sein. Die giftige Prärieklapperschlange ist besonders in den wärmeren Monaten aktiv.

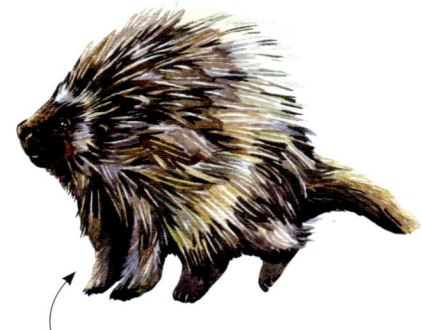

STACHELSCHWEIN Nachts sieht man die charismatischen Ödlandbewohner häufig an den Parkstraßen, tagsüber in Bäumen und Büschen, wo sie Zweige futtern.

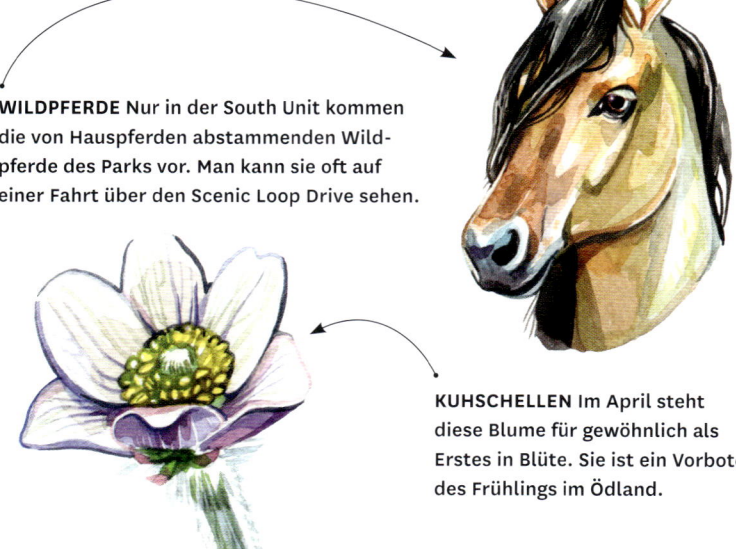

WILDPFERDE Nur in der South Unit kommen die von Hauspferden abstammenden Wildpferde des Parks vor. Man kann sie oft auf einer Fahrt über den Scenic Loop Drive sehen.

KUHSCHELLEN Im April steht diese Blume für gewöhnlich als Erstes in Blüte. Sie ist ein Vorbote des Frühlings im Ödland.

Getty Images | James Hager; Danita Delimont

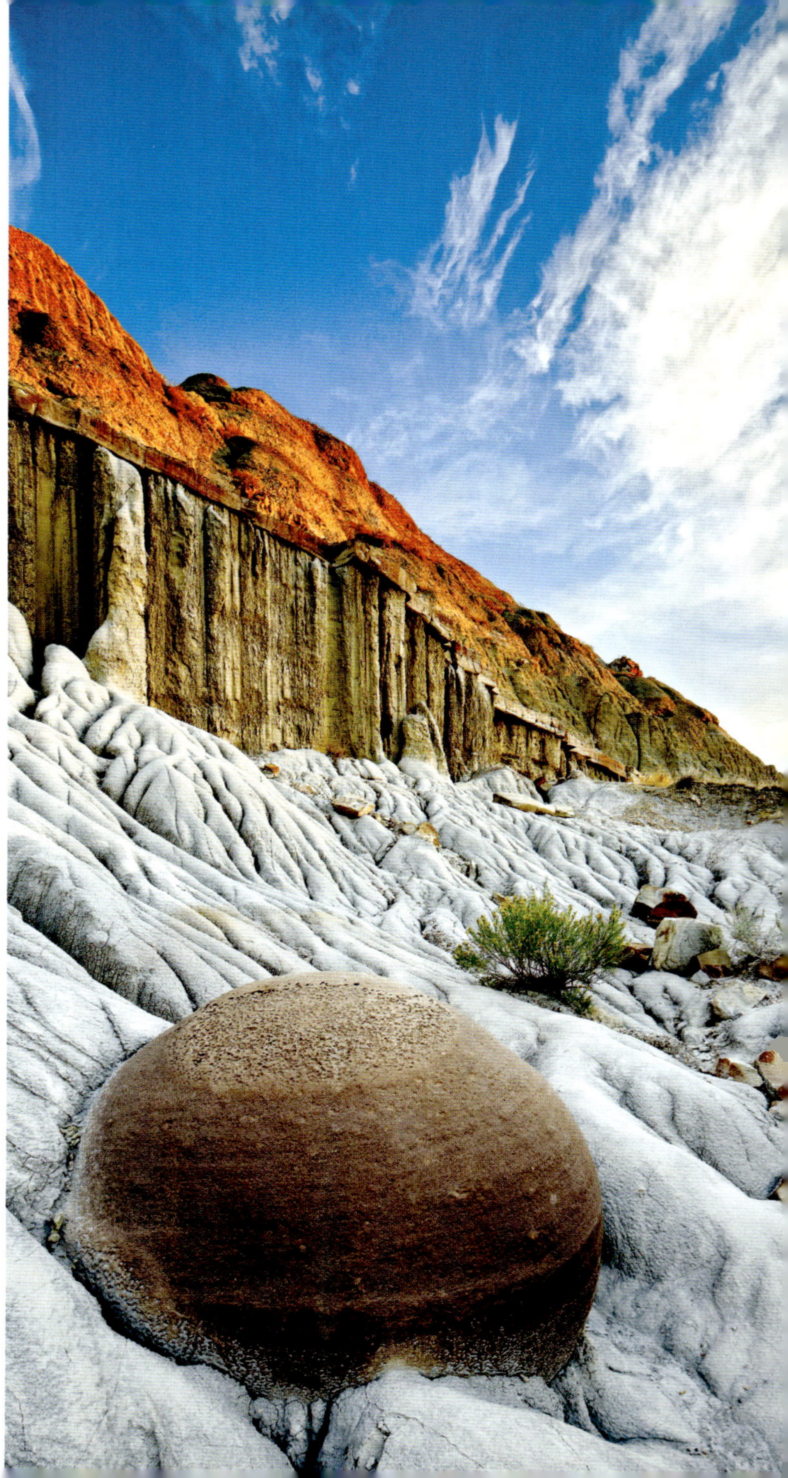

Tourentipps

Den Scenic Loop Drive erkunden, Bisons, Langhornrinder und Präriehunde im Little Missouri National Grassland beobachten oder zwischen Wacholdern durch den Painted Canyon wandern.

◄ Diese kugelförmigen Konkretionen sind in der North Unit zu finden.
► Bisons durchqueren den Little Missouri River.

01

Ein Tag

Im Medora Visitor Center in der South Unit erfährt man mehr über die Parkgeschichte sowie das Leben und Erbe seines Namensgebers. Anschließend steht die Besichtigung der Maltese Cross Cabin an, Roosevelts erste Unterkunft hier. Der 58 km (36 Meilen) lange Scenic Loop Drive führt durch die Flora und Fauna (nach Präriehunden und Bisons Ausschau halten), die den angehenden US-Präsidenten damals tief beeindruckte.

Zwischendurch kann man sich – ausgestattet mit einer Broschüre über die regio-

nale Ökologie – auf kurzen Wanderungen ein besseres Bild vom Park machen, angefangen beim Ridgeline Walk. Weiter die Straße hinunter verläuft ein kurzer, steiler Pfad zum höchsten begehbaren Punkt des Schutzgebietes, dem Buck Hill.

Da der Tag schnell zu Ende geht, sucht man sich am besten einen Platz für den Sonnenuntergang: entweder den Aussichtspunkt am Ende des Boicourt Overlook Trail mit Blick über das Ödland oder den Wind Canyon Trail mit Blick auf den Little Missouri River.

02

Zwei Tage

Nach einem Tag in der South Unit bewundert man den Sonnenuntergang über dem Ödland und zeltet anschließend auf dem Cottonwood Campground. Der Blick auf den Sternenhimmel und die Milchstraße ist hier spektakulär.

Früh am nächsten Morgen legt man die 113 km (70 Meilen) zur North Unit zurück. Während der 22,5 km (14 Meilen) langen Fahrt zum Oxbow Overlook trifft man erstaunlich wenige Leute. Auf den Rasenflächen im Little Missouri National Grassland grasen riesige

Bisons. Eine kleine Herde von Langhornrindern erinnert an die Zeit, als die wunderschönen Tiere von Cowboys über den Long X Trail getrieben wurden – von diesem Lebensstil war Roosevelt fasziniert. Noch tiefer in die Natur führt ein kurzer Abschnitt des Buckhorn Trail. Wer ihm folgt, gelangt zu einer Präriehundestadt mit einer Kolonie dieser geschwätzigen Nagetiere. Für einen gebührenden Ausklang des Tages geht's mit dem Auto zum Oxbow Overlook, der einen fantastischen Blick auf den farbenfrohen Fluss bietet.

03

Vier oder mehr Tage

Wer viel Zeit hat, erkundet zuerst die North Unit des Parks, übernachtet auf dem Juniper Campground und plant einen Tag für den Buckhorn Trail ein.

Auf dem Weg zur South Unit legt man einen Stopp am Paintes Canyon ein und folgt einem Naturpfad über Felsen und zwischen Wacholdern zur Schlucht – der ideale Ort für ein Mittagspicknick. Weniger ausgetretene Wege lernt man bei einer Tageswanderung auf dem Petrified Forest Loop kennen. Die tolle, kurvige Route am nordwestlichen Rand der

South Unit führt durch alte, versteinerte Wälder und raues, unberührtes Ödland zu einem Abschnitt des Maah Daah Hey Trail.

Für einen gelungenen Aufenthalt bietet sich nun noch ein abenteuerlicher Besuch der Roosevelt's Elkhorn Ranch an, 56 km (35 Meilen) nördlich vor Medora in einem abgelegenen Bereich des Schutzgebietes. Diese Zuflucht im dritten Parkabschnitt war das wahre Zuhause des umweltbewussten US-Präsidenten. Bei ihrem Anblick weiß man sofort, warum er sich in sie verliebte.

53

VI

Virgin Islands National Park

Diese 60 km² mit jade-grünen Bergen, zuckerweißen Stränden und türkisfarbenen Korallenriffen stehen für einen der atemberaubendsten amerikanischen Parks.

Im kristallklaren, lauwarmen Wasser der Karibik bewegt man sich mit Schwimmflossen langsam über Riffe, Felsen und Seegräser fort. Zu bestaunen gibt's Elchgeweih-, Säulen- und Sternkorallen, die aufgrund der Ozeanerwärmung immer seltener werden. Wie ein seltsamer Vogel gleitet zur Rechten ein Gefleckter Adlerrochen durch das Meer, dessen Flügelspanne länger als man selbst ist. Zur Linken knabbert eine bereits während des Zweiten Weltkriegs geborene Grüne Meeresschildkröte versuchsweise an einem Felsen, und um einen herum flitzen kunterbunte Fische.

Etwa 40 % des Virgin Islands National Park liegen unter Wasser, weshalb sich vie-les von seiner Schönheit erst beim Schnorcheln, Schwimmen, Tauchen und Bootfahren zeigt. Sehen lassen kann sich aber auch die Überwasserlandschaft mit dramatisch ins Meer abfallenden Bergen, langen, weißen Sandstränden und versteckten Buchten.

Vor der Ankunft von Kolumbus lebten Carib- und Arawakindianer auf den Inseln und hinterließen Petroglyphen und andere Artefakte. Im 17. Jh. kamen dänische Siedler hierher, die mithilfe von afrikanischen Sklaven Zucker und Baumwolle anpflanzten. 1773 lehnten sich auf St. John bei einem der ersten Sklavenaufstände der USA 170 Arbeiter gegen ihre Herren auf. Um die Rebellion niederzukämpfen, schickten die Franzosen auf Bitten der dänischen Behörden eine Miliz von der nahegelegenen Insel Martinique. Daraufhin begingen viele Sklaven Selbstmord, weil sie auf keinen Fall wieder in Unfreiheit leben wollten. Erst über ein Jahrhundert später wurde die Sklaverei in Dänisch-Westindien abgeschafft.

1917 verkaufte Dänemark Dänisch-Westindien an die USA. Auf einer Karibikkreuzfahrt verliebte sich Laurance Rockefeller, Standard Oil-Erbe (und Ufo-Fan), in das Gebiet. Er erwarb eine 20 km² große Landfläche, die er dem Staat vermachte. 1956 wurde der Park gegründet.

⬆ Dank des warmen Wassers kann man beim Kajakfahren auf dem Meer eine Menge entdecken.
➡ Mangroven sind ein wichtiger Lebensraum der Insel.

Anreisen

Wann?
Das Wetter ist das ganze Jahr über mild, doch zwischen Juni und November muss man mit Hurrikans rechnen. Am teuersten sind die Unterkünfte von Dezember bis April.

Wie?
Der Park bedeckt 60 % von St. John und einen Großteil von Hassel Island. Um St. John zu erreichen, geht's mit dem Flieger nach St. Thomas, dann per Auto oder Taxi über die Insel und schließlich mit der Fähre weiter. Für die Erkundung des Parks braucht man ein Auto. Cruz Bay im Westen ist die größte Siedlung.

Park in Zahlen

60
Fläche (km²)

1 Mio.
Besucher pro Jahr

302
Fischarten in den Gewässern des Parks

Zelt oder Hotel?

Cinnamon Bay Campground
Der einzige Campingplatz des Parks liegt direkt am weißen Cinnamon Bay Beach. Es gibt viele Anlagen, darunter ein Wassersportcenter, sowie rustikale Hütten und Safarizelte mit Betten.

Caneel Bay Resort
Auf einer 69 ha großen Halbinsel im Park zieht diese Luxusbleibe mit sieben unberührten Stränden Stars und Sternchen an. Einst gehörte sie zur Resortkette der Rockefeller-Familie. Gäste der Ferienanlage können mit kostenlosen Leihflossen am farbenprächtigen Riff vor dem Honeymoon Beach schnorcheln oder mit einem Mietwagen die Nebenwege des Schutzgebietes erkunden.

Concordia Eco Resort
Südlich von Coral Bay befindet sich das Concordia, eine Mischung aus Campingplatz und Resort. Auf dem Hügel mit Blick auf Salt Pond Bay verteilen sich hüttenähnliche „Ökozelte" mit Holzgestell, jedes mit eigener Küche, Terrasse und Komposttoilette ausgestattet. Darüber hinaus wartet die Unterkunft mit einem Pool, einem Obstfrühstück im hauseigenen Café, Yoga im Pavillon und Familienfilmabenden auf. Bis zum Strand sind es 15 Gehminuten.

Raus und los

Schnorcheln
Mit Tauchflossen und -maske ausgestattet, findet man sich in einer psychedelischen Traumwelt wieder. Auf dem Meeresgrund der Honeymoon Bay und der Hawksnest Bay sind zarte Elchgeweihkorallen und bunte Fische zu sehen. Ein beliebter, für Anfänger geeigneter Unterwasserpfad informiert in der Trunk Bay über die hiesige Flora und Fauna. Im Seegras der Maho Bay tummeln sich Meeresschildkröten.

Angeln
Dank des kristallklaren Wassers gehört ein Angeltag zu den Highlights der Reise. Je nach Jahreszeit kann man Gelbflossenthun, Tigerzackenbarsch, Stachelmakrelen und Echten Bonito fangen. Tarpune und Grätenfische müssen wieder freigelassen werden, doch den Rest darf man über einem Feuer grillen.

Strände entdecken
Selbstverständlich kann man sich auch einfach an einen Strand legen und zur Abkühlung gelegentlich in die Brandung stürzen. Cinnamon Bay verfügt über einen 1,6 km (1 Meile) langen Sandabschnitt und einen tollen Weg zu den Überresten einer ehemaligen Zuckerfabrik. In der beliebten Trunk Bay gibt's Rettungsschwimmer, Duschen und eine Snackbar.

Wandern

O1 Reef Bay Trail
Vorbei an präkolumbischen Petroglyphen, Ruinen einer Plantage und Limettensträuchern folgt man dem anstrengenden 3,2 km (2 Meilen) langen Weg einen steilen Berg hinunter zu einem Felsstrand.

O2 Francis Bay Boardwalk
Der familienfreundliche hoch gelegene und 0,8 km (0,5 Meilen) lange Spazierpfad zu einem reizenden, sichelförmigen Strand verläuft am Rand einer Saline und durch einen Mangrovenwald voller Vögel.

O3 Cinnamon Bay Trail
Die alte dänische Plantagenstraße führt 1,6 km (1 Meile) durch den Dschungel. Sie passiert die Überreste einer Zuckerfabrik und endet an einem Aussichtspunkt mit tollem Meerblick.

Nicht verpassen

Die Virgin Islands mit ihren smaragdgrünen, steil zur Küste abfallenden Bergen verfügen über eine grandiose Vielfalt an Ökosystemen. Im subtropischen Regenwald, den Salinen, dem Kakteenbuschland und den Mangroven leben etliche Vögel wie Glattschnabelanis, bunt schillernde Schwirle und winzige Kolibris, und in den Riffen der Unterwasserwelt wimmelt es von tropischen Fischen und Delfinen. Auch Meeresschildkröten sind hier auf Futtersuche. Zur Dämmerung bevölkern Fledermäuse, die einzigen Säugetiere der Insel, den lilafarbenen Himmel.

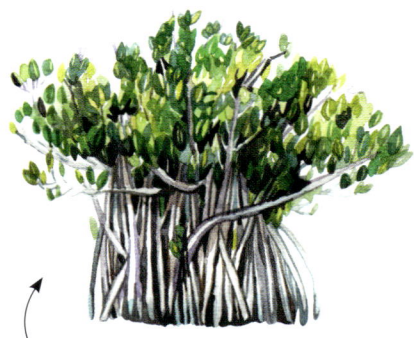

MANGROVEN Im Brackwasser stehen diese Küstenbäume mit den verästelten Zweigen. Zwischen ihren Unterwasserwurzeln wachsen Algen und tummeln sich allerlei Fische sowie Haie.

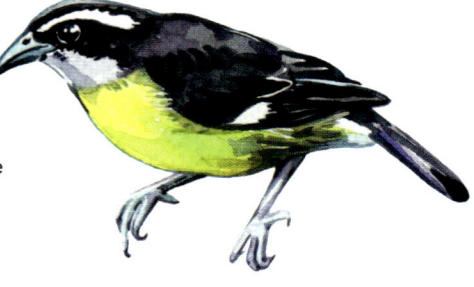

ZUCKERVOGEL Überall auf den Virgin Islands kommen die kleinen gelbbäuchigen Vögel, die zwischen Blumen, Zweigen und Büschen hin und her flitzen, vor. Sie sind sogar auf dem Staatssiegel zu finden.

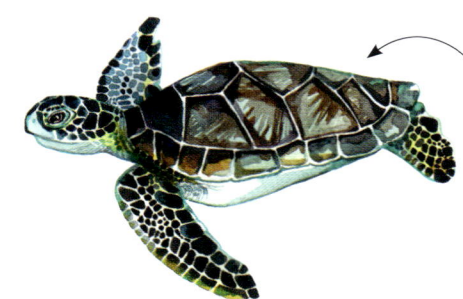

GRÜNE MEERESSCHILDKRÖTE Als größte der hartschaligen Schildkröten können die Riesen, die gut in der Maho Bay zu beobachten sind, bis zu 227 kg schwer werden.

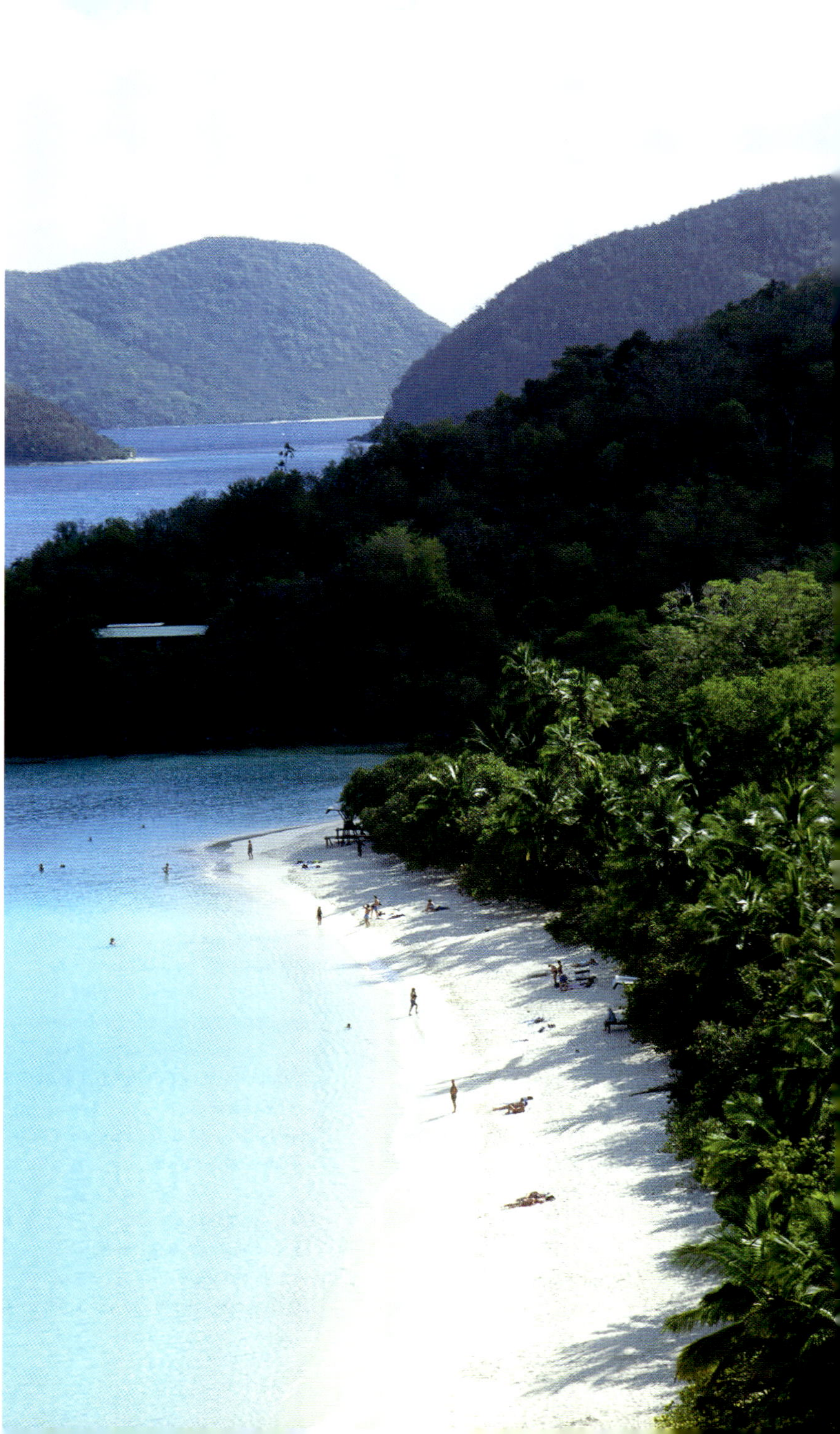

Getty Images | Porterfield - Chickering; Wolfgang Kaehler, Alamy | Marc Muench

Tourentipps

Schnorchelfans werden den Unterwasserpfad in der Trunk Bay, die Maho Bay und die Coral Bay lieben. An Land kann man dem Reef Bay Trail folgen oder Vögel in der Francis Bay beobachten.

◄ Für die Trunk Bay sollte man sich ausg ebig Zeit nehmen.
► Schnorchler suchen zwischen den Korallenformatic nen nach Fischen.

01

Zwei Tage

An einem schöneren Ort als dem Cinnamon Bay Campground hat man sein Zelt noch nie aufgeschlagen. Von hier kann man durch tiefen, feuchten Wald zu den Ruinen einer Zuckerplantage wandern, zur winzigen Insel inmitten des azurblauen Wassers der Bucht schwimmen oder im weichen Sand faulenzen. Am Nachmittag geht's zur Trunk Bay, um dem für Anfänger geeigneten Underwater Trail zu folgen. Abends werden im De' Coal Pot in der Cruz Bay regionale Spezialitäten wie Curryziege, Kreolhühnchen und *roti* (herzhafter Pfannkuchen) serviert. Am nächsten Tag gehen Frühaufsteher noch schnell schwimmen, bevor tagsüber eine Kreuzfahrt im kristallklaren Wasser ansteht (nach Delfinen und Meeresschildkröten Ausschau halten). Das Boot ankert in ruhigen Buchten, die sich zum Schwimmen und Schnorcheln eignen. Auf der Rückfahrt färbt die Sonne den Himmel in tiefen Orangetönen. Abends kehrt man ins Turtle Bay Estate House im Caneel Bay Resort eir, das mit Schnapper auf Fenchel und Mango-Pannacotta aufwartet.

02

Sechs Tage

Am ersten Tag steht eine Panoramafahrt entlang der North Shore Road auf dem Programm, inklusive Abkühlung an einem der Strände der Hawksnest Bay, der Trunk Bay oder der Cinnamon Bay. Beim Schnorcheln in der Maho Bay an Tag zwei hält man nach Meeresschildkröten, Kraken und Segelflossern Ausschau. Danach geht's zur Vogelbeobachtung auf den kurzen Spazierpfad in der nahen Francis Bay. Der dritte Tag lädt zu einer Wanderung auf dem Reef Bay Trail mit antiken Petroglyphen und den Ruinen einer Zuckerfabrik ein. Zum Abendessen steuert man die westliche Cruz Bay (tolle Sonnenuntergänge!) an. An Tag vier unternimmt man eine Jachtfahrt oder beobachtet auf einem Tauchgang Rochen und Ammenhaie. Am fünften Tag folgt man dem Ram Head Trail in der Coral Bay mit den besten Schnorchelstellen im Osten. Mittags gibt's an der saisonalen Imbissbude The Tourist Trap am Straßenrand in Concordia geschwärzte Fischsandwiches und Hummerrollen. Zum Abschluss der Reise lohnt sich eine geführte Kajaktour.

54

MN

Voyageurs National Park

Einst eine Durchgangsroute für französische Pelzhändler, die jeden Sommer Tausende Meilen zurücklegten, ist der jüngste Nationalpark der USA ein Paradies für Bootsfahrer auf der Suche nach großen Fischen.

K önnten die Felsen doch reden! Dieser Gedanke drängt sich quasi auf, wenn man auf dem 2 Mrd. alten Granit steht, der halb so alt ist wie die Erde und einen Blick auf den 97 km² großen Lake Kabetogama bietet. Insgesamt umfasst der Voyageurs National Park vier gewaltige miteinander verbundene 90 km lange Seen.

Die Ojibwe-Indianer leben seit Jahrhunderten in dieser Region und waren wichtige Handelspartner französischer Voyageure (Geschäftsreisende). Letztere suchten von Montreal aus nach „weichem Gold" – Biberpelz, der bis Mitte des 19. Jhs. Hüte in ganz Europa schmückte. Echtes Gold entdeckte man 1893 auf Little America Island. Im frühen 20. Jh. wurde die gesamte Region abgeholzt. Nur ein paar Weymouthkiefern erinnern noch an die einstige Pracht des Waldes.

Der vor 40 Jahren gegründete Nationalpark besteht zu 39 % aus Wasser. Neben Glasaugen- und Schwarzbarschen tummeln sich hier auch Hechte. An Land lauern Weißkopfseeadler in Pinien auf Beute und man hört die eindringlichen Rufe von Seetauchern. Im Gegensatz zur östlichen Boundary Waters Canoe Area Wilderness sind Motorboote im Voyageurs erlaubt – gut für Familien und alle, die ihr Kanu nicht herumschleppen wollen. Den größten Anziehungspunkt stellen die vier großen Seen Rainy, Kabetogama, Namakan und Sand Point dar, doch auch die unberührte 304 km² große Kabetogama Peninsula beeindruckt mit ihren Gewässern.

Im Winter ist es hier wie in einer anderen Welt, die man mit Ski, Schneeschuhen oder einem Schneemobil erkunden kann. Alternativ probiert man sich im Eisangeln aus, einem vollkommen unterschätzten Sport! Häufig herrschen im Norden Minnesotas die niedrigsten Temperaturen der Continental United States, aber dafür wird man belohnt mit dem Anblick eines über einen zugefrorenen See rennenden Wolfs, smaragdgrünen Polarlichtern oder einem frischen Glasaugenbarsch zum Abendessen im Januar.

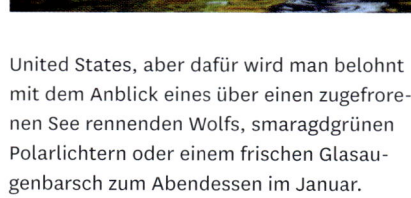
⬆ Alle Campingplätze des Parks sind nur mit Wasserfahrzeugen erreichbar, aber man kann Kanus und Ruderboote mieten.

Zelt oder Hotel?

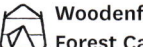

Kettle Falls Hotel

An der Kreuzung von Rainy Lake und Namakan Lake befindet sich dieses 1910 erbaute Hotel, das während der Prohibition ein Zentrum des Alkoholschmuggels war. Die 0,8 km (0,5 Meilen) von der kanadischen Grenze und 24 km (15 Meilen) von der nächsten Straße entfernte Unterkunft ist per Boot oder Wasserflugzeug erreichbar. Zur Wahl stehen Zimmer mit Antiquitäten oder eine Villa für bis zu acht Personen.

Woodenfrog State Forest Campground

Im Nadelwald am Ufer des Kabetogama bietet jeder der 60 preiswerten Stellplätze dieser einfachen Anlage Privatsphäre. Es gibt einen schönen Strandabschnitt und der See ist bequem zugänglich. Beim Granview Resort kann man Kanus, Angel- und Motorboote leihen.

Voyagaire Lodge & Houseboats

Das Voyagaire am Südufer des Crane Lake ist in Familienbesitz und liegt offiziell nicht im Park. Von der Restaurantterrasse blickt man auf die große Wiese, die bis zum Essen als Spielplatz für Kinder dient. Zu den Spezialitäten gehört Glasaugenbarsch-Sandwich. Im Resort werden auch Hausboote für zwei bis zwölf Personen vermietet.

Raus und los

Angeln

Glasaugenbarsche zu angeln gilt als Initiationsritus in Minnesota und ist wegen des unvorhersehbaren Verhaltens der Tiere aufregend. In wärmeren Monaten schwimmen die Fische tiefer und nehmen direkt vor Sonnenauf- oder nach Sonnenuntergang Nahrung auf. Köstlich: gegrillter Glasaugenbarsch auf Butter mit Zitrone, Salz, Pfeffer und Knoblauch!

Kanufahren

Was gibt's Friedlicheres, als auf einem Süßwassersee umherzupaddeln und dem Rauschen des Windes in den Weymoutkiefern zu lauschen? Wer ganz ruhig über das Wasser gleitet, wird hören, wie Seetaucher nach paarungsbereiten Weibchen rufen, und beobachten können, wie Enten ihre Jungen umsorgen und Elche auf dem Weg zu einer Wasserstelle durch das Unterholz am Ufer streifen.

Langlauf und Schneeschuhwandern

Von Ende November bis April dominieren weite Schneelandschaften den Park, der eiskalt und leblos erscheint, aber trotzdem vor allem in dieser Jahreszeit bezaubert: Timberwolfsrudel rennen über zugefrorene Seen, 9-Kilo-Hechte schwimmen unter dem Eis und Schneeeulen stieben davon.

Nicht verpassen

In den borealen Wäldern voller Birken, Espen, Fichten und Kiefern leben Wildtiere wie Elche, Bären, Wölfe, Füchse, Weißwedelhirsche und Biber. Die wenigsten zeigen sich, doch je mehr Zeit man hier verbringt, desto mehr Spuren wird man finden: Biberdämme auf sumpfigen Seen, Adlerneste hoch in abgestorbenen Bäumen und kahlgefressene untere Zweige von Balsamtannen – das Werk hungriger Elche.

SEETAUCHER Mit seinen exotischen roten Augen und dem gefleckten Federkleid fällt dieses berühmte, schwarz-weiße Symbol des Nordens auf der gesprenkelten Seeoberfläche kaum auf. Im Gegensatz zu den meisten Vögeln verfügt der Seetaucher über feste Knochen, was ihn zu einem guten Taucher macht. Am leichtesten ist er an seinem unheimlichen, unverwechselbaren Ruf zu erkennen.

BIBER Mitte des 19. Jhs. war der Biber fast ausgerottet, weil er den Pelz für die Hüte Europas lieferte. Nun ist er zurück. Die faszinierenden Pflanzenfresser verbringen die kalten Monate unter dem Eis und ernähren sich von zuvor gesammelten Baumzweigen.

WEISSKOPFSEEADLER Seit das einst bedrohte Wappentier der USA unter Artenschutz steht, haben sich seine Bestände gut erholt. Dennoch ist es nach wie vor aufregend, einen dieser riesigen weiß-grauen Raubvögel zu entdecken. Hoch oben in Weymouthkiefern lauern sie still ihrer Beute auf.

Wandern

01 Cruiser Lake Trail
Um den 15,3 km (9,5 Meilen) langen Wanderweg zu erreichen, geht's zunächst mit dem Boot über den Rainy Lake oder den Kabetogama Lake. Die Route führt tief in die von Elchen bewohnten Feuchtgebiete des Parks.

02 Beast Lake Trail
Mit einer steilen Kletterpartie beginnt der 4 km (2,5 Meilen) lange Weg abseits des Namakan Lake, flacht jedoch oben auf dem Bergzug mit Blick auf das glitzernde Wasser weiter unten ab.

03 Blind Ash Bay
Vom Ash River Visitor Center verläuft die 4,8 km (3 Meilen) lange Strecke steil hinauf zum Aussichtspunkt mit Kabetogama-Lake-Panorama und wieder hinab in Kiefernwald.

Anreisen

Wann?
Offiziell ist der Park ganzjährig zugänglich, doch im Winter öffnet nur eines der drei Besucherzentren – das am Rainy Lake. Den Moskitos, Besuchermassen und der Hitze entgeht man im September. Glasaugenbarsche angelt man am besten im Frühling oder Herbst.

Wie?
Der Park liegt in Minnesota, direkt südlich der kanadischen Grenze und 439 km (273 Meilen) nördlich der etwa fünf Autostunden entfernten Hauptstadt Minneapolis. Die drei Besucherzentren abseits des US Highway 53 sind bequem erreichbar.

Park in Zahlen

883
Fläche (km²)

885
Kilometer Küstenlinie

500
Inseln

Tourentipps

Mit dem Kanu über den War Club Quill und den Loiten Lake gleiten, dem Cruiser Lake Trail folgen oder für einen längeren Trip ein Hausboot mieten.

◄ Herbstliche Farben rund um den Rainy Lake und den Kabetogama Lake; eine Winterlandschaft. ► Eine Weißwedelhirschkuh mit einem Jungtier am Kabetogama.

01

Ein Tag

Fernab der Interstate und der Fast-Food-Kultur ist der Park ein Ziel, für das man mehrere Tage und ein gutes Boot benötigt. Viele Besucher kommen auf der Durchreise zu ihren Privathütten an einem der Hunderten Seen in Nordminnesota und Kanada hierher. Um einen schnellen, umfassenden Eindruck zu bekommen, empfiehlt sich ein Abstecher zum Ash River Visitor Center in einer Block-hütte aus dem Jahr 1935 (mit ausgestopftem Seetaucher und Weißkopfseeadler, die aus der Nähe betrachtet gruselig anmuten). Bei den kompetenten Rangern kann man sich über das Gebiet informieren, bevor man tagsüber mit seinem eigenen Boot die Inselgruppe des Ka-betogama-Sees erkundet. Al-ternativ reserviert man vorab telefonisch einen Platz in einem 8-Meter-Kanu, einem Nachbau der massiven, von den Voyageuren genutzten „North Canoes" aus dem 18. Jh. Oder man folgt dem 0,8 km (0,5 Meilen) langen Wanderweg zur höchsten Stelle des 4,8 km (3 Meilen) langen Blind Ash Bay Trail mit Panoramablick auf den Kabetogama.

02

Vier Tage

Das Beste aus zwei Welten bieten der riesige Lake Ka-betogama und die kleineren Binnenseen der Kabetogama Peninsula. In allen drei Besu-cherzentren kann man Kanus mieten. Nach einer Nacht auf dem Woodenfrog State Forest Campground geht's am nächsten Morgen früh los, um hohe Wellen zu vermeiden. Mit einem Privat- oder Leih-boot schippert man nordöst-lich zum Ausgangspunkt des Locater Lake Trail, wo das Boot sicher verstaut wird. Die Ausrüstung muss zum 3 km (1,9 Meilen) entfernten Loca-tor Lake getragen werden. Dort erwarten einen Kanus, mit denen man zurück zum Campingplatz gelangt. An den nächsten beiden Tagen steht die Erkundung der miteinander verbundenen Seen War Club, Quill und Loi-ten auf dem Programm (da alle über Kanus verfügen, ist kein Schleppen nötig). Das wechselhafte Wetter stellt eine Herausforderung beim Paddeln dar. Sei es beim Ru-dern auf einem spiegelklaren See, beim Ritt auf 1 m hohen Wellen oder beim Ausharren in einem Biwak bis zum Ende des Gewitters – jeder Tag ist einzigartig.

03

Sechs Tage

Da der Park fast zur Hälfte aus Wasser besteht, lohnt sich die Miete eines Haus-bootes – insbesondere wenn der Fokus auf Angeln, Son-nenbaden und Schwimmen liegt. Es ist ein berauschen-des Gefühl von Freiheit, jederzeit überall hinfahren zu können. Die Qualität der Boote an den vier Seen fällt jedoch sehr unterschiedlich aus (vor Zahlung der saftigen Kaution unbedingt Infos einholen!). Zu den besten gehört die Flotte der Voya-gaire Lodge. Vom südlichen Zipfel des Crane Lake kann man 90 km (56 Meilen) auf dem Wasser zurücklegen. Über den Sand Point Lake geht's zum Kettle Falls His-toric District am nördlichen Zipfel des Namakan. Oder man hält zum Wandern am 15,3 km (9,5 Meilen) langen Cruiser Lake Trail, der in der Ash Bay am Kabetogama beginnt. Nachts muss das Boot festgemacht werden. Auf den Wasserkarten sind die großen, abgeschiedenen Campingplätze des Parks markiert. Jedes Hausboot verfügt über einen motori-sierten Angelkahn – ein Blick auf den Mondkalender verrät die besten Fangzeiten.

55
SD
Wind Cave National Park

In den Black Hills von South Dakota befindet man sich unter Bisons und Backpackern, die durch die Prärie ziehen. Hier verbirgt sich eine mysteriöse Höhle, die Geheimnisse aus einer fernen Welt bewahrt.

Nicht von dieser Welt ist das unterirdische Universum der „atmenden" Wind Cave: Hier gehen 212 km – Tendenz steigend – an ausgekundschafteten Wegen in so etwas wie schwarze Löcher, dunkle, bisher unerforschte Tiefen, über. Diese scheinbar unendlichen Katakomben verfügen über sagenhafte 60 bis 100 Mio. Jahre alte wabenähnliche Kalzitformationen, die man sonst fast nirgendwo auf dem Planeten findet.

Und ja, die Höhle atmet tatsächlich ein und aus wie ein schlummernder Drache. Für das Phänomen hat die Wissenschaft eine nüchterne Erklärung, denn innerhalb und außerhalb der Wind Cave gleicht sich der Luftdruck aus. Das Ergebnis ist faszinierend.

Über Jahrhunderte diente der Ort als Heiligtum der Sioux-Lakota, doch 1881 zog er die Aufmerksamkeit von zwei weißen Wanderern, Tom und Jesse Bingham, auf sich. Angeblich wurde Toms Hut bei einem tiefen Atemstoß der Höhle weggeweht. 1890 beauftragte die South Dakota Mining Company Jesse D. McDonald damit, hier nach Naturschätzen zu suchen. Zwar fand McDonald keine Mineralien, dafür aber etwas, das seinem Gefühl nach fast genauso lukrativ sein könnte.

Mit seiner Familie – allen voran seinem Sohn Alvin, der eine Karte der Wind Cave erstellte – und einem Geschäftspartner bot McDonald Kerzenscheintouren durch die Höhle an. Als Alvin nach wenigen Jahren starb und die Zusammenarbeit mit „Honest John" Stabler scheiterte, wurde ein Prozess über die Rechte an der Stätte geführt, den am Ende niemand gewann. 1903 stellte US-Präsident Theodore Roosevelt die Region unter Naturschutz. Damit wurde sie zu einem der ersten Nationalparks der Welt und zum ersten Schutzgebiet, in dem eine Höhle die Hauptrolle spielte.

Bis heute kommen viele Besucher nur hierher, um eine Tour in der Wind Cave zu unternehmen. Dabei gibt's eine Menge mehr zu sehen, z. B. Hunderte Bisons. Darüber hinaus erstreckt sich im Park ein Wanderwegenetz von 48 km (30 Meilen).

⬆ Die Bisonherde des Nationalparks gehört wegen ihrer Gene zu den wichtigsten des Landes und wurde vor über 100 Jahren wieder in diesem Gebiet angesiedelt.
➡ Ein einheimischer Rotkopfspecht.

Anreisen

☼ Wann?
Höhle und Besucher-zentrum sind ganzjährig geöffnet. Die Höhlentempe-raturen liegen bei konstanten 12 °C. Wandern macht von Mai bis September am meisten Spaß. Im Frühjahr blühen hier bunte Wildblumen.

🧭 Wie?
Die Wind Cave liegt in den Black Hills von South Dakota, zwischen Hot Springs und Rapid City, eine Auto-stunde vom Mt. Rushmore entfernt. Von Rapid City führt eine Panoramastrecke über den Needles Highway durch den Custer State Park zum Nordeingang des National-parks. Mit großen Wohnwa-gen nimmt man die Route über Hot Springs. Das Fahren im Park kostet nichts. Keine öffentlichen Verkehrsmittel.

Park in Zahlen

137
Fläche (km²)

198
Tiefe, in denen die Höhlen erkundet wurden (m)

400–450
Bisons

Zelt oder Hotel?

⛺ Camping
Wer sein Zelt in der Prärie vor den Black Hills und am Waldrand aufbaut, hat die Wildtiere quasi vor der Tür. Der ruhige, ganzjährig geöffnete Elk Mountain Campground verfügt über Wohnmobil- und Zelt-plätze sowie über Feuerstellen, Trink-wasser und Spültoiletten (Letztere nur im Sommer). Hier begegnet man regelmäßig Rehen. Zudem gibt's ein Rangerprogramm am Abend und man genießt einen tollen Blick auf den spektakulären Nachthimmel.

🎒 Zelten im Hinterland
Im nordwestlichen Teil des Parks kann man zahlreichen ma-lerischen Wanderwegen wie dem Centennial Trail folgen und eine Nacht unter dem wunderschönen Sternenhimmel verbringen. Wild campen ist kostenfrei, doch vorher muss man im Besucherzentrum eine Genehmigung einholen.

🏠 Wind Cave Cabin
Wenn man sich in dem Sechs-Personen-Whirlpool zurück-lehnt und den Sternenhimmel über den Baumwipfeln bestaunt, scheint die Höhle meilenweit weg zu sein. Dabei liegt die Lodge hoch in den südlichen Black Hills gleich oberhalb von Hot Springs und direkt am Parkrand.

Raus und los

⛏ Höhlenwandern
Absoluter Besuchermagnet ist natürlich die Wind Cave. Auf etlichen Rundgängen kann man die bisher kartierten Wege erkunden. Eine interessante Option ist die Natural Entrance Cave Tour zu dem kleinen Loch, das zur Entdeckung der Höhle führte. Neben der klassischen Garden of Eden Tour oder der etwas längeren Fairgrounds Tour werden auch anspruchsvolle Kerzenschein- oder Kriechtrips angeboten.

🔭 Tierbeobachtung
Ein großer Anziehungspunkt des Parks sind auch die eindrucks-vollen Wildtiere. Hunderte Bisons streifen durch die Gegend, ebenso Gabelböcke, Maultierhirsche und Präriehunde. Es kommt nicht selten vor, dass Besucher ihnen begegnen. Im Herbst hört man die Brunftschreie der im Wald lebenden Wapitis.

🧲 Reiten
Die 137 km² an offenen Prärie- und Waldlandschaften des Schutzgebietes eignen sich ideal für Ausritte. Dafür benötigt man eine kostenfreie Genehmigung und sollte sowohl gepflegte Wege als auch Campingplätze meiden. Geführte Reitausflüge sind im benachbarten Custer State Park möglich.

Wandern

01 Rankin Ridge Nature Trail
Am Ende einer Panoramastra-ße beginnt dieser einfache 1,6 km (1 Meilen) lange Rund-weg mit 14 Lehrtafeln und Blick auf die Black Hills. Der Turm ist nicht zugänglich.

02 Wind Cave Canyon Trail
Ideal zur Vogelbeobachtung ist dieser 2,9 km (1,8 Meilen) lange Rundweg. An den Kalk-steinklippen sollte man nach Virginia-Uhus Ausschau halten und dem Klopfen von Rotkopf- und Blutgesichtspechten lauschen.

03 Centennial Trail
Der 9,7-km-(6-Meilen-)Ab-schnitt der 179 km (111 Meilen) langen Black-Hills-Route führt durch Prärien und Wälder so-wie am Beaver Creek entlang. Entweder lässt man sich mit dem Auto abholen oder wan-dert auf dem Highland Creek Trail zurück.

Nicht verpassen

Die mit gemischten Gräsern bedeckten Prärien der Great Plains gehen in die Gelbkieferwälder der Black Hills über. In diesem wunderbar abwechslungsreichen Gebiet sind etliche Wildtiere zu finden. Verschiedene im 19. Jh. beinahe ausgerottete Säugetiere wie Bisons konnten erfolgreich wiederangesiedelt werden. Vogelarten reichen von Präriefalken über Lerchenstärlinge bis zu Waldbewohnern wie Kleibern, Eulen, Spechten und wilden Truthühnern.

SCHWARZFUSSILTIS
Diese schönen, seltenen Tiere wurden 2007 im Nationalpark ausgewildert und helfen dabei, den Bestand von Präriehunden zu regulieren, da es keine Spitzenprädatoren wie Wölfe gibt.

PRÄRIEHUND Zu den wohl beliebtesten Parkbewohnern gehören diese geselligen, kaninchengroßen Nagetiere, die „Städte" mit Schlafquartieren und Toiletten bauen. Den Beinamen „Hund" erhielten sie aufgrund ihres hundeartigen Bellens.

PURPURSONNENHUT Jeden Frühling lassen Wildblumen die Prärien des Parks erstrahlen. Der hübsche Purpursonnenhut wird von den amerikanischen Ureinwohnern schon seit Jahrhunderten aufgrund seiner schmerzlindernden Heilwirkung geschätzt.

Tourentipps

Dem Lookout Point Trail zum Beaver Creek folgen, um Wildtiere zu beobachten, und anschließend auf der Garden of Eden Tour oder der Wind Cave Crawling Tour zum Höhlenforscher werden.

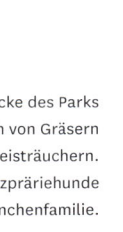
 Die Gabelböcke des Parks ernähren sich von Gräsern und Salbeisträuchern.
➡ Schwarzschwanzpräriehunde gehören zur Eichhörnchenfamilie.

01

Ein Nachmittag

Mitarbeiter, Ausstellungen und Videovorführungen des Besucherzentrums geben Auskunft über die Parkattraktionen von der fesselnden Unterwelt bis zur artenreichen Prärie. Wer nur einen Nachmittag zur Verfügung hat, kann z. B. die Standardtour unternehmen (Ticket vorab kaufen). Die Garden of Eden Tour ist weniger anstrengend und dauert nur eine Stunde, doch auf dem 0,5 km (0,3 Meilen) langen unterirdischen Spaziergang sieht man ebenfalls die berühmten außergewöhnlichen Höhlenformationen der Wind Cave, darunter Kalzitformationen, popcornähnliche Gebilde und Sinterdecken. Zurück an der frischen Luft erkundet man den 1,9 km (1,2 Meilen) langen Elk-Mountain-Naturpfad und folgt dann der Panoramastraße mit Blick auf Bisons und die Black Hills. Wenn es noch lange genug hell ist, lohnt sich eine Wanderung auf dem 1,6 km (1 Meilen) langen Naturpfad am Rankin Ridge, bevor man den Park über den Highway 87 in Richtung Norden verlässt.

02

Ein Tag

Wer einen ganzen Tag Zeit hat, unternimmt frühmorgens eine 7,2 km (4,5 Meilen) lange Wanderung auf dem Lookout Point Trail und geht auf dem Centennial Trail zurück. Morgens kann man der größten Hitze ausweichen, zudem stehen die Chancen, Wildtiere zu sehen, etwas besser. Der Weg führt über die leicht hügelige Prärie, vorbei am Lookout Point bis zum Beaver Creek. Anschließend läuft man zurück zur Kreuzung der Route mit dem Centennial Trail, dem man bis zum Ausgangspunkt folgt. Auf einer Fahrt entlang der restlichen Panoramastraße sollte man die Zeit im Blick behalten, da für den Nachmittag ein außergewöhnlicher Höhlentrip auf dem Programm steht (vorab buchen). Die Candlelight Tour entführt in die Vergangenheit, zum Ende des 19. Jhs. Damals erstellte Alvin McDonald in mühevoller Kleinarbeit Notizen über die nicht kartierte Wind Cave. Das zweistündige Abenteuer findet in weniger besuchten Abschnitten der Höhle statt und man muss nicht warten.

03

Drei oder mehr Tage

Wer in die Fußstapfen von Alvin McDonalds treten möchte, sollte sich für die extremste und aufregendste Exkursion in den Parkkatakomben anmelden: die Wind Cave Crawling Tour unter professioneller Aufsicht. Der vierstündige Trip findet abseits der gut besuchten Höhlenbereiche statt. Nachdem man sich draußen wieder ans Sonnenlicht gewöhnt hat, bietet sich ein Picknick am Besucherzentrum an.

Anschließend erkundet man die Naturpfade, bevor es weiter zum Elk Mountain Campground geht (Stellplätze können nicht vorab reserviert werden). Hier bestaunt man zunächst einen wunderschönen Sonnenuntergang und genießt dann auf seiner Isomatte den herrlichen Blick auf den Sternenhimmel.

Am zweiten Tag wird das Zelt abgebaut, denn nun wartet ein weiteres Abenteuer: eine Wanderung auf einem Abschnitt des Highland Creek Trail. Nachts campiert man in der Wildnis, bevor es am dritten Tag auf dem Centennial Trail zurück nach Süden geht.

56

AK

Wrangell-
St. Elias
National
Park

*Im größten Nationalpark
der USA erlebt man zwischen
den Gipfeln, Flüssen und
Gletschern eines der letzten
großen Grenzgebiete der Welt
außergewöhnliche Abenteuer.*

Eine Expedition in diese fast undurchdringliche Wildnis stellt eine echte Herausforderung dar. Doch wer über das richtige Know-how, ein gutes Budget und ausreichend Mut verfügt, der wird auf seiner Reise durch den riesigen Park mit einer Fläche von über 53 000 km² (sechsmal größer als Yellowstone!) unvergleichliche Einsamkeit und Abenteuer erleben.

Der große, erhabene und unberührte Park wartet an jeder Ecke mit Superlativen auf. Es handelt sich nicht nur um den größten US-Nationalpark, sondern auch um das größte internationale Schutzgebiet, wenn man die angrenzenden Parks (den Glacier Bay National Park and Preserve, den Kluane National Park and Preserve und den kanadischen Tatshenshini-Alsek Provincial Wilderness Park) hinzurechnet. Neun der 16 höchsten Gipfel Amerikas ragen hier in den Himmel, darunter der Mt. St. Elias, der zweithöchste Berg der Vereinigten Staaten. Zudem erstrecken sich vor Ort etliche eindrucksvolle Gletscher. Mit einer Länge von 129 km ist der Nabesna Glacier der längste außerpolare Talgletscher der Welt. Der Malaspina Glacier wiederum ist größer als der Bundesstaat Rhode Island. Zu den weiteren Highlights gehören die Bergbaustädte aus dem frühen 20. Jh., der kurvenreiche Copper River mit reichen Lachsbeständen, ein aktiver Vulkan und herumziehende Rentierherden.

Seine faszinierende geologische Vergangenheit verdankt der Park mit Gletschern, Eis und felsigen Berggipfeln seiner Lage an der Schnittstelle von vier großen Bergketten: die Wrangells im Norden, der Chugach an der Südwestküste, das Küstengebirge St. Elias am Golf von Alaska und der östliche Teil der Alaska Range an der Nordgrenze des Schutz-

gebietes. Unter all der geologischen Pracht verstecken sich wertvolle Schätze: Zwischen 1911 und 1938 bauten Bergarbeiter riesige Gold- und Kupfermengen in der Region ab.

⬆ Ein verzweigter Fluss.

➡ Gletscher bedecken ein Viertel des Parks. Vorherige Seite: Der Kennicott Glacier und der Root Glacier.

Wann?
Der Park ist das ganze Jahr über geöffnet, aber die meisten Besucher kommen zwischen Juni und August hierher. Wer am Anfang oder Ende der Hochsaison anreist, findet sich vielleicht alleine in den Besucherzentren und Hotels wieder.

Wie?
Die McCarthy Road und die Nabesna Road führen zum Rand des Parks, wo ein paar ehemalige Bergstädte, Lodges und kurze Wanderwege liegen. Wenn man über das entsprechende Budget verfügt, kann man sich zum Wandern, Klettern oder Paddeln von einem Buschflugzeug in der abgeschiedenen Wildnis absetzen lassen.

Park in Zahlen

53 419
Fläche (km²)

5489
Höhe des Mt. St. Elias (m)

680
Gewicht des größten Grizzlybären (kg)

Zelt oder Hotel?

Ultima Thule Lodge
Am Chitina River bietet diese abgelegene Buschlandlodge mit Holzhütten unerwarteten Luxus, bevor das Wildnisabenteuer startet. Im Zimmerpreis enthalten sind ein Parkführer, ein Transfer mit dem Buschflugzeug, Ausrüstung und Gourmetspeisen mit Zutaten aus dem Biogarten.

Ma Johnson's Hotel
In der Blütezeit des Bergbaus diente McCarthy als Ausgeh- und Bordellbezirk für ausgelaugte Bergarbeiter, die sich nach ihrer monatelangen Arbeit in den Kennecott Mines ins Vergnügen stürzen wollten. Im Ma Johnson's sieht man noch Überbleibsel aus dieser Zeit. Die kleinen Zimmer sind mit Antiquitäten und rustikalen Details ausgestattet. Auf der herrlichen Veranda kann man die kühle Brise Alaskas genießen und das Abenteuer für den nächsten Tag planen.

Kennicott Glacier Lodge
Das restaurierte Bergbaugebäude verbindet modernen Komfort mit altmodischem Charme und verfügt über ein paar Zimmer mit Gletscherblick. Es ist der beste Ausgangspunkt für einfache Tageswanderungen.

Raus und los

Rundflug
Die Erhabenheit des Parks lässt sich nur aus der Luft erfassen. Auf einem Rundflug sieht man die Gipfel, Gletschertäler, Schneefelder, Flüsse und die weite Berglandschaft, die zu den berühmtesten und dramatischsten der Welt gehört. Einen Zwischenstopp für eine Wanderung in der Wildnis einplanen!

Rafting
Tagsüber paddelt man auf den Flüssen Kennicott, Nizina und Chitina, bevor es in einem Buschflugzeug zurück nach McCarthy geht. Ein Highlight ist die Strecke durch den Nizina Canyon mit seinen steilen Wänden. Das nahegelegene Copper River Delta eignet sich zur Vogelbeobachtung und für einfache Kanutrips.

Gletscherwandern
Eine Gletscherwanderung ist eine außergewöhnliche, lebensverändernde und etwas furchterregende Erfahrung – die sich bewegenden Eismassen sind Meisterwerke der Natur. Mit Klettereisen und -äxten ausgestattet, unternimmt man eine Tageswanderung auf dem nahen Root Glacier. Alternativ laden Eiswände zu einer Klettertour am Nachmittag ein.

Im September verwandelt der Herbst die Tundra des Wrangell-St. Elias National Park in ein buntes Farbenmeer.

Nicht verpassen

Dank der unterschiedlichen Landschaften, die von schneebedeckten Gipfeln und Gletschern bis zu Fichtenwäldern und Sümpfen reichen, wartet der Park mit einer vielfältigen Flora und Fauna auf. Beim Blick zum Horizont entdeckt man vielleicht Dallschafe. Elche streifen in der Nähe von Sumpfwiesen umher. Lachsbäche ziehen Vögel und einige große Säugetiere wie Grizzly- und Schwarzbären sowie Bergziegen und Rentiere an. Im Schutzgebiet leben auch zwei ausgewilderte Bisonherden.

WEISSKOPFSEEADLER Wie ein Sinnbild der Freiheit kreist der elegante Raubvogel hoch in den Lüften. Er hält sich neben vielen anderen Vogelarten bevorzugt am Flussufer auf.

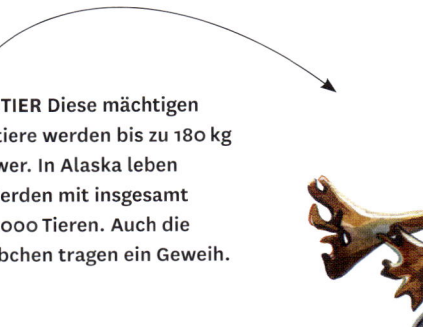

RENTIER Diese mächtigen Huftiere werden bis zu 180 kg schwer. In Alaska leben 32 Herden mit insgesamt 950 000 Tieren. Auch die Weibchen tragen ein Geweih.

LACHS Eine wichtige Nahrungsgrundlage für die Ureinwohner von Alaska sowie Bären und hungrige Angler sind Lachse. In ein paar abgelegenen Dörfern werden sie noch mit Fischrädern gefangen.

Wandern

O1 Root Glacier Trail

Von Kennicott aus geht's diesem klassischen 13 km (8 Meilen) langen Rundweg nach, der zur glitzernden, blau-weißen Zauberland-schaft des Root Glacier führt.

O2 Bonanza Mile Trail

Der steile Rundweg mit 1158 Höhenmetern verläuft von Kennicott über 14,5 km (9 Meilen) zu einem fantas-tischen Aussichtspunkt mit Blick auf das Zusammentref-fen des Root Glacier und des Kennicott Glacier.

O3 Skookum Volcano Trail

Von der Nabesna Road folgt man dieser 4 km (2,5 Meilen) langen Route hinauf zu einem erodierten Vulkansystem. Auf dem Alpenpass am Ende des Trips sind oft Dallschafe zu sehen.

Tourentipps

Dem Root Glacier Trail und dem Bonanza Mine Trail folgen, über Flüsse paddeln, auf Gletschern eisklettern oder sich von einem Buschflugzeug in der Wildnis absetzen lassen.

← Eisklettern auf dem Root Glacier – nur etwas für Erfahrene.
→ Die Eisenbahnbrücke zur Bergstadt Kennecott; im Inneren des Kennicott Glacier.

01

Drei Tage

Zwei unwegsame Straßen führen in den Park. Am beliebtesten ist die McCarthy Road, die durch hervorragendes Wandergebiet über die gewaltige Brücke am Kuskulana River und zum Kennicott River verläuft. Von dort gelangt man über eine Fußgängerbrücke ins berüchtigte McCarthy, das sich zum Übernachten anbietet. Alternativ geht's mit einem Shuttle nach Kennecott mit den meisten Parkanlagen. Am zweiten Tag kann man sich bei Tageswanderungen auf dem Root Glacier Trail und dem Bonanza Mine

Trail mit dem Schutzgebiet vertraut machen und eine spaßige historische Stadtführung unternehmen. Abends lockt das Rangerprogramm in der Copper River Princess Wilderness Lodge oder man hört sich in McCarthy Bluegrass-Folklore an.

Am dritten Tag erwartet Abenteuerlust ge eine Paddeltour auf nahegelegenen Flüssen oder ein Kettertrip auf einem Gletscher. Auf dem Rückweg hält man zum Lachsangeln und zur Vogelbeobachtung im Dorf Chitina, bevor es zurück ins Alltagsleben geht.

02

Sieben Tage

Spielen Zeit und Geld keine Rolle, ist diese fantastische Tour das Richtige. Über die abgelegene Nebesna Road geht's zur Slana Ranger Station, wo man mehr über die regionalen Wanderwege erfährt. Danach verbringt man ein oder zwei Nächte auf dem Kendesnii Campground und erkundet tagsüber den Caribou Creek Trail und den Skookum Volcano Trail. Zurück auf der Hauptstraße fährt man zum Südeingang bei McCarthy. Dort entscheidet man sich entweder für drei Übernachtungen in der abgeschiedenen Ultima

Thule Lodge oder einen Trip mit dem Buschflugzeug in die Wildnis. Im Park gibt's 14 Naturhütten, zumeist rustikale Blockhütten aus Bergbau- und Jagdzeiten. Manche liegen malerisch an Seen und sind bequem mit dem Buschflugzeug erreichbar. Wer keinen Zeitdruck hat, kann eine Ski- oder Wanderexpedition auf einem der atemberaubenden Gipfel des Schutzgebietes unternehmen. Bei einer Paddeltour oder einem Flug nach Cordova mit Möglichkeiten zum Kajakfahren lässt man die Reise ausklingen.

57

WY

Yellowstone
National
Park

Seit jeher beflügelt der Name Yellowstone die Vorstellungskraft der Menschen. Die meisten denken sofort an Nationalpark, viele sehen in ihm auch ein Sinnbild für den amerikanischen Westen.

Wer Yellowstone noch nicht besucht hat, kann sich nur schwer vorstellen, wie seltsam der Park ist – wenn auch auf eine gute, fantastische Art und Weise. Dies ist nicht nur das Land der malerischen Berge und Wildblumenwiesen, sondern auch der blubbernden Schlammfelder wie aus *Curse of the Swamp Creature*. Aus den höllenschlund-ähnlichen Erdrissen steigen Dämpfe und zischende Geräusche auf. Die pastellblauen Thermalquellen sind so heiß, dass ein Erwachsener keine drei Minuten darin überleben würde. Geysire brechen ohne Vorwarnung aus und speien schwefelhaltiges Wasser in hohen Fontänen in die Luft. Natürlich gibt's auch malerische Berge und Wildblumenwiesen sowie einen tollen Canyon für Schnappschüsse, riesige Gletscherseen und historische Lodges mit Geweihen und dreistöckigen Steinkaminen. Absolutes Highlight des Parks sind jedoch seine bizarr anmutenden geothermischen Besonderheiten.

Yellowstone liegt auf einer aktiven Caldera, dem Überbleibsel eines Supervulkans, der zuletzt vor 650 000 Jahren ausbrach. Dank der vulkanischen Aktivität entstanden über 10 000 geothermische Phänomene von Geysiren über brodelnde Schlammlöcher und Fumarolen (Dampfaustrittsstellen) bis zu heißen Quellen. Auf einer Wanderung durch Geyser Country, einem besonders eindrucksvollen geothermischen Gebiet, fühlt man sich wie auf einem anderen Planeten. Zur richtigen Zeit kann man innerhalb weniger Stunden den Ausbruch eines halben Dutzends Geysire erleben.

Etwa 11 000 Jahre lebten in Yellowstone amerikanische Ureinwohner, bevor der Fallensteller John Colter 1807 als erster Weißer in die Gegend kam und sie als Ort von „Feuer und Schwefel" beschrieb. 1872 gründete US-Präsident Ulysses S. Grant hier den ersten Nationalpark der Welt. Bis zur Mitte des

20. Jhs. reisten die meisten Besucher noch mit der Eisenbahn an. Heute strömen jährlich mehr als 3 Mio. Menschen herbei. Viele von ihnen wollen Yellowstone wenigstens einmal in ihrem Leben gesehen haben.

⬆ Eine heiße Quelle im West Thumb Geyser Basin.
⬇ Ein Grauwolf in Yellowstone. Vorherige Seite: Der Grand Prismatic Spring im Midway Geyser Basin.

Anreisen

Wann?
Da im Juli und August dichter Verkehr auf den Parkstraßen herrscht, ist die schönste Jahreszeit für einen Besuch Anfang Frühling bis Anfang Sommer und Spätsommer bis Anfang Herbst. Nun gibt's immer noch warme Temperaturen und weniger Staus.

Wie?
96 % des Parks liegen in Wyoming, weit im Nordwesten des US-Bundesstaats. Kleine Flugplätze befinden sich in Jackson Hole, Cody sowie West Yellowstone und die nächsten größeren Airports in Denver und Salt Lake City, jeweils eine Autostunde entfernt.

Park in Zahlen

8982
Fläche (km²)

90
Wasserfontäne von Steamboat, dem höchsten Geysir des Parks (m)

674–839
Grizzlybären

Zelt oder Hotel?

Lake Yellowstone Hotel
Das 1891 im Stil der amerikanischen Kolonialzeit erbaute Gebäude erinnert an ein langsameres Reisezeitalter. Gäste können es sich im Wintergarten gemütlich machen, in der Lounge bei Live-Klaviermusik verweilen und zum Abendessen frische Forelle oder Bisonlende genießen. Eine preiswerte Alternative zu den modern renovierten Zimmern sind die rustikalen Hütten.

Old Faithful Inn
Diese Lodge mit 327 Zimmern ist eine Veranschaulichung der „Parkitecture" und erfreut sich schon seit 1903 großer Beliebtheit. Rund um den Steinkamin in der offenen dreistöckigen Lobby mit poliertem Holz und Kronleuchtern gibt's jede Menge Sitzplätze. Die modernisierten Zimmer verfügen über schlichte karierte Möbel sowie Holzschreibtische.

Roosevelt Lodge
Rohholz und Steine verleihen der Lodge ein Wild-West-Ambiente. Pferde, Postkutschenfahrten und traditionelle Mahlzeiten im Freien runden das Angebot ab. Hier übernachten gerne Familien mit Kindern. Die Frontier Cabins sind einfach, aber komfortabel, während die mit Holzofen beheizten Roughrider Cabins Abenteuerlustigen gefallen.

Raus und los

Geysire beobachten
Zwar ist der Old Faithful nicht der größte Geysir im Park, aber er gehört zu den sechs Geysiren, für die Vorhersagen bezüglich der Ausbruchszeiten (in diesem Fall alle 90 Min.) vorliegen. Wer früh aufsteht, erlebt, wie er zwischen 14 000 und 31 800 l ausspeit. Ein Bohlenweg führt zu benachbarten Geysiren wie dem Riverside und dem Daisy.

Boot- & Floßfahren
Der blaue, tiefe Yellowstone Lake ist der größte auf über 2134 m gelegene See in Amerika. Entweder gleitet man in einem Segelboot übers Wasser oder erkundet die Buchten und Kanäle mit einem Kanu. Abenteuerlustige paddeln auf dem Lewis River Channel zwischen dem Lewis Lake und dem Shoshone Lake. Alternativ lässt man sich mit einem Floß auf dem Yellowstone River treiben.

Wandern
Über eine Länge von 32 km erstreckt sich der rosa- und orangefarbene 305 m tiefe Grand Canyon of the Yellowstone. Am nordöstlichen Ende des jadegrünen Yellowstone River, der nun Richtung Südwesten fließt, befinden sich die Upper und Lower Falls. Natürlich kann man die Schlucht vom Rand aus bewundern und z. B. am Artist Point Fotos schießen – doch dank Uncle Tom's Trail geht's auch näher heran: Stahltreppen führen hinab zum Aussichtsdeck der Lower Falls.

Nicht verpassen

Dank der enormen Anzahl und Vielfalt an großen Säugetieren hat Yellowstone den Ruf eines Safariparks. Wer hinter 50 anderen Autos den Spuren eines Grizzlybären folgt, weiß, wovon die Rede ist. Nahezu überall im Schutzgebiet erwartet Besucher eine unglaublich abwechslungsreiche Flora und Fauna, die von Küstenkiefern mit Singvögeln über Hänge mit feuerroten Indianerpinseln bis zu Felsnasen mit Bergziegen reicht. Es gibt hier etwa 1300 einheimische Pflanzenarten, darunter Dutzende farbenfrohe Wildblumen.

GRIZZLYBÄR Zu sehen sind die berühmten Bären vor allem im Sommer auf den Wiesen zwischen Tower-Roosevelt und Canyon sowie Hayden Valley und Lamar Valley. Essen gut verstauen!

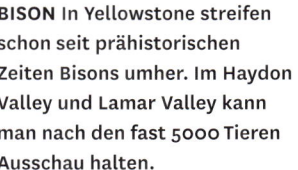

BISON In Yellowstone streifen schon seit prähistorischen Zeiten Bisons umher. Im Haydon Valley und Lamar Valley kann man nach den fast 5000 Tieren Ausschau halten.

GRAUWOLF
Im frühen 20. Jh. ausgerottet, wurden die Wölfe 1995 wieder ausgewildert. Heute leben etwa 100 im Park. Gute Chancen, sie zu sehen, hat man im Lamar Valley.

Wandern

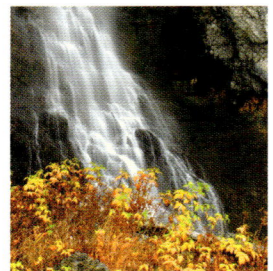

01 Fairy Falls
Für eine Vogelperspektive auf den surrealen Grand Prismatic Spring folgt man dem beliebten Wanderweg 1,6 km (1 Meile) und nimmt dann links einen Pfad den Hang hinauf.

02 Mt. Washburn
Nicht versäumen sollten Gipfelstürmer diesen 3122 m hohen Berg mit Blick auf den Yellowstone Lake und das Hayden Valley. Die anstrengende 8 km (5 Meilen) lange Route führt bis zur Beartooth Range. Frühaufsteher entgehen den Massen.

03 Elephant Black Mountain
Der familienfreundliche 5,6 km (3,5 Meilen) lange Rundweg bietet einen unvergleichlichen Blick über den Yellowstone Lake. Auf dem Gipfel kann man wunderbar picknicken.

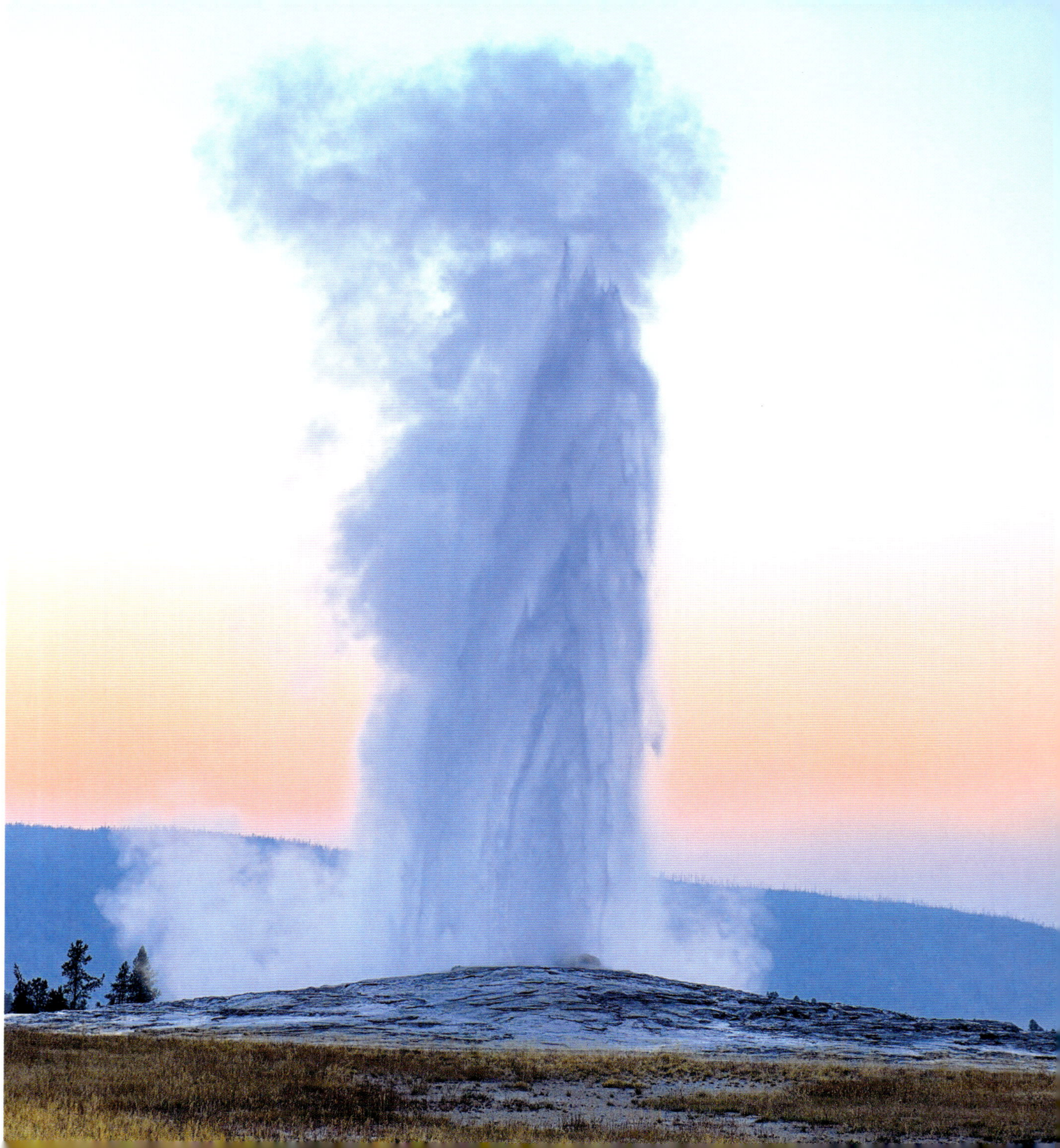

Getty Images | rollie rodriguez; Westend61; Dennis Walton

Tourentipps

Auf dem spannenden Weg vom Old Faithful zum Norris Geyser Basin den Ausbruch von Geysiren erleben, durch den Grand Canyon des Parks wandern oder auf dem Yellowstone Lake umherpaddeln, schwimmen oder angeln.

◀ Die Fairy Falls;
der Old Faithful Geyser.
▶ Reinrassige Bisons.
Vorherige Seite: Die Lower Falls
des Yellowstone River.

01
Zwei Tage

An zwei Tagen bekommt man auf der achtförmigen Grand Loop Road die meisten Parkattraktionen zu sehen. Frühmorgens geht's von West Thumb zum Old Faithful und dem Geysirweg nach. Am Grand Prismatic Spring bestaunt man neonblaue und rote Farben und steuert dann das nördliche Norris an. Vor Ort wartet das Norris Geyser Basin mit einigen der spektakulärsten, lautesten und buntesten thermischen Phänomene des Parks auf. In der Nähe liegen die nach dem farbenfrohen Schlamm benannten Artist Paint Pots.

Anschließend stehen eine Essenspause im Canyon Village und die Beobachtung der Fischadler über dem Yellowstone Lake auf dem Programm. Am nächsten Morgen geht's für den Sonnenaufgang zum Grand Canyon of the Yellowstone. Weiter nordwestlich erwarten einen die Wasserfälle rund um die Tower Junction. Danach besucht man die nach Schwefel riechenden Terrassen in Mammoth. Abends werden im klassischen Mammoth Hot Springs Dining Room Bisonfleischklößchen mit Blick auf grasende Wapitis serviert.

02
Vier Tage

Die ersten beiden Tage verbringt man wie zuvor beschrieben. Am dritten Tag geht's für mehrere Stunden zum Grand Canyon of the Yellowstone. Entweder erkundet man den Kraterrand oder folgt Uncle Tom's Trail. Nachmittags lädt der Lake Yellowstone, ein Paradies für Fliegenfischer, zu einer Kajak- oder Kanufahrt ein. Abends speist man im prachtvollen historischen Lake Yellowstone Hotel Dining Room, wo Entenrisotto und Montanalammfleisch auf weißen Tischdecken kredenzt werden (vorab

reservieren!). Am vierten Tag geht's auf eine ganztägige Wanderung. Der Mt. Washburn ist ein beliebtes Ziel. Wer den Massen entgehen möchte, nimmt sich den 26 km (16 Meilen) langen Rundweg durchs Pelican Valley vor. Die sanft geschwungenen Hügel sind mit Wildblumen übersät und Grizzlybären streifen über die Wiesen. Wer am fünften Tag nicht früh losmuss, kann bei Tagesanbruch Wildtiere beobachten. Gute Chancen hat man bei einer Übernachtung nahe dem Lamar oder Hayden Valley.

03
Eine Woche

Tag eins beginnt mit dem Old Faithful. Bei gutem Timing erlebt man auch den Ausbruch anderer Geysire wie Daisy oder Riverside. Die Bohlenwege mit Blick auf die Thermalquellen nehmen mindestens einen halben Tag in Anspruch. Ein Muss ist das Mittagessen im Old Faithful Inn. Am zweiten Tag fährt man auf dem Yellowstone Lake Kajak oder fängt Cutthroat-Forellen. An Tag drei folgt man Uncle Tom's Trail durch den Grand Canyon of the Yellowstone und begibt sich aufregend nahe an die Lower Falls

heran. Tags darauf können Frühaufsteher Wildtiere im Lamar Valley sichten. Für den fünften Tag bricht man, mit einem Lunchpaket und ausreichend Wasser ausgestattet, früh zum Gipfel des Mt. Washburn auf – eine der beliebtesten Wanderrouten im Park. Der sechste Tag lädt zur Erkundung geothermischer Besonderheiten des südlichen Great Loop ein, darunter der Grand Prismatic Spring und das Norris Geyser Basin. Vor der Abreise am siebten Tag steht noch ein Besuch der Terrassen von Mammot an.

58

CA

Yosemite National Park

Gletscherbedeckte Granit-gipfel, Wildblumenwiesen und alpine Seen lassen in einem der ältesten Nationalparks der USA Herzen höher schlagen.

Wer ins Yosemite Valley hineinfährt, der genießt vom Tunnel View am Straßenrand ein eindrucksvolles Panorama. Über dem üppig grünen Talboden mit Wiesen und einem gewundenen Fluss blickt man auf eine 10 Mio. Jahre alte Landschaft. Zur Rechten stürzt der Bridalveil Fall über Klippen, während über ihm die spitzen Cathedral Rocks in die Höhe ragen. Links erhebt sich der 914 m hohe El Capitan, der größte Granitmonolith der Welt. In der Ferne erblickt man den zahnförmigen Granitberg Half Dome, das berühmteste Wahrzeichen des Parks. Doch all das ist nur ein Vorgeschmack auf die Naturwunder in Yosemite.

Als „Gebirgskette des Lichts" bezeichnete Naturforscher John Muir die Sierra Nevada im Osten von Kalifornien. Erst während der letzten Eiszeit vor 10 000 Jahren formten Gletscher die Berggipfel, alpinen Seen, Granitkuppeln, Flussschluchten und -täler. In der faszinierenden Landschaft des Schutzgebietes leben außerdem viele Wildtiere wie Schwarzbären (vielleicht erblickt man sogar einen am Wegesrand unterhalb des Glacier Point). Ein schönes Fotomotiv bieten im Sommer die Wildblumen der Tuolumne Meadows und im Mariposa Grove wachsen seit fast 2000 Jahren Riesenmammutbäume.

Der Park ist etwas für jede Jahreszeit. Wenn durch die Schneeschmelze im Hochland der Sierra Nevada die Flüsse ansteigen, erklingt im Tal das Donnern der Wasserfälle. In den wärmeren Sommermonaten unternehmen Wanderer und Backpacker mehrtägige Trips zu grasbewachsenen Wiesen, Seen und Hochgebirgspässen und Familien nutzen das Tal zum Schwimmen und Radfahren. Im Herbst zieht es die Bergsteiger immer noch an die Granitwände und Felsbrocken. Sogar der Winter ist eine

schöne Besuchszeit: Insbesondere nach einem Schneesturm kann man sich mit Schneeschuhen oder Langlaufski zu eisigen Wasserfällen und verschlafenen Riesenmammutbäumen aufmachen.

⬆ Rafting auf dem Merced River.
➡ Mist Trail.

Vorherige Seite: Das Yosemite Valley vom Tunnel View aus mit den Bridalveil Falls, El Capitan und dem Half Dome.

Anreisen

⚙ Wann?
Das Yosemite Valley ist ganzjährig zugänglich. Nach dem ersten größeren Schneefall im Herbst werden die Tioga Road und die Glacier Point Road gesperrt und Ende Frühling oder Anfang Sommer wieder geöffnet.

🧭 Wie?
Der östlich des kalifornischen Central Valley gelegene Park liegt eine dreistündige Fahrt von San Francisco und seinem internationalen Flughafen entfernt. Amtrak-Züge halten in Merced, wo Busse zum Park starten. Kostenlose Shuttlebusse verkehren ganzjährig im Yosemite Valley.

Park in Zahlen

3082
Fläche (km²)

1890
Jahr der Ernennung zum Nationalpark

739
Höhe der Yosemite Falls (m)

Zelt oder Hotel?

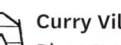
Ahwahnee Hotel
In den 1920ern vom berühmten Parkarchitekten Gilbert Stanley Underwood entworfen, hat das elegante Hotel im Yosemite Valley schon Gäste wie Queen Elizabeth II. oder Steve Jobs beherbergt. Im Winter machen es sich die Gäste vor dem Kaminfeuer in der Great Lounge gemütlich.

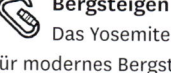
Curry Village
Diese Ansammlung von Zelthütten aus Segeltuch und Holz unterhalb des Glacier Point erinnert an das sommerliche Ambiente eines Familiencamps, ist aber ganzjährig geöffnet und schon seit 1899 eine feste Einrichtung im Park. Bei warmem Wetter kann man in den Pool hüpfen und im Winter die Eislaufbahn nutzen.

Wawona Hotel
Zurück ins viktorianische Zeitalter versetzt einen dieses denkmalgeschützte Hotel im Süden des Parks, nicht weit von den Riesenmammutbäumen des Mariposa Grove entfernt. Das 1876 errichtete mehrstöckige weiße Gebäude bietet eine Veranda ums ganze Haus, Cocktails und Abendunterhaltung sowie Golf und Tennis.

Raus und los

Bergsteigen
Das Yosemite Valley steht für modernes Bergsteigen in den USA. Yves Chouinard (Gründer der Marke Patagonia) und Royal Robbins gehörten zu den ersten, die sich an den Granitfelsen versuchten. Heute zieht es Bigwall-Kletterer von Frühling bis Herbst zum Camp 4 nahe El Capitan und im Sommer zu den hoch gelegenen Tuolumne Meadows mit vielen Granitkuppeln und Bouldergebieten.

Schwimmen
Abkühlung an einem heißen Sommertag versprechen der Merced River oder auch das eisigere Wasser alpiner Seen, darunter der Tenaya Lake (abseits der Tioga Road und unweit der Tuolumne Meadows) mit sichelförmigem Sandstrand.

Skifahren & Schneeschuhwandern
Badger Pass ist das älteste Skigebiet Kaliforniens. Hier fahren Anfänger auf Ski oder Snowboards einen Berg hinunter und Langlauffans folgen der Glacier Point Road zu einer Hütte in der Wildnis mit Talblick. Für Schneeschuhwanderungen bieten sich das Tal und die Mammutbaumhaine an.

⬅ Auf El Capitan führen Dutzende Kletterrouten, die teilweise zwei oder drei Wochen in Anspruch nehmen, wenn man ihnen bis zum Ende folgt.

Getty Images | Corey Rich

Nicht verpassen

1984 wurde der Yosemite u. a. wegen seiner vielen Naturschätze zum Weltnaturerbe erklärt. In dem 2590 km² großen, unberührten Gebiet mit den geschützten Flussufern des Tuolumne und des Merced ist eine erstaunliche Vielfalt von Wildtieren zu finden. Mehr als 1000 Pflanzen- und über 400 Wirbeltierarten prägen die abwechslungsreichen Lebensräume, die von chaparral-bedeckten Ausläufern über alpine Wiesen mit Bächen bis zu Gletschern hoch über der Baumgrenze reichen.

SIERRA-NEVADA-DICKHORNSCHAF Dieser bedrohte Hornträger mit weiß geflecktem Hinterteil grast auf felsigen Gipfeln und alpinen Wiesen, wo er nur selten von Menschen gesehen wird.

SCHWARZBÄR In Vorbereitung auf den Winterschlaf kann der Schwarzbär, der schneller und für gewöhnlich größer ist als man selbst, bis zu 20 000 Kalorien am Tag aufnehmen.

KIEFERNTANGARE An seinem hellroten Kopf, der gelben Brust und den schwarzen Flügeln ist das Männchen dieser Waldvogelart unschwer zu erkennen.

Wandern

01 Mist Trail
Die aufregende zwischen 2,6 und 8,7 km (1,6 und 5,4 Meilen) lange ansteigende Route führt über rutschige Steintreppen vom Yosemite Valley bis zum Gipfel des Vernal und zu den Nevada Falls.

02 May Lake & Mt. Hoffman
Nach einem angenehmen Waldspaziergang zum alpinen See folgt eine Gipfelbesteigung mit Panoramablick. Der Weg ist 4 bis 9,6 km (2,5 bis 6 Meilen) lang.

03 Half Dome
Legendäre ganztägige 22,5 km (14 Meilen) lange Wanderung mit Kletterpartien zum Gipfel der berühmtesten Granitkuppel des Parks. Vorab benötigt man eine per Losverfahren vergebene Genehmigung.

Tourentipps

Die Yosemite Falls, Nordamerikas größten Wasserfall, sehen, den Sonnenuntergang am Glacier Point erleben oder am Tenaya Lake relaxen.

◀ Über den Mist Trail zu den Nevada Falls und den Yosemite Falls wandern.
➡ Ein Schwarzwedelhirsch mit Jungtier.

01

Ein Tag

Die Straße ins Yosemite Valley schlängelt sich zwischen Bäumen am Merced River entlang, wo es frühmorgens nebelig sein kann. Hier erfolgt der erste Stopp für einen kurzen Spaziergang zum Bridalveil Fall, einer gigantischen Kaskade. Weiter östlich befindet sich ein Tagesparkplatz, wo man sein Auto abstellt und den kostenlosen Shuttle zum Yosemite Village nimmt. Die Ansel Adams Gallery stellt Kunstdrucke aus und im Besucherzentrum und Museum gibt's kostenlose Ausstellungen. Im Degnan's Deli versorgt man sich mit einem Mittagessen für den Weg und fährt mit dem Shuttle bis zur Happy-Isles-Haltestelle. Der Mist Trail führt über Steintreppen zu zwei Wasserfällen, in deren Gischt Regenbogen schimmern.

Zurück am Ausgangspunkt des Weges geht's mit dem Shuttle zu den wunderschönen dreistufigen Yosemite Falls, dem größten Wasserfall Nordamerikas. Bei Sonnenuntergang laden vor Ort eine Lodge und das gemütliche Mountain Room Restaurant zum Abendessen und zu ein paar Drinks ein.

02

Zwei Tage

Nach einer Nacht auf dem Campingplatz im Yosemite Valley unternimmt man einen frühmorgendlichen Spaziergang zum Mirror Lake, auf dessen stiller Oberfläche sich im Frühjahr der Half Dome perfekt spiegelt. Anschließend gibt's ein Picknick auf der El Capitan Meadow mit Blick auf die Bergsteiger am Granitmonolithen. Nachmittags folgt man der Glacier Point Road und hält unterwegs für den Aufstieg auf den Sentinel Dome. Vom berühmten Glacier Point schaut man direkt auf den hakenförmigen Half Dome sowie die dramatischen Nevada Falls und Vernal Falls. Hier bleibt man bis Sonnenuntergang und wandert dann zurück ins Tal. Für das Abendessen bietet sich der prachtvolle Speisesaal des Ahwahnee Hotel an (vorab reservieren). Alternativ verweilt man bei Getränken und Snacks in der gemütlichen Lounge mit altmodischer Klaviermusik aus dem frühen 20. Jh.

Bevor es zurück zum Campingplatz geht, kann man im Mondschein am Merced River entlang und über die historische Stoneman Bridge spazieren.

03

Drei Tage

Im Anschluss an die zuvor beschriebene zweitägige Reiseroute steht am dritten Tag eine malerische Fahrt auf der Tioga Road an, die auf einer ehemaligen Planwagenstrecke und einem noch älteren Ureinwohnerpfad verläuft. Das Ziel sind die herrlichen Tuolumne Meadows. Unterwegs sieht man vom hoch gelegenen Olmsted Point das Yosemite Valley aus einer anderen Perspektive mit dem Half Dome in der Ferne. Vom Aussichtspunkt fahren saisonale Shuttlebusse gen Osten zu den Tuolumne Meadows, wo man Granitkuppeln besteigen und am Fluss picknicken kann. Nach dem Mittagessen geht's zurück zum Tenaya Lake. Hier entspannt man am Strand oder kühlt sich im Wasser ab. Alternativ folgt man dem kurzen Weg zum kleineren May Lake und steigt auf den Mt. Hoffman im geografischen Herzen des Parks. Oben genießt man einen eindrucksvollen Rundumblick.

Wer dieses schöne Gebirgspanorama nach Sonnenuntergang noch nicht verlassen will, baut in der letzten Nacht auf den Tuolumne Meadows sein Zelt auf oder mietet eine Zelthütte.

59

UT

Zion National Park

Narnia, Mordor, Westeros … Zion? Mit seinen an Schloss-mauern erinnernden Steilwän-den, dem weinenden Felsen und den schattigen Engpässen wirkt der Zion Canyon wie das verzauberte Tal aus einem Märchenbuch.

Das Abenteuer beginnt auf dem Zion-Mt. Carmel Highway, der durch Haine mit goldenem Sandstein führt. Das Steuer fest umklammert, fährt man in den 1,8 km (1,1 Meilen) langen Sandsteintunnel aus der Zeit der Weltwirtschaftskrise und ist sofort von tiefer Dunkelheit umgeben. Während man bogenförmige Galerien passiert, erhält man einen ersten Eindruck von der roten Felsenpracht des Parks. Zurück im Tageslicht geht's auf der von Felswänden gesäumten Straße acht enge Serpentinen hinunter.

Im Herzen des Schutzgebietes liegt der Zion Canyon, ein grünes Tal mit steilen Wänden aus Navajo-Sandstein. Die roten, 305 m hohen Klippen waren vor 200 Mio. Jahren Sanddünen. Nachdem es zu einer Landhebung kam, schnitten der Virgin River und seine Nebenflüsse den Canyon und seine Engstellen in die Felsen. Heute zieht die Gegend etliche Wildtiere und Erholungssuchende an. Um Staus zu verhindern, sind von Mitte März bis Oktober und an Wochenenden im November keine Autos auf dem Grund der Schlucht gestattet. Die Parkshuttles halten an neun Stellen sowie an Startpunkten von Wegen. Im Kolob-Canyons-Bereich führt eine hohe 64,4 km (40 Meilen) lange Panoramastraße Richtung Nordwesten.

Vor der Ankunft mormonischer Siedler Mitte des 19. Jhs. streiften Südliche Paiute-Indianer durch das Gebiet. 1909 erfolgte die Gründung des Mukuntuweap National Monument, benannt nach dem Wort der Südlichen Paiute für „gerader Canyon". Der Name wurde 1918 in Zion National Monument umgeändert, wobei „Zion" im biblischen Sinne für „Zufluchtsstätte" steht. Im darauffolgenden Jahr wurde der Nationalpark gegründet. Mit seinen schmalen Slot

Canyons und schwindelerregenden Klippen ist er ideal für Outdoorabenteuer: Canyoning und Wildniswandern von den Narrows zum Angels Landing sorgen für Adrenalinkicks.

Doch die Anziehungskraft des Schutzgebietes geht auch von unauffälligeren Orten wie einem weinenden Felsen, hängenden Gärten und versteckten Teichen aus.

Anreisen

☼ Wann?
Von Mai bis September ist Hochsaison, doch die Temperaturen steigen auf bis zu 38 °C. Im Mai gibt's sowohl Wildblumen als auch Ungeziefer. Der kühlere Herbst eignet sich gut zum Wandern.

⊗ Wie?
Der Zion Canyon grenzt an Springdale im Südwesten Utahs. Zu erreichen ist der Park von West oder Ost aus über den Highway 9 (zwischen Zion Canyon und dem Osteingang des Parks „Zion-Mt. Carmel Highway" genannt). Las Vegas liegt 258 km (160 Meilen) südwestlich über den Highway 9 und die I-15. Die Kolob Canyons befinden sich 48 km (30 Meilen) nordöstlich von St. George, Utah, abseits der I-15.

Park in Zahlen

593

Fläche (km²)

75

Säugetierarten

1988

Höhe des Observation Point (m)

Zelt oder Hotel?

 Zion Lodge
Ein klarer blauer Himmel, rote Felsen, eine große Rasenfläche und ein schlichtes braunes Holzhaus zeichnen diesen Ort der Inspiration aus. Die Zimmer und Hütten erinnern vom Stil her an den Wilden Westen. Es gibt keine Fernseher. Wer hier übernachtet, darf in den Canyon fahren, um an der Lodge zu parken.

 **South Campground & Watchman Campground**
Im angrenzenden Virgin River kann man sich abkühlen und es sich anschließend im Schatten von Pappeln mit Blick auf die Sandsteinfelsen gemütlich machen. Beide Campingplätze liegen in fußläufiger Entfernung zum Zion Canyon Visitor Center.

 Under the Eaves Inn
Der liebevoll eingerichtete, malerische Bungalow aus dem Jahr 1930 verfügt über eine Suite mit einer Badewanne samt Löwenfüßen, ein Wohnzimmer mit Kunsthandwerk und einen Garten mit Armlehnstühlen. In dem Haupthaus, der Hütte und dem Cottage gibt's insgesamt sieben Zimmer.

Raus und los

 Canyoning
Beim Canyoning kann man sich nicht nur in enge Felsspalten abseilen, sondern auch durch Wasser waten, klettern, schwimmen, wandern und Probleme lösen („Wie sollen wir aus diesem Labyrinth herauskommen?"). Schon die Namen der berühmtesten Slot Canyons im Zion wie Narrows und Subway deuten auf ihre Besonderheiten hin.

Radfahren
Nachdem man sein „Das Leben ist schön"-T-Shirt übergezogen hat, geht's los zu einer morgendlichen Radtour auf dem Zion Canyon Scenic Drive. Die 11,3 km (7 Meilen) lange, asphaltierte Strecke führt vorbei am Virgin River und berühmten Felsen wie den Court of Patriarchs und Angels Landing. In der Hauptsaison sind keine Autos gestattet.

Vogelbeobachtung
Oben auf dem Angels Landing sollte man nach Kalifornischen Kondoren Ausschau halten, die anmutig zwischen den Sandsteinmonolithen umherfliegen. Es ist ein echtes Erlebnis, diese Tiere mit einer Flügelspanne von 3 m zu sehen. Dabei sind sie erst der Anfang, denn im Nationalpark leben ganze 288 Vogelarten.

Wandern in den Narrows im Zion Canyon. Vorherige Seite: Durch den Park fließt der Virgin River.

Nicht verpassen

Die Erhebungen im Zion reichen vom 1117 m hohen Coal Pits Wash bis zum 2660 m hohen Horse Ranch Mountain. Vier Ökosysteme liegen zwischen diesen Extremen: Wüste, Uferlandschaften, Pinien-Wacholder- und Nadelbaumwälder. Hier wachsen über 1000 Pflanzenarten. Zu den Säugetieren gehören Hirsche, Dickhornschafe und Felseichhörnchen. Zudem sind im Park 29 Reptilien- und beinahe 300 Vogelarten auf Futter- und Rastplatzsuche.

KALIFORNISCHER KONDOR
Aus prähistorischer Zeit stammen diese riesigen Aasfresser mit einer Flügelspanne von 3 m. In den 1980ern vom Aussterben bedroht, konnte sich ihr Bestand dank eines erfolgreichen Zucht- und Wiederansiedlungsprogramms erholen.

ARIZONAKRÖTE An den schattigen, hoch gelegenen Nebenflüssen des Virgin River paaren sich diese beleibten bräunlichen Kröten. Der Paarungsruf des Männchens ist ein hohes Trillern von sechs Sekunden.

PINYONKIEFER Die für ihre krummen Stämme und nährreichen Nüsse bekannten Kiefern stehen an trockenen, hoch gelegenen Felsen, oft unweit von Wacholderbäumen. Um 3 m hoch zu werden, brauchen die langsam wachsenden Bäume bis zu 80 Jahre.

Wandern

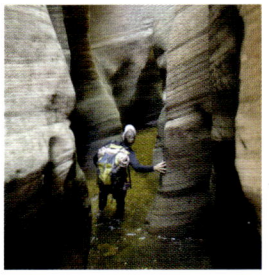

01 The Narrows
Die berühmte, anspruchsvolle 26 km (16 Meilen) lange Route führt durch nasse, schmale Canyons an der North Fork des Virgin River entlang.

02 Angels Landing
Auf dem womöglich besten amerikanischen Tageswanderweg, einer Strecke von 8,6 km (5,4 Meilen), erklimmt man eine Klippe, steigt enge Serpentinen hoch und überquert einen schmalen Höhenrücken mit steil abfallenden Felsen. Oben wird man mit einem grandiosen Blick auf den Zion Canyon belohnt.

03 Emerald Pools
Bäche, die in mehrstufige Becken stürzen, sieht man auf diesem 8 km (5 Meilen) langen Rundweg mit Kletterpartien in den grünen Zion Canyon.

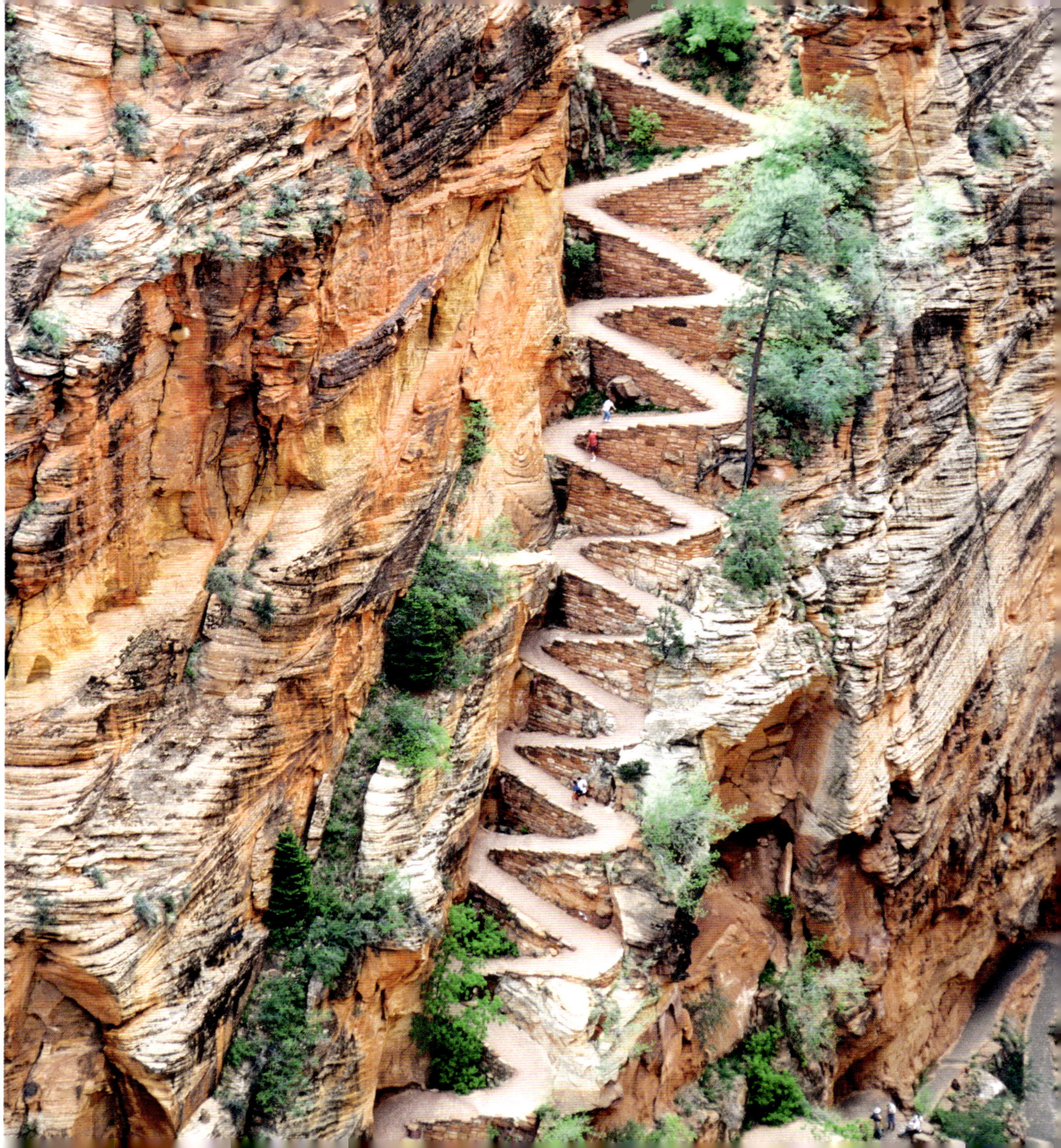

Getty Images | Aurora Open; Carol Polich Photo Workshops, Alamy | Kevin Ebi

Tourentipps

Vom Angels Landing einen herrlichen Blick auf den Canyon genießen, in den Narrows wandern, Schluchten erkunden oder die rote Felsenpracht entlang der Kolob Canyon Road bewundern.

◀ In einem Slot Canyon; Walter's Wiggles hochwandern.
▶ Dickhornschafe fühlen sich hoch oben auf Felsen zu Hause.

01

Ein Tag

Dieser Tag hat es in sich. Mit dem Springdale-Shuttle geht's zum Zion Canyon Visitor Center und von dort per Besuchershuttle in den Canyon, wo die grüne Uferlandschaft einen Kontrast zu den roten Wänden bildet. Am Grotto, Startpunkt des Angels Landing Trail, steigt man aus.

Nach der Überquerung des Virgin River genießt man den Blick in den weiten Himmel, erklimmt dann eine steile Klippe und erkundet den Refrigerator Canyon. Anstrengend wird's auf dem Walter's-Wiggles-Weg, doch am Scouts Lookout ist Zeit für eine Pause.

Hier endet die Wanderung. Wagemutige können nun auf einen Bergrücken und weiter auf den Hogsback Ridge klettern und sich auf dem 1765 m hohen Angels Landing zur Belohnung ein Picknick gönnen.

Für einen ersten Eindruck von den Narrows fährt man mit dem Shuttle zur Temple-of-Sinawava-Haltestelle am Wegesende, folgt dem Riverside Walk 1,6 km (1 Meile) stromaufwärts und begibt sich anschließend in den berühmten Slot Canyon. Den ereignisreichen Tag lässt man bei einem herzhaften Essen in Springdale ausklingen.

02

Zwei Tage

Über den atemberaubenden Zion-Mt. Carmel Highway fährt man zum Zion Canyon Visitor Center und nimmt an der unterhaltsamen 90-minütigen „Ride Along with a Ranger"-Tour teil, die auch in Gebiete abseits der gewöhnlichen Route führt. Zum Mittagessen geht's in die Zion Canyon Lodge, danach erkundet man den Canyon per Rad oder Pferd. Abends serviert das Whiptail Grill in Springdale Tacos mit Rindfleischstreifen. Zurück im Park lohnt sich ein Rangervortrag über Wildtiere, Geschichte oder den Sternenhimmel. Am nächsten Morgen gibt's in Meme's Café in Springdale Kaffee und Crêpes. Anschließend wandert man auf dem Angels Landing Trail in schwindelnden Höhen, genießt vom Observation Point Trail auf 1988 m einen weiten Blick oder seilt sich in einen Slot Canyon aus Sandstein ab (Ausrüster findet man in Springdale). Nach dem Abenteuer lässt man sich im Bit & Spur Restaurant & Saloon ein Ribeye-Steak und ein in Utah gebrautes Polygamy Porter schmecken.

03

Vier Tage

Am ersten Morgen gibt's in Oscar's Café ein Omelett mit grünem Chili und Chorizo – die Kalorien werden tags darauf bei der 26 km (16 Meilen) langen Wanderung durch die Narrows wieder verbrannt. Nach dem Frühstück informiert man sich im Zion Canyon Visitor Center über das Wetter, Campingplätze und nötige Genehmigungen. Nachmittags bietet sich ein Spaziergang zu den Emerald Pools an, gefolgt von einem Rangervortrag oder einer Fahrt auf dem Zion-Mt. Carmel Highway.

Am nächsten Morgen geht's von der Chamberlain Ranch durch ein Zauberland mit hohen Canyonwänden, Engpässen und hängenden Gärten zu den Narrows. An vielen Stellen muss man durchs Wasser waten. Die Nacht verbringt man auf einem vorab reservierten Zeltplatz am Fluss. Sofern einen die Beine noch tragen, steht am dritten Tag nach dem Endpunkt des Riverside Walk die weitere Erkundung des Canyons an. Am letzten Tag folgt man der Kolob Canyons Road, die mit einem fantastischem Blick auf Felsen, Berge und Finger Canyons aufwartet.

Register

Titel der englischen Ausgabe
NATIONAL PARKS OF AMERICA
1. Auflage August 2016
Herausgegeben von Lonely Planet Global Limited
ABN 36 005 607 983
www.lonelyplanet.com
© Lonely Planet 2016

Herausgeber Piers Pickard
Stellvertretender Herausgeber & Chefredakteur Robin Barton
Art Direction Daniel Di Paolo
Layout Johanna Lundberg
Redakteure Karyn Noble, Ali Lemer
Register Tasmin Waby
Naturillustrationen Holly Exley
Icons Jacob Rhoades
Kartografie Wayne Murphy
Druckvorstufe Graham Parsons
Druckproduktion Larissa Frost, Nigel Longuet
Autoren Amy Balfour, Becky Ohlsen, Carolyn McCarthy, Emily Matchar, Greg Benchwich,
Patrick Kinsella, Regis St. Louis, Sara Benson, Stephanie Pearson

Verlag der deutschen Ausgabe
MAIRDUMONT
Marco-Polo-Straße 1, 73760 Ostfildern
www.mairdumont.com, lonelyplanetmairdumont.com
Projektbetreuung Andrea Wurth
Übersetzung Svenja Tengs, Erwin Tivig
Redaktion und Produktion Verlagsbüro Wais & Partner, Stuttgart (Stefan Brückner, Meike Etmann, Rainer Maucher)
Abbildungen Fotos © wie angegeben
1. Auflage 2016
ISBN 978-3-8297-1548-5
Gedruckt in China

Das Papier in diesem Buch wurde nach den Forest-Stewardship Council®-Richtlinien zertifiziert. FSC® fördert die umweltfreundliche, sozialverträgliche und wirtschaftlich tragfähige Bewirtschaftung des weltweiten Waldbestands.